Antonio Sos Abad
María Luz Sos Lanzac

LOGOPEDIA PRÁCTICA

© Antonio Sos Abad y María Luz Sos Lanzac

© Wolters Kluwer España, S.A.,
  C/ Collado Mediano, 9
  28230 Las Rozas (Madrid)

8ª reimpresión: noviembre 2011

ISBN Edición Gráfica: 978-84-9987-026-7
ISBN Edición Digital: 978-84-9987-027-4

Depósito Legal: M-44156-2011
Impreso por Wolters Kluwer España, S.A.

Prólogo

Cuando en el mes de junio de 1986 publicamos una compilación de apuntes logopédicos que se materializaron en el texto *Logopedia práctica* (destacando nuestro *Método completo de desmutización* y el comentario bibliográfico de más de cien publicaciones), ya tuvimos el grato presentimiento de la buena acogida que tendría entre las personas que se inician en esta ciencia a la que dio nombre Marc Colombat en el año 1828 en Francia, por los ánimos de tantos alumnos/as compañeros que desde siempre nos animan.

En las sucesivas reediciones, *Logopedia práctica* se ha ido incrementando con un anexo (información logopédica, supresión de términos, nuevas técnicas Cued Speech, A. V.K., D.I. T., direcciones útiles y más bibliografía comentada). La tercera reedición se actualizó con la importante colaboración iniciada ya en 1986 de la logopeda Mª Luz Sos Lanzac, que con savia nueva vino a enriquecer la publicación con temas como ayudas técnicas para la deficiencia auditiva y para la deficiencia motora y una llamada de atención de una "realidad" ignorada por muchos, los sordociegos.

La cuarta reedición completó ediciones anteriores, actualizando términos, ampliando conceptos y bibliografía con datos históricos de los principales creadores mundiales de la especialidad; asimismo, incluyó un resumen de la Conferencia-Coloquio impartida en la XXIII Jornada Nacional de Logopedia en Granada, titulada "Lengua de signos española" y, por último, incluyó un glosario logopédico.

Y el libro ha seguido reimprimiéndose, porque son muchos los que se inician en el tema de la Logopedia y son muchos los que desean adquirir unos conocimientos elementales, básicos y muy prácticos de logopedia que les permitan intervenir y ayudar cuando detecten algún tipo de alteración, perturbación o trastorno en el lenguaje.

Gracias a todos.

Los autores

1. Introducción.

2. Titulación.

1. INTRODUCCIÓN

En el Real Decreto de Integración 334/1985 de 6 marzo de Ordenación de la Educación Especial capítulo 3, sobre los apoyos y adaptaciones de la Educación Especial en su artículo que copiamos textualmente, dice:

"Los tratamientos y atenciones personalizadas que están en función de las características y necesidades de los alumnos que los precisen comprenderán fundamentalmente la *Logopedia* (el cursivado es nuestro), la fisioterapia y, en su caso, la psicoterapia, la psicomotricidad o cualquier otro que se estimara conveniente."

La Asociación Internacional de Logopedia y Foniatría (IALP) define a sus profesionales subrayando que "su implicación central es la prevención, evaluación intervención manejo y estudio científico de los trastornos de la comunicación humana".

En la definición del concepto de Logopedia aprobado en el XI Congreso Nacional de la Asociación Española de Logopedia, Foniatría y Audiología (AELFA) celebrado en Pontevedra del 4 al 7 de julio de 1980 decía "que la Logopedia es aquella ciencia paramédica que estudia la prevención, la investigación y el tratamiento de los trastornos de la voz, el habla y el lenguaje oral y escrito".

Creemos que el objetivo principal de la Logopedia es (re)habilitar *El lenguaje y la comunicación humana* cuando han sufrido perturbaciones, alteraciones, trastornos o cuando desarrollamos los medios para la implantación e interacción comunicativa.

Los ámbitos de intervención profesional del logopeda van más allá del estrictamente escolar. Su ejercicio se sitúa en el marco hospitalario o en el gabinete privado.

Y si hablamos del futuro de la profesión hay que hablar del ejercicio liberal de la misma. Las tendencias europeas son que más del 65% de los logopedas ejercen exclusivamente como profesionales liberales.

En el Simposio Nacional de *"Logopedia"* celebrado en Valladolid del 19 al 21 de octubre de 1995, los representantes de los nuevos diplomados, unos 130 de las dos primeras promociones que cursaron sus estudios en la Universidad Complutense y la de Valladolid, se enfrentan al principal problema como la falta de plazas en los centros hospitalarios y en los del Inserso o la necesidad de definir unos criterios de homologación con otros títulos que, tras realizar un curso o un *"Máster"* ejercen como logopedas".

Estos apuntes de *Logopedia práctica* tienen la intención de iniciaros en unos conocimientos elementales, básicos y creemos prácticos y son una recopilación de las obras más importantes de los que, entre otros, son autores: Martín Aramendía, Carmen Basil, Inés Bustos, Tobías Corredera, Antonio Eguiluz, Margarita Nieto, Jorge Perelló, Francisco Ramos, Robert Ruiz y M.ª Luz Sos.

De lo que sí estamos seguros es de la ayuda y orientaciones que vais a tener cuando apliqueis la metodología de nuestro *Método completo de desmutización (técnicas de articulación fonética correctas).*

2. TITULACIÓN

La propuesta del Consejo de Universidades sobre el establecimeinto del título de maestro, especialidad de Audición y Lenguaje, es la siguiente:

El artículo 28 de la Ley Orgánica 11/1983 de 25 de agosto de la Ley de reforma universitaria (LRU), dispone que el gobierno, a propuesta del Consejo de Universisades, establecerá los títulos de carácter oficial y validez en todo el territorio nacional, así como las directrices generales de los planes de estudios que deben cursarse para su obtención y/o homologación.

En el BOE de 19 de enero de 1996 en el número 17, fascículo primero, se publica una Resolución de 26 de diciembre de 1995 de la Universidad Complutense de Madrid del contenido del plan de estudios para la obtención del título oficial de *"Diplomado en Logopedia"* y en el fascículo segundo del suplemento del número 17 del BOE 19 de enero de 1996, se publica una Resolución del 20 de diciembre de 1995 de la Universidad de La Coruña que recoge el acuerdo del Consejo de Universidades por el que se homologa el plan de estudios conducente al título oficial de *"Diplomado en Logopedia"* y que entre las materias optativas introduce el estudio de la *"Lengua de signos"* con 4, 5 créditos

El BOE del 12 de agosto de 1996 publicó la Resolución de 15 de julio de la Universidad Complutense de Madrid por la que se publica la modificación del plan de estudios homologando por el Consejo de Universidades la obtención del título oficial de Diplomado en Logopedia.

Actualmente hay más de 1.500 estudiantes de Logopedia en España en cinco universidades públicas y dos privadas.

Capítulo II
Generalidades de la logopedia

1.- Introducción.

2.- Qué es un logopeda.

3.- Necesidad de un logopeda.

4.- Preparación que necesita un logopeda.

5.- Criterios de tratamiento.

6.- Duración y frecuencia del tratamiento.

7.- Orientación del tratamiento.

8.- Orientaciones generales.

1. INTRODUCCIÓN

Dentro del proceso educativo-clínico en el que cada vez se va a una mayor especialización de los profesionales, a una definición concreta y dentro de la organización tanto en los centros de Educación Especial, centros de enseñanza ordinaria (integración), departamentos de rehabilitación (logoterapia), creemos oportuno explicaros las funciones de un TÉCNICO REHABILITADOR (tomado en el sentido amplio de la palabra –unas veces será comenzar y otras "enmendar"– Pedagogía Enmendativa), cuyo puesto se va revelando cada día como más necesario.

Basándonos en nuestras experiencias conmo especialistas en este campo, queremos elaborar un estudio sencillo que esperamos contribuya en alguna forma a que quede más clara lo que será nuestra "área de actividad o trabajo, nuestras funciones que más definan nuetra profesión".

Estas experiencias son el fruto de más de 30 años en un servicio de rehabilitación (Logopedia), en centros de Educación Especial, centros de integración, gabinete privado y enseñando en la primera escuela de sordomudos adultos analfabetos que se fundó en España... Lo que aquí os presentamos como función de la Logopedia es un resumen de la evolución que hemos sufrido durante estos años.

La delimitación de nuestra función ha sido el resultado de una interacción continua con el servicio de O.R.L. (otorrinolaringología) y Rehabilitación, equipo de apoyo... (delimitando muy bien los campos con los que siempre hemos tenido una actitud profesional positiva y a la vez un diálogo amplio).

En estos momentos nuestras funciones están perfectamente definidas, siendo esto resumen de lucha y triunfo de nuestras experiencias profesionales, de la continua interacción del grupo facultativo rehabilitador y de la continua puesta a punto de nuestro trabajo, esto es, replanteamiento casi a diario de lo que se hace y carácter abierto ante las críticas y sugerencias de todos aquellos profesionales que trabajan de una manera práctica en Logopedia.

2. QUÉ ES UN LOGOPEDA

Es un profesional que trabaja todos los aspectos de la *comunicación,* que puede manifestarse como trastornos de:

- Voz

- Articulación

- Comprensión

- Simbolización

- Expresión

- Lenguaje como estructurador del pensamiento

- Pensamiento como estructurador del lenguaje

El logopeda debe estar capacitado para tratar a cualquier persona que por causas:

- Sensoriales

- Neurológicas

- Evolutivas

- Ambientales

- Físicas

presentan dificultades para adquirir la comunicación humana o las han perdido.

La necesidad de profesionales de la Logopedia (debido al elevado número de Comunicación Humana - Lenguaje) no ha sido acompañada de la existencia o creación de puestos de trabajo con un estado profesional definido.

Queremos una Logopedia que se desarrolle en extensión y profundidad, ya que el Lenguaje Humano es un fenómeno complejo, multiforme y plurifuncional (lo mismo escribimos acerca de sus trastornos o alteraciones). En todo trastorno logopédico siempre hay una persona/as implicadas que debemos tomar en consideración y reunir aportaciones de especialistas que provienen de diferentes frentes teóricos y prácticos: audiólogos, foniatras O.R.L., etólogos, psicolingüistas, psicólogos, pedagogos, neurólogos... No somos reduccionistas y queremos un diálogo constructivo con todos los especialistas, sin olvidar nunca la perspectiva psicoafectiva.

En las terapias del Lenguaje tratamos de integrar las diversas tendencias terapeúticas en un horizonte amplio. El trastorno del Lenguaje puede ser primario o secundario, pero su existencia afecta al conjunto de las funciones de un individuo.

Cualquier trastorno en las conductas de Comunicación siempre tendrá efectos en el aspecto relacional. (Cualquier conflicto afectivo durable amenaza el desarrollo y normal organización comunicativa y lingüística.)

14

3. NECESIDAD DE UN LOGOPEDA EN:

3.1. Equipos de apoyo

3.2. Centro ordinario y de integración

3.3. Centro específico

3.4. Servicio de rehabilitación (clínicas y hospitales)

3.1. Equipos de apoyo

El papel fundamental de los Equipos de apoyo consiste en facilitar a los centros la ayuda y asesoramiento técnico necesario en cada una de las actividades relacionadas con la orientación escolar.

El apoyo, si bien tiene carácter permanente, en la práctica se reliza de forma periódica debido a la atención que deben prestar a los demás centros del sector.

El logopeda, al igual que el profesorado de apoyo, facilita las relaciones entre el propio centro y los servicios de apoyo y orientación potenciando la coordinación con carácter de reciprocidad, por una parte el logopeda recibe asesoramientos técnico-pedagógicos y estrategias de evaluación y aporta las informaciones necesarias respecto a la organización del centro y es nexo entre el centro y los equipos de apoyo.

3.2. Centro ordinario y de integración

3.2.1. Intervención

La intervención del logopeda, tanto en el centro ordinario como en el de integración (con alumnos con necesidades educativas especiales y que nosotros nos centramos en las personas con dificultades auditivas), el marco de actuación será:

- En relación con el proyecto del centro:
  - Interviene en su elaboración.
  - Que contemple la necesidad de la Logopedia.

3.2.2. Con la identificación de las N.E.E. de los alumnos

- Valoración de las N.E.E. en relación con los aspectos curriculares del área del Lenguaje.
- Colabora en la propuesta o realiza las ayudas técnicas necesarias para el acceso del alumno al currículo.

3.2.3. Con el profesor tutor

- Asesoramiento, colaboración y elaboración de programas en el área de Lenguaje del grupo-clase, diseñando y practicando estrategias de aprendizaje y materiales adecuados.
- Orientando las adaptaciones necesarias para la mejor adquisición del lenguaje y del habla.

15

– Colaborando en la evaluación continua en el proceso de aprendizaje en el área del lenguaje.

3.2.4. Con los alumnos

– Prevención, diagnóstico y evaluación, intervención, (re)habilitación, identificación de las N.E.E., estimulación en alumnos considerados de riesgo, en educación Infantil y primeros cursos de Educación Primaria.

– Creando situaciones y oportunidades de comunicación en el aula de acuerdo siempre con el profesor tutor en relación con la programación diseñada.

3.2.5. Con la familia

– Informando sobre el proceso de adquisición del lenguaje y habla.

– Implicación en el proceso de intervención.

– Buen clima.

Consideramos que para una correcta intervención hay que considerar:

– Diagnóstico.

– Atención temprana.

– Valoración de posibilidades.

– Implicación familiar.

– Intervención individual.

– Elaboración de estrategias (adaptaciones curriculares individuales).

– Revisión periódica.

Las adaptaciones curriculares deberán contar con personal especializado y tiempo extra para conseguir una competencia mínima de los alumnos de Lengua Española.

Dada la heterogeneidad de la población con deficiencia auditiva conviene una oferta educativa variada:

– Enseñanza "bilingüe", lengua de signos oral para alumnos sordos para garantizar el "hacerse entender y entender".

3.3. Centro específico

El desarrollo de los aspectos educativos de la Ley de Integración Social de los Minusválidos (LISMI, 1982) concluye con la promulgación de los reales decretos 334/1985 y 696/1995 de Orientación de la Educación Especial, los cuales persiguen la integración en el Sistema Educativo ordinario de los niños con N.E.E. Estos reales decretos suponen un profundo cambio de la Educación Especial dejando de ser una modalidad de enseñanza al margen del sistema ordinario.

Por consiguiente, la Educación Especial aparece regulada en España como parte integrante del sistema educativo al servicio de las personas con N.E.E. Pero es la Logse (1990) donde por vez primera aparece legislativamente recogido el término necesidades educativas especiales.

La necesidad educativa especial requiere la dotación de medios especiales de acceso al currículo mediante un equipamiento, unas instalaciones o unos recursos especiales, la modificación del medio físico o unas técnicas de enseñanzas especializadas.

Al centro específico deben acudir aquellas personas con necesidades educativas especiales permanentes que presenten graves trastornos en su aprendizaje y/o desarrollo, pudiendo exigir una adaptación generalizada del currículo escolar.

El logopeda observa sistemáticamente al alumno en el medio natural para identificar las N.E.E. en el medio del lenguaje; elaborará, valorará y tratará las dificultades del lenguaje y habla en el marco de las funciones que el logopeda debe desarrollar en el centro.

El logopeda deberá considerar no sólo a los alumnos cuyos procesos de aprendizaje son lentos, sino también a aquéllos especialmente dotados en determinadas áreas que progresan con mayor rapidez que sus compañeros en la consecución de los objetivos propuestos. Se hace necesario ofrecer una respuesta educativa a estos sujetos con el fin de que puedan progresar de acuerdo con sus capacidades.

Estas modificaciones curriculares podrían suponer, según los casos:

– Adaptación del material didáctico utilizado.
– Modificación en la metodología de enseñanza.
– Propuesta de actividades de aprendizaje diferenciadas.
– Organización flexible de grupos de trabajo.
– Aceleración o desaceleración de ritmos en nuevos contenidos.

La diversidad es un hecho inherente al desarrollo humano y la educación escolar tendrá que asegurar un adecuado equilibrio entre la necesaria comprensividad del currículo y la innegable diversidad de alumnos.

La integración de alumnos con N.E.E. obliga a importantes modificaciones en la organización escolar y en la distribución de espacios de aprendizajes que serán más flexible, lo que obligaría a un incremento de logopedas, revisión de los procedimientos de evaluación y promoción, ayudas al profesorado y una permanente formación del mismo.

3.3.1. Con el niño sordo

Como la integración social del niño sordo es objetivo irrenunciable tanto en el centro específico como en el de integración, ambos trabajarán en este doble sentido:

– Desarrollar al sordo como persona y aproximar los dos mundos (oyente-silente). El centro de integración aunque de partida tiene la ventaja de tener a los ayentes próximos para el logro del segundo objetivo, nada conseguirá si su proyecto curricular no incluye medidas para conocer y aproximarse al mundo de los sordos. (Proponemos profesores de sordos de algunas asignaturas para alumnos sordos.)

17

Pero eso mismo está obligado a hacer el centro de sordos que corre el riesgo de encerrarse en sí mismo y privar al alumno del necesario ensayo de inserción en el mundo oyente . Y no debe tampoco rehuir su obligación de intervenir en la sociedad para que conozca mejor a estos sujetos. Así pues, su proyecto curricular debe incluir también una intervención dirigida al entorno oyente que rodea al niño y al centro.

Dos son los problemas actuales en la integración del sordo. Uno es el problema del código común. La oferta educativa no les facilita ser competentes en Lengua Española, pero tampoco en lengua de signos. Lamentablemente, la educación del sordo no tiene resuelto el tema de un código lingüístico que transmita los contenidos del currículo.

Las decisiones de escolarización del niño sordo deben ser tomadas por la familia con asesoramiento de los Equipos de Atención Temprana y, en general, la Administración debe procurar que estos profesionales de los equipos reciban información y formación para ser más conscientes de la problemática educativa del sordo profundo (aprovechamos la ocasión para reconocer la profesionalidad y la competencia de Antonio Gutiérrez Fernández, que conoce muy bien la problemática del sordo, su lengua de signos y sus dificultades para convivir en la sociedad oyente. Es una de las personas más capacitadas para opinar y que sus opiniones, que compartimos, sean tenidas en cuenta junto a otros profesionales competentes cuando la Administración legisle en referencia al mundo silente).

El currículo oficial debe ser el punto de referencia:

Una aplicación práctica de propuestas para el diseño de una respuesta educativa podría ser:

– Para acceder a dicho currículum el sordo necesita poseer cuanto antes *Un código lingüístico* –el que sea– compartido con todos los alumnos del aula y con los profesores.

– Este código en edades muy tempranas, 3 a 7 años, debe ser la lengua de signos, pero es necesario que el sordo adquiera competencia en Lengua Española, en una palabra, lengua maternal.

– La integración en edades tempranas debe ser revisada. Nos parece más ajustado el centro específico de sordos o el centro de integración zonal de sordos.

3.4. *Servicio de rehabilitación*

Al considerar nosotros una logopedia clínica, algunas personas que asisten a rehabilitación necesitan una (re)habilitación logopédica (estamos pensando en personas con encefalopatías, disartrias, disartrofonías, insuficiencias respiratorias, disfonías, rinofonías, disfemias, disfasias, hipolalias, dislogias, hipoacusias, erigmofonías...).

4. PREPARACIÓN QUE NECESITA UN LOGOPEDA

Amplios conocimientos:

– Humanísticos.

– Psiocológicos.

– Pedagógicos.

– Fisioterapeúticos, puesto que toda logoterapia se debe relizar fundamentalmente a través de los aspectos indicados.

Debemos estar al corriente de las técnicas y métodos didácticos más adecuados para poder programar y llevar a cabo la labor y al mismo tiempo comprender todos los aspectos de la persona referente a su:

– Deficiencia.

– Trastorno de aprendizaje.

– Alteración de la personalidad.

– Estados de ánimo.

– Otras causas: ambientales, sociales...

– Experiencia clínico y educativa que posibilite al logopeda una buena relación con la persona, de forma que sea capaz de motivar y valorar y hacerle sentir agrado por la logoterapia.

Especialización y experiencia en Psicopatología de la Comunicación y con conocimientos teóricos y prácticos de las formas de terapia para los distintos trastornos de la comunicación verbal, tanto oral o vocal (como no oral o no vocal).

5. CRITERIOS DE TRATAMIENTO

Aunque en principio consideramos que el tratamiento individual es el más adecuado que el grupal, en todo momento debemos enfocar el problema con la "realidad concreta de la persona a tratar", necesidad específica.

5.1. *Tratamiento individual*

– Segun los pacientes:

  • Problema de articulación.

  • Dificultad de atención.

  • No sociables.

  • Hiperactivos.

– Según los trastornos:

  • Disartrofonías.

  • Insuficiencia respiratoria.

  • Estenosis laríngeas.

  • Dificultades graves de comprensión.

  • Sorderas profundas (desmutización).

  • Afasias.

5.2. Tratamiento en grupo

1. Para favorecer la imitación.

2. Estimula la desinhibición.

3. Estimulación de la jerga.

4. Maduración de las actividades lúdicas y sociales.

5. Fomento del diálogo.

6. Preguntar y responder.

7. Laringectomizados.

El grupo máximo debe ser de tres personas. Un mismo individuo puede trabajar simultáneamente en sesiones individuales o grupales según las características especiales a tratar en cada caso. Los grupos deben ser homogéneos con un gran margen de coincidencia entre ellos y nunca incongruentes.

6. DURACIÓN Y FRECUENCIA DEL TRATAMIENTO

En los casos en que hay una alteración subsanable, el tratamiento persiste hasta que haya desaparecido dicha alteración.

Es fundamental comenzar el tratamiento logopédico "lo antes posible" y previamente realizar programas de atención temprana del lenguaje desde los primeros días. En estos casos puede realizar la tarea el logopeda directamente o "ayudando a los padres" por medio de programas y orientaciones adecuados.

Nuestra sección de logofoniatría (término que viene a completarse en sí mismo) hemos comenzado con niños de tres años y medio a cuatro.

Los que no han sido estimulados desde bebés, no consideran el lenguaje como un código de comunicación necesario, sino como uno más que utilizan (lengua de signos, afectivo, visual, etc.) y por eso tienden a utilizar el lenguaje cuando sólo se los exige el ambiente (padres, otros niños, etc.) con los que se va dando un progresivo retraso en el lenguaje que se manifiesta muy rudimentario y las posibilidades de diálogo quedan muy reducidas.

Cuando el lenguaje es estimulado en el niño, éste lo interioriza y lo utiliza como principal medio de comunicación, dando prioridad al lenguaje oral sobre los demás códigos.

7. ORIENTACIÓN DEL TRATAMIENTO

Cada persona es "su" personalidad, por esto en cada tratamiento nos basamos en las características especiales de cada uno.

7.1. Objetivos

Conseguir que la persona sienta la necesidad de emplear el lenguaje como forma de comunicación y no de mera respuesta.

Conseguir un amplio grado de comprensión (interiorización) del lenguaje como paso previo a la expresión.

Ampliar el vocabulario, elaboración de frases y su coordinación correcta.

Que el paciente llegue a utilizar la función semántica del lenguaje como instrumento de abstracción y generalización.

Los objetivos están en función del nivel de los enfermos que, en mayor o menor grado, limitará tanto la cantidad como la calidad de las adquisiciones.

Debemos siempre proporcionar al enfermo –con el lenguaje– un instrumento de comunicación que pueda sentir como propio, aunque esta comunicación no sea perfecta.

7.2. Metodología

En el niño con N.E.E. del lenguaje, antes de todo tratamiento y en las primeras sesiones, nuestro objetivo es que colabore. El principal método es el juego más o menos "responsable", identificación de colores, tamaños y formas, etc.

De una espontanedidad lúdica llegaremos a la comprensión y a la imitación de sonidos.

No somos partidarios de forma sistemática al uso de recompensa o esfuerzos negativos. El juego, el ejercicio bien realizado y nuestra actitud "de simpatía" deben ser fuentes de satisfacción interna.

Para evitar automatismos empleamos de forma constante el entorno como inicio de información e identificación verbal (la familia –léase la *madre*– es nuestra principal colaboradora).

En lo posible el niño debe manipular los objetos conocidos, reconocerlos en imágenes y asociarlos a todo en un contexto global.

La palabra cuchara, por ejemplo, en imágenes asociarla con el objeto real –acción de comer– que reconozca su imagen –visual, auditiva y táctil– y que pueda asociarla desde diferentes categorías.

No exigir respuestas automáticas a estímulos automáticos, hay que utilizar preguntas sistemáticas procurando que el enfermo trate de comprender en la medida de lo posible la estructura básica del diálogo.

7.3. Estructuración del lenguaje

Pensamos que todas las personas con N.E.E. deben ser apoyadas de una manera consciente por el medio para la adquisición del lenguaje y que este apoyo del lenguaje debe ser terapéutico.

Entendemos que está muy unida la terapia de estructuración del lenguaje con el tratamiento específico de logofoniatría.

El medio es el principal –en un sujeto normal– para la estructuración del lenguaje. Cuando la "divina" función del lenguaje presenta trastornos específicos es la Logopedia la que viene en su auxilio trabajando los aspectos motrices, sensoriales, temporales, espaciales, perceptivos, sociales, etc., intentando desarrollar las bases del lenguaje.

El logopeda trabaja los aspectos concretos que afectan a la voz, habla, articulación, trastornos de la compresnsión y la expresión, vocabulario, formación de frases, enriquecimiento verbal y lengua de signos.

7.4. Material

El Gabinete Logofoniátrico debe situarse en unas habitaciones amplias y bien iluminadas sin "barreras arquitectónicas".

Es mala costumbre muy generalizada destinar "locales", lugares, huecos estrechos, en los que tanto los pacientes como el logofoniatra se encuentran casi "presos".

Necesitamos un espacio para poder desplazarnos, según las actividades.

Hay un equipamiento indispensable:

– Animales de plástico, tela; alimentos, acuarelas, abecedarios sueltos.

– Biblioteca logopédica.

– Cerillas; cintas con grabación de sonidos onomatopéyicos; cajas con sorpresas; cartulinas con dibujos (letreros con la palabra correspondiente); comics; campanillas; casete; cintas con grabaciones de voces familiares, ruidos, gritos, cinta para control logopédico; contadores de bolas; cajas de diferentes tamaños y material; camilla, colchonetas.

– Diaporamas.

– Encerado; equipo de estimulación auditiva; espejos (fijos y móviles –de sastre–).

– Espirómetros (con boquillas individuales).

– Equipos de entrenamiento auditivo.

– Estanterías para guardar material.

– Fotocopiadora para realizar nuestro material.

– Fotos de familiares (sonrientes, serios); frases escritas; falutas; ficheros (carpetas individuales, de control de trabajos, etc.).

– Globos de diferentes colores, tamaños; guantes de goma especiales (para realizar ejercicios de masajes); guía lenguas (depresores de usar y tirar).

– Horquillas para hacer pompas de jabón; herramientas de plástico; historietas en viñetas (4, 5, 6) (noción y sucesión temporal); hoja de papel.

– Impresos (telegramas, giros, carnet de identidad, Hacienda).

- Juguetes de todo tipo, juegos con varias letras de cada (madera, plástico, script); juguetes convencionales.

- Libros; láminas; lápices de diferentes formas, color y tamaño; lista de siglas (O.N.U.); listas de palabras agrupadas por centros de interés; letreros; llaves de plástico.

- Magnetófono (grabación y control de ficha fonética y controles de progresos –autocontrol logofoniátrico–); material fungible; medios audiovisuales; metrónomos; marionetas; mapas; marcos para encajar letras; mobiliario adecuado según los pacientes; muñecos articulados.

- Órdenes escritas.

- Pañuelos de diferentes colores y tamaños; papel de seda; pelotas de ping-pong; pitos; plastilina; pinceles; plano de la ciudad; plano del metro; prendas de vestir (personales); pajitas de sorber líquidos; piruletas; pares de objetos iguales; proyector; preguntas escritas; periódicos; poesías; puzzles; películas.

- Recipientes de plástico; radio; revistas; refranes; reloj estrepitoso.

- Sonajeros.

- Timbres, tocadiscos; tarjetas con dibujos de objetos; trompetillas; títeres; tijeras (derecha, izquierda); T.V.; tebeos; tómbolas de letras; tiza, tambores.

- Velas; vídeo.

- Xilófono.

8. ORIENTACIONES GENERALES

El equipo logopédico (?) elabora una metodología dedicada especialmente a facilitar a los padres, hermanos, esposos, etc., una visión global del problema y trabajar en una misma dirección logoterapéutica respetando los niveles madurativos de las personas.

8.1. *Orientaciones a la familia*

Por lo general la familia tiene hacia la *logofoniatría* "gran espectación".

Los profesionales debemos tranquilizar a la "constelación familiar" que el *lenguaje* no se implanta mágicamente, sino sobre unas determinadas bases funcionales previas y que el *logofoniatra* no posee todas las soluciones a los problemas.

Hay que hacer ver que algunas de las posibles soluciones están dentro de la familia (estimular la necesidad de comunicación, la utilización de la Lengua de Signos, etc.) y que los límites del problema vienen marcados por las posibilidades concretas del paciente.

En el caso de las personas con necesidades educativas especiales que vienen a nuestro *Gabinete logofoniátrico* con periodicidad procuramos orientar a la familia en un doble sentido:

– Señalamos cómo pueden contribuir a desarrollar el lenguaje de sus familiares facilitándoles experiencias positivas y cresas (ricas) en contenidos verbales y cómo pueden manejar estos contenidos.

Estas orientaciones las realizamos:

a) A través de entrevistas para recibir y dar información sobre la persona tratada, su situación evolutiva de lenguaje, los aspectos y circunstancias que pueden favorecer o retardar el desarrollo y las alteraciones específicas que pueden manifestar.

b) En cometido de toda la orientación anterior, informamos a los familiares (con toda discreción) de las posibilidades logoterapéuticas y los límites.

c) Orientación sobre la conducta a seguir o modificar en el medio familiar y que pueden afectar al *lenguaje* del enfermo.

d) En algunos casos les facilitamos ejercicios para que realicen en casa; sobre todo nos interesa que la familia colabore con nosotros en aspectos concretos del tratamiento, con el fin de que el paciente pueda repetir en situaciones distintas, experiencias concretas del *Gabinete* y para ampliar la frecuencia de estas repeticiones:

   – Orientaciones sobre el tipo de vocabulario.

   – Libros de imágenes.

   – Consolidar las adquisiciones, etc.

e) En los casos de personas con N.E.E. que están muy afectados su tratamiento del lenguaje debe iniciarse a través de situaciones cotidianas (comida, aseo), que se corresponden con sus necesidades básicas, para poder establecer una asociación inicial entre la necesidad básica, la afectiva y la verbal.

Elaboramos con los familiares programas y se les explica qué circunstancia y experiencias pueden aprovechar o provocar para favorecer el lenguaje.

Este tipo de orientación incluye ejercicios para la inhibición del babeo, morder, masticar, movimientos de mandíbula, respiración, vocalización, deglución, succión, posición correcta de la boca, posición del cuerpo, "prácticas negativas" delante del espejo, concepto de sí mismo, eutonía ("darse tiempo para escucharse y descubrirse. Escuchar lo que está presente en nuestro cuerpo, lugar de nuestra vida"), ritmo, aprender a escuchar, iniciación a emitir sonidos, etc., que es necesario abordar de forma precoz y con mucha constancia.

Capítulo III
Desarrollo motor y del lenguaje en el niño normal

1. COMPORTAMIENTO MOTOR Y LENGUAJE

1.1. *Primeros días*

- Reflejos groseros.
- Movimientos primitivos.
- Reflejo de enderezamiento cervical.
- Reflejo de Moro o reacción del "sobresalto" intenso.
- Reflejo cervical tónico asimétrico.
- Rotación y levantamiento de cabeza.
- Reflejos de succión.
- Reflejos de bostezo.
- Llanto vocálico (90% la "A").
- Mordedura.
- Movimientos rítmicos bucales (fundamento de la psicomotricidad).
- Expresión del rostro indefinida.
- Ruidos guturales.
- Se atraganta.
- No siente naúseas.
- Grito expresivo.

1.2. Primer mes

– Reflejo de enderezamiento cervical.

– Reflejo de Moro sigue intenso.

– Reflejo de enderezamiento laberíntico.

– En decúbito ventral, consigue levantar la cabeza.

– Falta reflejo en decúbito dorsal.

– Ruidos guturales.

– Respiración más regular y profunda.

– Deglución firme.

– Siente ciertas náuseas.

– No se atraganta como en los primeros días.

– Emite sonidos placenteros ante lo cómodo.

– Emite sonidos de desagrado ante lo incómodo.

1.3. Dos meses

– Expresión facial de alerta.

– Persiste el reflejo de enderezamiento cervical.

– Reflejo de Moro ante un cambio de posición del cuerpo.

– Levanta la cabeza con más seguridad estando en decúbito ventral.

– No levanta la cabeza en decúbito dorsal.

– Imita la sonrisa facial.

– Emite un sonido semejante a la risa.

– Gritos y arrullos.

– "Contesta" cuando se le habla.

– Los sonidos vocales que se le escuchan son la "A" - "I" y "E" (gritos).

– Se escuchan sonidos de "K" - "J" y "G" por casualidad después de comer.

– Sonidos débiles bilabiales ("B" o "P").

– Retiene brevemente el sonajero pero no lo mira.

– "Mira" objetos distantes.

– No "mira" objetos próximos.

1.4. Tres meses

– Se sienta con apoyo.

– Sostiene el sonajero y hasta lo mira teniéndolo en la mano.

- Por primera vez mira sus manos (coordinación óculo manual).
- Sus ojos siguen objetos.
- Se ha debilitado el reflejo de Moro
- Levanta la cabeza en decúbito ventral con facilidad.
- No levanta la cabeza en decúbito dorsal.
- Disminuye el llanto.
- Mayor "vocalización".
- Comienza a mover la lengua, los labios y la mandíbula.
- Cuando está satisfecho dice "GA, GA, GA".
- Los sonidos de "K" y "G" se escuchan con frecuencia.

1.5. Cuatro meses

- Está en condiciones de mantener erguida la cabeza.
- Le agrada permanecer levantado.
- El reflejo de Moro se debilita.
- Comienza a levantar la cabeza en decúbito ventral.
- El lactante es ambidextro.
- Mueve los brazos al mismo ritmo.
- Sonríe con sólo ver una cara.
- Cuando ve el alimento abre la boca.
- Succiona con energía.
- Adquiere conciencia de sus dedos (juega con ellos y se los lleva a la boca).
- Repite sonidos cuando está contento (balbuceo: GA, GA, GA - BA, BA, BA).
- "Habla" cuando está solo.
- Murmullos.
- Vocalización - social.

1.6. Cinco meses

- Momentáneamente está a punto de quedar sentado.
- Sus ojos siguen a un anillo que cuelga y se desplaza hacia la izquierda y hacia la derecha.
- "Capta el mundo con sus ojos" (Gesell, infant development).
- Da palmaditas al biberón.

– Deglute sólidos (mayor movimiento de la lengua y el maxilar).

– Incrementa el balbuceo.

– Va controlando los músculos vinculados con el mecanismo de la locución.

– Adquiere variaciones tonales el balbuceo (comienza a mostrar características de conversación).

– El balbuceo reviste una importancia crucial en el aprendizaje del habla.

– Los sonidos vocales constituyen un 60%.

– El sonido "J" representa el 60% de todas las consonantes.

– Los sonidos "T" y "Z" menos del 1%.

1.7. Seis meses

– Tendido en decúbito dorsal, levanta las nalgas.

– Se sostiene sobre los hombros y los pies.

– Se prepara para sentarse.

– Se sostiene sobre las manos y las rodillas.

– Mayor coordinación ojo-mano.

– Sostiene un sonajero.

– Aparece el reflejo de Landau.

– Aparece el reflejo de "extensión defensiva de los brazos".

– El balbuceo va en aumento.

– Emplea el lenguaje gestual natural para comunicarse.

– Entiende el lenguaje gestual natural de los adultos.

1.8. Siete meses

– Pasa los objetos de una mano a otra.

– Succiona y mordisquea sus manos.

– Deglute sólidos con facilidad.

– Cierra la boca fuertemente cuando no quiere comer.

– Aparecen los primeros dientes (erupción dentaria).

– Pasa con la lengua el bolo alimenticio de un lado a otro de la boca.

– Reflejo de enderezamiento corporal.

– Va desapareciendo el reflejo de Moro.

- Reflejo de Landau (es más intenso que hace un mes).
- El reflejo de extensión defensiva de los brazos sigue desarrollándose (este reflejo persistirá toda la vida).
- Balbuceo muy variado.
- Repite una sílaba "como un disco rayado".
- Se ensaya para empezar a hablar.
- "Se escucha".

1.9. Ocho meses

- Permanece sentado sin apoyo durante un minuto.
- Se mantiene erecto, pero sin estabilidad.
- Se vuelve en decúbito ventral.
- Imita movimientos rítmicos (batir palmas).
- Entiende palabras.
- Aparecen las inflexiones.
- Quiere imitar el habla del adulto.

1.10. Nueve meses

- Permanece sentado sin apoyo diez minutos (consigue agacharse y después enderezarse nuevamente).
- Se pone de pie con apoyo.
- Intenta gatear pero tiene dificultad para controlar las extremidades inferiores).
- Mayor entendimiento de las palabras (al decirle la palabra "peinar" quiere peinarse).
- Imita palabras que tiene en su "archivo del balbuceo".

1.11. Diez meses

- Mantiene la posición de sentado con un buen control, buena estabilidad y bien erguido.
- Permanece de pie y luego se vuelve a sentar.
- Gatea hacia atrás.
- Al verse en el espejo sonríe.
- Comienza a soltar objetos.
- Su dedo índice y el pulgar entran en movimiento de oposición.

- No le gusta estar tendido.
- El reflejo de Moro se estabiliza.
- Cierta discriminación auditiva.
- Quiere imitar las posiciones labiales conscientemente.
- Algunos dirán la primera palabra.
- Responde cuando escucha su nombre.
- Ante el espejo vocaliza.
- Intensidad máxima del reflejo de Landau.
- Número de palabras: una.

1.12. Un año

- Su obsesión es estar de pie.
- Con apoyo da pasos laterales.
- De la mano consigue caminar.
- Mantiene en oposición al índice y al pulgar.
- La extensión defensiva de los brazos sigue desarrollándose como una defensa para protegerse de las caídas.
- Mastica y deglute con facilidad.
- La inteligencia influye en la aparición de la primera palabra.
- Número de palabras: tres.

1.13. Quince meses

- Impulso de locomoción muy intenso.
- Quiere hacer cosas solo.
- Arroja objetos con fuerza.
- Rechaza el biberón y quiere comer con la cuchara.
- Se desplaza sentado sobre las nalgas y da pasos vacilantes.
- El reflejo de enderezamiento corporal está en activo.
- Aumenta su lenguaje comprensivo.
- Su vocabulario aumenta con lentitud (está ocupado con la locomoción).
- Numero de palabras: veinte.

1.14. Dieciocho meses

- Actividad motora intensa (corre-sube-baja).
- Actividad motora gruesa (ya se saca los zapatos).
- Control voluntario de movimientos.
- Tiene de veinte a treinta palabras.
- Emisiones verbales propias (montón por azúcar).
- Jerga (imita el lenguaje del adulto).
- Ve fotografías con agrado.
- Señala objetos.

1.15. Veinticuatro meses

- Actividad motora gruesa.
- Da patadas a la pelota.
- Se cambia objetos de mano.
- El reflejo de Landau ha desaparecido.
- El reflejo de extensión de los brazos aumenta.
- El reflejo de enderezamiento corporal está implantado de forma definitiva en un 50% de los niños.
- Control en los órganos del habla.
- Controla voluntariamente los músculos (mandibulares).
- Tiende a desaparecer la jerga que se acentúa en momentos de tensión.
- Comprende y usa sustantivos.
- Designa animales comunes.
- Designa partes del cuerpo.
- Aparece la frase de tres palabras.
- Emplea el "YO", "MI" y "TÚ"
- Ecolalia (palabras que se escuchan pero que no se entienden en un principio y que culminará con una imitación consciente a los 30-36 meses).
- Número de palabras: 300.

1.16. Treinta meses

- Sus músculos flexores y extensores no están coordinados en un agonismo y antagonismo equilibrado.
- Presión demasiado enérgica y relajación de la presión demasiado "fuera de tiempo".

- Rabietas y modalidades de conductas extremas "el niño se ve arrastrado en dos direcciones contrarias al mismo tiempo".
- Gran incremento del vocabulario.
- Combina dos frases cortas para formar oraciones.
- Ecolalia más consciente.
- Discrimina mejor los fonemas.
- Autocorrige por imitación muchos "antiguos" errores de articulación.
- Número de palabras: 450.

1.17. Treinta y seis meses

- Dominio motor de sí mismo.
- Equilibrio y desenvoltura.
- A.V.D. (actividades de la vida diaria) con independencia.
- Sabe desabotonarse la ropa.
- Aparece la preferencia por una mano.
- Le gustan los lápices de colores.
- Dibuja una cruz con cierta precisión.
- Emplea frases sencillas.
- Escucha atentamente palabras.
- Se nombra a sí mismo en sus dramáticos monólogos.
- Disocia el gesto de la palabra.
- Tiene fallos de articulación que persistirán varios meses (70 meses o como máximo 84 meses).
- Le entienden personas ajenas a su familia.
- Surgen preguntas ¿cómo?, ¿por qué?
- Contesta a preguntas sencillas.
- Declara su sexo.
- Número de palabras: 1.000.

1.- Introducción.

2.- Concepto de trastorno de lenguaje.

3.- Etiología.

4.- Etiopatogenia.

5.- Sintomatología.

6.- Evaluación diagnóstica y pronóstico.

7.- Clasificación de los trastornos del lenguaje.

1. INTRODUCCIÓN

La patología es la rama de medicina que trata del estudio de las enfermedades y anormalidades del organismo y por una extensión del vocablo, "lo patológico" es sinónimo de anormal. La patología del lenguaje es, por tanto, el aspecto de la *Logopedia* que se refiere al estudio de las anormalidades del *lenguaje*.

En el estudio de los desórdenes de la expresión oral se pueden considerar dos aspectos principales: las alteraciones de la facultad lingüística y el sujeto que las padece, esto es, el habla y el hablante. Es la medicina la ciencia que aporta los conocimientos básicos sobre la neurofisiología del lenguaje, tema de alcances sorprendentes en el campo teórico y técnico de la *Logopedia*, y los principios de la observación clínica tan indispensables en la medicina, son aplicables también a la patología del lenguaje. El especialista en *Logopedia* necesita, igual que el médico, desarrollar su habilidad de observación y análisis de los síntomas y su dinámica fisiológica en relación con el paciente. El *Logopeda,* pues, se encarga de la rehabilitación funcional de las anomalías y al médico le corresponde el tratamiento orgánico de las mismas; cada uno es insustituible en su campo para la corrección de los funcionamientos defectuosos.

2. CONCEPTO DE TRASTORNO DE LENGUAJE

El primer problema al que nos enfrentamos es el de precisar el límite de lo "normal" y lo "patológico" en materia de lenguaje. De una manera intuitiva, la generalidad acepta como atributos esenciales de un habla "normal": el empleo apropiado de las palabras según su significado; la cantidad y calidad del vocabulario, suficiente y preciso; la claridad de la articulación; la forma gramatical adecuada; el ritmo y velocidad apropiados; y en lo que se refiere a la voz en forma especial: la audibilidad (volumen apropiado); la cualidad agradable, el tono apropiado a la edad y sexo, la entonación de la frase en concordancia con su significado y sus necesidades expresivas.

Ahora bien, el concepto de normal o anormal es un tanto subjetivo y depende del criterio del examinador que va a emitir el juicio, así como de las normas sociales en que se apoya para establecer la comparación.

Para el especialista en *Logopedia*, la acepción del concepto de lenguaje normal debe abarcar los puntos de vista fisiológico, lingüístico, estadístico, social, individual y temporal que lo definen.

Desde el punto de vista fisiológico, el habla normal es la que se produce sin ninguna alteración de su dinámica anátomo funcional. Según la lingüística, es aquella que se ajusta a la norma tradicional impuesta por la colectividad. Estadísticamente, la normal corresponde a lo que dicta la mayoría o generalidad de los individuos que forman la sociedad. En relación con el fenómeno social, el lenguaje puede considerarse normal cuando no obstaculiza la intercomunicación humana.

Resumiendo, el concepto de lenguaje normal, reúne una serie de características graduadas y descritas por la generalidad, ajustadas las normas sociales, que no obstaculizan las relaciones entre los individuos que forman la colectividad y no entrañan una imposibilidad verdadera de expresión. Todos los rasgos que se oponen o salen de este concepto entran en el campo de la patología. Las anomalías del lenguaje son, entonces, todas las diferencias de la norma en cuanto a forma, grado, cantidad, calidad, tiempo y ritmo lingüístico que dificultan las posibilidades de expresión interpersonal y que implican una deficiencia más o menos duradera de la habilidad lingüística.

Antes de llegar a la descripción de las diferentes alteraciones patológicas del lenguaje, analizaremos los elementos que pueden concurrir en su presentación, siguiendo el ordenamiento básico que guía el estudio de la patología general.

3. ETIOLOGÍA

La etiología es el estudio de las causas que originan los padecimientos. El terapeuta del lenguaje deberá analizar con sumo cuidado las alteraciones observadas y en ocasiones tendrá que recurrir al consejo de otros especialistas que le ayudarán a obtener las conclusiones del estudio etiológico.

Determinar la causa que originó un trastorno de lenguaje es el punto básico de donde va a partir el tratamiento; sólo conociendo los elementos que actuaron en la producción de la anomalía se podrán atacar directamente para corregir la deficiencia. La investigación etiológica de las alteraciones del lenguaje marca los siguientes aspectos fundamentales:

3.1. Causas orgánicas

En la producción del lenguaje intervienen una gran cantidad y variedad de órganos de diferentes sistemas; en consecuencia, cualquier anormalidad o lesión anatómica en estos órganos puede originar un trastorno del lenguaje. En este caso nos referimos a cualquier anomalía del aparato fono-articulador y del sistema nervioso.

3.2. Causas funcionales

Las causas funcionales de las anomalías del lenguaje son los defectos en el proceso fisiológico de los sistemas que intervienen en la emisión de la palabra, aunque los órganos se encuentren en perfecto estado.

Las fallas funcionales pueden deberse a procesos mentales, auditivos, psíquicos o mecánicos que determinan la implantación de hábitos defectuosos que alteran la emisión de la palabra.

3.3. Causas orgánico-funcionales

Es difícil separar lo orgánico de lo funcional y casi nunca encontramos anomalías puras de una categoría. Es natural que un daño orgánico origine fallas en la función; y aún puede darse el caso contrario, que una alteración funcional cause una anomalía orgánica.

Otro punto importante es el de precisar si predominan las causas orgánicas o las funcionales en la producción de la anomalía lingüística que se estudia.

No siempre hay una relación directa entre lo orgánico y lo funcional; en ocasiones, aunque el daño orgánico sea muy severo, los procesos de acomodación, adaptación y compensación fisiológica pueden restablecer espontáneamente la función o marcar apenas una leve deficiencia; o bien puede darse el caso contrario: a una mínima alteración orgánica una gran imposibilidad funcional. El terapeuta del lenguaje necesita saber qué causas concurren directamente en la producción del trastorno y en qué proporción, con objeto de orientar el tratamiento adecuadamente.

3.4. Causas somáticas

Por existir una relación tan estrecha entre lenguaje y pensamiento, es lógico que las alteraciones de este último puedan causar una anomalía en la expresión oral, así como los desórdenes de la palabra puedan afectar la integridad del psiquismo.

En ciertas formas de padecimiento (la Disfemia, por ejemplo), la alteración lingüística puede ser un síntoma de neurosis y, en este caso, la relación entre una y otra se explica sobre la base de que la anomalía psíquica es el todo y el problema de lenguaje es sólo un síntoma, además de la conexión de causa y efecto que las une.

También puede suceder que el psiquismo del individuo, debido a reacciones complejas de la psicodinámica de la conducta, actúe en la producción de anomalías de la voz y de la palabra, presentando características sintomatológicas con apariencia de anomalías orgánicas.

3.5. Causas endocrinas

La relación entre hormonas y procesos mentales parece ser bastante íntima. El exceso o deficiencia en la secreción de las diferentes glándulas se traduce en cambios de la conducta.

El hipotálamo tiene la función de convertir en efectos visceromotores y neuroendocrinos los impulsos provenientes de otras partes del cerebro. A través del hipotálamo las funciones endocrinas son activadas y se equilibran las percepciones internas y externas, los estados afectivos, las emociones y la conducta.

Las glándulas endocrinas desempeñan un papel importante en el desarrollo psicomotor del individuo, en el crecimiento, en la conducta adaptativa y sexual, en el funcionamiento y crecimiento normal del cerebro y en el lenguaje, ya que éste es un producto mental por excelencia.

En este punto, siempre se debe tomar en cuenta que el funcionamiento de las glándulas endocrinas se realiza en círculo, es decir, la función de una puede afectar a todas debido a la relación constante que ejercen entre sí unas y otras.

El sistema endocrino actúa en relación con el lenguaje como elemento excitante o inhibidor en la producción de la palabra, y en ocasiones puede influir o ser la causa decisiva de ciertas alteraciones patológicas de la palabra y la voz más o menos severas.

3.6. Causas ambientales

El niño en cuanto nace está sujeto a los factores ambientales naturales, sociales y culturales en que vive. Su participación en el ambiente cultural y social empieza desde el momento del nacimiento.

Aprende a hablar el idioma que le enseñan los mayores, y el vocabulario que emplea está en razón directa con el ambiente sociocultural en que se desenvuelve. Si la familia, y sobre todo la madre, no le ha brindado la suficiente estimulación lingüística, es natural que su habla sea pobre y escasa. Si por otra parte, en su ambiente familiar hay personas que padecen algún trastorno de lenguaje, el continuo contacto entre los miembros de la familia puede ocasionar alguna alteración patológica del habla por contagio o imitación.

La relación existente entre los trastornos del lenguaje y el ambiente social puede actuar en dos sentidos: por un lado, cuando el ambiente familiar y social es adverso al niño, crea conflictos y traumas en su psiquismo que pueden alterar el proceso del lenguaje y ocasionar indirectamente un desorden de la palabra.

Por otra parte, el sujeto que padece algún trastorno de lenguaje recibe la desaprobación de sus semejantes, lo que puede causar en él diferentes reacciones y provocarle problemas de conducta y desadaptación más o menos graves.

4. ETIOPATOGENIA

La patogenia, rama de la patología que trata de la forma en que se desarrollan las enfermedades, cuando se refiere al estudio de las anomalías lingüísticas es debida al análisis de su desarrollo desde que se inician. Generalmente se une la patogenia a la etiología para llegar a establecer claramente las circunstancias que ocurrieron en el momento que se originó la alteración. Así se construye la historia desde su origen.

La etiopatogenia, además, traza la curva evolutiva del trastorno basándose en los datos proporcionados por el paciente, por el informante y por el estudio médico y psicológico.

Algunas anomalías del lenguaje son de origen congénito, otras son producto de la secuela de un daño orgánico; también pueden ser de tipo progresivo, aumentando gradualmente su severidad del trastorno, mientras que otras pueden presentar síntomas de recuperación espontánea. En el aspecto temporal pueden ser prenatales, natales y posnatales; unas anomalías son más persistentes que otras; algunas suelen agudizarse con cierta periodicidad o agravarse ante determinadas circunstancias, y no en todas se puede lograr la recuperación total.

Los datos globales del estudio etiopatogénico más las condiciones somatopsíquicas del paciente que describen su estado de salud general, la edad cronológica, su desarrollo psicomotor, el nivel de madurez psicológica, el grado de control emocional, los antecedentes culturales de la persona y el interés en su recuperación manifestado tanto por el paciente como por las personas que lo rodean, son todos ellos factores que guían al especialista en la conclusión sobre el curso probable que seguirá el padecimiento.

5. SINTOMATOLOGÍA

La sintomatología como parte de la patología de lenguaje se ocupa del análisis de las características externas del habla en relación con el hablante.

La observación sintomatológica del paciente requiere una técnica y habilidad especiales por parte del investigador, quien trata de intuir a través de las manifestaciones externas el fundamento y la correlación de los síntomas observados en la unidad biopsíquica del paciente.

Primeramente el especialista necesita observar y describir sus observaciones para que posteriormente proceda al análisis profundo de sus raíces y conexiones, llegando finalmente a la estructuración del cuadro sintomático de la anomalía.

Los aspectos somatopsíquicos y sociales del individuo que se relacionan estrechamente con la producción de las anomalías lingüísticas (abarcando el lenguaje oral y escrito) son principalmente los que a continuación enumeramos:

1. La audición.
2. Asociaciones mentales de los conceptos de la palabra (auditar).
3. Visión.
4. La mecánica respiratoria.
5. La asociación fonorrespiratoria.
6. Asociación auditivofonatoria.
7. Asociación visomotora en la lectura y escritura.
8. Funcionamiento vocal.
9. Control adecuado de la voz.
10. Funcionamiento de los resonadores.

11. Funcionamiento de los órganos de articulación.

12. El contenido del lenguaje en relación con el psiquismo.

13. Control emocional y madurez psicológica del sujeto.

14. El ambiente social en relación con el paciente y sus anomalías lingüísticas.

Los caracteres sintomatológicos que definen los aspectos cuantitativos y cualitativos del lenguaje de una persona son, primordialmente:

5.1. *Aspecto cuantitativo:*

– Desarrollo lingüístico comparado con normas establecidas.

– Extensión, grado y calidad del vocabulario.

– Existencia y amplitud del lenguaje interior.

– Comprensión del lenguaje.

5.2. *Aspecto cualitativo:*

– Conceptos lingüísticos y contenido del lenguaje.

– Calidad de la articulación.

– Calidad de la voz.

– Construcción gramatical en frases y oraciones.

– Ritmo del habla.

– Calidad de la lectura.

– Calidad de la escritura.

– Calidad de la interpretación lingüística.

En ocasiones un solo síntoma puede significar una anomalía de lenguaje, como ocurre en los errores de articulación; sin embargo, la misma característica puede obedecer a diferentes causas, variando su interpretación según la naturaleza del trastorno (la disartria puede ser periférica o central).

Otras veces, en el caso de haber más de un trastorno de lenguaje en la misma persona, es conveniente ordenarlos según su importancia en la personalidad del paciente.

6. EVALUACIÓN DIAGNÓSTICA Y PRONÓSTICO

La conclusión del estudio clínico del sujeto con necesidades educativas especiales es el diagnóstico, el cual consiste en determinar el grupo o subgrupo de los trastornos de lenguaje a que corresponde la anomalía lingüística que se estudia.

Es precisamente con la interpretación diagnóstica con la que se inicia la labor técnica del especialista en *Logopedia,* y de ella va a depender en gran parte el éxito del tratamiento.

El diagnóstico certero depende a su vez de la eficacia de la exploración clínica, de la experiencia, de la habilidad e intuición del especialista, de la validez de los datos obtenidos y del juicio del examinador.

Además del diagnóstico, es conveniente tener una idea del pronóstico del caso que se va a tratar. Pronóstico es el juicio que nos formamos sobre el curso futuro de un padecimiento, previendo si la recuperación va a ser lenta o rápida y si cabe esperar una rehabilitación parcial o total.

Conociendo el pronóstico del caso se evitará el desaliento cuando la anomalía es lenta de recuperación. La actitud psicológica del especialista siempre debe ser positiva para infundir en el paciente y en su familia confianza e interés en su rehabilitación.

7. CLASIFICACIÓN DE LOS TRASTORNOS DEL LENGUAJE

Por ser la patología del lenguaje tan variada y compleja, ya que un mismo trastorno puede estudiarse y analizarse desde diferentes puntos de vista, la terminología y clasificación de las anomalías del habla varía mucho de unos autores a otros.

7.1. *Según nuestro criterio*

Nosotros estudiaremos, para delimitar el terreno patológico de cada anomalía, agrupándolas en tres grandes categorías:

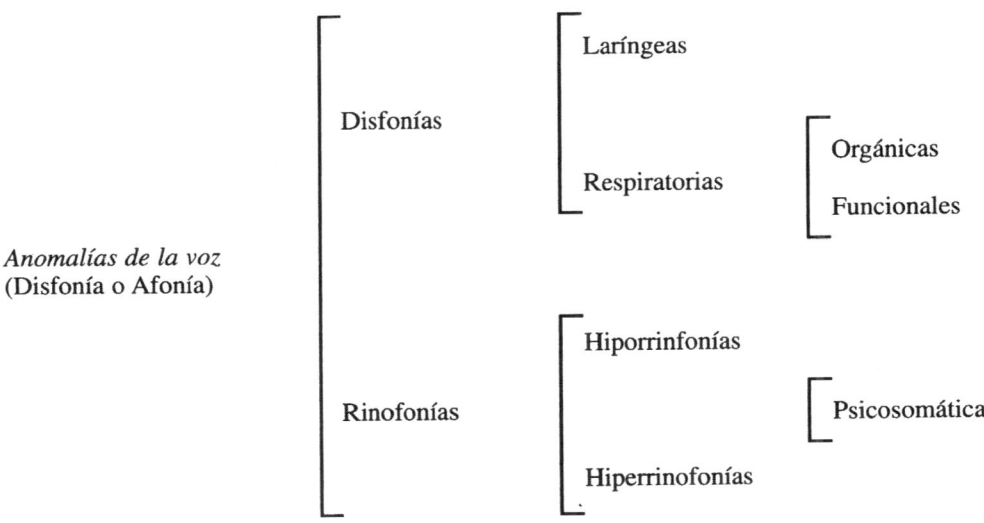

Anomalías de la voz
(Disfonía o Afonía)

Disfonías
- Laríngeas
- Respiratorias
  - Orgánicas
  - Funcionales

Rinofonías
- Hiporrinfonías
- Hiperrinofonías
  - Psicosomática

Anomalías del lenguaje
(dislalia o alalia)

- Disartria
  - Periférica
  - Central
    - Orgánicas (Disglosia)
    - Funcional

- Disfemia
  - Espamofenia
  - Tartajofemia

- Disritmia

- Disfasia
  - Motora Sensorial
  - Mixta Total

- Dislexia
  - Motora
  - Sensorial
  - Mixta
    - Visual
    - Auditiva

- Hipolalia

- Dislogia
  - Cualitativa
    - Psicótica
    - Neurótica
  - Cuantitativa
    - Demencial
    - Oligofrénica

Anomalías de la audición
(disacusia o anacusia)

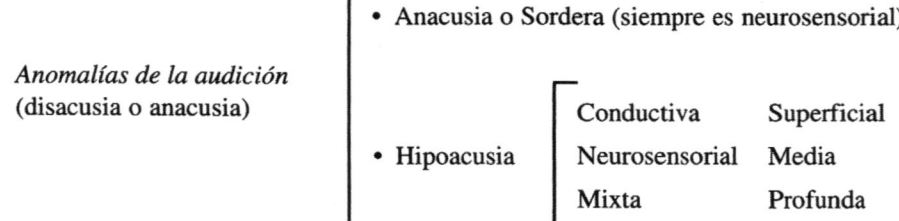

- Anacusia o Sordera (siempre es neurosensorial)

- Hipoacusia
  - Conductiva   Superficial
  - Neurosensorial   Media
  - Mixta   Profunda

7.2. *Según la sociedad americana de corrección del lenguaje*

1. *Disartria*

Defecto de la articulación originado por lesiones en el neuroeje.

Las disartrias se clasifican en:

• Anartria: falta total de la articulación oral.

• Bradiartria: articulación lenta y laboriosa, trastorno que puede presentarse en las personas que padecen parálisis.

• Mogiartria: defecto en la articulación debido a la incapacidad de controlar los movimientos musculares de forma voluntaria; es frecuente en parálisis cerebral.

2. *Dislalias*

Defecto en la articulación de origen extranéurico. Puede ser debido a causas orgánicas, funcionales o psicosomáticas. En este grupo se consideran todos los defectos articulatorios y fonéticos de tipo periférico. Se clasifican a su vez en:

A) Alalia mutismo o ausencia del lenguaje que comprende los siguientes trastornos:

• Alalia cofótica o sordomudez (cofosis=sordera).

• Alalia orgánica debida a daños anatómicos en el mecanismo periférico del lenguaje.

• Alalia fisiológica, debido a defecto funcional.

• Alalia prolongada, lenguaje retardado, que puede ser debido a mudez auditora, mutismo auditivo y mutismo prolongado.

B) Barbarolalia: articulación con acento extranjero o con cierto provincialismo.

C) Barilalia: desorden sintáctico.

D) Paralalia: sustitución fonética (ceceo...).

E) Idiolalia: lenguaje inventado.

F) Paidolalia: perseveración infantil del lenguaje.

G) Rinolalia: defectos articulatorios con voz nasal que pueden tener origen diverso.

• Rinolalia abierta: debido a alteraciones diversas y patologías de las aberturas nasales posteriores.

• Rinolalia megauvúlica: debido a una prolongación de la úvula.

• Rinolalia microuránica: debido a paladar corto.

• Rinolalia urano chismática: debido a fisuras palatinas.

• Rinolalia urano traumática: debido a trauma palatino.

• Rinolalia clausa: Consistente en la falta de resonancia nasal, debido a la obstrucción parcial o total de las vías nasales.

3. Dislogias

Defecto en la sintaxis y en la calidad de la expresión verbal debido a psicosis. Se clasifican:

A) Agramalogia: lenguaje incoherente.

B) Alogia: ausencia de ideas.

C) Bradilogia: lenguaje indolente y perezoso.

D) Catalogia o verbigeración: perseverancia de un sonido o palabras; estereotipia lingüística. A su vez, comprende habla ecoica.

E) Paralogia: lenguaje desatinado, razonamiento falso.

F) Taquilogia: o rapidez mórbida de lenguaje.

G) Polilogia: locuacidad excesiva.

4. Disfasias

Debilitación o pérdida de formación de las asociaciones verbales por dismimución de la integridad mental debida a enfermedad, shock o trauma.

A) Afasia: pérdida del lenguaje oral y escrito. Se clasifican:
  - Agrafía: pérdida de la capacidad y habilidad para escribir.
  - Amusia: pérdida de las asociaciones musicales.
    (Afasia Motora o de Broca: abarca los trastornos del lenguaje en su fase expresiva)
    (Afasia Perceptiva o Sensorial o de Wernicke: define todas las modalidades del lenguaje oral y simbólico).
  - Amimia: falta de habilidad en el lenguaje mímico.
  - Logofasia: imposibilidad de expresar ideas por medio del lenguaje.
  - Ceguera verbal (Alexia): ceguera de palabras. El paciente ve lo que está escrito, pero no reconoce los símbolos escritos.

B) Afasia Sensorial: pérdida de las asociacones auditivo-verbales. Se clasifican en:
  - Afasia auditiva o sordera verbal: incapacidad para entender las palabras habladas.
  - Sordera psiquica: el paciente escucha palabras y sabe repetirlas, pero no las entiende.
  - Amusia sensorial o sordera de los tonos musicales.
  - Afasia visual: alteraciones en el funcionamiento intelectual del lenguaje debido a falta de coordinación entre la imagen verbal y objetiva. A su vez comprende: la ceguera intelectual, la ceguera mental y la ceguera psíquica.
  - Agnosia: pérdida para reconocer las personas y cosas.
  - Alexia: pérdida de la capacidad para leer.

C) Afasia total o Afasia universal.

5. *Disfemias*

Desorden del ritmo del lenguaje y tics debidos a psiconeurosis, sinónimo de tartamudez. Se clasifican en:

A) Agitofemia: habla agitada y nerviosa.

B) Afemia o Mutismo, que puede ser:
   - Afemia o mutismo histéricos.
   - Afemia patemática debido a espanto o pasión.
   - Afemia plástica o mutismo voluntario.
   - Afemia espasmódica.

C) Parafemia: balbuceo neurótico.

D) Espasmofemia: tartamudez, tartajeo.

6. *Disfonías*

Defectos de la voz debidas a perturbaciones orgánicas o funcionales de las cuerdas vocales o a respiración defectuosa.

A) Afonía: ausencia de voz, que puede ser:
   - Afonía apofática: debida a negativismo de la conducta.
   - Afonía histérica.
   - Afonía orgánica: debida a anomalías en la estructura de la laringe.
   - Afonía paralítica.
   - Afonía paranoica.
   - Afonía patemática.
   - Afonía espástica.
   - Afonía traumática.

B) Baritofonía: voz gruesa.

C) Guturofonía: voz gutural.

D) Hipofonía: voz susurrante.

E) Idiofonía: características individuales de la voz.

F) Megafonía: voz anormalmente alta.

G) Metafonía: voz metálica.

H) Microfonía: voz débil.

I) Parafonía: alteraciones mórbidas de la voz.

J) Neumofonía: defectos de la voz debidos a falta de coordinación neumofónica, como la voz aspirada.

K) Rinofonía o voz nasal:
- Nasalidad.
- Gangosidad.
- Rinismo.
- Rinolalia clausa: falta de nasalidad en los fonemas nasales debido a obstrucciones nasales.

L) Traquifonía: ronquera o voz áspera.

M) Tromofonía: voz tremolante.

7. *Disritmia*

Defectos del ritmo en los que no se incluye la tartamudez. Pueden deberse a trastornos respiratorios o alteraciones endocrinas.

A) Disritmia neumafrásica: debida a defectos respiratorios.

B) Disritmia prosódica: defectos de la acentuación en la lectura y en la conversación.

C) Disritmia tónica: defectos en la inflexión vocal.

Capítulo V
Evaluación logopédica

1.- Anamnesis.

2.- Examen general.

3.- Examen de la audición.

4.- Examen neurológico.

5.- Examen mental.

6.- Examen fonatorio.

7.- Exploración del lenguaje y habla.

8.- Conclusión.

9.- Ficha logopédica.

1. ANAMNESIS

La evaluación de la persona con necesidades educativas especiales debe empezar con la anamnesis. Se necesita una notable experiencia y un conocimiento bastante completo de la patología logopédica para dirigir las preguntas, de tal manera que en cada caso particular puedan obtenerse los datos exactos y completos de la historia pasada de la enfermedad o trastorno.

Es muy útil el cuestionario que os presentamos donde constan todas estas preguntas, pero en realidad, cada persona enferma requiere preguntas especiales y, en otros casos, sobran casi todas.

El enfermo y/o los familiares del mismo y el *logopeda* estamos sentados en una habitación tranquila. Mutuo respeto. Las dos partes están en el mismo plano. El *logopeda* debe ayudar siempre. La mayoría de las preguntas las hace el *logopeda,* que nunca debe ser superior, crítico, moralístico, rígido, intolerante, desdeñoso (indiferente) o divertido. Se debe mostrar simpatía hacia las personas y tratar siempre de comprender la conducta del enfermo y sus familiares y la problemática. Evitaremos siempre condenar o ridiculizar.

Explicaremos el propósito del interrogatorio, el uso que haremos de él, el secreto y la veracidad.

Dar siempre comodidad a los examinados (enfermos y familiares); los primeros minutos los dedicaremos a la conversación relajada, sin tomar notas.

Preguntaremos de forma clara, corta, y neutralmente explicaremos el sentido de las palabras, si hay alguna que no comprenden. Las preguntas variadas son mejores, porque permiten fácilmente estudiar las respuestas y compararlas con una intención determinada.

Mantendremos siempre el contacto visual con el enfermo o familiares. Tomaremos las notas rápidamente, evitando silencios e inhibiciones. Evitaremos, en principio, contestar las preguntas que formulen los padres, hasta que esté estudiado el caso. Anotaremos también el

51

desarrollo de la anamnesis, el lenguaje empleado por el paciente o familiares (claro, concreto, emocional, muletillas, etc.), movimientos expresivos (comunicación gestual) y reacciones emocionales.

Explicaremos por qué se han hecho las preguntas que consideramos importantes y agradeceremos la colaboración prestada.

Al finalizar, preguntaremos si hay algo que crean que puede ser de utilidad y que no haya sido explicado o preguntado.

Escribiremos la historia claramente, exacta, con expresiones sencillas. Si hay algo dudoso, explicaremos por qué.

No usar abreviaturas si no son universalmente conocidas. Letra clara y legible.

Con respecto al trastorno de la voz o de la palabra de que se queja el enfermo, se preguntará por su fecha de aparición; las variaciones de intensidad y características, en qué circunstancias, ante qué personas, su curso, la causa a que creen que es debido; los tratamientos ya practicados y los resultados obtenidos.

Haremos hincapié en las funciones digestivas, cuyas alteraciones pueden explicar algunos trastornos de la voz. Es importante preguntar por la regularidad de las deposiciones, las digestiones lentas o pesadas, mal sabor de boca, tendencias a la náusea, fetidez del aliento, etc.

Enterarse sobre la historia de los nódulos laríngeos previos, úlceras de contacto o tumoraciones, antecedentes de difteria, gripes, reumatismo o escarlatina, resfriados crónicos, moco en cávum, traumatismo, laringitis, fumar excesivo. Tensión nerviosa o trumas psíquicos. Retardo del desarrollo sexual. Hablar monótono, en un tono peculiar o ambiente reuidoso.

Es interesante preguntar por las enfermedades sufridas por la madre durante el embarazo, las dificultades del parto y las circunstancias del posparto.

No olvidar los tratamientos a que ha sido sometido, la constancia en su aplicación y los resultados obtenidos y las operaciones sufridas.

Un buen interrogatorio es pieza fundamental del diagnóstico; debemos prestarle mucha importancia y tiempo. Es la esencia inicial del arte logopédico.

El interrogatorio de los familiares y el coloquio con el enfermo tienen una importancia decisiva para la exploración psiquiátrica del paciente.

Exponemos seguidamente una serie de actitudes que es interesante indagar en casos determinados:

Actitud general: ordenada, accesible, aislada, desordenada, irritable, desmadejada, emergida, rígida.

Orientación: tiempo, lugar, personas.

Conciencia: clara, oscurecida, confusa, distraída.

Estado de ánimo: indiferente, triste, temeroso, angustioso, tranquilo, alegre, exaltado, variable, suspicaz, variaciones (largas, cortas, semanas, meses, años).

Inteligencia: disminución, progresiva, brusca, con alternativas, sin pérdida de memoria.

Actividad motora: inhibida, inquieta, agotada, amanerada, gesticulante, negativista, quieta, rígida, catatónica.

Conducta: sucio, cuidadoso, dócil, agresivo, impulsivo, sociable, negativista (se niega a hablar), glotón, no come, erótico, mentiroso, inmoral, sistemático, sugestionable.

Peligrosidad: ideas o tentativas de suicidio antes de la enfermedad o actualmente, agresividad inmotivada de palabras o acciones contra personas o cosas.

Alucinaciones o ideas delirantes: tipo y sentidos que afectan las alucinaciones, ideas de celos, persecución, grandeza.

Otros síntomas: memoria, sueño, convulsiones, parálisis.

Toxicomanías: alcohol, cocaína...

Es interesante la valoración de los factores hereditarios que nos puedan llevar a conocer una temática o una herencia degenerativa. (En especial debemos investigar las toxicomanías.)

En una buena anamnesis entran en juego importantes factores ligados a condiciones sociales.

Entre los mecanismos que provocan alteraciones fonatorias tenemos dos principales:

a) Los trastornos emocionales, ansiógenos, afectivos.

b) Conflictos que al no poder resolverlos darán neurosis.

No nos fiaremos subjetivamente del enfermo (o familiares) y por tanto siempre debe ser completada por una meticulosa exploración que nos dará, la mayoría de las veces, la causa del trastorno.

2. EXAMEN GENERAL

El examen general debe seguir al interrogatorio. Hay que emplear tiempo en examinar a un enfermo. Es difícil hacerlo bien, pero sí sabemos cómo hacerlo mal, y es la prisa.

2.1. Talla

La talla la comparamos con las medidas normales.

El infantilismo, el hipotiroidismo, el cretinismo, el enanismo hopofisiario y la oligofrenia mongoloide se da en talla corta.

2.2. Constitución

La constitución es la disposición y el funcionamiento de los distintos sistemas y aparatos del ser humano que determinan el grado de vitalidad y resistencia de cada individuo.

Es útil la siguiente clasificación en:

Normosómicos: el peso y la talla son normales.

Hiposómicos: el peso y la estatura, por debajo del valor normal.

Leptosómicos: el diámetro transversal está disminuido. Desequilibrio entre estatura y peso.

Eurisómicos: la estatura es mediana o menor, mientras que el peso sobrepasa el término medio.

También puede emplearse el índice de *Pignet* que se obtiene así: talla menos perímetro torácico más peso. Cuanto menor es la cifra obtenida, más robusto es el individuo.

2.3. Cara

La exploración empezará observando el color y la expresión de la cara. Luego la movilidad de los distintos grupos musculares. Un cierto grado de asimetría morfológica acentuada nos indicará algunas veces ciertas dificultades. En los ojos se observa su posición oblicua con epicanto, que es uno de los signos más constantes del S.D. (Síndrome de Down). Se harán ejecutar movimientos oculares. El estrabismo es bastante frecuente en el oligofrénico. Hay que hacer notar la ausencia de fijación de la mirada de los deficientes.

En la nariz se notará su hundimiento y su tamaño. La microrrinia es frecuente en el S.D. y la punta de trompeta en el cretinismo.

En las orejas se pueden ver diversas malformaciones (ausencia del pabellón, asimetría de pabellones, oreja pequeña, oreja de macaco, etc.).

Se observará la ausencia de piezas dentarias, el prognatismo y el retrognatismo. El hundimiento del maxilar superior es típico del síndrome de *Franceschetti,* síndrome compuesto de:

1. Abertura palpebral dirigida hacia afuera y abajo.

2. Hipoplasia de los maxilares.

3. Malformación del oído.

4. Paladar ojival.

5. Coloboma auris (pequeña fístula ciega por delante del trago).

La lengua grande (macroglosia) y plegada son dos síntomas muy constantes del S.D. Especial atención se pondrá en la movilidad de la misma, su fuerza, tonicidad, temblor, color...

En los dientes de observarán implantaciones defectuosas que a veces depende de la propia morfología y otras veces del maxilar que está estrecho, deformado, ojival o partido.

El velo del paladar se observa en reposo, en el soplo, y en la fonación de la vocal *i*; en el paladar duro se anotará su tamaño, forma y coloración. Los pilares del velo y la pared posterior faríngea, en reposo y en fonación.

En el cuello se palparán los cartílagos laríngeos, la glándula tiroides y la existencia de adenopatías cervicales.

2.4. Circunferencia craneal

Una disminución de la circunferencia indica una microcefalia y puede orientarnos hacia una oligofrenia.

Las anomalías del cráneo *turricefalia* (torre), *oxicefalia* (terminado en punta), *escafocefalia* (en forma de quilla), *plagiocefalia* (asimetría), *acrocefalia* (deformación), *pirgocefalia* (cilindro) pueden acompañar la oligofrenia.

2.5. Examen corporal

Se observará la configuración, simetría y posición del tronco. En la columna vertebral puede encontrarse *Escoliosis* (desviación lateral), *Cifosis* (curvatura anormal hacia atrás), *Lordosis* (concavidad), que pueden ser congénitas o adquiridas.

En los miembros puede hallarse ausencia de uno de ellos; la hipoplasia (micromelia) o ausencia de algunos huesos. La mano y el pie zambos. El exceso de dedos (polidactilia) o la falta de los mismos (ectrodactilia); fusión de dedos (macrodactilia); dedos muy largos (aracnodactilia); dedos de la misma longitud (isodactilia); dedo meñique incurvado hacia dentro (clinodactilia), típico del S.D.

Las uñas puden presentar Coiloniquia (cóncavas), Onicogrifosis (en garra), Ornitonixis (uñas de pájaro), o estar mordidas (Onicofagia).

El pelo lacio es característico del S.D.; el pelo áspero del cretinismo.

En las oligofrenias se pueden encontrar zonas de hipertricosis en varias partes del cuerpo.

3. EXAMEN DE LA AUDICIÓN

Hay múltiples pruebas no sólo para conocer y calibrar adecuadamente el déficit auditivo de un sujeto determinado, sino para investigar hasta qué punto influye en todas las perturbaciones del lenguaje y del habla.

Los audiogramas no reflejan exactamente la audición social del sujeto y el logopeda debe practicar siempre la *audiometría verbal (logoaudiometría - audiometría vocal).*

Lo que más interesa al sordo es oir la palabra y entenderla, y no los tonos puros, que ni siquiera existen en la naturaleza.

La inteligibilidad de la palabra depende de muchos y variables factores.

La *audiometría verbal* puede hacerse de dos formas: a viva voz entre el sujeto y el logopeda, y con la ayuda de la electrónica mediante ciertos instrumentos.

Podemos practicar la prueba vocal a campo abierto sin auriculares y con palabras y números, a viva voz (que el sujeto deberá previamente conocer) y a distintas intensidades y distancias de voz.

Para eliminar la duda de que el sujeto no oiga realmente, sino que repita por lectura labial (labiolectura) el logopeda enumera palabras y cifras con distintas intensidades de voz, de forma que la persona a examinar no pueda ver los labios del logopeda.

Enumeramos palabras y cifras moviendo los labios visibles. Si el sujeto las repite hace sospechar que está sordo, pues ningún sujeto oyente desarrolla la capacidad de entender las palabras sólo por lectura labial.

Para la *audiometría verbal* se utilizan:

- Una serie de monosílabas sin sentido (logotomas)
- Palabras monosílabas
- Palabras bisílabas
- Una lista de frases de actividades de la vida diaria.

Previamente habremos examinado la manera de hablar del sujeto examinado, no sea que presente algun defecto de articulación y su repetición anómala de las palabras nos haga equivocar pensando que oye mal.

4. EXAMEN NEUROLÓGICO

Reconoceremos si existe alguna parálisis en las extremidades, su extensión, su bilateralidad y si es central o periférica.

4.1. *Exploración de los nervios oculares*

Se hará mirar al paciente hacia arriba teniendo la cabeza fija; el párpado superior debe elevarse.

Se ruega al paciente que mire nuestra mano que movemos de arriba a abajo y de derecha a izquierda. El globo ocular debe seguir estos movimientos.

4.2. *Exploración del nervio facial*

Para ello se hace abrir ampliamente la boca, cerrar fuertemente los ojos y arrugar la frente, soplar, hinchar las mejillas. Si hay parálisis unilateral del nervio facial se observará la asimetría de movimientos. Si es bilateral éstos no se pueden llevar a cabo. La articulación de los fonemas oclusivos bilabiales es defectuosa. La salida se escapa por la comisura labial (sialorrea).

La parálisis facial encefálica respeta parcialmente la movilidad de la frente y de los párpados; la mímica emocional se conserva frecuentemente como se observa en la risa o en el llanto. La parálisis facial nuclear raramente se presenta aislada y se acompaña de hemiplejías.

4.3. Praxias

Desde el punto de vista estrictamente neurológico nos interesa explorar las praxias (acciones) bucolaríngeas independientemente del habla. Para ello nos valemos de acciones parecidas como es la succión, el masticar, el soplar, el hinchar las mejillas, el silbar, la deglución y el sonarse la nariz. En estos movimientos debemos observar su velocidad, ritmo, precisión, efectividad, simetría, facilidad y si van acompañados de otros movimientos o no.

Algunas veces en el enfermo apráxico un movimiento ordenado no puede ser obedecido y sí, en cambio, si se produce de una menera refleja. La persona no puede abrir y cerrar la boca, pero si le colocamos entre los dientes un alimento masticable puede hacer dichos movimientos. Es decir, los movimientos reflejos y los automáticos están bastante conservados y pueden ser utilizados para la rehabilitación logopédica.

4.4. Motricidad

La emisión de la voz y de la palabra es un acto puramente motor. La fonación y la articulación requieren una acción precisa y sincrónica del juego neuromuscular.

El examen de la motricidad se hará en cuatro apartados:

1º Examen del territorio bucal, lingual y laríngeo. Es decir, el territorio de los nervios V-IX-X-XI-XII pares craneales, haciendo abrir y cerrar la boca, mover la lengua, bostezar, articular, hinchar las mejillas.

2º Examen de la mímica facial, que corresponde al VII par, apretando los labios, elevando las cejas, reír, besar.

3º Examen de la motricidad manual, digital, de la marcha, salto, subida y bajada de las escaleras, etc.

4º Examen de la motricidad ocular, pupilar, torácica, etc.

4.5. Edad motora

Los centros nerviosos encefálicos y medulares adquieren progresivamente su rendimiento durante el curso de la primera y segunda infancia (es decir sobre los seis años).

Hasta los tres años de edad los movimientos más simples se acompañan de movimientos asociados e inútiles (a este fenómeno se llama *sincinesia*). Antes de los dos años el niño no puede hacer los movimientos rápidos y sucesivos de pronación y supinación de la mano: este signo se llama *adiadocinesia*.

Para investigar el déficit motor que presentan los sujetos de examen se utiliza la prueba de *Ozeretzki*, que tiene las ventajas de fijar la edad motora global del niño y determinar al mismo tiempo, qué parte del sistema motor es la más lesionada.

Esta prueba está diseñada para niños de cuatro a doce años. Para cada edad se proponen seis pruebas; la primera se refiere a la coordinación estática; la segunda a la coordinación dinámica de los miembros superiores; la tercera a la coordinación dinámica de los miembros inferiores; la cuarta a la coordinación general; la quinta a la sincinesia y la sexta a la velocidad del movimiento. (Estas pruebas exploran el sistema nervioso piramidal y el sistema nervioso cerebeloso.)

4.6. *Electroencefalografía (E.E.G.)*

Los electroencefalografistas designan con letras griegas los direntes ritmos eléctrico cerebrales. La madurez del EEG se adquiere entre los 13 y 15 años. Los ritmos alfa, beta, delta theta son los principales.

5. EXAMEN MENTAL

La exploración de la inteligencia es indispensable en toda dificultad del lenguaje y en toda disfonía funcional sin lesión orgánica apreciable, pues bastantes de estas alteraciones pueden tener como causa una deficiencia mental.

La Asociación Internacional de Psicología Aplicada (AIPA) define un test mental así: "Es una prueba definida que implica una tarea a realizar, idéntica para todos los sujetos que van a examinar. El "test" ha de disponer de una técnica precisa mediante la cual se puede apreciar el éxito o el fracaso del examinando, o bien de una notación numérica aplicable al resultado".

Opinamos que esta definición, por su carácter restringido, no comprende los "tests" llamados de personalidad ni las técnicas proyectivas, por lo que *Pichot* ha redactado una definición de carácter más amplio: *"se llama 'test' mental a una situación experimental estandarizada que sirve de estímulo a un comportamiento"*.

En general, un buen "test" ha de ser: *fiable, válido y sensible.*

El "test" nunca debe etiquetar a un individuo, y siempre deben hacerse varios de ellos.

Es el *psicólogo el que ha de dar el informe psicológico al logopeda.*

Nuestra experiencia nos dice que el resultado de los "tests" depende mucho del ambiente social en el que se mueve el individuo; en nuestros casos es generalmente el niño, independientemente de su nivel real. (El desarrollo del niño, tanto somático como mental, es discontinuo y por tanto el resultado del test puede variar según la época evolutiva en la que se halla el mismo.)

6. EXAMEN FONATORIO

En este apartado debemos exponer la exploración de la *respiración, voz, lenguaje* y *habla.*

6.1. *Respiración*

Para producir tonos vocales, la mucosa de los repliegues vocales debe ser activada por una adecuada corriente aérea. Ésta debe ser constante y proporcionalmente inversa al efecto deseado.

Si queremos saber todas las causas capaces de producir una logopatía o una disfonía debemos examinar los hábitos respiratorios. Si el soporte respiratorio es inadecuado e irregular, falta uno de los factores básicos para la producción de un tono bien modulado.

En estado de reposo, los movimientos respiratorios se producen de 16 a 20 por minuto. Cuanto menos edad tiene el sujeto, la frecuencia respiratoria es mayor. (En el recién nacido es de 60 a 70 por minuto, y a los cinco años de edad es de unas 26 respiraciones por minuto.)

En la respiración tranquila la relación entre el tiempo de inspiración y el de espiración es de uno a uno y medio.

Durante la fonación, aquella frecuencia y esta relación varía muchísimo, dependiendo de la duración de la frase que se pronuncia.

Al practicar la exploración del tórax debe verse si éste ofrece una conformación normal o si, por el contrario, presenta anomalías, sea en forma de dilatación, sea en forma de estrechamiento, o en hundimiento esternal. En particular hay que observar si ambas mitades torácicas son simétricas y si una y otra se dilatan de la misma manera durante los movimientos respiratorios. También reconoceremos la columna vertebral, para ver si tiene una dirección normal (*cifosis, lordosis, escoliosis*).

Anotar el tipo respiratorio en:

a) Abdominal; b) medio o central; c) clavicular.

Debemos observar los movimientos torácicos con el sujeto de pie, sentado y en decúbito. Anotaremos las características en reposo, hablando y leyendo; el sincronismo entre la respiración, la fonación y la articulación.

En los niños con parálisis cerebral, observaremos muy bien el retraso entre una y otra actividad o posibles bloquos respiratorios.

Para completar la inspección palparemos cada hemitórax y notaremos la diferente movilidad de las distintas zonas torácicas y la fuerza de dilatación.

La medición del perímetro torácico es muy importante.

Para medir el perímetro torácico el sujeto debe colocar sus brazos horizontalmente y se rodea con la cinta métrica de modo que pase por debajo de los ángulos del omóplato. Se obtiene la medida en inspiración y en espiración o fonación máximas. El perímetro torácico debe ser, aproximadamente, igual a la mitad de la talla.

El tiempo y fuerza –durante las cuales un sujeto puede expulsar el aire de sus pulmones– se mide con los espirómetros.

El informe O.R.L. nos debe ser facilitado por el especialista correspondiente.

Para el examen de la laringe empezaremos por la inspección y palpación externa. Con la cabeza inclinada hacia adelante y el cuello relajado, notaremos la consistencia y el desplazamiento del armazón laríngeo, el dolor o la presión en alguna zona, y la presencia de ganglios en las regiones laterales cervicales.

Pondremos atención en la asimetría de las alas tiroideas y la elasticidad de los cartílagos. La movilización produce normalmente una crepitación (chasquido-ruido seco).

Para practicar una laringoscopia indirecta la realizaremos introduciendo en el fondo de la boca, apoyado contra la úvula, un espejo redondo de unos dos centímetros de diámetro inclinado en un ángulo de 45 grados. Encima de este espejo sse proyecta la luz de un espejo frontal. Para facilitar la maniobra el enfermo debe sacar la lengua hacia el exterior. Para evitar el empañamiento del espejo laríngeo por el aliento del paciente, se debe calentar a la llama de alcohol.

Una vez colocado el espejillo laríngeo el sujeto de examen dirá la vocal /E/. De esta manera la laringe se eleva, la epiglotis se levanta y pueden verse mucho mejor los repliegues vocales en movimiento.

El examen de la faringe y boca es sencilla de hacer; sólo se requiere la iluminación adecuada y un depresor de lengua

La motricidad facial inferior se examina haciendo abrir y cerrar la boca, masticar, hinchar las mejillas, humedecer los labios, poner los labios para besar, enseñar los dientes, morderse los labios, sonreir, chupar, succionar, soplar, lateralización de la mandíbula, husmear, etc.

La motricidad facial superior se explora haciendo arrugar la frente, mirando hacia arriba y cerrando fuertemente los ojos, arrugando el entrecejo.

Se examina después las arcadas dentarias abiertas y cerradas; las relaciones de los dientes superiores con los inferiores.

No siempre la anormalidad (lingual, dental, palatina) está en proporción con el grado de disglosia (disartria orgánica).

Observaremos el paladar óseo, su coloración, forma y depresiones; el velo del paladar en respiración normal y articulando la /A/, su simetría; examinaremos si hay sialorrea (babeo).

La lengua será observada con detalle si presenta alteraciones de volumen o forma, hemiatrofias, fibrilaciones musculares, su movilidad anteroposterior, vertical y lateral, la precisión de sus movimientos y su habilidad para tocar con exactitud los puntos de la boca que le designamos y para producir chasquidos.

Examinaremos las fosas nasales y la forma de inspiración y espiración.

6.2. Voz

Con el examen de la voz llegamos a un punto importante en la logopedia.

La auscultación de la voz emitida por el paciente es muy útil. Se escuchará la voz hablada y luego la voz cantada.

La atención se dirigirá al tono, a la intensidad, al timbre, a la duración, al ataque y al cese de la misma. Se prestará interés a los ruidos sobreañadidos o alteraciones bruscas o fugaces de la voz (para este examen es necesario un piano o una armónica).

La intensidad de voz es exagerada en las sorderas de percepción, en la excitación, en la manía, en la propia satisfacción, en la vagotonía y en la hiperreflectividad cocleorrecurrencial. Por lo contrario, la intensidad es débil en las sorderas de trasmisión, en la abulia, en la inhibición, el trac, en el hipotiroidismo y en la simpacotonía.

El ataque de la voz puede ser duro, con golpe de glotis, o por el contrario, con escape de aire previo o soplado.

Observar si la calidad de la voz cambia cuando varía la situación en la que está hablando.

La calidad de la voz se expresa con nombres de funciones sensitivas, táctiles, visuales (aguda, tosca, plana, lóbrega, grave, gruesa, dura, áspera o agria, infantil, estrepitosa, monótona, pasiva, rasposa, ronca, quebrada, sepulcral, penetrante, sombría, estridente, sumisa o baja, atonal, quejumbrosa).

7. EXPLORACIÓN DEL LENGUAJE Y HABLA

Distinguiremos desde el primer momento entre lenguaje y habla.

La evaluación del nivel de la expresión oral del niño se ha hecho durante decenios preguntando la edad de la emisión de la primera palabra, la cantidad de palabras utilizadas, la construcción gramatical y precisión de la articulación.

En nuestro concepto de que en todo problema de *lenguaje* hay una persona –unidad biopsiquicosocial– orientaremos las observaciones en los aspectos que nosotros consideramos ensenciales referidos a: *comprensión* y *expresión*.

Investigamos (por nuestra experiencia profesional de logopeda en un hospital infantil) sobre la sucesión evolutiva del *lenguaje* y *habla* en el niño/a desde el nacimiento hasta los 5/6 años en que normalmente, toda persona debe hablar sin articulación infantil. A esta edad no sólo ha adquirido la capacidad para emplear el *lenguaje* y el *habla* eficazmente, sino que ya empieza a tener nociones sobre las reglas y limitaciones sociales de su uso.

Nos preocupa el *cociente lingüístico* de los niños/as de habla castellana o española y confeccionamos una escala aplicable a niños/as desde los 5 a 14 años (grado máximo del desarrollo lingüístico). Debemos tener en cuenta muchas situaciones (sexo, edad, cultura y un largo etcétera).

El dominio del lenguaje representa el proceso final del pensamiento.

La configuración del pensamiento y la adquisición del lenguaje está en una relación dialéctica de reciprocidad.

El C.L. (Cociente Lingüístico) sería igual a la edad lingüística multiplicada por 100 y dividido por la edad cronológica.

Siguiendo a varios autores y aportaciones personales consideramos entre los *ocho meses* y los *cinco años:*

EDAD EN AÑOS Y MESES		NÚMERO PROMEDIO DE PALABRAS	
Año	**Meses**	**Niños**	**Niñas**
0	8	0	1
0	10	1	3
1	0	3	6
1	3	20	30
1	6	30	40
1	9	120	150
2	0	300	350
2	6	450	500
3	0	1.000	1.200
3	6	1.500	2.000
4	0	2.000	2.300
4	6	2.500	2.700
5	0	3.500	4.000

A los 5/6 años el niño/a debe dominar alrededor de 4.500 palabras con los siguientes porcentajes:

Sustantivos	2.500
Adjetivos	375
Verbos	600
Adverbios	90%
Pronombres	90%
Preposiciones	95%
Conjunciones	90%
Interjecciones	80%

La influencia del medio en el desarrollo lingüístico del niño/a es un factor determinante, favoreciendo o entorpeciendo según las circunstancias.

Todo ser humano requiere cierto grado de estimulación lingüística en el *hogar* para que el aprendizaje *lenguaje-habla* se realice. Y es la *madre*, principalmente, a la que está encomendada esta labor, en nuestra opinión.

Os aseguramos que la cooperación que tenemos con las madres es excepcional (los viernes son los días de evaluación mensual de trabajo logopédico desarrollado).

La familia lleva un *cuaderno-control lingüístico* y, en principio, las páginas están divididas en tres partes:

– Palabras que entiende (comprensión).

– Palabras que quiere decir (expresión).

– Cómo lo dice.

La capacidad para expresarse de un modo claro y comprensible constituye en nuestra sociedad un requisito fundamental para una vida *útil* y *feliz*.

Al enseñar a hablar a un niño le estamos proporcionando el *instrumento más importante de la adaptación social* y contribuirá a su felicidad, a su armonía espiritual y a la formación de una personalidad equilibrada y sana.

Estamos convencidos de que la mejor logopeda es la madre.

La madre/padre deben estar estimulando lingüísticamente a su bebé constantemente. A la capacidad innata materna/paterna deben agregar nuestros conocimientos técnicos que siempre les ayudarán.

Los conocimientos de las etapas por las que pasa el *lenguaje* y *habla infantil* en su desarrollo le van a servir (a la madre y al padre) a manera de norma comparativa para determinar el *nivel lingüístico del niño*.

El bebé se debe sentir amado, comprendido y escuchado con atención, y así evitaremos inhibiciones y frustraciones. Brindarle oportunidades de hablar, no detenerlo cuando está hablando para corregirlo, no establecer comparaciones que lo coloquen en inferioridad. Convertir el *habla* en un juego... será parte de nuestro éxito *logopédico*

Con el enfermo afásico es necesaria, imprescindible y útil una buena exploración para el planteamiento de un eficaz tratamiento. En la primera sesión no es posible llevar a cabo ningún examen, porque el paciente no nos conoce y es posible que se fatigue. Es preferible espaciar la exploración en varias sesiones durante los primeros días.

La primera sesión debe ser corta (de media hora). En cada sesión se debe empezar con algo agradable y dar la sensación de que la actividad del enfermo es necesaria para los suyos, y que se intenta alcanzar un objetivo.

El enfermo debe estar sentado en un sillón confortable y en un ambiente amable y simpático.

En el tratamiento sólo deben estar el paciente y el logopeda en la habitación. Deben evitarse los estímulos que pueden distraer al enfermo. Una alfombra y una habitación sin resonancias son útiles.

El enfermo afásico se distrae fácilmente con pequeños estímulos. Un mueble diferente o un adorno cambiado le llaman la atención. Debemos tener presente la gran fatigabilidad del afásico, animarle, darle tiempo de vez en cuando para relajarse. Procuraremos siempre interesar al enfermo en lo que hace.

Anotaremos todas las reacciones, las respuestas, los gestos y lo que dice y cómo lo dice.

En la exploración del enfermo afásico hay que tener en cuenta, antes de entrar en los propios "tests" del lenguaje, el estado mental del paciente. Trataremos de explorar el estado de su visión y audición.

Es de suma importancia conocer el nivel cultural del paciente, su profesión, etc. (Registraremos en cinta magnetofónica las sesiones logopédicas, lo cual da posibilidad de un análisis cuidadoso y comparar el curso del proceso.)

El enfermo tratará de repetir primero logotomas, monosílabas, bisílabas, etc.

Las pruebas deben investigar: comprensión, expresión, posibilidad de escritura con referencia a objetos comunes, nociones de tiempo, espacio, desorientación derecha e izquierda, amusia, tacto, lectura, exploración de las praxias (movilidad voluntaria, imitación de gestos), calculia, gnosias auditivas, visuales, reconocimientos de pesos, colores y un largo etcétera.

8. CONCLUSIÓN

En toda exploración satisfactoria debe constar de anamnesis, examen clínico y exploración funcional. Después de la exploración, la historia clínica debe anotar el diagnóstico de presunción, el tramiento instaurado y los resultados obtenidos.

Es importante seguir el curso de toda anomalía de lenguaje. Ésta nos informará de nuestros errores o nuestros aciertos, nos hará repetir exploraciones o cambiar terapéuticas.

"El diagnóstico por intuición es un método rápido para llegar a una conclusión falsa."

9. FICHA LOGOPÉDICA

9. 1. *Identificación*

APELLIDOS .... NOMBRE .... NOMBRE FAMILIAR ....

Nació en .... Provincia .... el .... de .... de 19.....

Hijo/a de .... y de .... Nº de hermanos ....

Domicilio en .... Provincia ....

Calle .... Nº .... C.P ....

Teléfono .... Otros datos ....

Documentos acreditativos ....

Informantes ....

Fecha consulta..

Fecha tratamiento..

Alta provisional .... Alta definitiva ....

9.2. *Interrogatorio*

Adaptado a cada persona según los antecedentes ambientales, familiares y personales tanto remotos como actuales.

9.3. *Examen general*

9.3.1. *Talla* .... cm.   9.3.2. *Peso* .... Kg.

9.3.3. *Constitución:*

Normosómico .... Hiposómico .... Leptosómico ....

Eurisómico .... índice de Pignet ....

9.3.4. Cara:

Color .... Movilidad .... Asimetría acentuada ....

9.3.4.1. Ojos:

Reacción pupilar .... Estrabismo .... Fijación ocular ....

9.3.4.2. Nariz:

Hundimiento nasal ....Macrorrinia ....Microrrinia ....

9.3.4.3. Orejas:

Indicar malformación ....

9.3.4.4. Labios:

Leporino .... Otras ....

9.3.4.5. Arco dentario:

Diastemas ....Otras ....

9.3.4.6. Lengua:

Macroglosia .... Diastemastoglosia .... Otras ....

9.3.4.7. Paladar:

Hendido .... Ojival .... Microurano .... Diastematostafilia ....

9.3.5. Perímetro craneal:

Microcefalia .... Macrocefalia .... Turricefalia ....

Oxicefalia .... Escafocefalia .... Plagiocefalia ....

Acrocefalia .... Pirgocefgalia ....

9.3.6. Examen corporal:

9.3.6.1. Columna vertebral:

Escoliosis .... Cifosis .... Lordosis ....

9.3.6.2. Miembros:

Ausencia .... Otras ....

9.3.6.3. Dedos:

Polidactilia .... Ectrodactilia .... Macrodactilia ....

Aracnodactilia .... Isodactilia .... Clinodactilia ....

9.3.6.4. Uñas:

Coiloniquia .... Onicogrifosis .... Ornitonixis ....

Onicofagia .... Otras ....

9.3.6.5. Pelo:

Lacio .... Áspero .... Alopecia .... Hipertricosis ....

9.4. Audición

Inteligibilidad de la palabra .... Logoaudiometría .... Campo abierto ....

Con auriculares .... Hipoacusia .... Pérdida auditiva: O.D. ..... O.I. ...

Informe del Otorrino ....

9.5. Examen neurológico

Sensibilidad .... Reflejos ....

9.5.1. Nervios craneales:

9.5.1.1. Nervios oculares:

Con cabeza fija mirar arriba .... Elevar párpados ....

Movimiento glóbulos oculares ....

9.5.1.2. Nervio trigémino:

Sensibilidad: Térmica .... Dolorosa .... Táctil ....

9.5.1.3. Nervio espinal:

Inmovilidad del velo palatino ....

9.5.1.4. Nervio hipogloso:

Masticación .... Articulación ....

9.5.1.5. Praxias bucolinguales:

Succión .... Masticación .... Soplo ....

Deglución .... Hinchar las mejillas .... Silbar ....

Sialorrea .... Sonarse ....

9.5.1.6. Otras observaciones:

Enuresis .... Encopresis ....

Informe neurológico ....

9.6. Motricidad

Sincinesias .... Adiadococinesias .... Edad motora ....

66

9.7. Inteligencia

Informe psicológico ....

9.8. Fonación

9.8.1. Respiración:

Abdominal .... Central .... Clavicular ....

9.8.1.1. Perímetro torácico:
En inspiración .... En espiración ....

9.8.1.2. Espirometría:
Litros .... Índice de Tiffeneau ....

9.8.1.3. Rinohigometría:
Prueba de Rosenthal: Positiva .... Negativa ....

9.8.2. Voz:

9.8.2.1. Duración fonación:
Grave ....seg. Media ....seg. Agua ....seg.

9.8.2.2. Intensidad:
Normal ....decibelios

9.8.2.3. Extensión

9.8.2.4. Ronquera

9.8.2.5. Erigmofonía

9.8.2.6. Voces
Normal .... Grave .... Aguda .... Cavernosa ....
Eunucoide .... Megafónica .... Microfónica .... Afónica ......
Otras .... Informe Foniátrico ....

9.9. Habla

Normal .... Taquilálica .... Bradilálica .... Tónica ....
Clónica .... Tónico-Clónica ....

Control:
Cinta magnetofónica n°....
Control Articulatorio: ....

A	O	U	E	I	B-V	C-K-Q	CH	D	F	G	J	L	LL-Y

M	N	Ñ	P	R	RR	S	T	X	Z	BR	CR	DR	FR

GR	PR	TR	BL	CL	FL	GL	PL	TL	R inver	S inver	N-M inver	L inver	Z inver

LÍNEA ROJA: ARTICULACIÓN DEFICIENTE

LÍNEA VERDE DISCONTINUA: ARTICULACIÓN CORREGIDA PERO NO FIJADA

LÍNEA VERDE CONTINUA: ARTICULACIÓN CORREGIDA Y FIJADA

9.10. Lenguaje

9.10.1. Esquema corporal

9.10.2. Colores

Rojo	Azul	Amarillo	Verde	Blanco
Negro	Violeta	Naranja	Gris	Marrón

9.10.3. Orientación espacial

Arriba	Abajo	Derecha	Izquierda	Delante	Detrás	Dentro	Fuera
Cerca	Lejos	Alto	Bajo	Encima	Debajo	Transpone	No trasp.

9.10.4. Orientación temporal

Ahora	Antes	Después	Días Sem.	Meses Año	Mañana	Tarde	Noche

9.10.5. Lateralidad

Ojo	Pie	Mano	Cruzada

9.10.6. *Alteraciones grafoléxicas*

9.10.6.1. Lectura

    I.   Prelectura

    II.   Silábica:

1. Sílabas directas	2. Sílabas inversas	3. Sílabas mixtas

    III. Vacilante:

1. Iniciado	2. Nivel medio	3. Adelantado

    IV. Corriente:

1-50 palabras por m.	2-75 palabras por m.	3. Más de 75 por m.

    V.   Expresiva:

1. Iniciado	2. Nivel medio	3. Consumado

9.10.6.2. Escritura

    I.   Preescritura:

1. Unir figuras-puntos	2. Refrenado figuras	3. Saliéndose

    II.   Iniciación:

1. De letras .	2. De palabras	3. Frases cortas

    III. Visomotriz:

1. Con errores palabras	2.Sin errores frases	3. Con caligrafía.

    IV. Audiomotriz:

1. Sin distinguir palabra	2. Distinguiendo palabras	3. Con ortografía

    V.   Gnosomotriz:

1. Iniciado	2. Nivel medio	3. Consumado

9.10.6.3. Cálculo

    I.   O: Oral.   E: Escrita

    II.   Numeración:

1. De dígitos	2. Hasta 50

    III. Adición:

1. Dígitos o no sin llevar	2. Llevando

    IV. Sustración:

1. Sin llevar	2. Llevando

    V.   Multiplicación:

1. Por una cifra	2. Por varias cifras

    VI. División:

1. Por una cifra	2. Por varias cifras

    VII. Numeración decimal:

1. Suma y resta de decimales y quebrados	2. Multiplicación y división

    VIII. Sistema métrico:

1. Medidas lineales	2. Figuras planas

9.11. CONCLUSIÓN

Capítulo VI
Dislalias

1. INTRODUCCIÓN

Dentro del amplio campo de los trastornos del habla destacan por su relativa frecuencia, especialmente en la edad escolar, los problemas de articulación de alguno o varios fonemas, debidos no a causas orgánicas, sino generalmente a la inhabilidad del niño para pronunciar aquellos fonemas que suponen coordinaciones motrices finas de los órganos periféricos del habla (respiración, fonación, articulación).

Sin embargo, no hay que confundir estas dislalias funcionales con las denominadas "*dislalias evolutivas*", problema de pronunciación que forman parte del proceso normal de desarrollo del lenguaje en los niños. Es a partir de los 4 años, si estas dificultades persisten, cuando conviene iniciar un tratamiento directo de la articulación.

También hay que diferenciarlas de las *dislalias orgánicas*, ya sean producidas por lesión cerebral (disartrias) o por malformaciones de los órganos del lenguaje (disglosias), o por pérdidas auditivas, aunque las *dislalias audiógenas* tienen de hecho un proceso de rehabilitación similar a las funcionales, especialmente si la pérdida auditiva no es muy grande (hipoacusia).

2. DISLALIA

2.1. Dislalia funcional

Etiología: Trastorno en la articulación de los fonemas debido a alteraciones funcionales de los órganos periféricos del habla.

Lingüística: Cualquier alteración que se produce en la articulación de los fonemas. Los "errores dislálicos" más frecuentes suelen ser: sustitución, distorsión, omisión e inserción.

Pueden darse en distintas posiciones (inicial, intermedia, final).

Son muy frecuentes en la infancia. Con la escolarización tienden a desaparecer.

2.2. Dislalia audiógena

Etiológica: Dislalia producida por un déficit auditivo. Frecuentemente hipoacusia, sordera postlocutiva, sordera psicógena, sorderas de recepción, conducción y percepción.

2.3. Dislalia orgánica o disglosia

Etiológica: Trastorno de la articulación de los fonemas por alteraciones de los órganos periféricos del habla y de origen no neurológico central.

3. ARTICULACIÓN

Haremos un pequeño repaso de éstos, centrándonos en aquellos que normalmente exigen rehabilitación en el tratamiento de las dislalias.

3.1. Órganos de la respiración

Tráquea y pulmones.

Estos últimos deben aportar una cantidad suficiente de aire para permitir la fonación, y es uno de los primeros pasos a realizar en la reeducación, ya que frecuentemente los niños con dislalia realizan una respiración poco profunda y desacompasada. Se les iniciará en el aprendizaje de la respiración costo-abdominal y en el dominio de una respiración más profunda y controlada. No es raro que estos niños tengan también problemas de psicomotricidad, por lo que es muy adecuado que realicen conjuntamente ejercicios de respiración, psicomotricidad, etc., ejercicios que, además, no requieren una atención individualizada y sí inciden en la mejora del lenguaje del niño.

3.2. Órganos de la fonación

Laringe, con los repliegues vocálicos insertados en la zona de la glotis.

3.3. Órganos de la articulación

3.3.1. Labios

Intervienen en la articulación de los fonemas labiales (/p/ /b/ /m/) y labiodentales (/f/). También en la pronunciación de las consonantes vocales, especialmente /o/ y /u/. Si éstos carecen de movilidad o fuerza, las vocalizaciones del sujeto llegan a ser ininteligibles. Está normalmente unido a un bajo tono muscular general y poca expresividad facial.

74

3.3.2. *Lengua*

Su movilidad es fundamental. Es preciso cerciorarse de que no existe frenillo, y de ser así nos interesa comenzar la rehabilitación hasta que se lo hayan cortado, utilizando luego esto como motivación fundamental en el tratamiento: "Ahora, como ya vas a poder pronunciar...", aumentando considerablemente las expectativas del niño.

3.3.3. *El velo del paladar*

Su falta de movilidad puede producir problemas en la pronunciación de /k/, /g/ y las vocales, en especial la /i/. Un sencillo ejercicio al respecto consiste en hacerle toser.

Trabajar la /k/ y las vocales también contribuyen a agilizarlo.

4. ERRORES DISLÁLICOS

Atendiendo a las causas, como hemos visto, se habla de dislalias funcionales, dislalias orgánicas e incluso hay quien habla de dislalias audiógenas.

Según el fonema no articulado correctamente, sustituido u omitido, se ha hecho una clasificación como una terminología derivada del nombre del fonema en griego.

4.1. *Clasificación*

– Betacismo: Imposibilidad o defecto de articular la B.

– Ceceo: Vicio de articulación que consiste en pronunciar la S como (C-Z).

– Checheo: Vicio de articulación en la que se sustituye la S por la CH.

– Chuitismo: Anomalía u omisión de la CH.

– Chionismo: Sustitución de la R por la L.

– Deltacismo: Articulación defectuosa de la D.

– Epéntesis: Intercalar un fonema en una palabra –COROMO por CROMO para la enseñanza de los sínfones. (PALATO por PLATO). Este fonema R o L, que no debe estar, se le denomina fonema esvarabático.

– Ficismo: Articulación defectuosa de la F.

– Gammacismo: Articulación defectuosa de la G y de los fonemas velares.

– Hotentotismo: Alteración de la articulación de todos los fonemas (sustitución de todos los fonemas por la T).

– Jotacismo: Articulación defectuosa de la J.

– Kappacismo: Articulación defectuosa de la K (Ca-Que).

– Lambdacismo: Imposibilidad de articular el fonema L.

– Mimación: Empleo frecuente en el habla del sonido M en palabras que no lo contienen.

- Mitacismo: Articulación defectuosa de la M.
- Nunación: Defecto en la articulación del fonema N.
- Ñunación: Defecto en la articulación del fonema Ñ.
- Picismo: Articulación defectuosa de la P.
- Rotacismo: Articulación defectuosa de la R.
- Seseo: Pronunciación de la Z como S.
- Sigmatismo: Imposibilidad de articular correctamente el fonema S.
- Tetacismo: Articulación incorrecta de la T.
- Yeísmo: Defecto e articulación de la LL que se articula como Y.
- Yotacismo: Imposibilidad de articular correctamente los fonemas /x/ y /g/.

Los fonemas más afectados en nuestra lengua son la "r" doble, la "r" simple y los grupos consonánticos o sínfones de la "r" y "l", porque suponen una mayor discriminación auditiva y por ser los últimos que se adquieren en el desarrollo evolutivo.

A veces, el niño presenta defectos múltiples y su lenguaje se hace incomprensible. Se denomina entonces lenguaje "hotentote", aunque esta denominación está ya casi en desuso.

Si en la articulación de un fonema los órganos se colocan en la posición tipo que no corresponde al fonema que se desea pronunciar dará lugar a diversos errores.

Puede ocurrir que: a) omita fonemas, b) sustituya fonemas, c) deforme fonemas y d) inserte fonemas.

En el caso de que omita y deforme fonemas se denomina mogilalia.

En el caso que sustituya fonemas se denomina paralalia.

4.2. Sustitución

Un error de articulación se denomina sustitución cuando implica reemplazar un sonido consonante correcto por otro incorrecto. La sustitución puede darse al principio, en el medio o al final de una palabra. Por ejemplo, el sonido /r/ se reemplaza por el sonido /d/, en cuyo caso, se sustituye la palabra "quiedo" por quiero.

Otros casos comunes son el empleo de una consonante nasal por otra. Con frecuencia, los niños mudan los sonidos de su orden natural dándoles otro del que debiera utilizar en las palabras; así estatua, chocolate se convierten en "estuata" y "cocholate".

4.3. Omisión

Un sonido puede omitirse o desaparecer por completo de una palabra. Al igual que las sustituciones, las omisiones pueden producirse en cualquier parte de la palabra. En la pronunciación de algunos niños, "entonces" puede aparecer como "tonces; "patilla" por zapatilla; "tenteo" por tintero.

4.4. Inserción

Un sonido que no corresponde a una palabra puede insertarse o agregarse prácticamente en cualquier parte de la palabra. Los niños que tienen dificultad en articular una /rr/ inicial suelen anteponerle una vocal: así, "rascar", se convierte en "arrascar". Delante de una vocal posterior inicial de palabra, suelen insertar una ge; de manera que "usar" se convierte en "gusar".

4.5. Distorsión

Puede definirse a los sonidos distorsionados, aproximados o indefinidos, como aquellos que no derivan de una sustitución definida, y cuya incorrección de debe, por el contrario, a una mutilación, falta de claridad o a un descuido que da origen a un sonido débil o incompleto.

El ceceo lateral que generalmente afecta al sonido *s*, constituye una distorsión. La corriente de aire escapa por uno o ambos lados de la boca y el resultado es lo que el profano llama "hablar con sopas en la boca". Las sustituciones de sonidos constituyen el tipo de error más frecuente, siguiéndole las distorsiones, omisiones e inserción de este orden.

5. ETIOLOGÍA

Tanto en la definición como en la clasificación nos hemos basado principalmente en el criterio etiológico. En las llamadas dislalias orgánicas o disglosias se reconoce una alteración de los órganos periféricos del habla y se subraya su origen *no neurológico central.* Según el tipo de alteración se habla de:

– *Disglosia labial:* Debida a una alteración de la forma, movilidad, fuerza o consistencia de los labios.

Causas frecuentes:

• Labio leporino.

• Labio leporino medio o central.

• Frenillo labial superior hipertrófico.

• Fisuras del labio inferior.

• Macostomía (alargamiento de la hendidura bucal).

• Parálisis facial.

• Neuralgia de trigémino.

• Heridas en los labios o deformación artificial de los labios.

– *Disglosia mandibular:* Trastorno de la articulación de los fonemas por alteración de la forma de uno o ambos maxilares.

Pueden ser de origen congénito, del desarrollo, quirúrgico o traumático.

– *Disglosia:* trastorno de la articulación de los fonemas por alteraciones de la forma, presencia o posición de las piezas dentales. Una variante es la disglosia protésica.

La rehabilitación logopédica es conveniente después de practicada la ortodoncia.

– *Disglosia lingual:* alteración de la articulación de fonemas por un trastorno orgánico de la lengua (parálisis, glosectomía, malformaciones, macroglosia, etc.). Anquiloglosia o frenillo corto puede dar lugar a rotacismo. Su presentación es rara.

Las reeducación ortofónica es necesaria después de la operación.

– *Disglosia palatina:* alteración de los fonemas causados por alteraciones orgánicas del paladar óseo o del velo del paladar.

La causa más típica es la fisura palatina, malformación congénita en la cual las dos mitades del paladar no se unen en la línea media.

Otras son: fisura submucosa del paladar, paladar corto, ojival, úvula bífida, velo largo, perforaciones, etc.

– *Disglosia nasal:* alteración de los fonemas causada por afección o defecto de las fosas nasales. Se las suele llamar rinalalias o incluso rinofonías.
• Rinolalia: resonancia nasal anormal sobre todas las vocales, acompañando a otras dislalias.
• Rinofonía: resonancia nasal sólo en las vocales sin otro trastorno articulatorio.

La rinolalia puede ser abierta, cerrada o mixta.

– Abierta: es el paso audible del aire a través de la nariz durante el habla y en un tiempo inapropiado.

Es debida a causas funcionales (movilidad relajada e incompleta, histérica, etc.) u orgánicas (perforaciones, parálisis)...

– Cerrada: los sonidos /m/, /n/ y /ñ/ se alteran en forma de /b/ y /d/.

Abundan más las orgánicas que las funcionales. En las orgánicas el tramiento es quirúrgico. En las funcionales la reeducación ortofónica es exitosa (alargar /m/ y /n/; nasalizar las vocales... practicar con palabras que contengan nasales).

– Mixtas: algunos autores no la reconocen como tal: es de difícil diagnóstico.

En la dislalia audiógena, se alude a la hipoacusia, a los diversos tipos de sorderas e incluso al bilingüismo. Se parte de la idea de que el niño que no oye bien, no va a pronunciar bien, ya que va a tener dificultades para discriminar correctamente los sonidos.

La mayor diversidad en cuanto a la etiología se da en las dislalias funcionales. Se han invocado numerosas causas:

• Hereditarias.

- Ambientales: el niño imita de sus padres y/o hermanos un modelo defectuoso de habla. Bilingüismo.

- Déficits psicolingüísticas: discriminación auditiva deficiente, memoria auditiva deficiente, ligero retraso del lenguaje (falta de vocabulario, escaso dominio de reglas morfosintácticas, falta de comprensión, etc.).

- Déficits psicomotrices: en coordinación motriz general, en percepción espacio-temporal, problemas de lateralidad (zurdos contrariados).

- Retraso madurativo general.

Para una explicación satisfactoria generalmente hay que recurrir a la interacción conjunta de factores biológicos, psicológico, sociales y educativos. Tampoco conviene olvidar que la dislalia puede ser un *síntoma más* dentro de la deficiencia mental, la disfunción cerebral mínima o el autismo infantil.

6. DIAGNÓSTICO

Para el diagnóstico de una dislalia es recomendable realizar una revisión lo más extensa posible, ya que las causas pueden ser múltiples y normalmente suelen ir asociadas.

Es imprescindible obtener de los padres una anamnesis completa, deteniéndose en especial en la edad en la que comenzó a hablar el niño, en familiares que a su vez hayan tenido problemas de pronunciación, ya que es frecuente el caso de padres o hermanos que, al tener el mismo problema, proporcionan al niño un modelo de habla inapropiado, contribuyendo a consolidar los fallos de éste.

Hay que realizar también alguna prueba de inteligencia (WPSI, WISN, etc., según la edad) de exploración del nivel psicomotor (Perfil psicomotor de Vayer) y de la personalidad.

Por supuesto, también se comprobará que no padezca pérdidas auditivas, frenillo, o cualquier otro tipo de problema orgánico que harán variar el pronóstico. En algunos casos puede ser necesario un examen neurológico o, incluso la realización de E.E.G.

La revisión de la *pronunciación en concreto ha de revisar tres áreas: lenguaje espontáneo, lenguaje dirigido* y *lenguaje repetido.*

Puede iniciarse con el *espontáneo,* estimulando al niño para que nos hable, preguntándole su edad, cuántos hermanos tiene, qué hace él en el colegio, etc., esforzándonos de paso en establecer un buen rapport con él, muy necesario si queremos que la rehabilitación no se convierta en una verdadera tortura para ambos. Si, a pesar de todo, se muestra reticente puede enseñársele un libro con ilustraciones atractivas para que nos hable de ellas, por ejemplo.

Es conveniente que, en vez de andar tomando notas, todo esto se grabe en cinta para un posterior análisis; también nos servirá de línea base para controlar los posteriores avances en la reeducación.

En la revisión del lenguaje *dirigido* es muy cómodo y rápido si nos ayudamos por una serie de fichas que contengan imágenes de cosas en las que estén incluidos los fonemas, éstos en distintas posiciones dentro de la palabra. Conviene que sean varias imágenes por fonema, ya que es muy posible que el niño intente eludir el fonema dificultoso, nombrando en su lugar un sinónimo (en vez de "pájaro" dirá "ave") y no resulta grato para él sentirse "pillado". Aquí se irá elaborando directamente la tabla de dislalias.

Como puede que algunos de los fonemas que de forma espontánea o dirigida emite defectuosamente puede, sin embargo, decirlos correctamente; hay también que elaborar una lista de palabras que él habrá de repetir después que nosotros las digamos. Así locarizaremos aquéllas que aún no están bien asentadas en el vocabulario del niño, pero que sólo necesitan de esta última etapa para su inclusión en éste.

7. TRATAMIENTO GENERAL

El tratamiento se puede reducir a tres aspectos claves: gimnasia bucal, enseñanza de la posición-tipo de cada fonema, y finalmente, favorecer la automatización en el lenguaje espontáneo.

En el caso de los hipoacúsicos, se debe insistir más en la gimnasia bucal, y en el tratamiento general del problema neurológico de base l

La gimnasia bucal tiene como objeto dar una mayor flexibilidad a los órganos fonadores. Existe gran cantidad de ejercicios para labios, lengua, mandíbula, etc... Todos ellos se harán delante de un espejo para que el niño pueda ver simultáneamente al *logopeda* y a él mismo.

En segundo lugar, es necesaria la correcta colocación de los órganos fonadores para conseguir la posición-tipo específica de cada fonema, a nivel táctil (sensibilidad propiaceptiva), visual (valiéndose de un espejo) y auditivo (por "feedback" el niño corrige el fonema). Para ello recomendamos seguir los cinco pasos siguientes:

a) El niño observará atentamente el movimiento de articulación que le enseña el logopeda.

b) Con el guialenguas se harán movimientos pasivos de lengua, labios y si es posible de velo del paladar. Estos movimientos estimulan la sensibilidad propioceptiva notando la dureza, la temperatura y el movimiento del guialenguas.

c) Se practicarán estímulos táctiles sobre los músculos que deben contraerse en forma de masaje suave o percusión rítmica. Este ejercicio facilita la movilización muscular por el estímulo de presión que aumenta la irritabilidad muscular y por contracción de estímulos táctiles limitados a una zona.

d) Luego se practicarán los movimientos activos de los órganos de la articulación. Esto a su vez estimula la sensibilidad propioceptiva y se percibe la diferencia entre la actitud de reposo y la contracción muscular y se nota la posición y fuerza del grupo muscular contraído.

e) Después de lograr el sonido puro y cuando la articulación es correcta, se realiza la unión con una vocal. La vocal inicial dependerá de la forma como se presente el defecto. Se irán combinando sílabas con el mismo fonema. Por ejemplo, sise... Después, se empezará con palabras sencillas con el fonema directo, se formarán frases cortas. Por ejemplo, (S) pasa la sal... A continuación, se pasa a combinaciones de sílabas que tengan otro fonema. Por ejemplo, sap...a, sap...o, sap...u, etc. Se le hace pronunciar palabras trisílabas, y se pasa a la inversa y a palabras que la contengan. Se finaliza con frases.

Todos estos ejercicios, que por meramente prácticos, son difíciles de pasar al papel, sirven para lograr el tercer obejtivo que es la automatización del fonema en el lenguaje usual. La comprobación se puede hacer a través de un diálogo con el niño, o, según la edad, enseñarles algún dibujo que contenga cosas en cuya denominación aparezca el fonema en cuestión y que nos permita observar el lenguaje espontáneo del niño.

Es útil ir evaluando los resultados con grabaciones magnetofónicas, así como comprobar si en la lectura lo hace correctamente, pues es frecuente que, al no tenerlo automatizado, leyendo y escribiendo lo haga también incorrectamente.

Esto se observa con frecuencia en los grupos silábico o sinfones. Por ejemplo, bl, cuya corrección, una vez que el niño tenga la posición-tipo de los fonemas que lo forman, puede realizarse:

– Haciendo primero la posición de cada uno de los fonemas en silencio y luego con el sonido puro, para pasar luego a la combinación con vocales, palabras, lectura, etc.

– Incluyendo vocales y haciéndoselas pronunciar muy deprisa hasta que los omita y solo quede el grupo consonántico. Por ejemplo, taratara... tra ... a, después también se pasará a palabras, lectura, etc.

A continuación vamos a exponer brevemente el tratamiento de la fisura palatina donde la rehabilitación foniátrica ocupa un lugar destacado.

7.1. Tratamiento de la fisura palatina

Abarca varios campos de intervención:

– Quirúrgico

– Foniátrico

– Ortopédico-ortodóncico

– Protésico

El tratamiento foniátrico es muy importante. Comprenden:

– Reeducación respiratoria (fuerza de soplo).

– Reeducación del velo palatino: vocal+nasal.

/a/, /ñ/, /a/, /ñ/

– Reeducación de los músculos que intervienen en la fonación.

– Reeducación auditiva, porque son frecuentes las deficiencias auditivas asociadas.

– Corrección de las alteraciones propias de la hendidura palatina.

– Reeducación de la articulación.

8. PARA TI, MADRE

La realización de los ejercicios denominados prefónicos son fundamentales para la iniciación de la habilitación logopédica de su hijo.

Usted, en su casa, deberá colaborar diariamente y por espacio de un cuarto de hora a efectuar ejercicios de *succión, deglución, masticación* y *soplo*. (Los días festivos no realizará ejercicios de ningún tipo). Con la realización diaria de los llamados *ejercicios prefónicos* pretendemos dotar al niño de la coordinación, la fuerza y la agilidad necesarias para poder desarrollar su habla.

8.1. Recomendaciones y ejercicios

1. Sepa "perder" tiempo y no pretenda que su hijo hable correctamente desde los primeros meses.

2. Acepte con alegría todos los intentos de fonación que haga su hijo.

3. Su hijo debe estar siempre bañado con palabras de *amor*.

4. Su hijo imita un fonema parecido a una palabra. Usted repita una y mil veces hasta que su hijo la vuelva a repetir.

5. Su hijo adquiere *lenguaje* viendo cosas, tocando cosas. No lo abandone en su cuna. Cambie de posturas y de habitación.

6. Las cosas deben ser denominadas correctamente. No le hable con *lenguaje bebé*. No contribuya a retenerlo en un grado de infantilismo afectivo y lingüístico.

7. No debe exigirle un esfuerzo que no sea capaz de realizar. Su hijo no debe darse cuenta de su impotencia. La mayor catástrofe que nos puede ocurrir es que su hijo renuncie a hablar.

8. Nunca emplear vocabulario complicado ni intentar mantener conversaciones superiores a su capacidad.

9. Su hijo tiene que crear, hacer que se esfuerce y que tenga necesidad de *hablar*.

10. Libros de imágenes, historietas contadas con palabras y *gestos* y las canciones infantiles con ritmo y melodía apropiados enriquecerán su vocabulario para dar a su habla ese tesoro de la *comunicación*.

11. Colocar en la boca del niño un botón esterilizado y de un tamaño apropiado para que vaya moviéndolo de un lado a otro de la boca (para evitar que se lo pueda tragar deberá estar sujeto con un cordón atado a una aguja imperdible).

12. Untar el labio superior y el inferior alternativamente con miel o azúcar, para así, "obligarle" a sacar la lengua y movilizarla.

13. Untar los ángulos de la boca (comisuras) con miel o azúcar para conseguir movilización lingual lateral.

14. Las "piruletas" (caramelos con palitos o plástico) son útiles para hacer movimientos laterales de la lengua. Se pone el caramelo fuera de la boca, a derecha e izquierda, arriba y abajo, de manera que el niño se vea obligado a empujar el caramelo con la lengua. Estos ejer-

cicios con el carmelo sirven también para hacer tragar la saliva y aprender a controlar el babeo mientras chupa el caramelo.

15. Se le darán trocitos de alimentos sólidos: un trocito de plátano, una galleta, etc., que se colocarán indistintamente en:

a) Entre los dientes y el labio superior.

b) Entre los dientes y el labio inferior.

c) Debajo de la lengua.

d) Entre dientes y lengua, a un lado y a otro de la boca, primero en la parte anterior de la boca, y luego colocando el "trocito" progresivamente hacia atrás.

16. Soplar con pitos y trompetillas

17. Inflar globos de goma.

18. Soplar trocitos de algodón o papelitos desparramados sobre la mesa.

19. Utilizar perfumes para que el niño haga ejercicios de inspiración nasal.

20. Hacer pompas de jabón.

21. Caso de que no sepa masticar, movilizar las mandíbulas con las manos para enseñarle como se hace.

22. Para reforzarle los labios, el niño debe coger solamente con los mismos tapones de corcho de distinto tamaño y luego expulsarlos.

23. Tragar cucharaditas de líquido con la cabeza en posición vertical o ligeramente inclinada hacia atrás. Este ejercicio se hará progresivamente con la cabeza vertical, y luego ligeramente inclinada hacia adelante, de tal modo que el niño se vea obligado a hacer movimientos con los labios y la lengua para llevar el líquido hacia atrás y tragarlo. Para "trabajar" en este ejercicio es bueno utilizar naranjada, agua azucarada o cualquier otro líquido que al ñino le guste beber. (Con una pajita de plástico el niño puede beber el líquido y así hará buenos ejercicios de succión.)

24. Acuda a su logopeda, que es su mejor asesor.

8.2. *Ejercicios*

– Abrir y cerrar la boca lentamente. De forma continua o en varios tiempos.

– Desplazar lateralmente la mandíbula. Con la boca abierta. Con la boca cerrada.

– Propulsar los labios hacia delante (morro). Estirarles lateralmente (sonrisa).

– Desplazar los labios hacia los lados, con la boca abierta, sin mover la mandíbula.

– Sujetar algo entre los labios (una tarjeta) con fuerza e impedir que se caiga.

– Introducir el labio superior y luego el inferior entre los dientes. Introducir ambos a la vez.

– Mover el labio superior y el inferior por separado, con la boca entreabierta.

- Desplazar la lengua hacia la derecha y la izquierda. Dentro de la boca con ella cerrada y fuera con ella abierta.

- Con la boca abierta sacar la lengua y desplazarla hacia arriba y abajo.

- Introducir la lengua entre el labio superior y la encía, entre el inferior y la encía. Con la boca cerrada o entreabierta.

- Sacar la lengua, adelgazarla y engordarla.

- Sacar la lengua y doblarla con ayuda de los dientes de arriba y los de abajo.

- Poner la boca en forma de surco longitudinal.

- Con la punta de la lengua con la boca abierta tocar distintos puntos del paladar.

- Hinchar los carrillos. Pasar el aire de uno a otro.

- Sorber líquidos por una pajita. Hacerlos burbujear.

- Hacer gárgaras con agua tibia.

Es importante no alargar las sesiones más de 3/4 de hora, no hay que olvidar que, por variados que se pretendan hacer, los ejercicios de pronunciación son tediosos, ingratos, y, cuando el niño ya es un poco mayorcito a veces son incluso vividos como una humillación. Es imprescindible además obtener su colaboración e interés si se quiere sacar algo en claro de la rehabilitación.

Evitar trabajar en una misma sesión fonemas parecidos, o que el niño tienda a equivocar, como /s/ y /z/, a menos que se esté pretendiendo explícitamente que capte la diferencia entre ambos.

Con respecto a los fonemas que el niño sea incapaz de pronunciar no suele ser difícil enseñarle la correcta posición en la que deben ser emitidos, ayudados por un espejo y un guialenguas, aunque suelen ser muy persistentes las dificultades con /r/ y /rr/. No es recomendable que el niño tenga en mente el fonema que debe articular, pues indefectiblemente modificará la posición que le hayamos pedido y saldrá en su lugar aquel que usualmente emite. Cuando vemos que esto está ocurriéndole es preferible dejarlo un rato y trabajar otro fonema en su lugar.

Cuando vemos que el sonido es utilizado con bastante soltura podemos plantear a los padres y profesores del niño (excepto, claro, si éste está muy sensibilizado a las correcciones, o algún otro problema de ese estilo) la posibilidad de que éstos, en su contacto con el niño, aunque nunca de forma machacona (entonces es preferible que no hagan nada), procuren que corrija las incorrecciones que éste cometa en su lenguaje espontáneo. Hay que especificarles cuáles son los fonemas que "ya" pueden pedírseles, dejándoles claro que no se empeñen en rectificarle los que estén aún en una fase anterior de tratamiento ya que, a veces, padres que no se habían ocupado nunca de la pronunciación de su hijo al tenerle en rehabilitación y ver sus primeros éxitos (en "repetición", o cuando aún apenas acaba de lograr producir el fonema), pueden iniciar un verdadero bombardeo de correcciones, si no nefasto en todos los casos, desde luego muy molesto y, a veces, inútil.

Tener en cuenta el C.I., ya que si éste es menor que 75, la rehabilitación puede llegar a ser muy dificultosa, y en caso extremo llegar a ser un problema secundario dentro del resto de habilidades que el niño debe adquirir (desarrollo del lenguaje, psicomotor, etc.).

9. PRONÓSTICO

En general el pronóstico de las dislalias es bueno si el niño tiene un cociente intelectual normal, una audición correcta y una atención suficiente. Por supuesto, será más lento cuando existan alteraciones a nivel de los órganos fonoarticulatorios (frenillo corto) o dificultades en la discriminación auditiva. También, influyen negativamente las dificultades de controlar las situaciones familiares que favorecen el mantenimiento del trastorno.

En las dislalias, por hipoacusia leve, el pronóstico dependerá de la cuantía de las frecuencias alteradas y de la correcta y oportuna utilización de la prótesis.

Lógicamente el pronóstico de las orgánicas será más lento que el de las dislalias funcionales.

En general, interesa saber que el tratamiento conviene iniciarlo cuanto antes, pues a medida que el niño avanza en edad, aquella se hace más difícil, cosa lógica, puesto que el vocabulario del niño va aumentando con su instrucción y mayor experiencia, al mismo tiempo que para la corrección va disminuyendo la maleabilidad de sus órganos bucales.

Capítulo VII
Disfemia

1.- Introducción.

2.- Etiología.

3.- Síntomas.

4.- Diagnóstico.

5.- Tratamiento Sos-Arfores.

6.- Tratamiento conductual.

7.- Planificación de una sesión.

8.- Pronóstico.

1. INTRODUCCIÓN

Al empezar este capítulo referente a la Disfemia, lo hacemos con muchísimo respeto. En uno de los seminarios convocados por nosotros referente a esta temática una de las personas que asistía (con muchos años de experiencia logopédica) nos preguntó: ¿Es el tratamiento de la Disfemia el fracaso de la Logiopedia?

Con esta pregunta realista en nuestra mente iniciamos el desarrollo de este apartado.

Según la Sociedad Americana de Corrección del Lenguaje, Disfemia es: "Desorden del ritmo del Lenguaje y tics debidos a psiconeurosis, sinónimo de tartamudez".

La tartamudez sería el principal síntoma de la enfermedad juntamente con la logofobia (miedo morboso a hablar), balbismos (movimientos asociados e involuntarios e irregulares incluidos el mismo acto respiratorio) sin olvidar la embolofrasia (intercalar sonidos entre cada palabra pronunciada y en especial las vocales).

2. ETIOLOGÍA

Los estudios del tema han señalado la herencia paterna, la zurdería contrariada, la mielinización patológicamente retardada, disarmonía evolutiva, ansiedad, depresiones, miedo, lesiones cerebrales, desigualdad en la percepción auditiva entre los dos oídos, estados de conflicto, emociones violentas, inestabilidad emocional, neurosis, enfermedades generales, sueño insuficiente, trastornos respiratorios, alcoholismo, drogodependencia, sentimientos de inferioridad, etc. (Nosotros creemos que se desconocen las causas principales que provocan la enfermedad Disfemia.)

3. SÍNTOMAS

Hay trastornos respiratorios, fonatorios, articulatorios y del lenguaje. En los enfermos con cierta debilidad mental no se observa logofobia.

En cuanto a la personalidad, se observa en casi todos, sentimientos de inferioridad, agresividad, hostilidad, orgullo, vanidad y un porcentaje muy elevado cree que no puede alcanzar sus metas por causa de su habla (complejo de Demóstenes).

El promedio de la población disfémica es más inteligente que la media normal.

Resumiendo podemos escribir que los disfémicos generalizando, son:

1. Temperamento nervioso.

2. Por lo general se manifiesta entre los 3-5 años.

3. Es intermitente.

4. Trastornos respiratorios manifiestos.

5. No hay tartamudeo en el canto y cuando se recita. Nuestra experiencia diaria nos enseña que "todos los disfémicos son nerviosos", al andar, al comer, en actividades de la vida diaria, etc.

Los 3-5 años es la edad de una "tartamudez fisiológica normal" y *todas las personas* repiten una de cinco o seis palabras y muchos padres y familiares se obsesionan y les orientamos que no sobrevaloren demasiado esos fracasos normales y que no deben corregir ni hacer ningún comentario. (El peligro está en que el niño desee su tartamudeo para ser el centro de atención de cuidados especiales). La tartamudez es más frecuente en el niño que en la niña, y en nuestra opinión de logopeda así lo hemos contrastado (durante más de treinta años) en la proporción de seis o más niños por cada niña. Creemos que la razón fundamental es que la niña se desarrolla más precozmente que el niño, y así, supera más rápidamente esa "tartamudez fisiológica normal".

4. DIAGNÓSTICO

El diagnóstico es fácil antes de que el enfermo hable (enrojecimiento del rostro, sudoración de frente y manos, dilatación pupilar manifiesta, etc.).

El tartamudo no respira bien. A veces es tan patente que lo notan todos sus interlocutores. Normalmente, instintivamente, hablamos al espirar, pero el tartamudo pretende hablar muchas veces cuando inspira. En otros casos (la mayoría) no aprovecha bien el aire inspirado, sino antes de hablar deja salir una gran parte del aire porque los órganos fonoarticulatorios no son controlados.

A solas, cantando, recitando, nadie tartamudea y hay días que en los casos más graves, no se "bloquea".

La tartamudez puede ser *tónica* (contracción continua) y *clónica* (contracciones musculares con sacudidas rítmicas e involuntarias).

90

(De un modo no muy académico clasificaremos a los tartamudos en: *ametralladoras,* los que repiten mucho una sílaba o palabra y *explosivos,* los que no pueden arrancar o comenzar la primera sílaba y hacen esfuerzos como explosiones).

5. TRATAMIENTO SOS-ARFORES

Creemos que ha sido el francés Claude Chervín (1824-1896) el primero que con más éxito resolvió científicamente el problema del tartamudeo.

Según CHERVIN, el acto de hablar requiere:

1. Formación de la idea.

2. Voluntad de expresarla.

3. Emitirla por medio de sonidos articulados.

Cada uno de estos actos debe ser realizado con normalidad para que cada palabra sea emitida sin dificultades.

1. Por deficiencia en la formación de la idea, si el disfémico, por su turbación u otras causas no es capaz de formar ideas, es natural que no las pueda emitir. Se da esto con mucha frecuencia. El tartamudo es muy impresionable y cuando sufre una fuerte impresión, llega a quedarse con la mente "en blanco".

2. Por falta de voluntad para expresar la idea. El tartamudo es en general muy tímido. La gente le desconcierta, y más, determinadas personas. En ocasiones llega a no atreverse a decir una palabra. Tiene la idea con toda claridad: pero su voluntad –falta de decisión– no ordena a los órganos fonoarticulatorios la correcta emisión de la idea.

3. Por la anormal emisión de los sonidos. Sucede a veces que el entendimiento funciona con anormalidad, y la voluntad ordena regularmente y, sin embargo, siente la dificultad en la emisión del sonido, unas veces al comenzar la palabra, otras en medio y otras, aunque raramente, al fin... Según Chervín lo que hay que observar en el tartamudo para su corrección es el modo de cómo practica la respiración al hablar, es decir, si tartamudea durante la inspiración o la espiración, si arroja el aire por la boca o por la nariz, y si deja escapar el aire destinado a la palabra, bien sea por la nariz o por la boca. (Los balbismos tienen menos importancia.)

Los tratamientos respiratorios dan la pauta para un tratamiento adecuado.

El método Chervín trata de restablecer, en primer lugar, el ritmo respiratorio con una variedad de ejercicios de vocalización y articulación realizados con gran lentitud y relajación.

Nuestro método es múltiple, de acuerdo siempre con las características del paciente.

Siempre nos importa la persona y no la disfemia.

La duración varía según la edad y múltiples circunstancias, pero nuestra experiencia nos dicta que en 5-7 meses, a razón de una sesión diaria durante el primer mes, y luego espaciándolas hasta en el último mes a una sesión semanal con revisiones periódicas, hemos conseguido resultados positivos.

Recomendamos cuidados generales de sueño tranquilo, ejercicios gimnásticos, actividades de la vida diaria más bien programadas, dieta equilibrada (restringiendo la carne, el alcohol, café, coca-cola, sal, especias). Insistimos muchísimo en la relajación, en información al enfermo de su trastorno (si es adulto), autocrítica y colaboración con todas aquellas personas relacionadas con el disfémico.

El Sos-Arfores (articulación, fonación, respiración, relajación y ritmo) con las combinaciones de concienciación e imitación de los movimientos patológicos delante del espejo, emisión de sílabas sin sentido (logotomas), controles de velocidad articulatoria, introducción de pausas arbitrarias, hablar lentamente, lectura silenciosa exagerando los movimientos articulatorios, lectura simultánea con el disfémico (con las múltiples variante que se le ocurran al logopeda, pronunciar palabras y frases masticando las palabras, masajes vibratorios en esternón, a nosotros nos han dado muy buenos resultados, los tratamientos en grupo de 3 a 5 pacientes de parecidas características sin descuidar nunca a los familiares, amigos y personas muy relacionadas que puedan favorecer la disfemia y a los cuales damos información de cómo hay que tratar a esa persona que padece disfemia.

En líneas generales, nuestro método está programado de la siguiente manera:

– Silencio absoluto.
– Ejercicios respiratorios.
– Inmovilización de todo el cuerpo, con los ojos cerrados (de pie, sentado, en el suelo).
– Ejercicios del velo del paladar.
– Posición lingual correcta.
– Abertura de la boca.
– Relajación del cuello, mandíbula y laringe.
– El logopeda y el paciente ante el espejo procuran exagerar el molde vocálico y ejercitan los movimientos articulatorios sin voz.
– Lectura lentísima áfona (sin voz). (Las lecturas se seleccionan según las motivaciones de los pacientes.)
– Nuestra lectura vocálica consiste en leer frases, fragmentos literarios, suprimiendo (en principio) las consonantes y después las vocales en la melodía de la frase, según sean frases afirmativas, interrogativas, exclamativas...

Analizamos gráficamente las variaciones melódicas de las frases. (Recomendamos preparar muy profesionalmente las sesiones logoterapéuticas, confeccionando listas de frases, lecturas, ejercicios respiratorios adecuados, relajación, psicoterapia, grabación de la sesión, controles de éxitos y de fracasos, sin olvidar nunca el autocontrol emocional del disfémico.)

JAMÁS OLVIDAR LA RESPIRACIÓN SUAVE, ABDOMINAL Y LENTA.

Nuestro Método Completo de Desmutización nos sirve de pauta para realizar los ejercicios articulatorios con un orden.

A modo de ejemplo una sesión de 30 minutos se puede cronometrar de la siguiente manera:

5 minutos: saludo, relajación ante el espejo, colchoneta, camilla, paseando, etc.

5 minutos: ejercicios respiratorios.

5 minutos: ejercicios articulatorios y fonatorios (con voz y sin voz)

5 minutos: Lectura rítmica con el metrónomo acompañada con grafos, dibujos, puntos, líneas, palmadas y a ser posible al mismo ritmo que con dactilología (a nosotros nos ha dado excelentes resultados), lectura peripatética y un largo etc.

10 minutos: Control de grabación conversacional de temas libres, sugeridos, por sorteo, sin olvidar nunca grabar el día en que hacemos los ejercicios para las evaluaciones periódicas.

Las sesiones logoterapéuticas siempre se deben complementar con sesiones ocasionales de llamadas por teléfono, invitación a que participen en conferencias y siempre un apoyo humano sincero por parte del logopeda.

6. TRATAMIENTO CONDUCTUAL

6.1. Evaluación diagnóstica

Todo tratamiento debe iniciarse con una evaluación previa y basándonos en un enfoque psicológico propio del Análisis y Modificación de conducta y por estar de acuerdo con A. *Jorquera Hernández* (1987), que considera la disfemia como un trastorno:

– Específico (patrón alterado del habla).
– Se puede actuar directamente para modificar el patrón.
– Contingencias ambientales.
– Tratamiento plurimodal.

Exponemos a continuación una evaluación conductual diagnóstica (más aplicable para adolescentes y adultos).

Debemos tener claro que el objetivo de esta evaluación inicial es poder establecer una línea base, es decir, cómo se encuentra nuestro alumno en el momento de la detección del problema, teniendo siempre en cuenta que un análisis lingüístico debe tener como referencia el proceso evolutivo de adquisición de la lengua, tanto personal como normativo.

En primer lugar procederemos al estudio de los informes anteriores de los que el alumno pueda disponer en el centro.

Hay entre otras, a nuestro juicio, tres formas de evaluar el lenguaje y el habla de un niño:

– La utilización de tests, el análisis de registros de habla más o menos espontánea y la utilización de perfiles evolutivos estándar. Deberemos especificar si hemos utilizado una o varias de estas formas de evaluación.

Necesitaremos información de otros especialistas (otorrino, neurólogo, psicólogo...) y deberemos hacer alusión a cómo hemos obtenido la información y cuáles han sido los resultados.

Nuestra evaluación irá encaminada hacia el análisis de los distintos niveles del lenguaje:

– Nivel fonológico

– Nivel morfosintáctico

– Nivel semántico

– Nivel pragmático

Los distintos niveles deberán ser examinados tanto en el lenguaje repetido como en el espontáneo.

6.2. Programa de intervención

Teniendo en cuenta todos los conocimientos que nos vienen dados por las características del disfémico y los resultados obtenidos en la evaluación en el área del lenguaje, deberemos pasar a desarrollar el Programa de Intervención que llevaremos a cabo desde y en el gabinete de logopedia, y que debe comenzar con la selección de :

Objetivos:

1. Información a la familia:

– En qué consiste el tratamiento.

– Objetivos flexibles de tratamiento y no olvidar que la propia evaluación del disfémico determinará la revisión periódica de los objetivos.

Ejemplo de objetivos:

– Mantener la atención en periodos cortos de tiempo.

– Mantener el contacto ocular.

– Afianzar el esquema corporal.

– Mejorar la capacidad de discriminación auditiva.

– Desarrollar la memoria auditiva.

– Utilizar una correcta técnica respiratoria.

– Conseguir una buena coordinación respiración-fonación.

– Dominar los órganos articulatorios y de resonancia.

– Discriminar los fonemas.

– Ampliar el vocabulario referido a nombres, acciones, cualidades.

– Elaborar frases.

– Evocar palabras a partir de una definición sencilla.

– Explicar oralmente narraciones cortas.

– Conseguir comunicación progresiva con distintas personas.

6.3. *Criterios de tratamiento*

Una vez seleccionados los objetivos debemos tener en cuenta que el objetivo básico de la intervención logopédica es "la adquisición o la recuperación de las habilidades lingüísticas que permitan al sujeto producir y comprender el lenguaje de su comunidad para poder interactuar con el entorno".

La intervención debe ser diseñada de forma gradual, en función de las características de cada sujeto y que los objetivos y metas terapéuticas deben basarse en las pautas normales del desarrollo del lenguaje y que éste se produce en el entorno más próximo del sujeto.

Las actividades deben ser realizadas en ambientes agradables y de forma que el disfémico se sienta integrado y con ganas de colaborar.

Ejemplos de actividades:

– Ritmo

– Eutonía

• Silabeo rítmico en un principio con el metrónomo, con los dedos, con los pies, aprender el alfabeto dactilológico y practicar al mismo tiempo que se pronuncian las palabras escribirlas con los dedos.

• Eutonía

Por practicarla, y de los buenos resultados obtenidos, os invitamos a conocerla.

Del griego *eu* (bien, correcto, armonioso) y *tonos* (tensión). Es decir, tensión armosiosa, equilibrio de las distintas tensiones que coexisten en el cuerpo: *método para experimentar la unidad psicofísica de la persona.*

El *tono* lo definen los psicofisiólogos como *"La actividad de un músculo en reposo aparente".* Esta definición señala que el músculo está siempre en actividad, aunque en ello no se traduzca ni en desplazamiento ni en gestos. En este caso no se trata de la actividad motriz, en el sentido acostumbrado de la palabra, sino de una manifestación de la función *tónica.*

Esta función *tónica* tiene la propiedad de regular la actividad permanente del músculo que condiciona nuestra postura y hace que la musculatura del cuerpo esté preparada para responder prontamente a las múltiples demandas de la vida.

La *eutonía* no es un método de relajación, sino que ofrece la posibilidad de adquirir el dominio de *tono* en todos los niveles.

La acción sobre el *tono* se obtiene al principio dirigiendo la atención sobre determinadas partes del cuerpo, volumen, espacio, los tejidos, los órganos, el esqueleto y el espacio interior de los huesos...

En estos años de trabajo logopédico hemos tratado a muchos disfémicos y podemos decir que cada sujeto presentaba "su disfemia personal" abierta, cerrada, clónica, clonico-tónica, coreica, criptogenética (ocultar síntomas), espasmódica, fanerogénica (aparente), guturotetánica, iterativa, labiocoreica, oculta, tetánica, tónica...

7. PLANIFICACIÓN DE UNA SESIÓN

En líneas generales, nuestro método está programado de la siguiente manera:

- Silencio absoluto.
- Ejercicios respiratorios.
- Inmovilización de todo el cuerpo, con los ojos cerrados (de pie, sentado, en el suelo).
- Ejercicios del velo del paladar.
- Posición lingual correcta.
- Abertura de la boca.
- Relajación del cuello, mandíbula y laringe.
- El logopeda y el paciente, ante el espejo, procuran exagerar el molde vocálico y ejercitan los movimientos articulatorios sin voz.
- Lectura lentísima áfona (sin voz). (Las lecturas se seleccionan según las motivaciones de los pacientes.)
- Nuestra lectura vocálica consiste en leer frases, fragmentos literarios, suprimiendo (en principio) las consonantes y después las vocales en la melodía de la frase, según sean frases afirmativas, interrogativas, exclamativas.

8. PRONÓSTICO

Como indicábamos al principio, y con conciencia profesional, son muy dispares y desgraciadamente las recaídas (recidivas) son muy frecuentes y la terminación del tratamiento es cuando la persona disfémica habla con personas desconocidas sin logofobia (miedo).

Capítulo VIII
Disacusias

1. INTRODUCCIÓN

Disacusia significa disminución y pérdida de la agudeza auditiva.

El estudio de estos trastornos corresponde a las ciencias audiológicas, las cuales abarcan un ámbito muy extenso que comprende anatomía, fisiología, patología de la audición, acústica y el uso, manejo y perfeccionamiento de aparatos eléctricos que son indispensables para medir la pérdida auditiva.

Dada la amplitud de la materia, se hace necesaria la intervención de numerosos especialistas que se encargan del estudio de cada aspecto del problema.

Los datos proporcionados por cada especialista son de gran valor para el logofoniatra, que trata niños hipoacúsicos, o para el profesor especialista en la educación del sordo, dándole una visión completa del problema individual de sus pacientes.

El término más antiguo que se usó para designar la disminución o pérdida de la audición es el de "sordera". Con el transcurso del tiempo se observó que dentro del grupo de los llamados "sordos" había personas que poseían ciertos restos auditivos que mediante determinado entrenamiento eran susceptibles de aprovechar; pero se seguía usando el término "sordo" en todos los casos. Después surgió el vocablo "duro de oído" para designar a las personas con una pérdida parcial de la audición.

Actualmente, los términos anacusia, como sinónimo de sordera e hipoacusia, para designar la disminución de la capacidad auditiva, han contado con la general aceptación.

2. CONCEPTOS AUDIOMÉTRICOS

De una manera superficial trataremos de explicar las características de los diferentes tipos y grados de hipoacusias.

Los aparatos que se usan para evaluar las pérdidas auditivas se llaman audiómetros.

Con estos aparatos se aplican pruebas audiométricas en tonos puros en una cámara aislada a prueba de ruido, denominada "cámara silente".

Por medio de las técnicas audiométricas, que son muy numerosas, se obtienen las audiometrías, que son las gráficas que nos indican el grado de la pérdida auditiva en las diferentes alturas tonales, desde los sonidos más graves (200 frecuencias por segundo) hasta los más agudos (8.000 frecuencias por segundo).

La mayoría de los audiometristas coinciden en que las tonalidades de la voz humana abarcan desde 300 hasta 3.000 ciclos, ámbito tonal denominado por ellos "umbral de percepción de la palabra".

Una persona con audición normal puede captar desde -10 hasta +10 decibelios. El ámbito de la hipoacusia superficial comprende de +10 a +30 decibelios. La hipoacusia media abarca de +30 a +60 decibelios; la hipoacusia profunda se encuentra entre +60 y +80 decibelios de pérdida, y el grado subtotal comprende pérdidas mayores.

Cuando la diferencia entre el grado de audición de uno y otro oído es mayor de 30 decibelios, el audiometrista, puede emplear la técnica de "enmascaramiento", que consiste en producir un zumbido constante en el oído que no se está explorando, para convencerse de que las respuestas corresponden exclusivamente a un oído; esto sólo se puede hacer en los audiómetros que tienen "enmascarador".

Las pruebas auditivas pueden hacerse por vía aérea y por vía ósea. La vía aérea se prueba usando los audífonos del audiómetro colocados en los pabellones auditivos; para medir la vía ósea se requiere de un audífono especial que se coloca fuera del oído, en la prominencia del huso temporal. Si la pérdida auditiva se registra únicamente en la prueba por vía aérea, significará que la hipoacusia es de tipo conductivo y que el nervio auditivo no está dañado. En el caso contrario, cuando la pérdida se encuentra únicamente en la grafía marcada por la vía ósea, la sordera o hipoacusia es de tipo neurosensorial. Si la pérdida auditiva se encuentra tanto en la gráfica de la vía aérea como la ósea, la hipoacusia es de tipo mixto.

Para confirmar los resultados de una audiometría, se debe aplicar una "logoaudiometría", que consiste en medir la agudeza auditiva a través de la voz hablada. Se introduce a la persona en la cámara silente y se le pasan cintas grabadas que han sido estandarizadas previamente, en las que se encuentra una lista de palabras que la persona sujeta a prueba, debe repetir. De esta forma, se prueba primero un oído y después el otro y se saca el porcentaje de los resultados.

Cuando la diferencia entre los resultados de la audiometría y la logoaudiometría es mínima, se considera que las pruebas pueden estimarse como válidas; en caso contrario se deben practicar nuevas mediciones.

En estos casos hipotéticos se pueden aplicar pruebas vestibulares, pruebas de reacción al dolor, prueba de resistencia psicogalvánica o audiometrías electroencefalográficas, con objeto de determinar si el padecimiento es realmente una hipoacusia o dificultades en la interpretación (más que en la audición) de la voz hablada obedecen a desórdenes neurológicos de tipo central, debiendo considerarse el caso dentro de la afasia.

3. TRATAMIENTO

El fin primordial que persiguen las técnicas de *Logopedia* en el tratamiento de los deficientes auditivos es la *desmutización*. Desmutizar es hacer pasar al sordo o hipoacúsico del silencio absoluto (mutismo) al uso de la expresión oral, lo cual no constituye por sí solo la formación y estructuración del lenguaje.

Nosotros somos partidarios de la Comunicación Total (Oral Signos y Dactilógico).

En la actualidad hay mucha controversia. Algunos son partidarios del empleo de técnicas mixtas (Signos-Oral) en las primeras etapas de la educación. Procuran por este medio, favorecer y facilitar la relación y comprensión entre el alumno y el maestro, que desde un principio se debe establecer.

Otros prohíben el uso absoluto de los gestos en el inicio del tratamiento educativo; pero más tarde permiten la comunicación gestual a los niños que se les dificulta el aprendizaje del lenguaje oral; consideran que siendo insuficiente el lenguaje que poseen, por medio de los gestos, podrán lograr los conocimientos que en otra forma se podría lograr.

Sin embargo, la idea que tiende a prevalecer en la actualidad es la de evitar, desde un principio, *hasta donde sea posible* el uso de los gestos. Existen muchas razones que apoyan este argumento, de las cuales respetamos y no compartimos algunos aspectos.

1. La lengua de signos (L.S.) es rudimentaria, ofrece muchas limitaciones y no es suficiente para comprender el lenguaje abstracto.

2. Si se permite el uso de las señas al niño sordo o deficiente auditivo, éste no hará el esfuerzo necesario para aprender el lenguaje oral, pierde el incentivo de hablar y se dificulta la enseñanza del lenguaje por falta de interés del educando.

3. La lengua mímica permite la comunicación interpersonal entre unos sordos y otros, pero no entre los oyentes y los sordos. Permite el entendimiento entre ellos y los educadores o personas que han aprendido este medio de comunicación, pero no es suficiente para darse a entender ante la sociedad de que forma parte. La lengua mímica fomenta la separación del sordo y de la colectividad y obstaculiza su adaptación social.

Por estas razones, va desapareciendo paulatinamente el lenguaje de señas en las instituciones especializadas en la educación de sordos o hipoacúsicos. Es sustituido por las técnicas de desmutización, las cuales tratan de lograr la formación y estructuración del lenguaje del niño sordo y del deficiente auditivo, a través del aprendizaje de la expresión oral, logrando de esta forma, sacarlo de su mutismo.

El desarrollo general del plan de tratamiento da posteriormente la elección de las técnicas especiales, se hace conforme a las características individuales de cada caso, tomando en cuenta primordialmente los siguientes factores que son de gran significación.

1. Se debe hacer una absoluta diferenciación en el plan que se va a seguir, según que el individuo sea anacúsico o hipoacúsico.

Siendo la sordera total y por tanto, siendo parcialmente inútil el empleo de amplificadores auditivos, en el plan general de tratamiento no cabe la estimulación auditiva. Entonces el plan de desmutización va a girar alrededor de la lectura labial.

En cambio, en el caso del deficiente auditivo que posee ciertos restos de audición susceptibles de aprovecharse mediante un entrenamiento apropiado, se cuenta con el recurso de las
prótesis auditivas, que facilitan la adquisición del lenguaje en su forma más natural: por la
vía auditiva. Es entonces, alrededor del entrenamiento auditivo del que va a organizarse todo
el plan de tratamiento especial de los hipoacúsicos.

2. Se debe considerar la edad de adquisición de la pérdida auditiva. Efectivamente, difie-
re mucho el plan de desmutización de un individuo que escuchó y usó el lenguaje antes de
su padecimiento auditivo, del que nunca oyó la voz humana.

Si la sordera o hipoacusia apareció después de la adquisición del lenguaje, el tratamiento
generalmente se facilita. Si se comienza desde el momento en que se inició la pérdida, el tratamiento ortolálico, consiste simplemente en tratar de conservar el lenguaje que tiene; no
habrá que desmutizar. En el caso de los niños que han perdido la audición desde los primeros meses de vida o bien si la sordera o hipoacusia es congénita, ahí sí habrá necesidad de
desmutizar.

3. La edad en que se inició la rehabilitación, es un dato de gran importancia en la evaluación de cada caso.

El plan de desmutización es muy distinto en los niños que se han iniciado oportunamen-
te, de aquellos en que se produce una desmutización tardía.

Se puede considerar que la desmutización es precoz si se reliza desde los 6 o 7 meses de
edad hasta los 2 o 3 años. En los primeros meses de vida, el entrenamiento consiste en brindar al niño suficiente estimulación auditiva y evitar que la voz del niño se pierda al llegar a
la etapa del *laleo*. Es un hecho comprobado que el hipoacúsico profundo, y aun el sordo de
etiología congénita, nacen con voz, la cual usan en sonidos inarticulados hasta llegar a la
etapa del balbuceo infantil. Debido a que el mecanismo fisiológico de la producción silábica característica de cada etapa del desarrollo lingüístico se basa en procesos cíclicos auditivo-fónicos, precisamente por la ausencia o disminución de la agudeza auditiva, se interrumpe la evolución lingüística del niño. Si la desmutización se inicia desde este momento, se
logra continuar el avance progresivo de la voz y del lenguaje del niño.

Para lograr mejores resultados en la rehabilitación precoz del niño hipoacúsico, es muy
necesaria la colaboración de los padres. En estos casos el reeducador les guía en el entrenamiento que ellos pueden impartir en su hogar y, de ser posible, supervisar periódicamente su
labor.

Hasta los 3 o 4 años de edad ya se podrá iniciar un plan de rehabilitación más formal en
centros especiales. Esta edad es preciosa para aprovechar el interés glósico propio de esta
etapa de la vida del niño. Además, desde el punto de vista psicofisiológico, a esta edad el
niño ya está preparado para un aprendizaje formal.

La desmutización temprana, además de facilitar la labor de aprendizaje, tanto en el niño
como en el profesor, ofrece la gran ventaja de evitar frustraciones y momentos angustiosos
que actúen desfavorablemente en el carácter y personalidad del niño.

En cambio, si la desmutización se inicia tardíamente, el problema que ya en sí entraña la
formación y estructuración del lenguaje, se va a agravar con las actitudes psicológicas negativas consecuentes a la falta de atención oportuna a su padecimiento.

De todas formas, ya se trate de una desmutización temprana o tardía, los planes de trabajo son similares. Sólo van a diferir las técnicas elegidas, probablemente los progresos obtenidos y la velocidad del tratamiento.

4. La síntesis del estudio audiométrico y otológico, que indica el tipo y el grado de la hipoacusia y la prótesis adecuada.

En la construcción del plan general de tratamiento de hipoacúsico, estos datos son de gran significación, puesto que son la base de un entrenamiento auditivo eficaz.

Es necesario que nosotros conozcamos el tipo de la hipoacusia. Las prótesis actuales generalmente mejoran la perceptibilidad de la voz humana cuando la hipoacusia es de tipo conductivo pero la distorsionan en la hipoacusia neurosensorial. Este se debe al fenómeno llamado "reclutamiento", que consiste en que, al aumentar el volumen de las frecuencias altas, las frecuencias bajas, se hacen tan fuertes, que enmascaran las altas, que son más débiles, y además, pueden llegar a una intensidad tal que produzcan dolor.

En general, por cuanto hace al grado de la pérdida auditiva, haciendo caso omiso de los factores extraauditivos que posteriormente analizaremos, el entrenamiento se facilita en razón inversa del grado de la pérdida: a menor pérdida mayor facilidad.

El hecho de que el niño disponga para su uso de la prótesis que efectivamente le conviene, representa una ventaja que se extiende en dos sentidos: por un lado, el niño acostumbra con mayor facilidad al empleo constante del aparato y por otra parte, la estimulación auditiva que va a recibir el niño durante tosdo el tiempo que use el amplificador, es la más adecuada. Nosotros debemos estar en comunicación con el otólogo y el protesista a fin de comprobar desde un principio las ventajas y desventajas de la prótesis auditiva que se recomendó al sujeto.

La gráfica audiométrica nos indica si se deben estimular con mayor intensidad las frecuencias altas o las bajas, según donde la pérdida sea mayor.

5. Los factores extraauditivos que merecen especial consideración al organizar el plan educativo de cada persona, son los siguientes:

a) Edad, sexo e intereses propios de la persona sujeta a tratamiento.

b) Inteligencia y aspectos de la capacidad mental que se han desarrollado más. Esto se refiere a un análisis cuantitativo de las pruebas psicométricas.

c) Personalidad y rasgos generales del carácter.

d) Maduración psicosocial y conducta observada en las primeras sesiones.

e) Actitud psicológica ante el tratamiento y grado de cooperación del paciente.

f) Medio cultural y lingüístico en que se desenvuelve.

g) Grado de cooperación de los padres y familiares cercanos.

Sobre estas consideraciones, se procede enseguida a la planificación general del tratamiento logopédico y desmutización del paciente, en el cual se deben considerar dos aspectos primordiales:

A) Las *instituciones* que van a atender al niño.

B) Los *aspectos del tratamiento* que deben atenderse.

A) Las *instituciones* que se preocupan de la educación del niño o adulto sujeto a estudio pueden ser:

   a) Instituciones especializadas en la instrucción maternal del sordo o hipoacúsico, cuando la desmutización se inicia precozmente.

   b) Clínicas del lenguaje, donde se les puede brindar atención individual 2 o 3 veces a la semana y sesiones colectivas 1 o 2 veces semanales, si ello es posible. El tratamiento en estas clínicas se puede iniciar desde los 2 o 3 años de edad, procurando que se combine la asistencia a las mencionadas clínicas con cursos preescolares y escolares en centros educativos de niños oyentes, alternando los turnos de mañana y tarde.

   c) Instituciones escolares especiales para anacúsicos e hipoacúsicos profundos, a las cuales asistirán los niños durante todo o parte del día. En ellas se deben planificar y programar las actividades que se guiarán por métodos especiales que los ayuden a su desenvolvimiento cultural y ocupacional.

En términos ideales, son preferibles los planes a y b. Se encauzan a las instituciones especiales para sordos, sólo los casos más difíciles que requieren un tratamiento educativo más intenso.

Los niños que pueden asistir a las escuelas de niños oyentes, a la vez que concurren a centros de lenguaje, tienen mayor oportunidad de desarrollar sus posibilidades lingüísticas, ya que al estar en contacto con niños oyentes dotados de un lenguaje completo, se encuentran a toda hora en situaciones que impulsan su lenguaje, motivan su deseo de hablar y el contacto con sus compañeros ayuda a la adquisición y formación de su lenguaje. En estos niños se requiere una supervisión constante, a fin de comprobar periódicamente su grado de desarrollo lingüístico, par lo cual el especialista procura estar en comunicación con el profesor de la escuela ordinaria (sería lo ideal) con objeto de enterarse sobre el vocabulario o frases que se usan con mayor frecuencia en clase, los temas de estudio que se llevan y los aspectos en que se haya retrasado el niño. Si se logra una adecuada colaboración entre los dos profesionales, la instrucción y educación es más completa y uniforme.

B) Los *aspectos del tratamiento* logopédico en el sordo e hipoacúsico, son los que se enuncian a continuación y, aunque en la práctica se relacionan todos tan estrechamente que es imposible su separación, los estudiaremos separadamente para lograr su mejor comprensión.

3.1. Desmutización

Es necesario separar las técnicas que se emplean en el sordo de las que se pueden usar en el hipoacúsico.

Cuando la desmutización precoz del hipoacúsico se inicia desde los primero meses de vida, los pasos iniciales en el tratamiento son los siguientes:

   1. Se parte, desde luego, de un diagnóstico precoz y certero.

2. En la forma constante y metódica se usa suficiente estimulación auditiva de ruidos comunes, sonidos y voces humanas y si el otólogo lo indica, se pueden emplear amplificadores ambientales y prótesis auditivas.

3. Se estimula el "laleo" infantil, lo cual evita que la voz del hipoacúsico se pierda, como suele ocurrir cuando el niño no es atendido a tiempo. A partir de este momento se inicia propiamente la desmutización, prosiguiendo enseguida con los otros aspectos del tratamiento que logran el desarrollo global del habla en el niño.

Cuando se trata de producir la voz en el sordo congénito o en el hipoacúsico carente de voz que no ha sido atendido desde los primeros meses de vida, el plan del tratamiento comprende los ejercicios de nuestro Método Completo de Desmutización (M.C.D.).

3.2. *Estimulación auditiva*

Este es el punto clave y de primordial importancia en la educación de todo hipoacúsico. En los deficientes auditivos, el centro de Wernicke, encargado de la interpretación de las imágenes auditivas, debido a su falta de uso no existe o ha alcanzado muy escaso desarrollo. Es precisamente por la estimulación constante de esta vía sensorial como se puede ejercitar el funcionamiento de esta zona indispensable en la formación de las imágenes mentales de las palabras.

Por medio del entrenamiento auditivo se persiguen los siguientes fines:

a) Desarrollo de la percepción auditiva del lenguaje.

b) Desarrollo del lenguaje en general.

c) Evitar en lo posible los problemas psíquicos que suelen presentar los deficientes auditivos.

Indicamos a continuación una serie de ejercicios. *La iniciativa del logofoniatra es determinante en cada caso.*

1. Identificación y reconocimiento de ruidos y sonidos familiares a una casa común, tales como el ruido que hace una puerta al cerrarse, el ruido de un grifo a la salida del agua, el timbre del teléfono, etc.

2. Identificación y reconocimiento de ruidos y sonidos que se escuchan con frecuencia en la calle (ruido de un coche, de la lluvia, gritos de los niños, etc.).

3. Discriminación de sonidos que producen diferentes animales.

4. Localización del punto de partida de sonidos, ruidos y voces.

5. Identificación de voces familiares.

6. Ejercicios de ritmo.

7. Uso de grabaciones periódicas que le permiten escuchar su voz.

3.3. Lectura labial

La lectura labial es la parte del entrenamiento logopédico que consiste en enseñar a los hipoacúsicos y anacúsicos a interpretar lo que se les dice, leyendo mediante la observación de los movimientos de los órganos de articulación que alcanzan a ver, y en las expresiones y gestos faciales que generalmente acompañan a la palabra. (Seguir las técnicas que relacionamos en nuestro M.C.D.)

3.4. Articulación

Los errores de articulación de los hipoacúsicos corresponden al grupo de las dislalias funcionales, porque su tratamiento se orienta por los mismos consejos que se indican en el tema correspondiente. En un principio no se corrige demasiado.

3.5. Modulación de la voz

Las alteraciones de la modulación de la voz propias de los hipoacúsicos entran en el grupo de las disfonías funcionales. Su tratamiento se rige por las consideraciones básicas relativa a la terapia logopédica de dichas anomalías de la voz.

3.6. Ejercicios rítmicos

La educación rítmica puede practicarse tanto en los sordos como en los hipoacúsicos.

Todo en la vida y en la naturaleza es ritmo; éste existe en el movimiento del péndulo, en la marcha normal de la persona, en la respiración. La educación rítmica es una parte importante del tratamiento de los sordos e hipoacúsicos. La impartiremos asociada a las vocalizaciones y ejercicios de modulación de la voz, asociada al adiestramiento auditivo en ruidos, sonidos, palabras y frases, asociadas a los ejercicios de articulación, a ejercicios físicos y gimnásticos, a marchas y a bailes y juegos.

3.7. Interpretaciones de la vida diaria

Las técnicas correspondientes a la interpretación de la vida diaria no son en sí un aspecto del tratamiento, sino más bien, la plicación de los entrenamientos especiales que se han practicado a medida que ha transcurrido el tratamiento.

Los procedimientos pueden ser: uno espontáneo y otro dirigido. El primero no requiere una preparación previa, sino sólo el acierto e iniciativa del logopeda para aprovechar todas las situaciones que se pueden presentar en la clase.

En cuanto a los métodos dirigidos, se pueden organizar juegos dirigidos, dramatizaciones o clases colectivas en las que se desarrollen actividades en las que los pacientes puedan ejercitar determinado vocabulario o practicar frases usuales o ciertos patrones del lenguaje.

Proyección de películas cortas (se proyectan 5 o 6 veces), hasta que los niños hayan entendido las palabras y frases empleadas en ella; así se aumenta el vocabulario y sus posibilidades de expresión.

3.8. *Formación, estructuración y construcción del lenguaje*

En la formación y estructuración del lenguaje del niño sordo e hipoacúsico, se toman en cuenta las siguientes consideraciones:

a) El pensamiento interior es una fase previa al lenguaje oral; por lo tanto es necesario estimular el lenguaje interior del niño, para provocar indirectamente un deseo espontáneo de hablar.

b) El lenguaje es un sistema coherente, por lo cual se debe enseñar como tal; el aprendizaje del lenguaje no es únicamente la enseñanza de un vocabulario y de las reglas gramaticales para su uso, es algo más que eso: significa la formación de conceptos y estructuras mentales globales, íntimamente ligadas al *pensamiento y a la acción*.

La generalización, la abstracción, la lógica, el razonamiento, el juicio, la iniciativa, las nociones de causa a efecto, de espacio, etc., representan en sí el contenido del lenguaje.

La clasificación de las palabras por su función en la frase nos da la forma externa o estructuración del lenguaje.

El vocabulario y articulación constituyen otros aspectos no menos importantes que permiten la inteligibilidad de la expresión oral del sordo.

El ritmo del habla y la cadencia y melodía de la voz cooperan también en la inteligibilidad del discurso. Todos estos aspectos se van a enseñar conjuntamente desde un principio, formando una unidad indisoluble. Desde las primeras palabras es conveniente cuidar su correcta articulación, construcción, ritmo, velocidad y modulación de la frase, procurando que se asemejen lo más posible al lenguaje normal del oyente.

En un principio el niño usa sustantivos e inmediatamente después empieza a usar verbos, primero en su forma sustantiva, luego en imperativo, en infinitivo, posteriormente se usan los adjetivos, se va mejorando la conjugación verbal y poco a poco va introduciendo adverbios, interjecciones y nexos.

Por lo que se refiere a los sistemas que se han establecido con fines a lograr una correcta construcción gramatical del lenguaje, citamos los siguientes:

Las claves de Fitzgerald (1926) estimulan el desarrollo del lenguaje natural y el razonamiento, juicio y lógica de la construcción gramatical. Establecen una clave especial formada con palabras y oraciones de uso común y una serie de diálogos que son visualizados y memorizados como modelos de construcción. A través del análisis funcional de las relaciones entre una palabra y otra se ayuda a su comprensión y generalización.

El *Organifrase* de Delgado

El profesor Delgado Domingo, titula "Organifrase" a una estructuración simbólico-sintáctica del lenguaje hablado.

Se basa en las interrogaciones.

¿Qué es?

¿Qué hace?

¿Qué es?

Dibuja un animal (un gato).

En el animal se observan tres partes principales:

La cabeza, en círculo y coloreada de azul.

El cuerpo, rectángulo y coloreado de azul.

El rabo, en triángulo y coloreado de verde.

Corresponde al *nombre*, el *verbo* y el *adjetivo*.

Delgado considera las tres realidades básicas. La cabeza la da a conocer con las tres interrogaciones siguientes: *¿qué es?*, *¿cómo se llama?*, *¿quién es?*; el cuerpo con *¿qué hace?* y el rabo *¿cómo está?*, *¿cómo es?*

Los trastornos del lenguaje en los sordos prelocutivos que precisan de educación especial, van de simples trastornos en el estilo, hasta desintegración del fonema. Estos trastornos aparecen aun en los que están o han estado sometidos a una cuidada educación y consiguientes tratamientos logopédicos.

Consisten los trastornos del estilo en que el sordo no construye gramaticalmente las frases como el oyente. En los mejores alumnos tratados, se observa una gran dificultad en la expresión del lenguaje metafórico. Este trastorno está en razón directa con el grado de sordera, con el C.I., y con el menor grado de educación y tratamiento logopédico recibido.

Cuando estas causas aparecen, el trastorno se hace más evidente, apareciendo una confusión en su lenguaje interno que hace que el núcleo estructural del sustantivo se confunda con el predicado, dando predominancia a la acción, por lo que la construcción estructural de la frase se halla afectada. Por estas razones el verbo se sustantiviza y en las oraciones gramaticales éste suele ser omitido o bien escrito. La estructuración de la frase en el sordo es uno de los más importantes objetivos en su escolaridad, planteándose la aplicación de claves.

Cuando está más afectado, el lenguaje toma un carácter telegráfico, siguiendo las leyes de *Zipf* (lingüista norteamericano, 1902-1950) según las cuales, las palabras más frecuentes son las más cortas (sobre las que recae mayor grado de información) y son las de mayor rango de utilización. Ello es debido a fenómenos de economía de cifrados, según los cuales, el paciente que se educa, da los más significados posibles a los pocos esquemas de frases que utiliza. Resultado de ello es que el lenguaje, a mayor economía de cifrado, hay también mayor facilidad de equivocación en la interpretación del lenguaje (mensaje). Lleva esto a convertir el lenguaje hablado en una jerga sólo comprensible por sus familiares o educadores.

El sordo prelocutivo, según el grado de sordera y suponiendo que no exista ningún grado de deterioro mental, tendrá siempre un grado de trastorno en el lenguaje (independientemente de la metodología empleada) (*agramatismo*).

Capítulo IX
Alteraciones grafoléxicas

1.- Introducción.

2.- Clasificación.

3.- Terminología afín.

4.- Etiología.

5.- Características.

6.- Diagnóstico.

7.- Terapia psicomotora.

8.- Terapia psicopedagógica.

9.- Terapia lectora.

10.- Terapia gráfica.

11.- Planificación de una sesión.

12.- Planificación de una terapia.

13.- Plan de reeducación grafoléxica.

1. INTRODUCCIÓN

(Sabemos que el término «dislexia» está en la actualidad muy devaluado, pero nosotros lo interpretamos y lo englobamos como «alteraciones grafoléxicas o de lectoescritura»).

Berkhan, Wilbur y Kussmaul se disputan el empleo por vez primera del concepto de dislexia en la literatura científica a partir de 1877. La dislexia ha sido definida como "legastenia", "tifolexia", "ambliopía", "ceguera verbal", etc. Wernicke, Hinselwoos, Orton y otros autores, han ido añadiendo más características definitorias del síndrome disléxico. La dislexia es un cuadro joven en la historia de la medicina y de la psicopedagogía, y lo que es más importante, se trata de un síndrome en continuo debate, especialmente por el desconocimiento de su etiología real.

En un sentido amplio, dislexia es la incapacidad para realizar normalmente el aprendizaje de la lectura. Sin embargo se suele restringir dicho concepto a aquellos casos que reúnen unos requisitos determinados. Existe una gran confusión a la hora de determinar los límites reales de la dislexia.

2. CLASIFICACIÓN

De forma global hay que distinguir dos grandes tipos de dislexias:

a) Las dislexias evolutivas, específicas o de desarrollo.

b) Las dislexias secundarias o sintomáticas.

Las dislexias evolutivas son aquellas que se caracterizan por presentar una dificultad para el aprendizaje de la lectoescritura en niños con las siguientes características:

111

- Inteligencia normal o superior.

- Escolaridad normal.

- Ausencia de psicogénesis significativas.

- Ausencia de daño cerebral.

- Fracaso lector con las técnicas convencionales de aprendizaje.

- Ausencia de trastornos sensoriales.

- Persistencia hasta la edad adulta.

- Mayor abundancia en el sexo masculino (3 a 1).

- Presencia del síndrome en constelaciones familiares.

La dislexia evolutiva es un síndrome bien definido, no así las dislexias del segundo grupo, llamadas dislexias secundarias o sintomáticas. Este tipo de dislexias son aquellas dificultades de aprendizaje lectoescritor que se dan en niños en edad escolar, pero que guardan relación con algún tipo de dificultad específica, de tipo neurológico, pedagógico o familiar. Cuando en el diagnóstico de dislexia se observan trastornos neurológicos comprobables en el EEG o en el TAC, presencia de fuerte retraso escolar, ambiente familiar inestable emocionalmente, o de escasa estimulación cultural, etc., queda descartado el diagnóstico de dislexia evolutiva y hay que hablar de dislexia secundaria, o dislexia en sentido amplio.

Se observa que, cuanto más se afina en el diagnóstico (procurando hacerlo multidisciplinariamente), menos dislexias "puras" existen, y mayor es el número de casos de dislexia que están relacionados con un síntoma asociado que convierte la dificultad lectora en un cuadro sindrómico secundario o sintomático. Ajuriaguerra propugna el abandono del empleo del término dislexia, siendo sustituido por el de "dificultades en el aprendizaje lector", para evitar la inflación en el empleo indiscriminado del término.

Las dislexias secundarias sólo reúnen parcialmente las características de las dislexias de evolución (inteligencia normal en unión de algunas características más).

En la clínica comprobamos que cada vez es más frecuente el número de dislexias producidas por un trastorno de tipo neurológico *comprobable*. Aislar el síndrome de dislexia específica remitiéndose a las características de la misma es cada vez más difícil, ya que con la mejoría de las técnicas de diagnóstico se tiende a determinar con mayor facilidad su posible etiología.

Las dos definiciones de dislexia más comunmente aceptadas proceden del Congreso de Neurología de 1968:

Dislexia evolutiva específica: "Es un trastorno que se manifiesta en la dificultad en aprender a leer a pesar de la instrucción convencional, de la buena inteligencia y de las oportunidades socioculturales; depende de ineptitudes cognitivas básicas que son frecuentemente de origen constitucional".

Dislexia: "Es un trastorno que se da en los niños, que a pesar de su formación o experiencia escolar convencional, no pueden desarrollar las facultades lingüísticas de la lectura, de la escritura y del deletreo correspondientes a su capacidad intelectual".

3. TERMINOLOGÍA AFÍN

En relación con la dislexia existen una serie de conceptos que se barajan con frecuencia y que pasamos a definir de forma breve:

– *Disgrafía:* es la incapacidad para realizar correctamente la escritura en niños con un nivel mental normal y con un sustrato neuropsicológico sin lesiones o alteraciones estructurales intensas. Se presenta en varias formas:

• Disgrafía motriz o caligráfica: es la letra incorrectamente ejecutada, donde el componente motriz se encuentra alterado y hace que la forma de las letras sea difícilmente reconocible.

• Disgrafía disléxica: es la proyección de la dislexia en la escritura. La secuenciación de la escritura está alterada, ya en sus aspectos estáticos (alteración de la simetría de las letras), ya en sus aspectos dinámicos (uniones y separaciones indebidas, alteración del orden de las sílabas dentro de la palabra y del propio orden de las palabras).

• Disonografía: es la presencia de trastornos gramaticales en la escritura (pobreza verbal, exceso de faltas ortográficas, problemas de concordancia y de sintaxis, etc.). Algunos autores llaman disortografía a la disgrafía disléxica.

– *Dislalia:* es la dificultad en articular fonemas, debida a los trastornos funcionales de los órganos periféricos de fonación.

– *Disartria:* es la dificultad en articular fonemas provocada por lesiones en los centros del SN relacionados con el lenguaje.

– *Disglosia:* es la dificultad de articulación de fonemas debida a lesiones, malformaciones o anomalías de los órganos del habla.

– *Afasia:* es la incapacidad para hablar coherentemente o para comprender el lenguaje por una lesión orgánica que afecta a las áreas del lenguaje y que suele ser congénita.

– *Bradilexia:* ritmo excesivamente lento en la lectura y en la escritura, no necesariamente debido a causa orgánica.

– *Taquilexia:* ritmo excesivamente rápido en leer o escribir y que impide una adecuada comprensión.

– *Estrefosimbolia:* tendencia a la escritura especular, que con mayor frecuencia se da en los zurdos.

– *Apraxia:* trastorno de la actividad gestual que aparece en sujetos cuyos aparatos de ejecución de la acción están intactos (ausencia de trastornos paralíticos, atáxicos, coreoatetósicos) y que posee un conocimiento pleno del acto a cumplir. Se divide en función del tipo de trastorno a que haga referencia: apraxias ideatorias, constructivas, ideomotrices, del vestirse, bucofaciales, etc. La apraxia atenuada se denomina dispraxia y hace referencia a la existencia de torpeza motora en la ejecución adecuada de un movimiento.

– *Agnosia:* Es la dificultad en relacionar adecuadamente un símbolo y su significado. Según la función sensorial alterada, la agnosia recibe un nombre diferente: agnosis, agusia, amusia, prosopoagnosia, agnosia visual, agnosia para los colores, agnosia auditiva, etc.

– *Sincenesia:* movimientos parásitos que se caracterizan por la contracción no voluntaria de un grupo muscular. Pueden ser de reproducción y tónicas.

- *Paratonía:* dificultad en la relación de un músculo por causas orgánicas o emocionales y relacionado con la sincinesia tónica.

- *Asimbolia:* es la incapacidad de reproducir e interpretar un código determinado, no sólo el lector, sino el código morse, el musical...

- *Dislexia orgánica:* denominada igualmente dislexia secundaria o dislexia endógena. Es la producida como consecuencia de una lesión cerebral grave. Una epilepsia puede provocar intensos síntomas disléxicos y disgráficos.

- *Dislexia visual:* cuando el niño dispone de una visión normal y es incapaz de interpretar lo que ve, es decir, falla la capacidad de conexión entre el signo y su significado.

- *Dislexia auditiva:* cuando el examen audiométrico en el disléxico refleja una normalidad total y no obstante se da una deficiencia de tipo cualitativo, que impide al sujeto la percepción exacta del lenguaje. No se trata de deficiencia auditiva, sino de obstrucción de la relación entre el sonido y los símbolos lingüísticos. La teoría de Tomatis se basa en esta concepción.

- *Dislexia con alteraciones visoespaciales y motrices:* sus características son la escritura en espejo, las confusiones e inversiones al escribir, la torpeza motriz y la disgrafía.

- *Dislexia con alteraciones verbales y de ritmo:* caracterizada por los trastornos del lenguaje, dislalias, inversiones, pobreza de expresión, baja fluidez verbal, comprensión escasa de las normas sintácticas, etc.

No hay que olvidar que toda clasificación de la dislexia en función de sus síntomas nunca puede ser estricta, pues en la dislexia aunque haya síntomas dominantes, las demás alteraciones características, aunque de menor grado, aparecen igualmente.

4. ETIOLOGÍA

No siendo este aspecto de excesivo interés para nosotros, simplemente vamos a enumerar las causas a las que se ha atribuido la dislexia, históricamente o en la actualidad: la etiología oscilaría en un continuo organicismo-ambientalismo que la mayoría de las ocasiones enfrenta a las corrientes médicas contra las psicologías (en sentido amplio). Las causas a las que la dislexia ha sido atribuida son las siguientes:

1. Dominancia genérica: el postulador de esta teoría es fundamentalmente Hallgrenn, quien afirma que la dislexia de evolución se debe a un factor hereditario resultante de un gran monohíbrido dominante autosómico.

2. Teorías constitucionales: bastante afines a las genetistas. Uno de sus representantes es MacDonald Critchley, quien afirma que la dislexia es una ineptitud constitucional y primaria.

3. Teorías neurológicas: algunos autores afirman que la dislexia responde a una lesión cerebral o inmadurez neurológica. Actualmente se achaca –dentro de esta corriente– la dislexia a una L.C.M. (lesión cerebral mínima), producida en los últimos meses del embarazo o en el momento del parto. Los autores de esta corriente tratan –infructuosamente hasta el momento– de localizar los centros cerebrales dañados que repercuten en la aparición de la dislexia.

4. Teorías lingüísticas: básicamente afirman que la dislexia se produce por un retraso generalizado de la función lingüística.

5. Teorías sociológicas: todas aquellas que achacan la dislexia a trastornos del medio ambiente del niño, como son la falta de escolaridad, la ineficacia de los métodos pedagógicos, la propia estructura de la sociedad, etc.

6. Teorías psicogenetistas: los psicoanalistas intentan interpretar la dislexia en función de desajustes emocionales inconscientes del niño.

7. Teorías multifactoriales y mixtas: el estado actual de las investigaciones sobre la etiología de la dislexia habla de la presencia de varias causas que originan la dislexia, aunque sitúa como prioritarias las constitucionales o las teorías acerca de la insuficiente maduración del disléxico.

5. CARACTERÍSTICAS

5.1. *Neurológicas y psicomotoras*

– Trastornos del pensamiento y de la estructuración espacial.

– Nociones temporales confusas.

– Predominio cerebral inadecuado, incoherente o mixto que se plasma en una lateralidad deficiente.

– Defectos del habla o del lenguaje y vocabulario deficiente.

– Trastornos de la motricidad, torpeza motora, dispraxia.

– Trastornos discriminativos perceptivos.

– Confusión figura-fondo.

– Trastornos del ritmo y secuenciales.

– Trastornos en el conocimiento del esquema corporal.

– Trastornos de la atención y de la memoria.

5.2. *Pedagógicas*

a) Trastornos en la escritura; en el idioma castellano, los fallos más característicos de la escritura del disléxico son: lentitud, grafismo poco evolucionado con relación a la edad, indecisión, confusión, rasgos angulados, palabras partidas con criterios arbitrarios, escritura en "espejo", inversiones de letras en sentido superior-inferior, etc.

b) Trastornos de la lectura: las formas de alteración lectora más corrientes entre los disléxicos son:

• Lectura bradiléxica.

• Lectura taquiléxica.

- Lectura arrítmica.

- Lectura mnésica o realizada con aprendizaje memorístico.

- Lectura imaginaria o inventada.

- Lectura subintrante[1].

- Lectura repetitiva.

- Lectura silenciosa repetitiva.

- Lectura mixta.

- Lectura carencial o disléxica: es la más específicamente disléxica, y reúne las formas anteriormente expresadas. Sus características más importantes son:
  - Inhabilidad en pronunciar palabras familiares.
  - No distingue palabras similares.
  - Pierde con facilidad el renglón.
  - Dificultad al tener que cambiar de renglón.
  - Movimientos labiales y vocalización amortiguada al leer los sonidos.
  - Dificultad de comprensión del texto leído.
  - Mala comprensión de vocales, confundiéndolas.
  - Mala pronunciación de las vocales.
  - Mala pronunciación de las consonantes.
  - Rotación de letras.
  - Interpolación de fonemas inapropiados.
  - Separación de algunos fonemas del conjunto de las consonantes.
  - Sustitución de unas palabras por otras.
  - Repetición de palabras.
  - Agregación de palabras.
  - Omisión de palabras.
  - Denegación: frenado en seco a mitad de la lectura.
  - Enfasis erróneo en palabras largas.

c) Trastornos en otras asignaturas: la inhabilidad secuencial del escolar disléxico produce secundariamente el fracaso en otras materias además del lenguaje, como en la geografía, geometría, historia y también en manualidades, música, etc. Pero estas alteraciones no aparecen necesariamente en los niños disléxicos.

5.3. Personalidad

La equivocidad dentro de este apartado es amplia aunque, secundariamente, los problemas de personalidad sí suelen aparecer en los niños disléxicos. Los rasgos que definen al disléxico en su personalidad tienen un componente neurótico muy importante. Las características

---

[1] Comenzar una lectura de palabra antes de terminar la anterior.

más reseñables de la personalidad disléxica son escasamente significativas, aunque predominan los sentimientos de inferioridad, inestabilidad emocional, depresión, psicopatía, neuroticismo, etc.

6. DIAGNÓSTICO

Lo idóneo es un diagnóstico realizado en un equipo interdisciplinario médico psicopedagógico, para detectar con más precisión la etiología y manifestaciones de la dislexia. Las fases a llevar a cabo en el diagnóstico de la dislexia son dos: en primer lugar, una exhaustiva historia clínica, y posteriormente la exploración propiamente dicha.

6.1. *Historia clínica*

No existe ningún *a priori* en este apartado: no se trata de ver qué características evolutivas definen a la dislexia, sino cada presunto disléxico qué tipo de evolución ha tenido. En el estudio realizado por nosotros en el trabajo cotidiano se ha detectado la presencia de un importante número de trastornos de base (embarazo, parto, retrasos madurativos, etc.). Parece existir una correlación entre el síndrome disléxico y discretos retrasos en el desarrollo psicomotor, lingüístico y electroclínico. Por tanto haremos una descripción evolutiva lo más amplia posible en dicha historia clínica. Los apartados que dicha historia debe tener abarcan procesos madurativos, adaptativos y lingüísticos, y deberán ir acompañados por un estudio neurológico cuando éste se estime necesario.

1. *Motivos de consulta:* Descripción fidedigna del motivo por el que el niño es traído a consulta.

2. *Descripción de los síntomas, desde cuando aparecen:* Definir los síntomas que presenta el niño y cuándo empezaron a hacer su aparición. Procurar ser preciso y detallar con amplitud.

3. *Anamnesis familiar:* Personas que viven con el niño, edades, profesiones y estudios, estatus socioeconómico, inquietudes socioculturales, tipo de vivienda, lugar que ocupa el niño entre los hermanos... En general conviene reseñar las características sociológicas, educativas, económicas y psicológicas de la familia.

4. *Anamnesis personal:* Embarazo, parto y sus complicaciones. Peso al nacer. Lactancia. Soporte cefálico, de la espalda. Evolución de los reflejos. Enfermedades habidas y sus complicaciones. Separaciones de los padres y sus causas. Dentición. Bisedestación. Primera palabras y tipo de lenguaje empleado. Control de esfínteres. Desarrollo estatoponderal. En general se trata de recoger todos los datos madurativos del niño durante su evolución, detectando posibles retrasos.

Cuando fue al colegio o guardería. Reacción del niño y su adaptación. Presencia de cambios de colegio y sus causas. Reacción frente a los aprendizajes. Motivo de los fracasos escolares. Rendimiento en lectoescritura y lenguaje. Adaptación con el resto de los niños.

Descripción del carácter del niño. Cómo se relaciona con sus hermanos y sus amigos. Presencia de celotipias. Rasgos más característicos de la personalidad del niño: sus aficiones y sus manías. Posibles problemas de ajuste emocional. Cómo se integra en la familia y en los demás ambientes. Tipo de castigos empleados. Relación entre los miembros de la familia.

5. *Exploraciones complementarias:* Hallazgos en el EEG. Resultado de anteriores estudios psicométricos. Calificaciones escolares. Radiografías, análisis clínicos o antropométricos, etc.

6.2. *Diagnosis*

Como paso previo a cualquier intento de reeducación debemos realizar un buen diagnóstico. Se plantean tres problemas muy concretos:

a) Hacer una exhaustiva historia clínica al niño.

b) Delimitar la dislexia de los cuadros afines.

c) Delimitar los síntomas dominantes (desorientación espacio-temporal, esquema corporal defectuoso, etc.).

El diagnóstico nos va a dar la pauta de cuál va a ser el método de reeducación a emplear, en función de las alteraciones observadas.

Vamos a ofrecer a continuación los métodos de diagnóstico utilizados con más frecuencia (sean tests estandarizados, cuestionarios o pruebas de cualquier tipo) e igualmente los resultados más frecuentes que obtienen los niños disléxicos.

6.2.1. *Nivel mental*

Se pueden emplear test gráficos (Goodenough), tests libres de cultura (Raven, Dominós), tests verbales y tests manipulativos (Wisc, Terman-Merrill). Sin duda el test más aconsejable es el Wechsler Inteligence Scale Children (Wisc), porque sintetiza una amplia información de diferentes áreas (factor verbal, percepción, organización espaciotemporal, datos clínicos psicopatológicos) al tiempo que nos ofrece un amplio espectro del nivel intelectual real del niño.

El nivel y características más importantes del nivel intelectual de los niños disléxicos es el siguiente:

– En los tests de inteligencia gráficos tienen un rendimiento pobre.

– Fracasan en las pruebas de vocabulario.

– Normalmente el CI en las diferentes pruebas es engañoso, ya que tiende a ser inferior a su capacidad real, por lo que hay que tomar esta cifra con mucha reserva.

– En los cubos de Kohs del Wisc el disléxico presenta un pobre rendimiento por los problemas de orientación espacial que presenta. Igualmente en otros, tests como el de Raven, hay fracasos en determinados ítems por confusión espacial.

– El mejor rendimiento lo obtienen los disléxicos en los texts del tipo F.C. (libres de cultura).

6.2.2. Lateralidad

Sabida es la importancia de la indagación de la dominancia cerebral en la dislexia. Se pueden emplear pruebas neurológicas, cuestionarios, etc., para medir la lateralidad de la mano, el pie, el ojo y el oído. Nosotros aconsejamos una prueba rápida, fiable y sencilla, como es la propuesta por Galifret-Granjon, que consta de seis pruebas, dos para cada segmento corporal:

Mano   Dar las cartas
          Diadocinesia

Ojo   Sighting (mirar)
          Puntería

Pie   Rayuela
          Shooting (chutar)

Nosotros utilizamos una prueba de lateralidad que nos ofrece un cociente de lateralidad y que abre posibilidades a la investigación del predominio de la lateralidad. Incluye también pruebas para la medida del predominio auditivo.

Las características más significativas del disléxico en las pruebas de lateralidad son:

– Hay un número elevado de zurdos mucho más importante que entre los no disléxicos.

– Lo más significativo es la deficiente lateralización: la mayoría de los disléxicos *ofrecen una lateralidad mal definida* como reflejo de la falta de dominio hemicerebral y de la inmadurez neurológica general. Aunque manejen la mano y el pie derecho, lo hacen de forma inconsistente.

6.2.3. Orientación espacial

La medida de la estructuración y orientación espacial del niño disléxico se puede hacer de forma estandarizada –mediante tests como el Reversal, el test de Sabadell, Cubos de Kohs, etc.– o de forma no estandarizada, anotando el conocimiento o no de los siguientes conceptos:

– Izquierda, derecha en el niño.

– Izquierda, derecha en el interlocutor.

– Izquierda, derecha en posiciones relativas.

– Delante, detrás.

– Arriba, debajo.

– Dentro, fuera.

Una de las pruebas de más común utilización para el conocimiento de la estructuración espacial y del concepto derecha-izquierda es el test de Piaget-Head, que se basa en una serie de preguntas que nos indican cuál es la evolución e interiorización de la noción derecha-izquierda en el niño.

119

Lo más significativo de los resultados obtenidos en los tests de orientación espacial en los disléxicos es la elevada incidencia de trastornos y la evidente desestructuración espacial del niño disléxico.

6.2.4. Orientación temporal

Las pruebas más frecuentes utilizadas en el diagnóstico son la prueba de Ritmo de Mira-Stambak, la serie de Historietas del Wechsler y el análisis del conocimiento de las nociones temporales en el niño disléxico. Esta valoración se puede hacer investigando cuál es su conocimiento en las siguientes áreas temporales:

– Ayer, hoy, mañana.

– Antes, después.

– Mañana, tarde, noche.

– El reloj y las horas.

– Hora, día, semana, mes, año, siglo.

– Ordenar series numéricas.

Los resultados más frecuentes en el disléxico, son:

– Trastornos del ritmo.

– Trastornos de la seriación.

– Desconocimiento de las nociones temporales.

6.2.5. Lenguaje

Nos interesa en un doble sentido: articulación y desarrollo cuantitativo-cualitativo. No existen demasiadas pruebas tipificadas para la evaluación del desarrollo del lenguaje en el niño disléxico. La escala verbal del Wechsler y el Test de Terman Merril nos dan datos fidedignos en este sentido. Lo mejor es mantener una conversación informal con el niño, anotando los siguientes aspectos:

– Capacidad de ordenamiento lógico del pensamiento.

– Construcción de frases.

– Conocimiento y uso de la sintaxis.

– Amplitud del vocabulario empleado.

– Presencia de dislalias, tartamudez u otro tipo de trastornos de articulación del lenguaje.

Los resultados de los disléxicos en la exploración del lenguaje, son:

– Retraso muy significativo del lenguaje en el uso y manejo de la sintaxis, vocabulario.

– Incapacidad para el deletreo de palabras.

– Dificultad para formar palabras a partir de sonidos propuestos.

– Frecuencia de dislalias y otros trastornos del habla.

120

6.2.6. *Lectura*

No es necesario recurrir a ningún test de lectura para valorar las dificultades del disléxico, aunque esto servirá para conocer su edad lectora. El CSIC tiene publicado un test de lectura silenciosa aplicable a la población docente española. Los aspectos a medir en la lectura son: velocidad, errores y comprensión. Hay que situar el error lector a nivel mecánico, comprensivo o crítico. No mencionamos las dificultades disléxicas en cuanto a lectura, por ser obvias y estar de sobra mencionadas en otros apartados.

6.2.7. *Escritura*

Tanto en lectura como en escritura se utilizarán tests de maduración como el Reversal, el Boehm y muy especialmente el ABC, de Lorenzo Philo, que nos mide las dificultades de maduración con que se encuentra el niño disléxico.

Los dos métodos para diagnosticar los trastornos de escritura son el dictado y la escritura espontánea. No se debe emplear la copia como método de diagnóstico, porque el disléxico puede copiar bien, y siempre lo hará con menor número de errores que en el caso de escritura espontánea o al dictado.

— Los síntomas escritores que presenta el disléxico son disgrafía y disortografía acentuadas, especialmente esta última.

6.2.8. *Esquema corporal*

El esquema corporal, o conjunto de informaciones que envía nuestro cuerpo a la corteza cerebral que permite al individuo tener una gestalt biológica de su cuerpo y sus posturas en continua evolución, se puede conocer y diagnosticar en sus dificultades de los siguientes modos: conocimiento de las partes de su cuerpo, un insuficiente conocimiento del cuerpo en sus relaciones con el espacio.

— La prueba de Piaget-Head y el test de Goodenough nos ofrecen datos acerca del *EC*. En el test de Wechsler, la prueba de Rompecabezas.

— Lo más significativo en el disléxico es un grave desconocimiento del esquema corporal que se patentiza en las pruebas por un insuficiente conocimiento del cuerpo en sus relaciones con el espacio.

6.2.9. *Percepción*

En el aspecto visomotor, la prueba más recomendable es sin duda el Test Gestáltico Visomotor de Lauretta Bender, que nos informa del nivel de coordinación visomotora en el niño. Según estudiosos sudamericanos, especialmente, existe el "síndrome dislexia", del cual nuestra experiencia demuestra la escasa delimitación. La figura compleja de Rey nos ofrece posibilidades de exploración de esta área. Para medir otras gnosias (visuales, auditivas, caloríficas, etc.) se pueden emplear pruebas manuales y digitales, como la de Gertsmann (reconocimiento con los ojos cerrados del lugar donde el niño ha sido tocado).

— El disléxico presenta problemas perceptivos que se caracterizan por un nivel madurativo visomotor inferior a su edad cronológica, de forma significativa en la Prueba de Bender.

- Presenta varios de los síntomas del síndrome de Gertsmann.

- Muchos disléxicos desconocen los colores de forma correcta (no confudir esta agnosia con el daltonismo).

- Ya hemos mencionado en otra parte la inversión de figura-fondo.

- Por último, el disléxico presenta en el área perceptual dificultades de análisis y síntesis.

6.2.10. Simbolización

Aunque es una categoría mal definida, parece necesario hacer constar la presencia de un diagnóstico de la capacidad de simbolización en dislexia. Se pueden emplear para medirla el subtest de Vocabulario del Wisc, la ordenación de frases, etc. Se trata de descubrir cuál es el nivel de proyección de la dislexia a otros códigos simbólicos, además de la lectura. Los resultados que da el disléxico, son:

- Discalculia.

- Dificultad de comprensión del código musical.

- Dificultades en el aprendizaje de otro tipo de códigos, como el Morse-Braille.

6.2.11. Atención

Se trata de una función de importancia secundaria en el diagnóstico de la dislexia. Para medirla se pueden emplear el Test de Tachado, que figura en el Manual para el Diagnóstico Psicológico del Niño de Zazzó. Los disléxicos tienden a presentar una atención más pobre que la del niño normal, aunque esto no tiene valor significativo.

6.2.12. Memoria

La dificultad de memorización del disléxico está muy ligada a los trastornos espacio-temporales. Se puede medir con la prueba de Dígitos del Wisc.

6.2.13. Personalidad

Las características psicopatológicas de la personalidad del disléxico son en la mayoría de las ocasiones consecuencia del trastorno de aprendizaje. Por eso los estados neuróticos del disléxico tienen tan buen pronóstico si éste es sometido a tratamiento correctivo. Se deben emplear especialmente las siguientes pruebas: CAT-A o CAT-H, Fábulas de Duss, Machover y Test de la Familia.

- Recordamos que la personalidad disléxica, a posteriori, manifiesta las siguientes características: ansiedad, rasgos depresivos, inseguridad, inhibición, inestabilidad, sentimientos de inferioridad, etc.

La prueba de la Familia ha sido estandarizada por nosotros para poder cuantificar la ubicación emocional intrafamiliar del niño, del siguiente modo:

En la encuesta se valoran con un punto positivo cada una de las siguientes preguntas (+):

– Primera figura que ha dibujado.

– Personaje más bueno.

– Personaje más feliz.

– Personaje al que prefiere.

– Personaje que sería.

– Personaje que le gustaría ser.

– Personaje que le gusta más al niño.

– A quién quiere más el padre, la madre...

Por el contrario, se valoran con un punto negativo (–), cada una de las siguientes cuestiones:

– Personaje menos bueno.

– Personaje menos feliz.

– Personaje que se va de viaje.

– Personaje que se comporta mal.

– Personaje que se muere.

– Personaje que le gusta menos al niño.

– Personaje que quitaría si volviera a dibujar.

– A quién quiere menos el padre, la madre... de la familia que el niño ha dibujado.

De esta forma, a cada uno de los personajes dibujados le corresponde unos valores positivos, negativos o indiferentes, que nos permiten estudiar y analizar la situación familiar desde el punto de vista emocional.

Para que la exploración diagnóstica no sea tan exhaustiva (la mayoría de las veces no es posible hacer un análisis tan detallado como quisiéramos), aconsejamos que se emplee la siguiente batería, que cumple los requisitos indispensables para llegar a un diagnóstico acertado:

– Escala de Wechsler-Wisc.

– Test de Bender.

– Prueba de lateralidad.

– Hacer leer al niño.

– Dictado.

– Escritura espontánea.

– Goodenough.

7. TERAPIA PSICOMOTORA

La reeducación de la dislexia se debe basar en un amplio enfoque psicomotor, procurando que no se "pedagogicen" las sesiones convirtiendo la sesión en una sucursal de la escuela. Esta tendencia errónea procede del campo de la pedagogía, que al dedicarse al tratamiento de la dislexia, la convierte en una enseñanza más.

Recordemos que el concepto de psicomotricidad se debe entender en un sentido global o en un sentido parcial. Si nos referimos al aspecto global la reeducación psicomotora puede ser estática y dinámica. Si, por el contrario, hacemos mención a la psicomotricidad segmentaria, uno de los aspectos que más nos interesan es el control manual y el visomotor.

Pasemos ahora a hablar del enfoque psicomotor global, como fuente generadora del tratamiento de la dislexia. Conviene en primer lugar realizar el balance psicomotor, siguiendo las directrices del autor por el que nos guiemos. Naturalmente algunos de los aspectos que este balance psicomotor nos pueda ofrecer pertenecen a funciones no estrictamente psicomotras y que ya conocemos por medio de otras pruebas (lateralidad, orientación espacial...), pero tienen la ventaja de ofrecer una concepción más dinámica de dichas funciones. Según Pierre Vayer ("El niño frente al mundo"), los aspectos a considerar en el escolar son éstos:

– Coordinación dinámica de las manos.

– Coordinación dinámica general.

– Control postural (equilibrio).

– Control segmentario.

– Organización del espacio.

– Estructuración espacio-temporal.

– Lateralidad.

– Rapidez.

– Conducta respiratoria.

Una vez que hemos evaluado la psicomotricidad del niño, pasamos a ubicarlo en función de la edad, con lo que obtenemos un perfil que nos habla de los retrasos del niño disléxico en cada una de las áreas estudiadas.

Antes de introducirnos en la ejercitación psicomotra básica, tenemos que hacer una serie de indicaciones necesarias para la comprensión de la utilidad de la psicomotricidad en el tratamiento de la dislexia. La educación psicomotriz es una acción pedagógica y psicológica que utiliza el movimiento para mejorar el comportamiento del niño. Aunque es posible un tratamiento solamente psicopedagógico, no conviene limitar el tratamiento correctivo a un trabajo de mesa, más fatigoso y que recuerda al niño con demasiada facilidad a la escuela. Muchos autores –McDonald Critchley entre ellos– afirman que la dislexia no requiere de un tratamiento psicomotor específico: eso es absolutamente falso, pues las funciones alteradas en la dislexia se reeducan de una forma dinámica. Lo que sucede es que determinadas funciones alteradas, como la capacidad de comprensión lectoescritora, sólo se pueden reeducar de forma psicopedagógica y no psicomotora.

De las funciones normalmente alteradas en el disléxico he aquí las posibilidades de tratamiento psicomotor y pedagógico (trabajo de mesa) y la importancia del tratamiento (de 0 a +++ como valor máximo).

FUNCIONES	Terapia PSICOMOTORA	Terapia PEDAGOGÍA
Esquema corporal	+++	+
Orientación espacial	+++	++
Orientación temporal	+++	++
Relajación-respiración	+++	
Coordinación manual	+	+++
Lectoescritura		+++
Lenguaje		+++
Coordinación global	+++	
Coordinación disociada	+++	

Por terapia psicomotora y pedagógica respectivamente y en sentido amplio hacemos referencia al trabajo "de sala" o de movimiento y al trabajo "de mesa" o que requiere papel y lápiz o materiales diferentes.

Como se observa en el cuadro, cada función puede y debe ser reeducada basándose en uno de los dos aspectos. Y entrando ya en la forma de ejercitación concreta con la psicomotricidad en la dislexia, hay que hacer la siguiente distinción de la psicomotricidad:

1. Psicomotricidad estática.
2. Psicomotricidad dinámica.
   – global
   – manual

Excepto la psicomotricidad manual, que responde a una reeducación más propiamente pedagógica o de mesa, las otras dos categorías requieren un tratamiento mediante el movimiento, bien sea mediante la gimnasia o la música.

7.1. Del esquema corporal

Es un aspecto clave para el buen desarrollo de la reeducación, pues se trata de que el niño acepte su corporeidad sin situaciones conflictivas o regresivas. Hay que empezar por un manejo global del cuerpo para pasar luego al de los diferentes segmentos.

Éstas son las posibilidades de actuación terapéutica de la psicomotricidad para mejorar los trastornos del Esquema Corporal:

a) Ejercicios en posición no dinámica: emplearemos órdenes verbales, escritas, el pito, etc. El niño disléxico debe emplear las siguientes posiciones:

– De pie: ejercicios de salto, desplazamiento, equilibrio, juego de las estatuas, de los soldados, de los árboles, etc. Se empieza con los ojos abiertos y *luego con los ojos cerrados*. Se le mandará al niño que ande de puntillas y vertical y *que se observe en el espejo*. También se ejercitará sujetando pequeños pesos en la cabeza.

– Sentado: sobre suelo, silla, mesa, pelotas. Que se sitúe con las piernas extendidas, cruzadas, sobre los talones, etc.

– Acostado: sobre el suelo, colocado hacia arriba, hacia abajo, de lado, procurando que exista inmovilidad.

– Posiciones intermedias: se le ordenará al niño que permanezca en cuclillas, de rodillas, a gatas.

Para llevar a cabo toda esta clase de ejercicios lo mejor es preparar una trayectoria en la que el niño, a instancias del especialista irá evolucionando y cambiando de posición. Para cambiar de posición hay que indicarlo con señales numéricas o verbales.

b) Ejercicios en posición dinámica: en los desplazamientos se ocupará la mayor extensión posible de la sala de reeducación, eliminando mesas y sillas. Aquí desde el principio se debe de utilizar el sentido rítmico (ver más adelante), por lo que recurriremos a la música, las palmadas, el metrónomo o el tambor. Las formas en que el niño se puede desplazar, son:

– A la carrera
– A cuatro patas
– Saltando
– Arrastrándose
– De rodillas

En cuanto a la forma de la marcha puede ser a ritmo normal, a ritmo lento, a ritmo rápido, a ritmo mixto, hacia atrás, hacia delante, hacia un lado, etc.

Cuando el niño ya ha interiorizado de forma relativa la imagen global de su cuerpo, se puede empezar a trabajar en el conocimiento y manejo matizado de los segmentos corporales, para que tome conciencia del espacio gestual y del espacio corporal; a continuación detallamos algunos ejercicios posibles de realizar por el disléxico para mejorar el conocimiento de su EC:

– Brazos horizontales y verticales.
– Manos a los hombros, a la cintura, a la nuca, etc.
– Juntar o separar los pies hacia delante, a un lado...
– Apoyarse en un solo pie, cargar el peso en los talones.
– Mencionar todas las partes del cuerpo.
– Tocarse todas las partes del cuerpo.
– Reconocer el cuerpo del otro.

7.2. Coordinación dinámica global y equilibrio

Una vez que se toma conciencia del cuerpo hay que facultar al niño disléxico para que perfeccione sus automatismos y su coordinación motora. Éstos son algunos ejercicios que sugerimos:

— Carreras y marchas más perfeccionadas.
— Cuadrupedia y arrastre.
— Pararse a la orden dada.
— Ejercicios de equilibrio en el suelo.
— Caminar llevando un peso en la cabeza.
— Ejercicios con ojos cerrados: marchas en zig-zag.
— Juegos con pelotas y balones.
— Juegos con comba.
— Ejercicios con el metrónomo.

7.3. Eutonía

La eutonía no es sólo una técnica para obtener unos fines, sino que posibilita un perfeccionamiento motor y neurológico muy importante en el escolar disléxico al tiempo que facilita el control de la relajación y la respiración correctamente hecha.

El niño se tumba en la colchoneta y comienza una relajación parcial de forma pausada.

Se debe utilizar inicialmente la relajación segmentaria con órdenes sencillas, empezando en los miembros dominantes e inicialmente por los dedos de la mano. Luego se pasa a relajar los miembros inferiores. En tercer lugar operamos sobre el tronco, con lo que estamos incidiendo en la respiración. Posteriormente relajar la cara, nuca y cuello.

Para tomar conciencia de la función respiratoria hay que hacer que el niño ejercite soplando sobre una vela, sobre su mano, sobre el reeducador, que inspire nasalmente, apretarle las costillas al tiempo que aspira.

En una segunda fase de la reeducación se pasará a la relajación global y en tercer lugar a la relajación diferencial.

7.4. Coordinación disociada

Se trata de conseguir que el disléxico, una vez que ha asumido su propio yo corporal, y que es capaz de manejarlo en un sentido amplio, sea capaz de matizar y diferenciar sus coordinaciones. Para lograr esto es preciso que sea capaz de disociar sus movimientos. Los ejercicios que se presentan son muy variados, pero básicamente han de ser aquellos que tiendan a situar los miembros y el tronco en formas asimétricas.

7.5. Estructuración espacial

El dar órdenes no es suficiente para lograr que el niño interiorice las nociones de derecha-izquierda, sino que hemos de recurrir al juego activo. Estos son algunos ejercicios concretos que nos pueden permitir lograr la mejora de la orientación espacial en el disléxico:

– En un círculo dibujado en el suelo (o algo similar) y con las nociones espaciales señaladas en la pared con papel de cello le darán órdenes al niño que ha de ejecutar con pelotas, dando saltos, etc.

– Esparciendo cubos de plástico por la sala de reeducación el niño tiene que seguir trayectorias y dibujarlas luego en la pizarra.

– Pedirle al niño que se desplace en un sentido (derecha, de frente, etc.), estando los demás niños en posiciones diferentes, para que no se deje influenciar.

– Imitar gestos y posturas de un niño: puestos en círculo deben reproducir la postura que cada uno ponga.

– Imitar determinadas profesiones: fotógrafo, cazador, escultor, etc. Imitar las posturas dadas por el reeducador.

– Encontrar un tesoro: un niño con un gráfico en la mano tiene que seguir una trayectoria hasta el final.

– Realizar una trayectoria y que otro niño la reproduzca en la pizarra.

7.6. *Estructuración ritmo-temporal*

Primero usar el ritmo espontáneo del ritmo de cada niño. Luego imponer una medida (metrónomo, tambor, etc.). Luego se debe complicar con aceleraciones, deceleraciones, etc. Los ejercicios que se deben utilizar de forma más concreta para vencer las dificultades rítmicas son:

– Marcha-parada: se dibujará el código en la pizarra; M = marcha; P = parada.

– Palmada-pataleos: a cada determinado número de pasos dar una palmada o una patada.

– Ritmos con marchas, paros y golpes: dificultar la serie alternando pasos normales, con paradas y con golpes.

– Modificaciones en el sentido de la marcha: cambiar el sentido de la marcha, o el modo de desplazarse.

– Dar palmas a la derecha y a la izquierda.

– Ejercicios de lectura de código: un cuadro rojo significa mano derecha o pie derecho, mientras que otro azul indica mano y pie izquierdos; se le da al niño un código que debe interpretar al ritmo del metrónomo.

– Mover los brazos balanceándose al tiempo que se lleva el ritmo.

– Caminar con los brazos y el cuerpo en una determinada postura que puede ser disimétrica.

– Llevar el ritmo cambiando las posiciones de las piernas.

– Andar sobre el sitio, sin desplazamiento.

– (La imaginación del *logopeda* desempeña un papel importante.)

8. TERAPIA PSICOPEDAGÓGICA

Aunque la dislexia deba tener un estilo motor cuando pretenda ser reeducada, sin embargo, las funciones alteradas requieren de un trabajo "de mesa" que en ocasiones es imprescindible, y la mayoría de las alteraciones del disléxico requieren una complementariedad entre psicomotricidad y reeducación psicopedagógica. La principal actividad en este aspecto de la reeducación es la que exige el manejo del papel, el lapicero y determinados instrumentos (tijeras, punzón...) que permitan superar las dificultades del disléxico.

Si anteriormente hemos hablado de reeducación psicomotora, la reeducación psicopedagógica también conlleva aspectos psicomotores en el aspecto parcial, puesto que la coordinación de la mano y los dedos es un elemento importantísimo en esta función del tratamiento.

8.1. Visomotora

Empalmando con la psicomotricidad global presentamos un conjunto de ejercicios que nos permitirán superar las dificultades de coordinación visomotora que con frecuencia presenta el disléxico, tales como son aquellos ligados con las dificultades de escritura. La reeducación de la coordinación manual tiene por última finalidad la mejoría de las coordinaciones digitales y manuales que impiden al disléxico una adecuada utilización de sus manos.

De una forma sistemática, los ejercicios que nos permiten esto se encuentran dentro de los siguientes apartados, que se basan en el logro de la coordinación dinámica manual:

A) Ejercicios de educación gestual y manual.

B) Ejercicios de coordinación dinámica, manual y visomotora.

Mientras que los primeros se preocupan por el buen control de la mano, los segundos se preocupan por el aspecto visomotor de la mano, en especial de la mano que dirige la escritura.

8.1.1. Ejercicios de educación gestual

Pueden ser de tres clases: simultáneos, alternativos y disociados.

Simultáneos
- abrir y cerrar las manos;
- abrir y cerrar los puños;
- separar y juntar los pulgares;
- ir separando los dedos de ambas manos;
- imitar animales con las manos (gallinas, paloma);
- reproducir gestos: el hombre que camina;
- hacer mimo de determinadas actitudes: cómo araña el tigre, cómo nos peinamos, cómo aplaudimos, cómo nos despedimos y saludamos, cómo nos lavamos las manos, etc.;
- unir los dedos de una mano con la otra;
- juntar y separar las manos;
- hacer una torre con las manos;

– tocar todos los dedos con el pulgar;

– con las manos cerradas abrir dedo a dedo;

– golpear la pesa con cada dedo.

Alternativos: Son los que realiza primero una mano y luego la otra, pero que son en los dos casos el mismo.

– abrir los puños y cerrarlos;

– flexionar y extensionar los dedos;

– ir sacando los dedos del puño;

– hacer una torre con los puños;

– golpear la mesa;

– golpear con el puño cerrado.

Disociados: Son aquellos que suponen la ejecución de movimientos diferentes, en ocasiones antagónicos, con cada una de las manos:

– abrir y cerrar las manos;

– golpear y dar con la palma de la mano;

– separar y juntar los dedos;

– mover vertical y horizontalmente las manos;

– presentar palma y dorso;

– tocar una mano a la otra;

– agarrar una mano a la otra.

8.1.2. *Ejercicios de coordinación dinámica, manual y visomotora*

Las actividades dentro de este apartado son las siguientes:

Picado con punzón

Al ser un ejercicio de inhibición, favorece la coordinación motriz voluntaria. Va dirigido a la enseñanza del acto prensor y al acto del picado, que requiere una atención sostenida. A los cinco años de edad motora se pica sin límites, a los seis dentro de una superficie, a los siete sobre una silueta o sobre una plantilla. Con niños hipertónicos emplear papel blando y con hipotónicos papel más resistente. Conviene que debajo del papel utilicemos una plantilla de goma espuma o corcho. Es una actividad muy agradable para el niño y que indirectamente facilita el acto escritor.

Rasgado de papel

Sólo intervienen los dedos, pero además intervienen movimientos disociados que requieren precisión en el gesto y regulación de la fuerza muscular a emplear. A partir de los seis años se combina el rasgado con el engomado y el pegado, y con posterioridad esta actividad se hará sobre una superficie delimitada. Éstos son algunos de los ejercicios dentro de este apartado:

– Recortado de tiras;

– Engomar y pegar superficies;

- Pegar con el límite inferior y superior marcado;
- Pegar en lugares señalados;
- Cubrir figuras geométricas;
- Cubrir siluetas de contornos irregulares;
- Recortar a mano tiras dibujadas;
- Recortar líneas curvas, rombos, círculos;
- Recortar a dedos siluetas de contornos amplios.

Recortado con tijeras

Es una actividad dinámica bimanual que se desarrolla de forma disociada. Antes de recortar papel hay que aprender a coger la tijera y "cortar" el aire. A los seis años de edad motriz es cuando el niño es capaz de cortar en línea recta, lo cual supone una adecuada inhibición de los movimientos impulsivos que intervienen en el cortado. Se debe emplear papel de grosor en función del niño disléxico y su tono motor. He aquí los ejercicios a desarrollar:
- Hacer un pañuelo con flecos;
- Hacer bufandas;
- Hacer peines;
- Cortar figuras geométricas;
- Recortar grandes óvalos y figuras redondeadas;
- Realizar figuras con fleco;
- Recortar figuras más complejas.

Se puede emplear el dibujo de formas sencillas hecho por el logopeda o bien revistas viejas.

Bordado

Es un ejercicio de coordinación dinámica manual que pone en juego la coordinación visomotora delicada. Se comienza empleando tableros de madera e hilo de nilón y después materiales más finos así como hilo y aguja. Una forma de aplicación de estos ejercicios consiste en picar un dibujo y posteriormente bordar el dibujo. Igualmente se puede emplear el cosido de botones.

Calcado

En la primera etapa se calca en papel transparente y en la segunda (8 años) en papel carbónico. Conviene sujetar el papel con chinchetas. Primero se comienza calcando el niño líneas rectas en diferentes posiciones, luego líneas curvas, luego calcado de figuras geométricas y por último figuras complejas.

Dibujo

Es un ejercicio de coordinación visomotora que pone en juego la atención y la memoria visual. Requiere una previa ejercitación de la orientación espacial, esquema corporal y maduración en general. Ayuda mucho a fijar nociones espaciales. Primero hay que incidir en la noción de control de la recta. Después ejercitaremos con líneas curvas y mixtas y por último se pasará al dibujo de figuras de mayor dificultad.

Contorneado y coloreado con lápiz

Muy buenos exponentes de la precisión bimanual. Se utilizará el pochoir (tarjeta con una doblez y una de cuyas caras tienen una perforación con la forma de la figura a contornear) hasta los seis años, para pasar luego al respasado directo de contornos. Previo al contorneado se deben de emplear dibujos que serán rellenados por el niño por medio del mosqueado, el trazado de líneas horizontales y verticales, el rejado, etc.

Contorneado y coloreado con pincel

Al ser de manejo similar al lápiz, pero de mayor facilidad de utilización, esto favorecerá la reeducación de la escritura. Se pasará de las línes amplias a las figuras geométricas sencillas y a las figuras de mayor complejidad.

Modelado

Es una actividad de coordinación dinámica manual que desarrolla la coordinación motor-ocular. La plastilina se debe usar hasta los nueve años y después la pasta de modelado:

– Hacer bolitas, globos, racimos de uvas, muñecos de nieve...
– Hacer derivados de la forma redonda: frutas...
– Hacer derivados de la forma ovoide.
– Modelar con forma de huso.
– Modelar figuras cilíndricas.
– Formas planas.
– Formas huecas.
– Trabajo en equipo e introducción a la decoración.

8.2. Esquema corporal

Éstas son las actividades psicopedagógicas que facilitan la mejoría del EC:

– Componer rompecabezas de figuras humanas señalando las partes derecha e izquierda, las partes pares e impares, etc.
– Trabajar con muñecos articulables (tipo Madelman) que permiten que el niño reproduzca las órdenes que se le dan: toca la mano derecha con el ojo izquierdo, etc.
– Utilizar brazaletes de distintos colores: el niño se los colocará en el brazo indicado. De esta forma se afianzarán las nociones de mano derecha-mano izquierda.
– Señalar los segmentos corporales en láminas, cuentos, fotografías, etc.
– Utilización del espejo: sirve para que el niño refuerce las adquisiciones corporales. Se pueden dar órdenes que el niño debe cumplir.
– Emplear vendas que oculten la visión y dictar órdenes al niño referidas al conocimiento de sus segmentos corporales.

8.3. Orientación espacial

Son numerosas las posibilidades mediante el trabajo de mesa, papel y lápiz de reforzar las nociones espaciales:

– Señalar la derecha e izquierda del papel. También la parte de arriba y la de abajo. Trazar rayas que permitan la división en áreas.

– Dibujar figuras diferentes en cada uno de los cuatro segmentos en que se ha dividido el papel: derecha-izquierda y arriba-abajo.

– Completar figuras según un modelo con connotaciones temporales.

– Completar los puntos cardinales, leer mapas basándose en los puntos cardinales. Buscar puntos geográficos situados al N, S, E y O, etc.

– Dictados geométricos: sobre papel pautado se le dictan al niño las trayectorias a seguir y él las dibuja. También se puede hacer la actividad inversa: presentar al niño una figura sobre papel cuadriculado y el niño tiene que escribir o decir las direcciones seguidas.

– Utilización de geoplano: este sistema permite copiar figuras de modelo, o bien reproducir figuras en espejo invertidas, o reproducir figuras en ausencia del modelo.

– Reproducción de figuras con construcciones de madera. Reproducirlas en ausencia del modelo o en espejo, invertida, etc.

– Realizar rompecabezas, puzzles, etc., que tienen un alto componente espacial.

– Realizar juegos de encajado, llamados también lotos.

– Copiar figuras geométricas realizadas sobre papel cuadriculado: similar al dictado geométrico aunque en presencia del modelo. Se puede pedir al niño que dibuje la figura en espejo, invertida, etc., y también se puede complicar la situación con la presencia de trazos diagonales, que al mismo tiempo hacen referencia a cuatro variables espaciales (izquierda-derecha-arriba-abajo).

– Copiar figuras geométricas a doble escala o a escala reducida: cada cuadrito del modelo equivale a dos o a medio, etc., en el dibujo a reproducir.

– Numerosos ejercicios de papel y lápiz permiten mejorar las nociones espaciales: tachar figuras en distintas posiciones en colores determinados, unir figuras que estén orientadas igual, etc.

8.4. *Orientación temporal*

– Desde el principio *enseñar* los códigos temporales (hora, días de la semana, meses del año, etc.), y asociarlos a vivencias concretas del niño; cuando es su cumpleaños, si hace frío o calor, qué mes viene antes, cuál después, etc.

– Ordenar historietas: este método es muy beneficioso; se le entregan historietas en cartoncitos al niño y él ha de ordenarlos formando una historieta con sentido.

– Ordenar hechos realizados durante el día relacionándolo con las distintas horas.

– Ordenar sílabas, números de mayor a menor o de menor a mayor, ordenar palabras alfabéticamente, ordenar frases.

– Aprender a manejar el calendario: localizar climatológica y cronológicamente distintas fechas: vacaciones de verano, Navidad, Semana Santa, cumpleaños, comienzo del curso, etc.

Es conveniente que el niño desde el principio aprenda todos los códigos temporales, para luego poder asimilarlos y relacionarlos de forma correcta. Un mero aprendizaje memorístico es insuficiente.

8.5. *Logoterapia*

A) Problemas de articulación y de habla: se reeducarán paralelamente a la dislexia. Cuanto antes se libere al niño de los errores de articulación del lenguaje, antes se motivará positivamente el niño.

B) Problemas del lenguaje: existen muchos ejercicios y juegos didácticos que nos permiten mejorar el vocabulario, sintaxis, fluidez, etc.

- Nombrar objetos y pronunciarlos correctamente.
- Atribuirles una cualidad.
- Formar frases sencillas con una palabra dada.
- Definir objetos por su forma.
- Definir objetos por su utilización.
- Ver diferencias y relaciones entre distintos objetos, dibujos, términos verbales, etc.
- Describir láminas con diferentes escenas.
- Expresar y relatar vivencias.
- Oír cuentos y luego relatarlos.
- Decir opuestos a palabras dadas.
- Decir sinónimos.
- Ejercicios de fluidez verbal: que el niño diga los objetos que hay en la sala de reeducación, animales, flores, frutas...
- Completamiento de frases.
- Ordenamiento de frases.
- Hacer frases con dos o tres palabras.
- Narrar cuentos.
- Definir términos abstractos.
- Manejar el diccionario.
- Ordenar alfabéticamente palabras.
- Ejercicios de fluidez verbal añadiendo características a las palabras generatrices.

8.6. *Ejercicios de percepción, atención y memoria*

Entre los ejercicios perceptivos se pueden situar muchos de los anteriores citados, pues no olvidemos que la mayoría de los ejercicios son reversibles o multiuso, pues reeducan de forma esencial una función y secundariamente muchas otras. Por ejemplo, un rompecabezas, además del componente espacial, supone un ejercicio de percepción. Pero hay algunos ejercicios que reeducan la percepción del niño disléxico:

– Ejercicios de percepción de colores: rellenar figuras geométricas de un determinado color.
– Ejercicios de percepción de formas: ordenar bolas u otros objetos agrupándolos por la forma semejante.
– Ejercicios de percepción de tamaños: ordenar objetos, bolas de plastilina de distintos tamaños.
– Discriminar con los ojos cerrados qué objetos le esamos presentando al niño. Combinar distintos tipos de superficie, más áspero, suave, etc.
– A espaldas del niño emitir sonidos y que él los repita; con esto se logra mejorar la percepción y discriminación auditiva.

Los ejercicios de atención son convenientes para lograr mejorar la capacidad de atención del disléxico, generalmente muy deficitaria:

– Completar figuras de acuerdo a un modelo dado.
– Dar al niño un conjunto de números y que él escriba los que faltan y los que están repetidos.
– Ejercicios de semejanzas y diferencias entre distintos dibujos, entre distintos objetos, etc.
– Observar un conjunto de trayectorias entrelazadas en el papel y decir dónde finaliza cada una de ellas.
– Observar errores en los dibujos presentados.

Por último, los ejercicios de memorización permiten mejorar la capacidad retentiva verbal y visual del disléxico:

– Aprender de memoria una poesía sencilla.
– Aprender de memoria treinta, veinte... cosas que vea en una lámina.
– Aprender breves canciones de memoria.
– Repetir series rítmicas.
– Explicar lo que se ha leído.

Tanto en la reeducación psicomotora como en la psicopedagógica es factible un amplio margen de creatividad en el logopeda, con lo cual la amplitud y disposición de los ejercicios se mejorará en función de las necesidades surgidas.

9. TERAPIA LECTORA

En la dislexia es fundamental afianzar el conocimiento lector desde la base (análisis correcto de letras, sílabas y palabras) antes de llegar a la existencia de comprensión del texto escrito. Como recomendaciones previas hemos de tener en cuenta:

1. Afianzar paralelamente a la lectura las nociones tempoespaciales.

2. Usar métodos analíticos del tipo fonético, silábico o gestual. *Nunca utilizar métodos globales de lectura,* por estar en contradicción con la sintomatología disléxica.

3. Insistir y reforzar en el conocimiento correcto de letras y agrupaciones simples de letras (sílaba-frase). No pasar a la lectura comprensiva si falla la mecánica lectora.

4. Seguir siempre progresión ascendente: pasar de la lectura mecánica (correcta interpretación de letras, sílabas y palabras) a la lectura comprensiva (entender el mensaje lector); posteriormente pasar a la lectura comprensiva interiorizada (la misma actividad silenciosamente) y por último dominar la fase de lectura crítica (comprender el mensaje y ser capaz de juzgarlo correctamente).

9.1. *Técnicas correctivas*

1. Lectura mecánica: para corregir la lectura carencial o disléxica es conveniente insistir en el análisis correcto de los fonemas. Para ello se utilizan cuatro técnicas:

- Ventana lectora: es una pequeña cartulina con un visor en el centro, o también un cartoncito cortado en ángulo recto por la parte superior derecha que es manejado por el terapeuta y que permite al niño seguir la lectura correctamente, sin posibilidad de pérdida de renglón o de texto.

- Puntero: se utilizará cuando el niño conoce bien las letras y se deja utilizar el visor o ventana lectora. Puede servir un simple lápiz como puntero, colocado debajo del texto a leer. Primero lo maneja el logopeda y después el propio niño.

- Metrónomo: permite marcar diferentes ritmos según las dificultades de cada niño y eliminar así la tendencia a la bradilexia, la taquilexia o la arritmia lectora, tan frecuente entre los disléxicos. El propio niño puede elegir con el metrónomo su propio ritmo lector.

- Tarjetas: es la última fase de lectura mecánica. Con un mazo de tarjetas, el niño debe depositar una en la mesa cada vez que lee una palabra, de una sola vez. Se puede sustituir las tarjetas por la lectura espaciada de las palabras.

La lectura mecánica siempre se ejecuta de la misma forma: el texto que se debe leer, primero se deletrea, luego se lee por sílabas, por palabras y por último frase a frase.

2. Lectura comprensiva y crítica: cuando el niño es capaz de leer sin fallos el texto lector es fundamental la actividad comprensiva. Estas son algunas de las actividades aconsejables para facilitar la lectura comprensiva:

- Leer frases que lleven implícito el cumplimiento de órdenes (v. gr. "dibuja un redondel debajo de esta frase") donde el niño tiene que dar una respuesta correcta.

- Leer un texto en voz alta (bien el *logopeda,* bien el niño) y resumirlo en voz alta o por escrito.

- Leer en voz baja el niño un cuento o narración y resumirlo verbalmente o escribiéndolo.

- Leer cada frase del párrafo y explicar lo que significa.

- Para mejorar la lectura crítica conviene emplear textos con errores y que el niño los descubra.

Existen para la reeducación de la lectura otras técnicas afines, como son el análisis lector de sílabas dificultosas. Es básica la idea del deletreo del texto lector previamente a todas estas actividades por parte del niño.

10. TERAPIA GRÁFICA

Los problemas planteados por el disléxico en el área escritor son de tipo caligráfico-disgráfico y disortográfico. Son más importantes los problemas disortográficos, llamados específicamente disléxicos, pero se le presta en general poca atención a la "mala letra" o ilegibilidad de la escritura del disléxico como consecuencia de la forma alterada de la misma. Vamos a dividir este apartado de reeducación de la escritura en los dos apartados de disgrafía y disortografía.

Los problemas de esta índole deben ser tratados comenzando por la reeducación de los grafemas, logrando que el niño obtenga una buena forma escritora, pero anteriormente se necesita insistir en ejercicios que faciliten la coordinación visomotora o ejercicios de control gráfico previo al código escrito.

10.1. Ejercicios pregráficos

Facilitan la coordinación manual y motórica adecuada para lograr alcanzar un control adecuado de la escritura. He aquí algunas de las actividades sugeridas para lograr tales fines.

Picado

Realizarlos con un punzón colocado en posición vertical. Con niños pequeños sólo picado de superficies que progresivamente se van cerrando hasta tener que picar sobre líneas rectas, curvas y por último figuras complejas. Son muy beneficiosos para el control manual estos ejercicios y el niño agradece estas actividades.

Recortado

Se utilizan para lograr una mayor fuerza muscular, control visomotor y destreza motora. Conviene utilizar tijeras romas para evitar accidentes: primero comenzar por líneas paralelas, entre las cuales ha de cortar el niño, para pasar a líneas y figuras geométricas y complejas.

Modelado

El uso de la plastilina dentro de la sesión de reeducación de la dislexia tiene un lugar importante especialmente con aquellos niños con mayor torpeza digital. Las posibilidades de la pasta de modelado son múltiples para lograr una mejor coordinación digital. Se puede utilizar con ejercicios de hacer bolas con la palma de la mano, con las yemas de los dedos, con una mano, con la otra, etc.

Rellenado

Rellenar superficies con un color o con varios, o hacer lo mismo con dibujos en blanco. La utilidad de esta clase de ejercicios dentro de la pregrafía es que logran una capacidad de previsión, capacidad de frenado y agilización motora.

Bucles y líneas curvas

La línea curva requiere un control que posteriormente se ha de plasmar en la escritura. Por eso conviene utilizar estos ejercicios en una primera fase de la reeducación de la dislexia. Estas son algunas formas concretas de ejercitación:

- Seguir olas y "cohetes espaciales".
- Seguir bucles en varios sentidos.
- Acabar figuras con segmentos curvos.
- Repasar con el lapicero trayectorias curvas.
- Repasar en sentido sinistrogiro (izquierda) un círculo.
- Completar figuras con los *sellos multibase*.
- Seguir donde predomine el elemento curvo.

Control de la línea recta:

Suponen una mayor finura de coordinación que el resto de los ejercicios pregráficos:
- Seguir líneas rectas a pulso.
- Seguir rectas sobre una línea.
- Unir puntos con segmentos rectos.
- Reproducir sobre papel cuadriculado determinadas figuras propuestas.
- Seguir líneas diagonales a pulso o sobre cuadrícula.
- Seguir series con predominio rectilíneo.
- Poner persianas a ventanas: rellenar superficies con líneas rectilíneas paralelas entre sí.
- Cuadricular superficies a pulso.
- Doblar en varias partes la hoja de papel y luego colocar una raya por encima de cada doblez a pulso.
- Rellenar una hoja de "rejas" procurando no torcerse.
- Rellenar espacios en diagonal.
- Seguir "la vía del tren" sobre una trayectoria propuesta.
- Seguir una trayectoria rectilínea por el interior de un camino.

10.2. Ejercicios gráficos

Son los que específicamente pretenden la reeducación de la disgrafía. En una primera fase, *muy importante,* se debe insistir en que el niño tenga un buen conocimiento de todos los grafemas, para luego pasar a la caligrafía, perfeccionamiento escritor, etc.

Ejercicios de mejora de los grafemas: El disléxico, y en general todos los disgráficos, tienen un deficiente conocimiento del alfabeto, no saben cómo se llaman las letras, las reproducen incorrectamente y la distribución de las letras, uniones entre letas, etc., es muy problemática. Por eso *siempre* hay que comenzar por la mejora del conocimiento de las letras del abecedario, siguiendo las siguientes pautas:

- No emplear el método script, sino la escritura ligada como método de reeducación.
- Realizar los ejercicios primero de pie en la pizarra, luego de pie sobre la mesa, y por último sentados.
- Insistir en la adecuada posición del lapicero, la silla, el papel y el cuerpo del niño desde el principio.

– No utilizar el bolígrafo ni el pincel, sino lápices de colores o de grafito.
– Para la comprensión y memorización de las letras se puede usar el método fonético o el método silábico-visual.

A continuación se señalan las diferentes formas en que el niño puede lograr esta *adecuada introyección* de las letras del abecedario:

Sobre una hoja tamaño folio dibujar en grandes dimensiones cada una de las letras. El niño ha de hacer las siguientes actividades:

– Repasar la letra en colores.
– Repasar la letra con el lapicero.
– Pronunciarla al tiempo que la repasa.
– Copiarla mirando al modelo.
– Copiarla sin modelo.
– Hacerla en plastilina.
– Rellenar en color la letra si ésta tiene la forma ensanchada.
– Dibujar la letra en el aire.
– Dibujarle en el aire con ojos cerrados.
– El *logopeda* se la señalará en la espalda o en la mano, y el niño ha de reconocer de cuál letra se trata.
– Picar la letra con un punzón o aguja.
– Repasar la letra sobre un tablero perforado.
– *Método Escribir y Leer,* de D. Plaza (grafoterapia).

Cuando el niño ya conoce la adecuada forma de las letras y su escritura comienza a verse mejorada, se prestará menor atención a este tipo de ejercicios.

Ejercicios de unión correcta: Para que una escritura sea adecuada no basta con que la letra sea clara y guarde las correctas proporciones; es necesario que las uniones entre las letras sean óptimas: para lograrlo se presentan al niño palabras con sus letras separadas, y él las ha de unir, después el terapeuta le hará ver sus errores y las formas más sencillas de unir los grafemas. Los ejercicios de copia caligráfica mejoran la noción de unión de letras.

Ejercicios para evitar la inclinación del renglón: Se dibujan puntos en los extremos del renglón y el niño tiene que colocar su escritura entre cada dos puntos, sin inclinarse. Los ejercicios de copia caligráfica y los de control de líneas rectas sirven para eliminar la tendencia a inclinarse del niño.

Ejercicios de afianzamiento escritor y caligrafía: Los métodos usuales de escritura utilizan de la caligrafía como método más útil para lograr que el niño aprenda a escribir o mejore su escritura. La experiencia con niños disléxicos y disgráficos nos ha demostrado que esto es un gran error, y que la caligrafía sería únicamente un método de perfeccionamiento utilizable al final de la reeducación de la escritura, pero nunca práctico ni aconsejable al principio. *Sólo cuando el disgráfico haya sistematizado el conocimiento de la escritura y se comience a ver una mejoría en la misma, se puede utilizar la caligrafía y la copia como método de trata-*

miento. Dentro de esta limitación, sí es práctica la ejercitación caligráfica. Éstos son algunos ejercicios que facilitan el afianzamiento escritor cuando el niño ya comienza a mejorar la letra:

- Las copias caligráficas.
- Seguir series de letras.
- Seguir series de letras alternadas.
- La escritura espontánea controlada.

Una vez que el disléxico ha mejorado la forma de los símbolos gráficos, entonces aplicamos el método siguiente: en una primera fase hemos venido utilizando papel en blanco. A partir de este momento utilizamos cuadrícula grande para los ejercicios de escritura, para pasar luego a la cuadrícula mediana, después a la cuadrícula pequeña y por último al papel en blanco, nuevamente. El someter la letra del niño a los moldes del papel cuadriculado beneficia notablemente su escritura en los aspectos de calidad gráfica, mejor enlazamiento de letras, desaparición de la inclinación de los renglones, de la letra, etc.

Material

En la reeducación de la disgrafía interviene material de fácil preparación y bajo costo. Además de papel, lapicero y pinturas, son necesarios cuadernos de distintas cuadrículas, punzones y agujas para picar, tijeras, pasta de modelar, tiza y cartulina.

10.3. Terapia de la disortografía

La disortografía o inhabilidad disléxica para manifestarse por escrito está caracterizada por la presencia de omisiones de fonemas, inversiones, sustituciones, agregados, contaminaciones, etc. Se señalan a continuación varios métodos de ejercitación práctica para la reeducación de estos problemas:

Utilidad del dictado

El dictado es la vía regia para conocer los síntomas del disléxico en la escritura, y es al mismo tiempo un eficacísimo método para tratar las dificultades por ellos presentadas. Existen dos formas de uso del dictado en la dislexia:

– *Dictados de control,* para saber el avance y las dificultades presentadas por el escolar.

– *Dictados de aprendizaje,* son los que tienen por fin eliminar las dificultades observadas en el niño. Una vez que se ha realizado el dictado, se señalarán en lápiz rojo las faltas cometidas por el niño. Éste deletreará en el papel cada una de las palabras en el papel, contando el número de letras que tiene y haciendo un nuevo deletreo en voz alta. Posteriormente el niño (ya sin mirar la palabra) ha de escribirla y de deletrearla. El ejercicio se puede hacer bien en la mesa o en la pizarra. Conviene que con letras de plástico o cartulina el niño escriba las palabras que ha errado en el dictado.

Ejercicios

- Separar palabras unidas y escribirlas debajo correctamente.
- Separar las palabras de una frase y escribirla debajo.

- Unir las palabras de una frase puesta en desorden.
- Unir un texto de palabras separadas, unirlas formando palabras o frases y escribirlas debajo correctamente.
- Ordenar las letras de una palabra puestas en desorden.
- Decir palabras que empiecen por una determinada letra.
- Decir palabras que terminen por una letra propuesta.
- Completar frases donde falta una palabra.
- Completar una letra de una palabra.
- Escribir palabras con un número determinado de sílabas o de letras.
- Con un número de letras dibujadas dentro de un recuadro escribir palabras que se puedan formar con dichas letras.
- El mismo ejercicio con sílabas.
- Escribir palabras que tengan una sílaba dificultosa determinada, para distinguirla de la sílaba especular: por ejemplo escribir palabras que tengan la sílaba "pra" y palabra con la sílaba "par".
- Hacer ejercicios de redacción libre o sugerida.
- Contar las palabras de cada frase de un texto.
- En una hoja de periódico tachar en azul las *pes* y en rojo las *cus* (q). Este ejercicio admite multitud de variantes que están en función de la inventiva y necesidades.
- Dibujar en una hoja las letras "reversibles", por ejemplo p, q, b, d y rodear con un círculo de color diferente cada una de las letras. También son posibles muchas variaciones en este ejercicio.
- Hacer sencillos crucigramas pictográficos.
- En una lista de palabras dada, separar las letras con guiones y contar el número de letras o de sílabas.
- Escribir frases con determinada palabra.
- Escribir palabras derivadas de otra.
- Se presenta al niño una serie de espacio en blanco (- - -) orientación temporal, etc.
- Escribir una raya debajo de un determinado grafema, para lograr individualizarlo.

11. PLANIFICACIÓN DE UNA SESIÓN

Una vez que el niño disléxico comienza la reeducación, cada una de las sesiones tiene que estar planificada de antemano, evitando siempre la improvisación. Conviene preparar las actividades y ejercicios concretos que se van a realizar, teniendo en cuenta a los niños a los que va dirigido. Aunque los ejercicios varíen en función del avance, la estructura interna de cada una de las sesiones debe ser bastante estable a lo largo de la reeducación.

De forma sintética, ésta sería la distribución del tiempo en una sesión de reeducación:

PORCENTAJE	TIPO DE ACTIVIDAD A REALIZAR	LUGAR
10%	Relajación corporal	Suelo Silla
40%	Lenguaje (tr. dislalias) Lectura Escritura	Mesa
20-30%	Psicomotricidad: Ritmo Orientación espacial Orientación temporal Esquema corporal Ejercicios estáticos Ejercicios dinámicos Lateralidad	Espejo Sala Suelo
20-30%	Percepción Atención Memorización Grafomotricidad Expresión libre	Mesa Pizarra Sala

Teniendo en cuenta las curvas de rendimiento, la distribución de estos porcentajes y actividades se hará del siguiente modo:

1. Relajación.

2. Lenguaje, escritura y lectura.

3. Psicomotricidad, lateralidad, ritmo, esquema corporal, orientación espacial, orientación temporal, etc.

4. Percepción, atención, memoria, grafomotricidad, expresión libre.

Hay que aprovechar el mayor rendimiento en la fase inicial de la sesión para, tras relajar al niño, dedicar un 40 por 100 del tiempo a lectura, escritura y lenguaje hablado. En este primer momento se puede tratar los problemas de tipo dislálico y en general de articulación incorrecta del lenguaje.

En una tercera fase nos centraremos en la reeducación de las dificultades gnósicas del disléxico, por medio del movimiento: *la psicomotricidad nunca debe faltar en una sesión de reeducación,* pues su utilidad es grande, siendo su aplicación muy amena para el niño. El magnetófono, el tambor y el metrónomo permitirán al niño ejecutar evoluciones terapéuticas de gran importancia.

El final de la sesión se dedicará a los problemas de control visomotor y grafomotor, ejercitación de la memoria visual, auditiva, de fijación, de retención, etc., ejercitación de la atención y también se dedicará a la expresión libre, especialmente por medio del dibujo o modelado espontáneo.

Hemos de hacer una serie de observaciones generales a tener en cuenta en la planificación de las sesiones:

1. Preparar previamente el material, ejercicios y estructura de la sesión, sin improvisar, pues esto da lugar a una pérdida en la eficacia y sobre todo a una pérdida de tiempo, ya que hay que dedicar una parte de la sesión a su planificación, con la consiguiente pérdida de tiempo.

2. Nunca se utilizarán los castigos: para valorar una tarea mal hecha por el niño es mejor un silencio exento de culpabilización. En el extremo opuesto, si el niño trabaja correctamente, hay que estimularle este éxito.

3. Debe dominar un ambiente de máxima cordialidad y distensión: que el niño pueda hablar durante la sesión, siempre que no sea en un tono excesivamente alto.

4. En la medida de lo posible, dejar que sea el niño quien elija las actividades que desea realizar, pues de esta forma logramos que desaparezca la angustia que el niño siente por ser un escolar con dificultades.

5. Una vez finalizadas las sesiones, cada niño llevará una lista de ejercicios para lograr perfeccionar sus logros por medio de la actividad en casa. Estos cuadernos serán rellenados voluntariamente por los niños: no tienen carácter de "deber", sino de trabajo voluntario.

6. No abusar de ningún determinado número de ejercicios para evitar la fatiga.

7. Evitar que la sesión de dislexia se parezca en la forma a una clase convencional, sino que sea una actividad novedosa para el niño y que esté desligada totalmente de la actividad escolar.

8. Facilitar el éxito del niño disléxico, procurando que los ejercicios iniciales (de cualquier área), permitan un éxito al niño. Para ello situarse a un nivel más inferior al de su edad cronológica.

12. PLANIFICACIÓN DE UNA TERAPIA

Criterios de ubicación del disléxico

Para situar a un disléxico en un proceso terapéutico, es necesario un mínimo de características para que la reeducación sea eficaz. Cada grupo consta de tres o cuatro niños disléxicos que requieren una buena afinidad intragrupal y cordial relación con el logopeda. Los criterios mínimos para la formación de estos grupos son:

– Edad semejante.
– Nivel intelectual semejante.
– Comenzar la reeducación al mismo tiempo.
– Similaridad en el tipo de errores disléxicos.

Fases de trabajo

El tiempo que prevemos que vaya a durar la reeducación debe servir para dosificar la asistencia del disléxico. Básicamente las sesiones serán de una hora de duración, con tres sesiones semanales, aunque inicialmente se puede empezar con cuatro sesiones si el tipo de dislexia es más severo:

Primera fase: 4-6 horas semanales, sólo para los casos de dislexias muy severas.

Segunda fase: 3 horas semanales, en las dislexias medias.

Tercera fase: 1 hora semanal, para las dislexias leves o para finalizar el tratamiento.

La primera fase del tratamiento del disléxico se denomina de ataque, la segunda de mantenimiento y mejoría, la tercera de finalización y ajuste y la cuarta fase es la llamada "de control". Las tres primeras fases se utilizan mientras el disléxico asiste a una terapia y la cuarta desde el momento en que ha sido dado de alta y nos interesa controlar su evolución: en este caso conviene que el niño venga una vez al mes, luego una vez cada año.

Duración del tratamiento

Oscila entre los seis meses en las dislexias leves hasta varios años en las dislexias severas. El promedio de duración en meses efectivos viene a ser alrededor de un año, incluyendo las tres fases arriba mencionadas. En sesiones, el número de las mismas oscila entre 100 y 150. Nunca se debe terminar un tratamiento de forma brusca, y por eso cuando el niño ha respondido favorablemente de forma persistente conviene reducir la asistencia a una hora semanal y, posteriormente, a una sesión por mes.

Horario del tratamiento

Salvo en aquellos casos en que nos encontremos frente a una dislexia muy severa, el niño disléxico nunca debe perder su escolaridad como sacrificio para asistir a un centro especializado en el tratamiento de dislexias. Dicho de otra forma: las sesiones de dislexia se situarán desde el momento en que el niño por la tarde deja el colegio.

Coste del tratamiento

La dislexia es un tratamiento caro que no siempre está al alcance de todas las familias que lo precisan para sus hijos. El coste por mes (12 horas) oscila entre las 10.000 y 12.000 pesetas. Si calculamos que el niño por término medio va a necesitar doce meses, el coste del tratamiento oscila entre las 120.000 y las 144.000 pesetas.

Actualmente se observa una corriente muy favorable por parte de organismos paraestatales y entidades privadas para subvencionar el tratamiento de la dislexia. Es conveniente en los casos de dificultad económica la firma de un certificado que avale el diagnóstico y la necesidad de tratamiento del niño.

Ubicación del tratamiento

Cuando el disléxico tiene un grado sintomático medio o leve, el tratamiento se puede realizar en la escuela o en centros especializados con una actividad paralela a la escolar. En aquellos casos de fuerte intensidad de síntomas conviene que el niño deje la escuela para ser tratado de sus síntomas en un centro especializado.

Enfoque psicoterapéutico

La reeducación de la dislexia debe favorecer la desaparición de síntomas patoemocionales que son consecuencia del síndrome en muchos casos. Se requiere una acción de trabajo sobre tres puntales:

- Los padres: Hacerles comprender cuál es la dificultad del niño y cuál debe ser su actitud (comprensión y estímulo, aunque con energía).

- La escuela: Al ser el centro donde se plasma la presencia de la dislexia, la actitud del maestro con el niño va a ser decisiva. Por eso conviene informar al maestro del niño disléxico, evitando que haya una sobrecarga de trabajo en el colegio y al mismo tiempo procurando que se le facilite el éxito.

- El propio niño: Nunca insistiremos lo suficiente en recordar la necesidad de facilitar el éxito al niño en su tarea, con una actitud de comprensión, refuerzo positivo y ausencia del castigo, etc. Para este fin es necesario que entre el logopeda y el niño se establezca un buen rapport desde el principio del tratamiento. No hay que olvidar que la reeducación de la dislexia correctamente ejecutada no debe tender a la desaparición de los síntomas de tipo grafoescritor, sino que debería ser una auténtica psicoterapia, pues su finalidad es ajustar emocionalmente al niño de forma más eficaz a la familia, la escuela y la sociedad.

13. PLAN DE REEDUCACIÓN GRAFOLÉXICA

13.1. Nivel I

Ejercicios de actividad mental

- De identificación de objetos.
- De definir objetos concretos por el uso.
- De diferencias de objetos concretos.
- De descripción e interpretación de escenas gráficas y naturales.
- Ordenar historias desordenadas.
- De atención de tachado de signos iguales, letras, etc.
- De orientación temporal.
- De ensartado con modelo.

Ejercicios psicomotrices

- De ritmo.
- De formas en el espacio.
- Sobre el esquema corporal.
- De reconocimiento de derecha-izquierda; arriba-abajo; delante-detrás; primero referido a él mismo, luego con otra persona, con objetos, letras, números, etc.
- En posición firmes, cambios rápidos de orientación.
- Orientación en láminas y grabados.
- Pintura y dibujo libre y comentario oral de lo pintado.
- Ejercicio de cortado, pellizcado, modelado, punteado.

Materias básicas

Lectura

- Identificación de cada signo con su correcta articulación.
- Composición de sílabas y palabras con letras sueltas.
- Reconocimiento de letras, sin disposición ordenada.
- Ejercicios orales con sílabas directas o inversas.
- Descomposición de palabras en las letras que las componen.
- Lectura de palabras sencillas a las que les falte alguna letra.
- Lectura de palabras de forma comprensiva.

Escritura

- Ejercicios de líneas, círculos y otros ejercicios de grafía siguiendo la orientación adecuada.
- Ejercicios de paradas indicadas por líneas oblicuas.
- Escrituras de letras sobre patrones.
- Ejercicios de realización de letras de forma correcta.
- Rellenar lagunas de letras en palabras fáciles, de copia de letras, cálculo.

Cálculo

- Reconocimiento exacto de los números. Realización de los mismos, ordenar: dado un número decir el de la izquierda y el de la derecha, el que va delante y el que va detrás.
- Escribir números de uno en uno, de dos en dos, etc.

13.2. Nivel II

Ejercicios de actividad mental

- De atención auditiva discriminativa. Repetir fonemas y palabras.
- Tachado de sílabas y palabras. Ejemplo, tachar todas las *ta, la.* Este ejercicio se podrá realizar en una hoja de periódico.
- De semejanzas y diferencias de objetos concretos.
- De definición de objetos concretos.

Ejercicios psicomotrices

- De ritmo, con palmas, golpes, etc.
- Sobre el esquema corporal, sobre su propio cuerpo en el espejo y en láminas.
- De automatización de las nociones delante-detrás, derecha-izquierda; arriba-abajo, con objetos, con él mismo, con letras, números, en relación con otras personas, etc.
- De orientación con láminas rompecabezas, puzzles, tableros perforados, etc.
- De orientación con los ojos abiertos y cerrados. En posición de firmes, cambios rápidos de orientación. Saltar con los pies juntos a derecha, izquierda, delante, atrás, etc.

- De orientación temporal: mañana, tarde, noche, hoy, ayer, etc.
- Apreciación de tamaños, formas, peso con los ojos cerrados.
- Ejercicios con una pelota con la mano derecha o izquierda.
- Ejercicios de cortado, pellizcado, modelado, punteado.
- Pintura y dibujo libre con pinceles. Comentario oral de lo pintado (anotar la fecha y algunas circunstancias que hayamos observado).

Formación de materias básicas

Lectura

- Ejercicios de formación de palabras con letras sueltas. Por ejemplo, formar una palabra con las letras: a, s, a, c (casa).
- Ejercicios de lectura con palabras a las que le falta una letra. Primero con palabras sueltas, después frases a las que le falta una palabra. Por ejemplo, VOY- CINE en orden creciente de dificultad.
- Ejercicios de lectura en voz alta de sílabas directas o inversas. Ejemplos: la-al; el-le; pre-tren; ar-ra.
- Lectura silenciosa comprensiva.
- Deletrear palabras, primero leyendo, después memorizando.

Escritura

- Ejercicios de grafía: cuadernos de caligrafía. Ejercicio de copia. Ejercicio de relleno en orden creciente de dificultad. Dictado de frases. Ejercicios en una serie de palabras escritas sin separación, hacerlo correctamente. Ejemplo: "casamesasilla".

Cálculo

- Dado un número, decir el de la derecha y el de la izquierda.
- Seriación con lagunas, por ejemplo: 2-4 -8-19- 12, etc.
- Ordenar números desordenados.

13.3. Nivel III

Ejercicios de actividad mental

- De diferenciaciones de conceptos abstractos.
- Dar razones precisas ante determinados hechos.
- Nombrar palabras en tiempo limitado, ajustándose a unas normas. Ejemplos: Nombre de profesiones, palabras que empiecen por "la", etc.
- De orientación de direcciones.
- Semejanzas de opuestos. Ejemplo: calor, frío.
- De rompecabezas.
- De atención discriminativa auditiva (dictando para tachar sílabas y palabras en un párrafo en una hoja de un periódico o preparadas por el logopeda).

Ejercicios psicomotrices

- De control motórico manual y de relajación.
- Correctas posturas para leer y escribir.

Afianzamiento de materias básicas

Lenguaje

- Ejercicios de descomposición de palabras que presentan alguna dificultad en letras y sílabas. Ejemplo: Catedral C-a-t-e-d-r-a-l.
- Formación de frases con palabras desordenadas.
- Formación de frases ampliando el significado de las mismas.
- Lectura en voz alta y silenciosa y hacer pequeños resúmenes del texto, en forma oral y fundamentalmente por escrito.
- Ejercicios de verbos explicando el concepto temporal.
- Ejercicios con adverbios temporales y de lugar.
- Manejo del diccionario.
  • Dada una letra buscar la anterior y posterior.
  • Ordenar palabras de una lista por la 1ª-2ª-3ª letras.
  • Dada una lista de palabras ordenarlas alfabéticamente.
  • Buscar palabras de difícil ortografía.
- Expresar una idea de dos formas distintas equivalentes.
- Dada una serie de palabras, elegir la correcta que completaría una frase incompleta.
- Terminar frases con palabras estudiadas previamente.
- Copia-dictado-autodictado.

Cálculo

- Ejercicios de cálculo mental controlando tiempo y errores.
- Realización de problemas de forma mental.

Vamos a recordar que se han llamado "disléxicos" los individuos que no logran leer y escribir a la edad en que comúnmente se logran estas funciones, cuando no hay una causa pedagógica que lo justifique, ni un retraso intelectual o enfermedad mental o trastorno sensorial que lo explique. Mucchielli llamó a la *dislexia* "la maladie du siècle". J. de Ajuriaguerra nos dice al estudiar el problema: "debemos darnos cuenta de que la delimitación de la noción de «dislexia» ha conferido a este trastorno una importancia psicosociológica no despreciable, y que muchos padres al poner en la cuenta de la «dislexia» un cierto número de déficits de la enseñanza pueden quedar así enmascarados, lo mismo que problemas de relación entre padres e hijos."

148

Capítulo X
Disfonías

1.- Introducción.

2.- Etiología.

3.- Etiopatogenia.

4.- Sintomatología.

5.- Formas.

6.- Ejercicio de fortalecimiento de los repliegues vocálicos.

1. INTRODUCCIÓN

Las anomalías de la voz o disfonías en general son todos los defectos manifiestos en la calidad de la voz debido a alteraciones anatómicas, fisiológicas o psíquicas que afectan al aparato vocal. Cuando este trastorno se presenta en su grado máximo y no se puede emitir ningún sonido vocal, la pérdida de la voz se denomina afonía.

Los atributos esenciales de una voz normal son básicamente: volumen apropiado, cualidad y timbre agradable apropiados a la edad y sexo de la persona; a esto se agrega una adecuada modulación de la melodía vocal y cierta particularidad expresiva según el contenido del discurso y la personalidad del que habla.

Eufonía es el término usado por Tarneaud para denominar una "buena voz" dándole un sentido más perfeccionista y la define como "un sonido vocal de buena calidad, ligado íntimamente a una coordinación perfecta del instrumento vocal". El concepto de eufonía define las cualidades armoniosas y musicales de la voz que requiere el orador, el actor, el cantante y todas las personas que desean perfeccionar su voz por demandarlo así sus actividades profesionales.

El concepto de disfonía se limita a los desórdenes de la voz que la desvían en alguna forma de lo normal, sin considerar el criterio estricto de la eufonía que pretende la belleza y perfección vocal.

Muchos autores diagnostican la disfonía basados en el examen de las desviaciones de la nasalidad, respiración y tono laríngeo. Johnson reconoce la importancia del psiquismo en el control de la voz diciendo que las anomalías vocales (de la respiración y laringe) pueden deberse a desajuste emocional, con lo cual se redondea el concepto global de las disfonías.

Al médico foniatra compete el diagnóstico, estudio etiológico y tratamiento de las disfonías y al *logofoniatra* le corresponde el tratamiento funcional de las mismas.

Las disfonías, que comprende todos los desórdenes de la voz se pueden clasificar en dos grandes grupos:

- El primero encierra las anomalías anatómicas o funcionales de los órganos resonadores, dando por resultado la falta de control de la nasalidad de la voz (son las rinofonías).

- El segundo se refiere a las anormalidades físicas o funcionales de la laringe y las derivadas de defectos respiratorios (son las disfonías propiamente dichas).

La clasificación propuesta obedece a que cada uno de estos grupos de trastornos de tipo disfónico presenta características muy propias, tanto en el aspecto sintomatológico, como en el tratamiento logofoniátrico.

2. ETIOLOGÍA

Los factores orgánicos que pueden causar una disfonía pueden ser:

Todas las anomalías congénitas o adquiridas de la estructura de la laringe, tales como laringoptosis (cuando la laringe baja hasta el esternón), estenosis laríngea (estrechamiento) que puede atribuirse a quemaduras, infecciones, enfermedades de la glotis; artritis laríngeas de origen reumático, anomalías de las cuerdas, mayor número de ellas, padecimientos infecciosos, inflamatorios, tumores benignos, hemorragias, secreciones, la disfonía vicariante de las cuerdas, etcétera.

2.1. Causas orgánicas

Los factores orgánicos que pueden causar una disfonía pueden ser:

Todas las anomalías congénitas o adquiridas de la estructura de la laringe, tales como laringoptosis (cuando la laringe baja hasta el esternón), estenosis laríngea (estrechamiento) que puede atribuirse a quemaduras, infecciones, enfermedades de la glotis; artritis laríngeas de origen reumático, anomalías de las cuerdas, mayor número de ellas, padecimientos infecciosos, inflamatorios, tumores benignos, hemorragias, secreciones, la disfonía vicariante de las cuerdas, etcétera.

2.2. Causas funcionales

Los trastornos funcionales son trastornos fisiológicos y por consecuencia orgánicos; y entre lo funcional y lo orgánico no existe más que una diferencia de cantidad, según opina Heuyer. No se puede separar lo funcional de lo orgánico.

La adaptación fisiológica de la voz varía con la edad y sexo, por el estado de salud, el tono muscular laríngeo, el control auditivo cortical, el medio vital, la ocupación y educación recibida. Así se crea la coordinación motriz necesaria para obtener el sonido deseado y se automatiza el hábito vocal. El proceso "Feedback" es la base del automatismo auditivo cerebral indispensable en el control de la voz, hasta que llega a producirse mecánicamente, como un reflejo condicionado.

Todas las irregularidades que pueden alterar la adaptación fisiológica de la voz son las causas funcionales de las disfonías, entre las cuales tenemos principalmente:

La deficiencia auditiva, los desórdenes del mecanismo respiratorio, los defectos de hábito que pueden alterar el mecanismo respiratorio o el proceso de adaptación fónica, el cansacio vocal, las perturbaciones del sistema endocrino, las dietas mal controladas que pueden producir avitaminosis y el esfuerzo vocal, los errores de la técnica vocal y las causas psíquicas.

2.3. Causas orgánico-funcionales

En esta categoría se pueden incluir las anomalías orgánico-funcionales de la respiración y los desórdenes neuromusculares que afecten a la laringe (las cuerdas vocales), faringe, velo del paladar, o la lengua, consecuentes a lesiones de la neurona motora superior, las cuales pueden deberse a lesiones estriales, lesiones bulbares, cerebrales, trauma craneal, P.C.I., parálisis de las cuerdas vocales, etcétera.

2.4. Causas psíquicas

También influyen en la voz las concepciones mentales, los estados de ánimo. Los estímulos de valor afectivo que crean un estado psíquico particular, como las emociones violentas, los traumas psíquicos, pueden alterar la emisión de la voz produciendo una afonía, si la pérdida es total, o una disfonía, si es sólo una alteración de la calidad vocal.

2.5. Causas ambientales

En este caso nos referimos a la falta de higiene, al uso de ropa inapropiada que no cuide las buenas condiciones del aparato vocal, las infecciones por contaminación atmosférica, los gases de ciertos productos químicos (como potasio, yodo, etc.), las radiaciones, etc.

3. ETIOPATOGENIA

La etiopatogenia de las disfonías, de una manera general, abarca principalmente los aspectos descriptivos de la historia del padecimiento desde su origen. Éstos se obtienen de la historia familiar del paciente, del estudio etiológico del padecimiento y de las condiciones actuales del paciente.

4. SINTOMATOLOGÍA

Las anormalidades del aparato vocal son muy numerosas y cada una tiene su propia sintomatología, pero en términos generales las principales características que se pueden observar en cualquier padecimiento disfónico, son:

Anomalías funcionales de la respiración por falta de coordinación de los movimientos respiratorios, por hipo o hipertonicidad de los músculos que intervienen en la respiración, por la elevación en masa de la caja torácica, la debilidad de la pared abdominal, fallos en el ritmo respiratorio, etc.

Estas anomalías pueden ser indicadoras de una insuficiencia nasal, insuficiencia nasal total, rigidez en los músculos abdominales o torácicos.

Posición anormal de las cuerdas. Por medio de la laringoscopia se puede observar la posición de las cuerdas y en caso de notar alguna alteración, se comparan con los esque-

153

mas que muestran las distintas posiciones patológicas de las mismas y la anomalía a que corresponden.

Las alteraciones en la intensidad de la voz, en la entonación de frases y oraciones y en la acentuación de las palabras. Estas anomalías pueden deberse a factores psicológicos, como la timidez cuando la voz es débil; la voz fuerte generalmente se observa en sujetos de temperamento violento acostumbrados al mando. La falta de control de la intensidad y modulación vocal también puede deberse a errores del control auditivo cerebral.

En ocasiones se puede observar el abatimiento de la nota fundamental usual de la palabra, produciéndose una voz monótona, síntoma que puede deberse a un ataque inflamatorio de la laringe, a ciertas enfermedades del sistema nervioso central (S.N.C.), a trastornos psicomotores o a hipoacusias.

La modificación en la altura vocal es otro síntoma de las disfonías y puede ser demasiado baja o demasiada alta. Al examinar la altura tonal de una persona, intuitivamente se compara con el tono que le correspondería según su edad y sexo.

El ataque fuerte de la voz, llamado "golpe de glotis" es un desorden en la coordinación fonorrespiratoria. Al emitir el sonido laríngeo la glotis se abre y se cierran las cuerdas vocales para que puedan vibrar y producir la voz; si estos movimientos no se coordinan y la abertura de la glotis se atrasa, se produce el "ataque glótico" al que nos referimos.

Las anomalías del timbre nos hace distinguir los siguientes tipos de voces:

Voz velada: Disminución de los armónicos y en especial los agudos. Esto se observa en las parálisis aductiva de las cuerdas, en el nódulo y pólipo vocal, en el principio de cáncer, etc.

La voz cubierta o apagada. Cuando el padecimiento es muy severo, consiste en mayor ausencia de armónicos y más disminución de la altura y de la intensidad; puede deberse a inflamación catarral, tuberculosis, sífilis, atrofia de los repliegues vocálicos (cuerdas).

La ronquera o voz rasgada, es un timbre de reemplazo, forzado por la alteración de la capacidad vibratoria de los repliegues vocálicos, por hipercontracción de los músculos laríngeos o por la separación de los repliegues vocálicos.

La ronquera la definen algunos autores como la cualidad áspera de la voz a la vez que el tono de la misma es más bajo que el usual.

Voz bitonal, que corresponde a dos sonidos sucesivos de altura y timbre diferentes. Puede indicar una desviación de los repliegues vocálicos, una parálisis recurrencial unilateral, etc.

La voz gutural o gangosa se debe a una hipercontracción de la laringe, a una elevación de la laringe o a un defecto de amplitud de los repliegues vocálicos.

Las anomalías en la elocución pueden ser fallos en la modulación de oraciones y frases o en el ritmo del habla, que puede ser muy rápida, muy lenta, espasmódica, entrecortada o tendiente a extinguirse en las últimas sílabas o palabras de las frases. Puede deberse a fallos en el ritmo respiratorio, defectos en el control auditivo cerebral, defectos del hábito, trastornos neurológicos psíquicos.

Los síntomas de fatiga vocal pueden deberse a: frecuencia con que se presenta, molestias producidas por la fatiga vocal (escozor de la garganta, ardor, resequedad, etc.), dolor, síntomas externos e internos de la fatiga, etc.

154

5. FORMAS

Atendiendo a su etiología, se han elegido las anomalías de la voz más comunes:

5.1. Disfonías orgánicas

Tumores benignos

Los tumores benignos, tumefacción inflamatoria y secreción de las cuerdas vocales suele ocasionar ronquera al dificultar la aproximación de las cuerdas o la tensión de las mismas. Los tumores benignos que se presentan con mayor frecuencia son:

Papilomas: El papiloma es un tumor epitelial benigno de estructura papilar, que no invade el tejido muscular de las cuerdas. Su tamaño, localización y número puede ocasionar dificultad respiratoria y disfonía. Su localización se extiende desde el borde de la laringe hasta los bronquios.

Terapia: El tratamiento médico consiste en la extirpación de los tumores. El tratamiento *logofoniátrico* en estos casos se basa principalmente en la reeducación respiratoria y en el control auditivo fonatorio.

Pólipo vocal: Es una lesión inflamatoria pedunculada que generalmente se encuentra adherida al borde libre de una de las cuerdas vocales impidiendo su aproximación y las causas que lo producen pueden ser alergias, hipotiroidismo, avitaminosis, etc.

Terapia: El tratamiento laringológico consiste en la extirpación del tumor o edema polipoide que se extiende en la mucosa de la cuerda vocal. El tratamiento *logofoniátrico* consiste principalmente en corregir la respiración y la impostación y colocación de la voz para evitar el uso inapropiado y excesivo de la emisión fónica. El *logofoniatra* debe considerar que la causa indirecta de la anomalía puede ser el abuso vocal en los adultos. El nerviosismo del paciente y los problemas psíquicos que suelen surgir a consecuencia de su padecimiento laríngeo pueden agravar los síntomas disfónicos. Por estas razones el tratamiento funcional debe comprender, además de la corrección ortofónica de la anomalía, la atención psicoterápica del paciente.

Nódulo vocal: Es un tumor benigno que interfiere la aproximación de las cuerdas vocales, lo que ocasiona cambios patológicos de la voz. Generalmente se forman por el exceso de fricción de las cuerdas vocales, debido al abuso de la voz, defectos de técnica vocal o a mala circulación local.

Terapia: Cuando el nódulo apenas se inicia, el tratamiento logofoniátrico puede ser suficiente para la corrección de la anomalía. Pero cuando los nódulos están muy desarrollados, su extirpación quirúrgica es imprescindible.

Después de la operación es necesario un descanso vocal absoluto durante 10 o 12 días posteriores a ésta. El *logofoniatra* puede aprovechar estos días de descanso vocal para trabajar en la relajación muscular y en la corrección de la mecánica respiratoria. Se pondrá especial atención en la relación de la región laríngea y faríngea. En las primeras semanas las sesiones se espaciarán a intervalos de dos o tres días entre una y otra.

El paso siguiente en el tratamiento (después de los ejercicios de relajación y respiración) es el control fonorrespiratorio en las vocalizaciones. En este tipo de anomalía la voz se debilita y se pierde en los tonos altos; por esta razón a través de las vocalizaciones se procura producir tonos bajos. Se recomienda la práctica de vocalizaciones áfonas a las que poco a poco se les imparte voz y para controlar la movilidad de la laringe ejercer unas suave presión digital a sus lados. Primero las vocales son débiles y cortas y gradualmente se va aumentando en duración. El orden de las vocales puede variar pero suele facilitarse el tratamiento cuando se practican primero las vocales posteriores /u-o/, luego las anteriores e-i/ y enseguida la vocal media /a/. Los grupos silábicos se inician en combinaciones con los fonemas nasales /m-n/ y posteriormente se continúa con grupos fónicos más complejos que requieren un control mayor de la emisión vocal. Además de la impostación vocal y de asociación auditivo fónica, son aspectos muy importantes el tratamiento ortofónico de este tipo de disfonías. Así, poco a poco, se va logrando la adaptación funcional de la voz, hasta que llega automatizarse su mecánica correcta.

No hay que olvidar que gran parte del éxito del tratamiento se debe a la disciplina interior del paciente, que el *logofoniatra* debe educar y fortalecer. Siempre hay que reducir los estados de ansiedad del paciente.

Úlceras de contacto

Jackson en 1935 estudió por primera vez la ulceración del campo vocal en la región aritenoidea debida al abuso vocal. Las úlceras de contacto pueden abarcar una o las dos cuerdas vocales y los irritantes externos como el polvo, la contaminación atmosférica, el exceso de alcohol o tabaco, agravan la ulceración; pero es dudoso que tengan una causa primaria en su producción. Parece ser que la causa orgánica es secundaria a la mala función vocal, que se puede restablecer solamente con la corrección logofoniátrica. Los síntomas que pueden observarse como consecuencia de las úlceras de contacto son principalmente: ataque glótico, melodía vocal rígida, ronquera, considerable presión respiratoria, volumen intenso de la voz, dolor, etc.

Terapia: Además del descenso vocal y el abandono del hábito del tabaco y el alcohol, cuando la granulación ha crecido mucho, se hace necesario la intervención quirúrgica, además del tratamiento logofoniátrico.

Se recomienda empezar siempre con un período de silencio absoluto, seguido de otro período más largo de silencio relativo. Su duración depende de la severidad de la lesión, de la profesión y paciencia del enfermo y de las condiciones funcionales del trastorno vocal.

Obedeciendo las instrucciones del médico foniatra, el tratamiento logofoniátrico se iniciará cuando éste lo indique. Dicho tratamiento abarca principalmente los siguientes puntos:

1. Ejercicios de relajación para combatir la extrema tensión muscular de la región faríngeo-laríngea.

2. Vocalizaciones para corregir el timbre de la voz y elevar el tono de la misma.

3. Corregir el ataque glótico por medio de ejercicios silábicos.

4. Ejercicios silábicos con fonemas explosivos corrigiendo la presión y ritmo respiratorio, la intensidad vocal y la clasificación de la articulación.

5. Ejercicios de impostación vocal.

6. Ejercicios auditivos para ayudar al establecimiento del proceso de retroalimentación auditiva.

5.2. Disfonías funcionales

Las disfonías funcionales por deficiencia auditiva se manifiestan por los síntomas de desacuerdo en el control y regularización de la voz. Ésta puede variar bruscamente en volumen, altura y timbre debido a la falta de audición; la acentuación de las palabras y la entonación de la frase se modifica, así como el ritmo del habla, y la voz es disonante, extraña y sin control.

Las cualidades de la voz del sordo y del hipoacústico dependen del grado de la pérdida auditiva, de la educación recibida y de la intensidad del tratamiento.

Los trastornos respiratorios que pueden ocasionar una disfonía nasal son de origen periférico: bronquitis, faringitis o padecimientos nasales.

Puberfonía

Este término forma parte de la terminología inglesa y se refiere a las perturbaciones de la mutación vocal en el hombre.

En la puberfonía predominan los factores psicógenos sobre los orgánicos. Los psicoanalistas freudianos explican la psicología de estos pacientes sobre la base del complejo de Edipo (amor a la madre) o de Narciso (amor a sí mismo) que pueden ocasionar la persistencia de la voz infantil.

Muchos adolescentes pasan por etapas de aparente homosexualidad sin que se llegue a establecer definitivamente. La masturbación, y sobre todo los hábitos incorrectos de conducta son los que pueden instalar definitivamente la homo o heterosexualidad. Muchos autores marcan la importancia de los trastornos psiconeuróticos de estos pacientes.

Frecuentemente el sujeto con puberfonía aparenta un ajuste satisfactorio de sus propios problemas, lo que hace que se refuercen los hábitos vocales viciosos, llegando a establecerse como un reflejo habitual.

El tono agudo de la voz en estos sujetos se debe directamente a los siguientes factores: cierta falsa de desarrollo de la largine, ascenso de la laringe durante la fonación, exceso de contracción en la región faringo-laríngea y en la tensión de las cuerdas vocales, lo que causa su acortamiento. Estas condiciones ocasionan la voz infantil cuyas características principales son: tono agudo, alto y delgado sin cambios en el tono, pero con cierta inconsistencia que quiebra la voz haciéndola un poco grave y paulatinamente sube de tono y se hace más débil. Además del tono, hay que observar la entonación y juzgar de una manera intuitiva si los patrones de entonación tienen características femeninas. El tipo de respiración también es importante, ya que frecuentemente se observa en estos pacientes la respiración torácica (que normalmente es característica femenina).

Terapia: Desde el primer momento hay que ordenar los ejercicios y técnica que se van a emplear, del siguiente modo:

1. Ejercicios respiratorios.
2. Ejercicios de relajación del cuello.
3. Ejercicios ortofónicos específicos.

Tal ordenamiento es conveniente desde la primera sesión y generalmente desde entonces se pueden obtener los primeros sonidos inarticulados (llámese "grañidos" si se desea) en un tono bajo.

Los ejercicios respiratorios que se aplican en el tratamiento de la puberfonía son aquellos que se asocian a ejercicios corporales que requieren cierto grado de fuerza muscular en su realización. Este hecho se basa en que los ejercicios bruscos estimulan en cierto modo el crecimiento de la laringe. Por tal motivo se practican ejercicios gimnásticos que signifiquen esfuerzo físico por parte del alumno y se recomienda la práctica de deportes bruscos.

La relajación del cuello es indispensable previamente a los ejercicios ortofónicos especiales. Para ello se ejecutan movimientos de cuello en todas direcciones y se palpa la región para probar el grado de tensión muscular en el cuello del alumno.

Los ejercicios ortofónicos específicos son muy variados:

1. Una vez relajado el cuello, colgar la cabeza hacia atrás para provocar el alargamiento de las cuerdas vocales. En esta posición el *logofoniatra* ejerce presión digital con fuerza en la porción posterior del dorso de la lengua para desplazar la laringe hacia abajo. En el mismo momento en que la laringe desciende, se le pide al paciente que diga una vocal. Este sonido que emite es más bien un sonido inarticulado, pero el tono ya es suficientemente bajo.

2. Ejercer presión digital a cada lado del tiroides procurando el descenso de la laringe a la vez que el paciente produce el sonido.

3. Estando en posición de decúbito dorsal, vocalizar cuando esté bien relajado durante un período corto de respiración profunda rítmica.

4. Estando en posición de decúbito dorsal, vocalizar cuando esté bien relajado durante un período corto de respiración profunda colgando los brazos a ambos lados.

5. Sentado con las rodillas separadas, doblar el tronco y vocalizar mientras toca el piso con las manos.

6. Estando de pie con los pies separados y la cabeza colgando hacia abajo, mecer lentamente los brazos a ambos lados del cuerpo y vocalizar.

7. Actuar en dramatizaciones y obras teatrales en que el personaje que represente tenga una voz gruesa y varonil (este procedimiento es de tipo sugestivo, pero ayuda mucho al éxito del tratamiento).

8. Froeschels aconseja ejercicios de mandíbulas y mejillas logrando la relajación muscular de dichas regiones durante las vocalizaciones.

En el curso del tratamiento el paciente generalmente pasa por una etapa en la que sólo usa el tono bajo de su voz durante la clase, pero al terminar la sesión vuelve al tono alto. Poco a poco se va a superar esta deficiencia hasta que se instala definitivamente la voz varonil. Como la voz es un proceso automático, una vez que se ha conseguido corregir la disfonía, generalmente no hay peligro de retroceso. Lo único que hay que observar cuidadosamente antes de dar de alta al paciente es la entonación del fonema final de la frase, que debe corresponder a su sexo. La corrección no depende exclusivamente del tratamiento ortofónico, sino de la solución psicológica a su problema integral. Por ello se recomienda asociar al plan curativo, al tratamiento psiquiátrico requerido.

El tratamiento ortofónico suele ser rápido en los pacientes menores de 20 años. Nuestra experiencia profesional nos dice que en 15 o 20 sesiones en días alternos se obtienen recuperaciones totales (cuando la puberfonía se presenta como una anomalía de tipo psicógeno).

Androfonía

La voz masculina en la mujer es un padecimiento que se presenta muy raramente y casi siempre tiene bases endocrinas bien definidas.

Las características externas de esta alteración se manifiestan en actitudes y conducta viril, tales como ademanes, gestos, ropa, actitudes, caracteres endocrinos, como el crecimiento del pelo en la cara, voz varonil y una suave depresión.

Terapia: El tratamiento ortofónico abarca principalmente los siguientes aspectos: entrenamiento auditivo, en el cual se puede emplear grabaciones que le permiten escuchar su propia voz. Práctica de vocalizaciones musicales alcanzando poco a poco notas más altas. Masajes farádicos en el músculo cricotiroideo. Reducir el tabaco, el alcohol y un cierto control de dieta.

Mixoedema

Es causado por falta de secreción de las glándulas tiroides, lo que causa en los niños el cretinismo y la voz gruesa. En el adulto, el hipotiroidismo con mixoedema produce cambios en la voz debido a la debilidad tonal de los músculos vocales.

Las características principales de la voz en estos pacientes es el ritmo excesivamente lento, el tono velado y ronquera, a lo cual se agregan caracteres endocrinos especiales, tales como la piel áspera y seca y el cabello muy delgado.

Terapia: El tratamiento del mixoedema corre principalmente por cuenta del médico, quien trata de regularizar el funcionamiento endocrino. El tratamiento ortofónico aparece aquí en segundo término, pero indudablemente la terapia vocal ayuda a la corrección de la disfonía. El tratamiento indicado consiste en la reeducación respiratoria, impostación vocal y ejercicios fonorrespiratorios y auditivo-fónicos.

5.3. *Disfonías orgánico-funcionales*

Astenía

En la astenia o cansancio vocal se conjugan las causas orgánicas con las funcionales, dado que la fatiga por el uso excesivo de la voz (factor funcional) causa alteraciones orgánicas en las cuerdas vocales.

La voz asténica algunas veces se asocia a una personalidad en contraste con su fuerza, tono y timbre vocales. Esto es, a una voz excesivamente enérgica y agresiva que se opone a una personalidad tímida.

Terapia: Su tratamiento funcional comprende los siguientes puntos principales:

1. Establecimiento del hábito respiratorio correcto.

2. Aumento de la capacidad torácida y abdominal en la inspiración.

3. Lograr el control de la espiración.

4. Aumentar la tonicidad de los músculos laríngeos, lo que puede lograrse produciendo voluntariamente la tos, pronunciando sílabas inversas con ataque glótico fuerte, articulando sílabas explosivas directas, ejercicios de leer y hablar fuerte.

5. Imitación de canciones.

6. Estimulación auditiva con grabaciones propias.

Parálisis laríngeas

Puede ser central o periférica.

Las lesiones centrales pueden provenir de la neurona motora baja causando un síndrome bulbar; las periféricas pueden localizarse en el recorrido de las vías motrices periféricas. Según el número, lado y porción de las cuerdas que son atacadas, la parálisis puede ser bilateral, unilateral (derecha o izquierda), completa o incompleta.

Terapia: En todos los tipos de parálisis el tratamiento es esencialmente neurológico; sin embargo, el tratamiento funcional de la voz en ocasiones tiene gran importancia en la restitución vocal del paciente. El tratamiento ortofónico se basa en la relajación muscular de la región laríngea y en la reeducación respiratoria.

Se recomienda, además de cierto tipo de ejercicios que ayudan a mejorar la aducción de las cuerdas vocales:

1. Reír y toser prolongando la fonación espasmódica de las vocales.

2. Pasar saliva y decir /i/.

3. Repetición de sílabas con /f/ y /s/ y después alargar las vocales poco a poco.

4. Poner las manos sobre una mesa y empujar con fuerza hacia abajo a la vez que se emite la vocal /i/.

5. Sentado en una silla, colocar las manos a ambos lados del asiento, empujando con fuerza hacia abajo a la vez que se vocaliza.

Disartrofonía

Peacher propuso el término de disartrofonía para designar los desórdenes de la voz, resonancia y articulación con bases neurológicas. Este vocablo define muy bien el padecimiento, dado que en él se unen las características disártricas, de origen central, con las disfonías, que en estos pacientes son inseparables.

La etiología de este padecimiento señala lesiones bulbares, piramidales, encelopatías. Las características principales de los diferentes tipos de disartrofonía, son:

Espástica

Se caracteriza por la elasticidad de los músculos respiratorios, articulación lenta, vocales distorsionadas, espasmo inicial, falta de coordinación fonorrespiratoria y arritmia respiratoria.

Artetosis

Articulación abrupta, voz explosiva con aumento de volumen, habla precedida por espasmos, aducción y abducción involuntaria de las cuerdas vocales. El nerviosismo y la tensión agravan los síntomas.

Corea

Movimientos rápidos o "tics" que comprenden músculos de cara, lengua, paladar y laringe.

Ataxia

Lenguaje ininteligible, falta de coordinación en la fonación, modulación tono monótono, risa inspirada, deficiencia respiratoria, articulación nasal en las vocales y bilabiales.

Parálisis cerebral

Los trastornos motrices afectan en la mayoría de casos a los órganos motores de la boca y dificultan el desarrollo de la alimentación y de *habla.*

Enfermedad de Parkinson

Enfermedad de tipo progresivo; la terapia del lenguaje sólo es un paliativo psicológico. Sus síntomas más notorios son rigidez facial, voz débil, tremolante, que se va deteriorando paulatinamente.

Terapia

Por ser las anomalías de origen neurológico, su tratamiento se basa en la atención médica del padecimiento. El tratamiento ortofónico gira alrededor de la fisioterapia y del análisis neurológico de los sintomas observados.

El primer paso con el que se inicia el tratamiento es la relajación, y el segundo es la relajación y siempre la relajación.

5.4. Disfonías psíquicas

En este grupo de disfonías se incluyen las alteraciones de la voz que son causadas por factores psíquicos. Las más conocidas son:

1. La afonía o disfonía histérica: Es el trastorno más común de naturaleza psicosomática; puede confundirse con parálisis abductora de las cuerdas vocales, pero si se observa bien la aducción, es normal en la inspiración, la salivación y la tos, ésta es sonora y no se presentan dolores ni inflamación.

2. La disfonía espástica que se puede presentar después de experiencia traumática. Es padecimiento muy rebelde. No hay lesión orgánica.

Terapia: Cuando está instalada la afonía, el tratamiento suele ser lento. El éxito está en la sugestión verbal del *logofoniatra* y en la manera de tratarle. Por lo general, los pacientes se niegan al tratamiento psiquiátrico y coopera muy bien en la terapia vocal. Hay que aliviar la tensión y ansiedad del paciente por medios sugestivos e iniciar los ejercicios de relajación de la región laríngea, cuello, tórax y diafragma, ejercicios respiratorios y vocalizaciones.

6. EJERCICIOS DE FORTALECIMIENTO DE LOS REPLIEGUES VOCÁLICOS

1. Posición de sentado con la posición de los brazos cruzados en la espalda para provocar la total erección del tronco y obtener así una postura óptima para la movilización del cuello.

2. Se inicia con la cabeza inclinada hacia adelante de forma que el mentón toque ligeramente el pecho; llevarla con energía hacia atrás en una trayectoria recta hasta el punto extremo que el paciente pueda alcanzar.

Lo ideal es que los huesos occipitales se apoyen sobre la parte alta de la espalda.

Realizar 20 movimientos antero-posteriores.

Realizar tres rotaciones de la cabeza hacia la izquierda.

Realizar tres rotaciones de la cabeza hacia la derecha.

3. Desplazamiento horizontal del mentón a la derecha y a la izquierda alternativamente; no tendrá ningún valor si se flexiona el cuello hacia adelante o atrás.

La posición del mismo será recta y al llegar al extremo derecho se "rebota" con energía hasta llegar al extremo izquierdo y viceversa. El mentón se mantendrá siempre a la misma altura en el transcurso de los giros. Se efectúan unos *veinte giros completos* sin detenerse hasta concluir el ejercicios.

4. Consiste en el giro lateral de la cabeza igual que el precedente pero dando *"tres"* rebotes al llegar a cada extremo imprimiendo la máxima contracción y vigor en el último de los tres rebotes. *Realizar veinte giros completos a cada lado.*

5. Flexión lateral del cuello y cabeza tratando de que la oreja izquierda llegue a contactar con el hombro izquierdo, y viceversa, que la oreja derecha lo haga con el hombro del mismo lado. *Rotación intermedia.*

6. Desplazamiento de la cabeza describiendo una trayectoria en diagonal. Se comienza con el mentón apoyado sobre el hombro derecho, llevar la cabeza hacia atrás y en diagonal hasta apoyar los huesos occipitales sobre el hombro izquierdo.

Realizar cinco movimientos completos y seguidamente se hace lo mismo pero del lado opuesto, es decir, apoyando el mentón sobre el hombro izquierdo y extendiendo la cabeza en diagonal hasta tocar la parte posterior de la cabeza en hombro derecho.

Realizar cuatro series completas de este ejercicio, iniciándolo tanto del lado derecho como del izquierdo.

7. *Rotación antero-posterior de la cabeza.* (Se inicia con la cabeza colgando hacia atrás de forma que el cuello quede en máxima extensión por su parte posterior. Seguidamente se impulsa hacia adelante.)

Ejercicios de bostezo. Vocalización con la boca cerrada.

Ejercicios de bostezo con eco. Vocales picadas. Vocales ligadas.

Ejercicios de ritmo con el metrónomo. Psicoterapia apropiada al paciente. Confianza y relajación.

Capítulo XI

Erigmofonías (fonación esofágica)

1. INTRODUCCIÓN

Para la emisión de la voz, a parte de los pulmones como motores que producen la presión del aire y, con él, la intensidad del sonido, más las cavidades de resonancia, que darán el timbre y la personalidad, está el perfecto funcionamiento neuromuscular de la laringe como órgano vibratorio y, sin embargo, en determinadas circunstancias como en el caso de un tumor maligno, es preciso para salvar la vida del enfermo su extirpación total, a pesar de lo cual el sujeto puede de nuevo hacer correctamente uso de la palabra, aunque no, naturalmente, desde el punto de vista artístico.

Normalmente, cuando se quiere emitir un sonido, el aspecto mecánico de este acto consiste en hacer pasar la corriente de aire espirado que viene de los pulmones por el camino ascendente de la tráquea, la laringe (donde los repliegues vocálicos interrumpen alternativamente la corriente aérea), la faringe y finalmente sale al exterior por zonas en donde el sonido se refuerza con armónicos, determinados por los movimientos de la lengua, del velo del paladar, de la laringe y de los labios; el aire es articulado traduciéndose esto en fonemas y palabras.

En cambio, en un enfermo al que le ha sido extirpada la totalidad de su laringe, se interrmmpe la vía respiratoria y por lo tanto la normal entrada y salida del aire. Las funciones alteradas son aquéllas en las que participa la laringe, es decir: *la respiración y la fonación.*

(Recordemos que las funciones de la laringe son: respiratorias, circulatorias, fijativas, protectoras, deglutorias, tosivas, espectorativas *emocionales y fonatorias).*

A la altura de la faringe, hay un entrecruzamiento de dos vías: la digestiva (que se continúa con el esófago) y la vía respiratoria que partiendo de la nariz o de la boca, el aire atraviesa por los distintos órganos hasta llegar a los pulmones al inspirar, y el camino inverso durante la espiración.

La ausencia del órgano vocal no altera en absoluto la integridad y funcionalidad de la vía digestiva, pero su respiración se verá interrumpida por la ausencia de uno de sus elementos anatómicos que la constituyen; el aire espirado por los pulmones, carece ahora del conducto laríngeo que lo conducía hasta la faringe y la cavidad bucal; por ello es necesario buscar otra forma de respirar, tarea que el cirujano resuelve mediante la *traqueotomía*.

La traqueotomía consiste en desviar el conducto traqueal de forma que sus últimos anillos queden abocados al exterior a la altura de la zona media y anterior del cuello, quedando formado un orificio llamado *traqueostoma*. Por aquí se efectúa la entrada y salida del aire, quedando inutilizado el trayecto de las vías aéreas superiores (faringe, fosas nasales); la vía respiratoria queda entonces acortada, siendo los únicos órganos funcionales que la producen la tráquea y los pulmones.

La función fonatoria se ve totalmente imposibilitada por la ausencia de su órgano "principal" y será tarea del *logofoniatra* conseguir una voz esofágica. Lo único que se mantiene en condiciones invariables son los órganos resonadores supraglóticos, pero es fácilmente comprensible que esto no basta para la articulación sonora de las palabras.

2. ALTERACIONES SECUNDARIAS DE LA LARINGECTOMÍA

Se presentan además alteraciones posoperatorias, como la progresiva pérdida del olfato. Normalmente durante la respiración el aire que pasa por la nariz estimula las alteraciones nerviosas olfatorias, y gracias a ello se pueden experimentar las distintas sensaciones de olor. El sistema olfatorio se va atrofiando poco a poco. La única manera de evitarlo consiste en hacer realizar al paciente una serie de ejercicios de base respiratoria que tendrán por objeto expulsar un poco de aire por la nariz. Si un laringectomizado espira, la corriente aérea saldrá por la tráquea; pero si se le enseña a utilizar el poco aire que se acumula en la cavidad buco-nasal y luego cerrando la boca aprende a hacer un movimiento de ascenso de la parte posterior de la lengua de forma que toque la pared posterior de la faringe, el aire lograr salir por la nariz. Si el ejercicio se realiza de forma sistemática, la función olfatoria y también el gusto se mantendrán en buenas condiciones.

Las estadísticas demuestran el mayor porcentaje de cánceres laríngeos localizados en la cuerda vocal, lo cual, siempre y cuando el diagnóstico se haga precozmente, conduce a su extirpación sin mayores complicaciones que una disfonía más o menos acentuada y con una compensación orgánica bastante rápida (casi siempre se forma de una manera espontánea una nueva cuerda).

En los cánceres localizados en la región subglótica, algunos de ellos se propagan por la vía linfática a los órganos vecinos del cuello y ganglios. En este caso, no sólo hay que extirpar la laringe totalmente sino proceder a lo que se llama *"laringectomía ensanchada"* que conduce a resultados mucho más graves que la laringectomía común; los trastornos funcionales de los que se encargará el *logofoniatra* son mayores, por la presencia de fístulas (conductos anormales abiertos en la piel o en las mucosas) en el cuello y secundariamente en la piel también puede estar comprometida por las aplicaciones de rayos u otros elementos, por ejemplo, cobalto, lo que dificulta y retrasa el aprendizaje que un laringectomizado común logra en menor tiempo.

3. REHABILITACIÓN DE LA VOZ

La rehabilitación de la palabra deberá iniciarse una vez que la herida de la operación haya cicatrizado lo suficiente (el momento oportuno nos será indicado por el médico operador), siendo contraproducente dejar pasar más tiempo, porque la ansiedad y el estado psicológico depresivo es cada vez más acentuado. Deberemos procurar dentro de lo posible encauzar con prudencia y habilidad el interés por volver a hablar, teniendo en cuenta que desde el punto de vista psicológico esto es muy importante, no sólo para el paciente laringectomizado, sino en cuanto a sus familiares y los que conviven con él. Los principales problemas se manifiestan en forma de rechazo afectivo y físico y el hacerle comprender a la familia cuál es la manera de sobrellevar la crítica situación, que a veces puede conducir al fracaso de la rehabilitación logofoniátrica.

Cuando el laringectomizado viene a la sesión de *logofoniatría* por primera vez, mueve la boca porque instintivamente tiende a articular, pero no habla porque carece de soplo aéreo espiratorio; utiliza una voz "cuchicheada" o bucal que consiste en la articulación de las palabras a expensas de la poca reserva de aire que tiene en su cavidad bucal.

En otros casos y si se ha dejado transcurrir más tiempo de lo conveniente sin acudir a la rehabilitación logofoniátrica, el paciente ha adoptado una forma de hablar deficiente denomianda *"voz faríngea"* este mecanismo singular consiste en provocar el roce posterior de la lengua con la pared faríngea produciendo un ruido desagradable y con grandes esfuerzos musculares, pero lo suficiente como para poder comprender lo que transmite. En la actualidad más del 90 por 100 de los laringectomizados alcanzan a tener una voz apta para seguir la profesión o trabajo que hasta entonces tenía. (Es testimonial que hace unos días se incorporó a su despacho con la categoría de teniente coronel un laringectomizado rehabilitado por nosotros.) En este aspecto hay que insistir, porque por regla general la mayoría de los casos se dan en personas entre los 40 y 60 años de edad y difícilmente podrán situarse en un tipo de trabajo que no sea el que desempeñaban toda su vida... Las únicas excepciones serán los maestros, locutores y aquellas profesiones que deban hacer uso permanente de la voz de mando. Si no se consigue la recuperación fónica compensatoria, tampoco habrá recuperación social; habrá que preocuparse de que el paciente adquiera un mecanismo eficiente para que su voz sea la suficientemente sonora, articulada, timbrada, fluida para que el habla pueda servirle como medio de comunicación.

La rehabilitación de la voz no deberá comenzar en el período postoperatorio sino que aconsejamos que es muy oportuno la preparación psicológica antes de la intervención quirúrgica. Nosotros efectuamos entrevistas personales con los operados que ya han adquirido la voz esofágica junto con los "nuevos" laringectomizados para que escuchen las "voces nuevas".

Les explicaremos detalladamente y por medio de ilustraciones cuáles son las variaciones anatómicas y morfológicas que sufrirá o haya sufrido y de qué manera podrá lograrse una compensación orgánica; estas explicaciones serán tanto más imprescindibles cuanto mayor sea el nivel cultural del paciente.

4. LA VOZ ESOFÁGICA

La rehabilitación estará dirigida a sustituir la función vocal, originariamente realizada por la laringe, por la función vocal adaptativa llevada a cabo por la parte superior del aparato digestivo, concretamente por el esófago.

La manera de lograrlo se puede sintetizar en las siguientes fases:

1. Crear una reserva de aire que pueda ser enviada al esófago.

2. Que este aire pueda ser expulsado al exterior merced a la propiedad vibratoria y de control voluntario del esfínter esofágico el aire debe salir sonorizado. La corriente aérea sonorizada será entonces empujada hasta la cavidad bucal y articulada allí en forma de fonemas.

El esófago presenta una zona estrecha a su entrada que se denomina *boca de esófago* que puede ser puesto en movimiento vibratorio por la acción de un músculo que está inervado por el mismo nervio que excita a la laringe. De igual forma que hace vibrar las cuerdas vocales transmitiendo su impulso, puede vibrar a esta zona esofágica que al igual que las cuerdas vocales puede estrecharse y dilatarse; por tanto actúa como una zona de estrechamiento voluntario formándose una "pseudoglotis", punto donde la corriente aérea se interrumpe alternadamente y es sonorizada.

Cuando a la hipofaringe llega una pequeña cantidad de aire sonorizado, nos encontramos en las mismas condiciones fonéticas de un individuo normal. Se tratará ahora de que se obtenga la suficiente cantidad y reserva de aire para que pueda articular palabras y hablar inteligiblemente.

5. MÉTODOS DE REHABILITACIÓN

5.1. De inyección (holandés)

Se basa en el principio de que la articulación es tanto más fácil cuanto menor sea el número de consonantes explosivas que se utilicen, especialmente las posteriores –CA-CO-CU-QUE-QUI–. El idioma holandés tiene muchas de esas articulaciones y por tanto este método no ha tenido la suficiente difusión en el habla castellana.

Partiendo de la base de que la cavidad bucal siempre tiene un poco de aire, se le pide al laringectomizado que cierre la boca con la máxima cantidad de aire posible; se eleva entonces la lengua y se retrae, creando así una presión negativa que impulsará el aire hacia abajo; la boca del esófago queda entonces dilatada formándose de esta manera la cámara de aire que luego se sonoriza.

La rehabilitación logofoniátrica se inicia con la emisión de emisión de sílabas no explosivas, y en sílabas explosivas se obtienen emisiones más prolongadas.

La rehabilitación lofofoniátrica se inicia con la emisión de vocales precedidas por fonemas explosivos para pasar luego a la articulación de palabras cambiando estos grupos fonéticos entre sí, para pasar finalmente a la formación de frases de menor a mayor duración, siempre con igual criterio fonético.

5.2. De inhalación (succión)

Su fundamento consiste en el aprovechamiento de los cambios de presión intraesofágica producidos por los movimientos respiratorios.

Según el criterio de reconocidos especialistas en la materia, este método es el de mayor eficacia y el que más fácilmente puede ser puesto en práctica.

El laringectomizado deberá hacer un movimiento inspiratorio igual al que hace cualquier individuo normal (con la salvedad de que el aire entra en este caso por el traqueostoma) con la cabeza inclinada hacia adelante.

Al dilatarse el tórax y el abdomen para permitir la entrada del aire, se produce la dilatación del anillo muscular de la boca del esófago y tras su dilatación, se formará allí el almacenamiento o cámara de aire. Cuando comience la espiración del anillo se cerrará creando de esa manera un obstáculo para la salida del aire que se va interrumpiendo periódicamente, quedando así sonorizado. El proceso para conseguir la emisión esofágica de acuerdo a lo expuesto es el siguiente:

a) Inspiración profunda con flexión anterior de la cabeza; en forma refleja se produce la abertura del esófago.

b) Llevando la cabeza hacia atrás, se espira, sonorizando el aire esofágico. En condiciones normales, aunque inspiramos profundamente, no hay dilatación de la boca esofágica porque precisamente permanece cerrado para impedir que parte del aire se introduzca en el interior del aparato digestivo; de lo contrario se padecería "aerofagia" con las consiguientes molestias y trastornos.

En estos pacientes, al faltarles la laringe, el anillo esofágico es mucho más elástico y tras varias ejercitaciones como se ha indicado se conseguirá sonorizar el aire acumulado en la cámara y se experimentarán las primeras sensaciones de fonación esofágica.

Una vez conseguido esto la etapa siguiente consistirá en el perfeccionamiento del sonido; el paciente seguirá con la cabeza inclinada hacia adelante y se le indicará que emita las vocales "O", "U", "A" en forma suave y brevemente.

A continución se tratará de conseguir el alargamiento de ese sonido (durante cinco o seis segundos).

Lo mismo se intentará con el resto de las vocales (E, I) para posteriormente iniciar la emisión silábica.

Se espirará diciendo:

Pa, pa, pa, pa.

Ta, ta, ta, ta.

Ca, ca, ca, ca.

Seguidamente se combinan diferentes grupos de sílabas, formando ahora las mismas frases de duración progresiva.

Hasta el momento no se intentará hablar a gran intensidad sino con la necesaria para hacerse oír a un metro de distancia del logofoniatra.

De inmediato será oportuno pasar al uso y práctica de la voz más intensa, pues si esto se hace prematuramente pueden crearse vicios de emisión difíciles de desterrar posteriormente.

En la última etapa de la rehabilitación logofoniátrica se trabajará la impostación de la voz siendo el principal objetivo conseguir que el paciente aprenda a modular, variando la altura tonal entre tres y cuatro tonos de extensión.

La voz esofágica es monótona, unitonal y pobre en armónicos; no siempre es posible modificar estos aspectos, pero siempre hay que intentarlo.

El uso de la resonancia facial contribuye a mejorar este tipo de voz. Se comienza con el fonema "M" apoyando ambas manos sobre la estructura del maxilar superior a los lados de la nariz para percibir las vibraciones que allí se producen. Más adelante se prosigue con emisiones vocálicas variando la altura de forma que la primera sea grave y la segunda más aguda.

También a la inversa, partiendo del agudo y finalizando en el grave. Se ejercitará la entonación en palabras y frases siendo las vocales "E-I" las que más favorecen los agudos. (Haremos siempre muchos ejercicios).

5.3. *De deglución (primitivo)*

El primer sistema y el más primitivo que se utilizó para la producción de la voz esofágica fue el de la deglución. Consiste en tragar el aire junto con la saliva, almacenarlo en el esófago y volver a expulsarlo al exterior.

Naturalmente el laringectomizado debería aprender a no llevarlo al estómago (aerofagia) sino por medio de una contracción del diafragma hacia adentro impulsará con fuerza la corriente espiratoria que saldrá convertida en sonido; el tórax actuaría como un fuelle sobre el estómago dilatado.

Al principio, igual que si se aplican los métodos que se han mencionado anteriormente hay grandes inhibiciones psicológicas por parte del laringectomizado, agregando a esto dificultades de tipo muscular. Ninguna persona es capaz de tragar cinco o seis veces seguidas sin ningún estímulo líquido porque hay un reflejo inhibitorio que impide realizar continuamente el movimiento de la deglución.

Es conveniente ingerir líquidos gasificados durante las prácticas de emisión para facilitar dicho movimiento.

Este procedimiento tiene como desventaja el ruido parásito que se agrega a la emisión porque el aire al entrar roza las paredes del *traqueostoma;* además sucede que la mayor parte del aire sale por allí, cosa que momentáneamente puede compensarse ocluyendo parcialmente el *traqueostoma al espirar hasta que el paciente haya adquirido los hábitos adecuados.*

Al principio cada vez que traga aire sólo le alcanza para emitir una vocal, pero llegará con la práctica a pronunciar frases de 8 a 10 sílabas, lo que indica que el habla es bastante fluida.

Las frases del tratamiento serán:
a) Emisión aislada de cada vocal.
b) Juego vocálico con dos o tres vocales.
c) Ejercitación silábica (monosílabas, bisílabas, trisílabas, etc.).

d) Combinación de dos o tres sílabas.

e) Dominio progresivo de la frase.

f) Adquisición de la voz modulada.

g) Dominio de la intensidad vocal.

6. RESULTADOS

El método de inhalación es el que nosotros aconsejamos, por los siguientes aspectos:

a) Intensidad de la voz.

b) Duración del tiempo de vocalización.

c) Rapidez articulatoria.

d) Fluidez del habla.

7. FACTORES ASOCIADOS QUE PERTURBAN LA REHABILITACIÓN

La aplicación de cualquier método puede verse obstaculizada por una serie de factores que a continuación mencionamos:

a) Una laringectomía ensanchada con presencia de grades resecciones.

b) Las aplicaciones por períodos prolongados de rayos X o de cobalto.

c) Deformación ocasionada por el tejido cicatrizal a nivel de la boca del esófago.

d) Aspectos psicológicos.

e) Edad avanzada.

f) Nivel sociocultural del paciente.

"El hablar sin laringe es uno de los grandes logros del siglo xx."

Capítulo XII
Disfasias

1. INTRODUCCIÓN

Disfasia es la pérdida parcial y afasia es la pérdida total del habla debido a una lesión cortical en las áreas del lenguaje.

El estudio de la afasia lo inicia Paul Broca en 1861 con su trabajo *La pérdida del lenguaje consecuente a disturbios patológicos de la corteza cerebral,* que presentó ante la Academia de la Sociedad de Antropología de Francia.

Expuso el caso de un paciente suyo que había perdido completamente el habla y que a su muerte, la autopsia reveló una lesión en lo que él denominó "centro motor del lenguaje", al cual posteriormente se le dio el nombre del descubridor. Originariamente Broca denominó a este padecimiento "afemia"; posteriormente se empleó el término de *afasia.*

Todas las teorías neurofisiológicas que explican el funcionamiento de la corteza cerebral en relación con el lenguaje se deben a los estudios y trabajos de investigación realizados sobre la afasia. Los pacientes afásicos son los que han permitido a los neurólogos adentrarse en este campo tan complejo.

Las primeras investigaciones se realizaron en autopsias; actualmente existen varios recursos para poder determinar la localización y extensión de la zona cortical dañada. El avance científico en bioquímica celular y electrónica abre un campo muy amplio y más profundo a la neurofisiología del lenguaje. En las investigaciones más recientes se pueden practicar estimulaciones eléctricas en la corteza directamente en pacientes vivos provocando reacciones sorprendentes que dan nuevas luces a la fisiopatología del lenguaje y en el tratamiento de la afasia.

2. ETIOLOGÍA

La etiología de este padecimiento señala roturas espontáneas de ciertas arterias cerebrales, trombosis, embolia, traumas craneanos y cerebrales con necrosis de tejidos o hemorragias intracerebrales. El mecanismo final es siempre el mismo: muerte de elementos nerviosos que no se regeneran jamás y sólo pueden ser sustituidos por tejidos inertes de sostén.

Las causas de la afasia se pueden clasificar en dos grupos fundamentales: las debidas a alguna enfermedad y las producidas por algún accidente traumático.

Las enfermedades que pueden producir la afasia son todas las alteraciones del aparato circulatorio, susceptibles de ocasionar falta de irrigación sanguínea en las zonas centrales de la corteza, especializadas en alguna función del lenguaje.

Los accidentes traumáticos cardiovasculares pueden estar ocasionados por múltiples factores, tales como fracturas craneanas, contusiones, hemorragias, etc.

La postura que se adopte en el estudio etiológico de la afasia dependerá de la teoría neurofisiológica que se acepte.

Los localizacionistas muestran la estrecha relación existente entre las lesiones orgánicas del cerebro y los trastornos del lenguaje observados en los afásicos.

Los no localizacionistas o estructuralistas explican que la afasia puede producirse por cualquier lesión cortical, toda vez que para ello una lesión determinada no afecta a una sola función, sino que se alteran varias actividades concernientes a la región. Explican que un proceso neurofisiológico nunca se interrumpe completamente, sino que, siempre se preservan algunas partes del proceso. Halstead, de Chicago (1951), ha demostrado cómo el substrato anatómico de la corteza puede relacionarse con otras funciones, en qué forma el daño de una región puede afectar a otra y cómo los daños cerebrales pueden producir dos tipos de afectos: los relativos a la influencia anormal de una región a otra y los que se refieren a la secuela de la lesión.

3. ETIOPATOGENIA Y PRONÓSTICO

El estudio etiopatogenético de la afasia descansa fundamentalmente en el análisis neurológico del paciente. Se estudiará no sólo la localización y extensión del daño cerebral, sino también los procesos de reintegración de los tejidos afectados y de toda la actividad cortical.

Así se sabrá si es posible que se presente alguna reacción de restitución espontánea o de compensación, o si a causa de la magnitud del daño no se debe tener grandes esperanzas de rehabilitación.

La etapa de la enfermedad en que se encuentra el paciente es otro dato muy valioso; pueden encontrarse en una etapa de secuela, en una etapa reciente al accidente o bien mostrarse en franco período de recuperación espontánea.

La edad del paciente es otro dato que se debe tener en cuenta, ya que generalmente se espera mayor grado de recuperación en un organismo joven que en otro de mayor edad.

Las condiciones psicológicas, el estado emocional del paciente y el interés que muestra en su propia recuperación van a aumentar los datos etiopatogenéticos del caso que se estudia, lo cual ayudará a establecer con mayor exactitud un pronóstico probable sobre el desarrollo de la enfermedad.

4. SINTOMATOLOGÍA

Toda vez que la afasia es una enfermedad consecutiva a una lesión cerebral sus síntomas generalmente abarcan, no sólo alteraciones en la esfera del lenguaje, sino en otros procesos mentales, volitivos y en manifestaciones externas de la conducta y del psiquismo. Podemos clasificar los síntomas de la afasia en tres categorías: simbólicos (o lingüísticos), intelectuales y personales.

Por lo que se refiere a la conducta general de los afásicos podemos decir:

Debido a la localización de los centros motores del lenguaje en el hemisferio izquierdo (en los individuos diestros) de la corteza cerebral, es frecuente que al extenderse un poco más la región dañada, se afecten los movimientos correspondientes a los miembros diestros de los sujetos, es decir, que éstos presentan hemiplejía derecha.

Además pueden presentar apraxia motora, que es la pérdida de los engramas motores que regulan y controlan los movimientos simples, espontáneos o imitativos y muestran torpeza o imposibilidad en su ejecución.

Tales características apráxicas se manifiestan en la ejecución de movimientos simples, en la torpeza al tratar de señalar alguna parte del cuerpo, al tratar de imitar movimientos o de obedecer determinadas órdenes que implique una acción, a pesar de que la persona entienda lo que se le está pidiendo.

En el aspecto intelectual, pueden observarse en los afásicos las siguientes características:

1. Pérdida de la atención y concentración.
2. Pérdida de la memoria.
3. Asociación de ideas reducidas.
4. Pérdida de la habilidad para hacer abstracciones.
5. Pobreza en sus juicios.
6. Perseverancia de ideas.
7. Habilidad reducida para generalizar, categorizar, agrupar y planear para el futuro.
8. Cierto retraso en su nivel intelectual.
9. Egocentrismo.
10. Aumento de la irritabilidad y fatigabilidad.
11. Iniciativa propia reducida.

En su estado emocional se pueden observar los siguientes síntomas:

1. Habilidad reducida para inhibir o controlar las fuerzas emocionales internas, las cuales causan alteración en la acción intelectual.

2. Sentimientos inadecuados.

3. Exageración en sus reacciones emocionales.

4. Euforia.

5. Reacciones catastróficas. Fácilmente se producen crisis de llanto.

6. Reducción de la habilidad para ajustarse a nuevas situaciones.

7. Ansiedad y tensión.

8. Conducta impulsiva.

9. Conducta psicótica postraumática o conducta extravagante.

10. Conducta regresiva (infantilizada).

11. Impotencia para corregir sus propios errores de conducta.

Los trastornos del lenguaje pueden manifestarse en las siguientes etapas:

a) En la fase motora o expresiva.

b) En la etapa receptiva o sensorial.

c) Desórdenes de tipo mixto.

4.1. Trastornos motores

La apraxia motora puede dificultar o impedir la emisión de la palabra imitada o espontánea.

Cuando se presenta este síntoma en su grado máximo ocasiona un mutismo total o la emisión de sonidos inarticulados y voces carentes de significado.

Debido a la perseverancia y automatismo de sus funcionamientos psíquicos suele ocurrir que los sonidos que logran articular los repiten incansablemente siempre que desean expresar algo.

Es posible que se observen estos síntomas en etapas recientes al accidente que produjo la enfermedad y poco a poco vayan desapareciendo tras un proceso de recuperación espontánea.

A medida que vayan superando las dificultades de expresión, van recordando y afirmando la serie de procesos que deben seguir los impulsos motores hasta que se traducen en palabra. En un principio la expresión oral se muestra torpe, imprecisa, se nota que el paciente sabe lo que quiere expresar y que se da cuenta de los errores que comete pero no puede evitarlos.

Ahora bien, los errores que presentan en la expresión y articulación de las palabras son de tipo apráxico (no disartrias), ya que la dificultad se encuentra en los centros primarios y secundarios de motricidad y no en las vías de conducción nerviosa.

Las alteraciones del lenguaje en su fase expresiva, cuando se presentan en la lectura, ocasionan alexia motora, que consiste en la imposibilidad de leer a pesar de que se entienda lo escrito, porque las zonas corticales especializadas en la fase expresiva de la lectura se encuentran dañadas.

La agrafia motora es la pérdida de los patrones kinestésicos indispensables en la escritura. El afásico sabe lo que quiere escribir pero no puede hacerlo.

4.2. Trastornos receptivos

Se entiende por agnósica acústica la falta de reconocimiento de los sonidos que debían serle familiares a la persona. La agnosia auditiva verbal consiste en la falta de comprensión de la palabra hablada. Algunos autores llaman a este síntoma "sordera verbal". Desde luego que la falta de reconocimiento de los sonidos y de las palabras son agnósicos después de haber comprobado que la audición del paciente es normal.

Cuando la agnosia auditivo verbal se presenta en un afásico, éste puede repetir lo que oye pero no entiende lo que dice. Si se le dan órdenes no las entiende y hace una cosa por otra, ya que no comprende el lenguaje articulado. Esto indica que oye pero no interpreta (no tiene problema de tipo motor).

Los trastornos agnósicos pueden referirse no sólo a la audición, también lo pueden alterar los funcionamientos de interpretación y reconocimiento de las imágenes visuales, táctiles, estereognósicas, olfativas, etc., de los objetos, figuras, grabados y la sensación de su propio cuerpo, a pesar de que la agudeza visual del paciente esté en buenas condiciones. En estos casos la agnosia lleva el nombre de la función sensorial afectada.

En ocasiones se observa que el enfermo, cuando ya cuenta con ciertas posibilidades de expresión, olvida temporalmente determinada palabra. A esta característica se le conoce con el nombre de amnesia verbal. La amnesia puede ser de tipo motor o sensorial. Aunque no es muy frecuente, puede observarse en algunos pacientes anomía o amnesia nominal, verbal o adjetival.

En ocasiones los afásicos de tipo sensorial se ven afectados de "ceguera verbal" que consiste en la falta de reconocimiento de los símbolos gráficos del lenguaje; es decir, que no entienden lo que ven escrito. Los afectados de "alexia semántica", pueden leer lo que ven escrito, pero no lo comprenden.

Los enfermos que padecen una agrafia agnósica pueden copiar lo que ven escrito pero no entienden lo que escriben y en su escritura espontánea se observa que saben la forma de las letras aisladas pero no pueden formar las palabras.

4.3. Trastornos mixtos

Casi siempre en fechas inmediatas al accidente cerebral, las características que observan los pacientes son mixtas, esto es, tanto de tipo motor como sensorial.

Poco a poco, a medida que el tiempo va transcurriendo, los trastornos se acentúan en alguno de estos aspectos. Sin embargo, es difícil encontrar una persona que presente alteraciones puras de estos tipos de trastornos. En la mayoría de los casos se observan características mixtas con cierta predominancia motora o receptiva.

Existen algunas alteraciones del lenguaje propias de los afásicos, que se pueden presentar tanto en la fase motora como en la receptiva y sólo a través de un análisis profundo de estos síntomas se podrá determinar la naturaleza de los mismos.

La *jergafasia* consiste en la expresión de palabras que no tienen ningún sentido haciendo imposible entender lo que la persona afectada desea expresar. La parafrasia es el cambio de unas letras por otras o de unas palabras por otras durante el discurso. La paragrafía es un síntoma similar al anterior, pero referido a la escritura; cuando el individujo trata de escribir algo cambia unas letras por otras en las palabras que escribe.

Los *agramatismos* son errores en la construcción gramatical de frases y oraciones o en el ordenamiento de las palabras que forman la oración. El "lenguaje telegráfico" es el síntoma que consiste en la omisión de las palabras cortas que sirven de nexo o unión. Este síntoma, a excepción de los anteriores que pueden ser de naturaleza expresiva o receptiva, generalmente se observa como una característica motora.

Así como la alexia y la agrafia pueden ser de predominancia motora o sensorial, acontece lo mismo con la acalculia y la amusia.

La *acalculia* es la falta de habilidad en el cálculo. En este caso no hay una relación directa entre la severidad del padecimiento de lenguaje y la gravedad de la alcalculia; se dan casos de pacientes con trastornos severos del lenguaje que pueden reconocer los números y recuerdan las operaciones básicas y hasta pueden recordar procesos avanzados de matemáticas. Otros, presentan marcadas dificultades en el manejo de los número, no pueden decir una numeración correctamente, no recuerdan los conceptos numéricos o recordándolos no pueden leerlos y dicen un número por otro, aunque su trastorno lingüístico sea leve. El tipo dominante de los síntomas indica si los procesos numéricos se encuentran alterados en la fase expresiva o en la receptiva, o si se encuentran equilibrados en la misma proporción unos y otros.

Cuando la amusia corresponde al tipo motor, el sujeto puede interpretar lo que oye pero no puede ejecutar la música; cuando la amusia es sensorial, la persona puede realizar los movimientos que se imponen para su ejecución pero no la interpreta, no sabe a qué corresponde lo que oye, toca o canta.

5. LOGOTERAPIA EN LOS TRASTORNOS RECEPTIVOS

Afasia perceptiva. Llamada también sensorial, receptiva, afasia auditiva, afasia de Wernicke, agnosia auditiva.

En ella está alterada la recepción de los signos verbales.

Pero este síndrome comporta trastornos visoespaciales y agnósicos, que hacen que su exposición sea difícil e incompleta.

Suscitan cuestiones de tipo anatomoclínico y fisiológicas mal conocidas en su más elemental funcionalismo y además hay un entronque psicológico, y por si fuera poco, lingüístico que hacen a este cuadro clínico, denso en cuanto a trastornos y de esa densidad es la que siempre se resiste la exposición del mismo (Barraquer Bordás).

Este trastorno, localizado en la corteza cerebral, nos muestra que ambos hemisferios no son equipotenciales funcionalmente. Hay uno que siempre domina, significa una prevalencia del hemisferio izquierdo y, en términos generales, una persona bien lateralizada supone una buen estructuración del lenguaje. En cambio el ambidextro tiene una estructuración distinta, quizás más compleja o quizá más desestructurada. En estos casos las lesiones del hemisferio no provocan (en los mal estructurados) graves trastornos afásicos y su evolución es menos severa. Subirana hace siempre la pregunta de rigor de averiguar el stock familiar de zurdería antes de sentar un pronóstico en las afasias. Lo que junto con las agnosias caracteriza el cuadro es la falta de trastornos en la articulación del habla. El lenguaje en cambio está alterado en su estructuración.

Esquemáticamente es, pues:

– Lesión por insulto cerebral en el hemisferio dominante.

– Hay trastornos agnósicos.

   1. Visuales.

   2. Auditivos.

   3. Táctiles.

   4. Propioceptivos.

   5. En el esquema corporal.

   6. En las relaciones espaciales y en tiempo.

– No hay trastornos en la voz.

– No hay trastornos en la articulación de la palabra.

   a) En la comprensión.

   b) En la organización de la frase.

   c) En la utilización de los morfemas y pocos semantemas.

– Hay o puede haber alcalculia.

– Trastornos de alexia o dislexia.

– Trastornos de amusia.

– Trastornos neurológicos: hemiagnosia lateral homónima que es difícil de averiguar por los trastornos de comprensión y que, cuando es parcial, puede pasar desapercibida.

– Trastornos sensitivos de la piel.

– Apraxia. La apraxia en estos casos es ideomotora, muy raramente la ideatoria.

Las lesiones que causa este síndrome están en la llamada zona de Wernicke; en términos generales comprende la parte superior de las dos primeras circunvoluciones cerebrales temporales, el pliegue curvo y el girus supramarginalis del hemisferio dominante. Esta zona cortical y subcortical recibe las zonas de proyección sensorial (auditiva en la parte más anterior y visuales hacia atrás) y por debajo de las del lóbulo parietal es donde se proyectan las vías sensoriales y donde se elaboran las actividades práxicas.

Las causas más frecuentes son los accidentes vasculares y, entre éstos, los reblandecimientos cerebrales por trombosis de la arteria silviana (cerebral media) que irriga por sus ramas posteriores y terminales las arterias posteriores de los lóbulos temporal, parietal y del pliegue curvo. Las hemorragias son más raras, son hematomas temporales ya sean espontáneos, ya sean ligados a la rotura de malformaciones vasculares (angiomas, aneurismas). Los traumatismos se suelen situar en las partes más anteriores y tienen la ventaja sobre las malformaciones vasculares de que regresan mejor. Sólo la gran extensión de las lesiones puede ensombrecer el pronóstico. Los tumores pueden por comprensión y localizados en las regiones temporales ocasionar afasias amnésicas.

El enfermo muestra gran volubilidad, con grandes entonaciones, marcada mímica facial y gestual, pero lo que intenta decir es incomprensible. Las palabras no están deformadas en su articulación, pero son reemplazadas por otros sonidos, parafrasias. Existe un trastorno de evocación que lleva consigo el empleo de metáforas. Este lenguaje se llama jergafasia.

El sujeto está completamente inconsciente de su modo de hablar: anosognosia. La palabra repetida es bastante correcta. Es difícil la denominación de las cosas y sí intenta explicarlas por gestos indictivos o frases apropiadas. En casos extremos la incompresión de las órdenes verbales es absoluta. La lectura en voz alta es posible, pero al contrario la comprensión de las órdenes escritas está totalmente perturbada. La agrafía es constante, la escritura, el dictado está muy dificultada y la copia es mejor.

La manera de hablar y la manera de escribir es muy semejante, pero el enfermo es más consciente de sus defectos escritos que de los verbales. Por ello termina pronto de escribir y demuestra la imposibilidad de continuar. Presenta pocos trastornos motores y sensitivos.

Presentamos a continuación los cuadros clínicos de las *afasias sensoriales disociadas:*

5.1. *Agnosia o asimbolia*

Descritas por Meynert (1866); asemia por Steinthal (1871); impercepción por Jackson (1876). El término agnosia es propuesto por Freud a finales del siglo XIX.

Agnosia es la pérdida de reconocer los objetivos o comprender las palabras oídas o escritas. Es por lo tanto un trastorno de identificación, a pesar de que el sujeto pueda escribir lo que ve.

Dentro de las agnosias describimos:

Visual

Es conocida con este nombre y es subcortical.

Es el trastorno en reconocer cualidades físicas o símbolos visibles, aunque son percibidos claramente. El sujeto ve muy bien el símbolo o el objeto, pero no comprende lo que es y significa. El enfermo ve cada letra de "p.a.n." pero no comprende lo que representa la palabra "pan".

Cuando la alteración del reconocimiento se manifiesta, sobre todo en la escritura, recibe más propiamente el nombre de alexia.

Si la dificultad está en reconocer letras, se llama alexia literal y si palabras, alexia verbal.

Puede haber una dificultad de reconocer los colores o los números.

Auditiva

Es descrita por primera vez por Lichtheim (1885). El paciente es incapaz de comprender el significado de lo que oye a pesar de que su audición es normal. Al enfermo le parece oír un idioma desconocido. Es un trastorno de percepción o de reconocimiento de ruidos. El enfermo no puede reconocer el silbido de un tren, el llanto de un niño. Ha recibido también las siguientes denominaciones; agnosia acústica, sordera verbal pura, afasia receptiva, impercepción auditiva, afasia cortical, sordera psíquica, afasia de Wernicke, sordera de la palabra.

La palabra espontánea es correcta, la lectura mental está intacta, la escritura espontánea es normal así como la escritura a la copia. El trastorno se limita a la comprensión de la palabra hablada o a la pérdida de la escritura al dictado.

El enfermo tiene conciencia de su trastorno; por otro lado las pruebas audiométricas son normales. Algunas veces repiten automáticamente lo que oyen "ecolalia". A veces la repetición puede durar horas y días.

Se presenta con frecuencia parafrasias (se omiten sonidos de una palabra, cambian el orden de los sonidos dentro de una palabra. Si leen no comprenden. La escritura está muy dificultada.

Táctil

Descrita por Puchelt en 1884. Este trastorno consiste en la falta de reconocimiento de los objetos (madera, algodón) por medio del sentido del tacto. La falta de reconocimiento del objeto tocado, su forma se llama estereognosia, parálisis táctil, parálisis cortical del tacto o anestesia psíquica. El sentido del tacto profundo y superficial está conservado.

Aparece por lesión del lóbulo parietal, por detrás de la circunvolución central posterior en el tercio medio de la circunvolución parietal ascendente y horizontal. El paciente capta bien las sensaciones elementales relativas al tacto, pero no las elabora para formar un concepto de lo percibido. Por ejemplo, el sujeto nota que le tocamos la piel, pero no reconoce qué trazamos en ella.

Nosotros tuvimos un caso de un ciego que leía Braille y después de una lesión perdió la habilidad.

Corporal

Es el trastorno o incapacidad de reconocer o lacalizar varias partes de nuestro cuerpo. Al paciente puede faltarle alguna parte de su cuerpo y negarlo (somatoagnosia) por desconocer las partes de su propio cuerpo o desconocer las funciones correspondientes a este miembro. En la autotopoagnosia visual el paciente ve partes de su cuerpo, pero no las identifica con las suyas. En las autoanestesias o anosognosias el enfermo cree mover un miembro paralizado o amputado.

Temporal

El sujeto afecto de agnosia temporal no reconoce si es de día o de noche, ni la hora, no puede juzgar el paso del tiempo mirando al reloj, ni leer la hora en el mismo. Le es imposible construir figuras geométricas incluso sencillas. En la estrefosimbólica el paciente confunde letras y símbolos escritos.

Espacial

El paciente con este tipo de afasia no puede orientarse en su ciudad, ni consultar un plano o mapa, no diferencia entre derecha e izquierda, arriba o abajo, o delante y detrás, es incapaz de juzgar espacios o medir distancias.

5.2. Tratamiento

Hay que seleccionar muy delicadamente los temas para que tengan interés en el enfermo y explotarlos para llegar a desarrollar una conciencia interior de lo que oye. Cuando un tema que creemos bueno no conduce a los resultados deseados no hay que desanimarse e insistir, sino buscar otro más atrayente.

Después de familiarizarse con los intereses particulares del paciente se plantea la tarea terapéutica.

Recomendamos: el paciente se sienta delante del espejo (que nunca debe faltar), junto a nosotros. Señalamos el ojo y pronunciamos "o-jo", exagerado de movimientos labiales. No usar al principio del tratamiento frases interrogantes. Repetir el movimiento y la palabra muchas veces y hacer que el paciente haga lo mismo. Evitar *siempre* nuestra impaciencia o preocupación, en su lugar sonreir y mimarle. Evitar las correcciones de pequeñas disartrias. Lo importante no es la percepción de la pronunciación, sino que el paciente se haga entender. Evitar el trabajar demasiado rápido; cuando el paciente note cansancio o falta de interés cambiar de ejercicio. Usar el vocabulario del paciente, o escribir con él narraciones que se le presentarán para que las lea. Se le presenta una palabra y el paciente debe decir la contraria. Ejemplo, "si-no".

Lucharemos contra la tendencia que tienen estos enfermos al lenguaje concreto, es decir cuando enseñamos la palabra lápiz, lo haremos no con un sólo, sino con varios de diferente tamaño, longitud, color, modelo. Se debe insistir sobre el aspecto genérico de los nombres y no fijarse en pequeñas diferencias no esenciales. El logofoniatra debe tener una serie de procedimientos para mantener la atención del paciente y evitar la fatiga. Sobre todo poner especial cuidado en no presentar problemas demasiado difíciles que el afásico no pueda solucionar. En estos casos puede presentarse la reacción catastrófica. La más característica situación contra la crisis catastróficas es el aislamiento, el paciente es afectado por un violento temblor y se sume en un estado de inconsciencia que le dura algunos minutos.

Hay que darle al enfermo la sensación de cómo se produce un sonido, pues esto nos puede ayudar a reconocer un objeto. Nos podemos ayudar con los sonidos producidos por los objetos: pitos, flauta, campana.

El paciente oye el sonido y nosotros decimos el nombre que el enfermo debe repetir.

Hay que adaptar todos estos procedimientos a los intereses y necesidades del enfermo. Recordemos que todo paciente afásico, aunque no sufra la agnosia auditiva, tiene cierta dificultad para seguir una conversación. Por lo tanto el *logofoniatra* debe hablar con un ritmo más bien lento marcando bien las pausas. El enfermo debe aprender a escuchar, es útil que vea la TV para asociar el sonido con la palabra.

6. LOGOTERAPIA EN LOS TRASTORNOS MOTORES

La afasia expresiva de Broca fue la primera estudiada y es siempre la más utilizada en clínica.

Pierrre Marie en 1908 hizo una crítica demoledora contra el nombre de afasia motriz; tanto es así que Tissot (1966) en su estudio de la evolución de los conceptos sobre la afasia señala el año 1908 como una frontera entre el antes y después del pensamiento científico sobre este síndrome. Aunque a él se debe la célebre fórmula:

Afasia de Broca igual a la afasia de Wernicke más la anartria.

Es por ello que preferimos usar el término de afasia expresiva. Ésta corresponde ante todo a la afasia motora de los clásicos, a la anartria de Marie, a la afasia verbal de Head o al síndrome de desintegración fonética de Alojouanine; también se incluye en este apartado la afasias de conducción.

Cada una de estas denominaciones puede considerarse como un sinónimo, pero con grandes variaciones de matriz. El trastorno afecta a la realización verbal y gráfica.

El síndrome se *caracteriza* por:

- Lesión por insulto cerebral del hemisferio dominante.

- Suele presentarse hemiplejia con heamianestesia. Su ausencia es una rareza. Puede existir una parálisis facial y monoplejia braquial, pero generalmente la hemiplejia es masiva. Si ésta es muy grande hay apraxia, y alguna vez, si hay lesiones, una hemiagnosia.

- Hay trastornos en la voz (puede ser disfonía, parálisis o dispraxia con rinolalia).

- Hay o puede haber acalculia.

- Hay trastornos en el lenguaje. Éste se hace telegráfico.

- Hay o puede haber alcalculia.

- Hay trastornos de disgrafia.

Las lesiones de este tipo de afasia se asientan en el pie de la tercera circunvolución frontal izquierda. Otros autores, siguiendo a Pierre Marie, extienden esta zona hasta formar un cuadrilátero que se extiende hacia adelante por el plano frontal que va desde la tercera circunvolución frontal al núcleo caudado, hacia atrás por la extremidad posterior de la ínsula y el núcleo lenticular, hacia adentro hasta la ínsula.

La afasia motora pura es llamada afasia motora periférica por Goldstein, y afasia verbal por Head, y se caracteriza por ausencia de lenguaje espontáneo sin alteración de la inteligencia. Para muchos, es la auténtica afasia de Broca.

Después del ataque el enfermo se queda sin poder hablar y es incapaz de repetir o leer en voz alta. A veces todo el lenguaje se limita a las palabras: "Sí-No" o "mamá". Frecuentemente el sí o el no significan lo contrario. En otras ocasiones puede proferir blasfemias, tacos o palabrotas, pero en cambio no puede decirlas cuando se le ordena o pide que lo haga. En general el enfermo tiene ganas de expresarse pero no puede y a veces habla sin querer hacerlo.

Además de la dificultad afásica hay una dificultad motora en la articulación, es decir, apraxia de los labios y de la lengua. Éstos pueden moverse para comer pero no para hablar. Los movimientos rítmicos de la lengua le son difíciles. En algunos afásicos el movimiento de la lengua les es imposible.

Les es más fácil decir palabras repetidas que espontáneamente. La inteligencia del enfermo puede no estar afectada en absoluto.

Un síntoma típico de la afasia motora pura es que cuando se le apunta al enfermo el primer sonido de la palabra o el primer nombre de la serie, la pronunciación no mejora, pero ayuda a formar el nombre.

Se presenta también parafrasia y agramatismo. El paciente habla en infinitivos, estilo telegráfico por omisión de palabras, substitución de sonidos. Perseverancia en los fonemas que le salen bien. Cuando lee nombres tiene dificultad para articular. Existen dificultades en la escritura. Tartamudeo asociado. Algunos pueden cantar la melodía o incluso la letra de las canciones. Hablan con gran alteración de la articulación. A veces pronuncia cosas que no quisiera (perro por gato) tiene gran dificultad para la motricidad pura y fina (encender cerillas, cortar con tijeras, coger el lápiz, etc.).

El afásico de tipo motriz presenta una reaparición del lenguaje emotivo del niño. En individuos muy religiosos con sentido místico se destaca en plena afasia la posibilidad de pronunciar por entero un rezo o una oración.

6.1. Tratamiento

En este caso particular se trata de un trastorno práxico y son necesarios una serie de ejercicios de elocución. En verdad esto es un aspecto, porque su defecto de articulación no es sólo un trastorno del tono y de la motilidad de los músculos de la fonación sino que es también, un trastorno de la coordinación de los movimientos para hablar, es decir, un trastorno ideomotor. La articulación en las afasias de Broca es mucho mejor durante el habla automática que en el lenguaje voluntario.

Es útil que el enfermo lleve una libreta en la que por orden alfabético, escriba las palabras que tenga más dificultad. Cada día repasa estas listas y debe hacer frases con la palabra en cuestión que serán escritas en las páginas de enfrente. Esta especie de repertorio de automatismos debe ser el fundamento sobre el cual se irá desarrollando la reeducación del enfermo. Si es necesario el enfermo tocará con sus dedos los movimientos de la boca del *logofoniatra* y de la suya propia. Si es capaz de repetir los sonidos oídos el entrenamiento empezará con las repeticiones. El paciente se sentará delante de un grabado donde haya muchos objetos y se le pide que diga un nombre de los que él recuerda. Mejor que estén dibujados muchos objetos que pocos, pues así, el afásico se encuentra menos cohibido y tiene gran probabilidad de recordar alguno. Si es necesario el *logofoniatra* dice el nombre, lo repite en frases familiares y luego le pregunta al paciente así: ¿Bebe café? ¿Café con leche? ¿Cómo le gusta el café? Yo quiero... ¿Qué bebe usted en el desayuno?

Este procedimiento de repetir varias veces una palabra en diferentes frases y luego pedirla al enfermo es muy útil. Otro método, es leer al unísono pequeñas frases, párrafos, se lee despacio pero con inflexión normal. No se intenta corregir errores. A la 5.ª o 6.ª vez que se lee, se puede aumentar la velocidad de lectura. El porcentaje de palabras inteligibles crece constantemente. Cuando el paciente lee fácilmente se le hace leer solo. Más adelante se le puede hacer preguntas sobre lo leído y que él explique de nuevo el texto.

A veces sucede que el paciente retiene sólo detalles pequeños sin importancia de lo que ha leído y oído.

Para ayudar a fijar la atención sobre la idea principal se leen frases y al final se pregunta: ¿quién dice esto? ¿Quién lo hace? sólo se intenta que conteste con una sola palabra, más tarde puede dar una explicación más larga. En casos de apraxia oral es bueno empezar con ejercicios de imitación de la boca del *logofoniatra*. Esta imitación puede ser directa o de imitación de la boca nuestra. Se empezará con las vocales y luego se unirán las consonantes principalmente las labiales. En general no es necesario tener que enseñar todos los fonemas. Cuando se ha establecido la idea de actividad articulatoria, los mismos pacientes van progresando hasta articular las palabras. Es posible que el afásico presente cierta dificultad en los movimientos articulatorios, pronunciados por alteraciones en la inervación de los músculos velares y linguales.

El ritmo y la melodía de una canción pueden facilitar el aprendizaje de palabras determinadas.

Recomendamos los siguientes ejercicios:

1. Enseñar y explicar al paciente la función de los diferentes músculos de la fonación. Pedir que sople una vela o una cerilla. Sugerirle que haga un fuerte suspiro.

2. Hacerle soplar un trocito de algodón o un trozo de papel sobre una superficie plana y lisa. Hacerle mirar en el espejo cómo coloca los labios cuando sopla.

3. Colocar sus dedos sobre nuestra laringe. Cuando pronunciamos /A/ notar la vibración de la laringe. Muchos ejercicios.

4. Enseñarle a silbar. Esto puede ser difícil y hay que intentarlo.

5. Sentar al paciente delante del espejo. Colocar los labios redondeados y hacia adelante, intentar pronunciar /O/ con cara de sorpresa. El paciente recuerda un sonido que tiene significado. Darle un papel y un lápiz (mejor que un bolígrafo) y que escriba /O/. (El enfermo practicará con la mano menos afectada.)

6. Bostezos. Con ellos se siente el movimiento de elevación del velo.

7. Colocar las manos debajo de la mandíbula y ayudarle a realizar los movimientos de elevación y descenso, después él solo. Masticar chicle.

8. Cogerle la lengua y hacerle practicar movimientos hasta que poco a poco los haga él solo.

9. Hacer lo mismo con los labios.

10. Revisar los ejercicios de la /O/.

11. Hacer que después de la /O/ haga un movimiento de la lengua y diga /OLA/.

12. Explosiones para la "P".

13. Hacerle susurrar para la "M".

14. Unir las consonantes aprendidas con vocales pero con movimiento continuo y sin voz.

15. Hacer moder el labio inferior con los incisivos superiores como para la F.

16. Por medio de golpes de tos enseñarle la G y la K.

17. Seguidamente se enseñan todos los fonemas y combinanciones.

18. Es útil cantar al unísono canciones sencillas.

Estos ejercicios no deben ser aplicados como se indican. Cada paciente es un caso concreto. Esto es una sugerencia.

Enseñaremos una serie de objetos o de imágenes de los mismos con su nombre, escrito en gruesos caracteres en mayúsculas.

Se van repitiendo machaconamente para que el paciente oiga el nombre, lo lea y vea el objeto simultáneamente. Si es posible lo escribirá también él con la mano derecha o con la izquierda. Estos objetos deben tener una relación entre sí: vestidos, muebles, etc.

Cada vez se estudian las series por separado. Esto facilita mucho la retención del nombre. Cuando lo hace bien se presenta la tarjeta sin el nombre para que el afásico relacione directamente la vista del objeto con el nombre sin pasar por el nombre escrito.

El paciente y nosotros nos sentamos delante del espejo. Ejercicios:

a) Sacar la lengua.

b) Poner la lengua delante del labio superior.

c) Poner la lengua contra el labio inferior.

d) Fruncir los labios.

e) Hacer ruido de besos.

f) Moder los labios.

g) Lamerse los labios.

h) Silbar.

Practicaremos estos ejercicios hasta que el paciente lo pueda hacer con facilidad. Cuando lo haga seguiremos con dos movimientos seguidos. Cada movimiento debe ser seguido de un reposo de tres o cuatro segundos. Si no se hace así, el ejercicio tiene poca utilidad, porque el paciente se confunde; cuando lo haga correctamente se combinará ejercicios y posiciones delante del espejo.

Se debe tener en cuenta: la fatigabilidad mental, ya que algunos ejercicios producen fatiga debido a que la dificultad o imposibilidad de ejecutarlos produce angustia (se nota cuando comienza a equivocarse progresivamente).

Que el paciente tiene muchas veces conciencia de su estado y sufre durante la rehabilitación (a medida de que mejora su comprensión, nota que no puede usar la palabra adecuada). El afásico es propenso a las reacciones catastróficas (reacción del organismo ante situaciones nuevas que teme). Si el paciente no es ayudado convenientemente la reacción catastrófica aumenta pudiendo haber aislamiento e incluso pérdida de conciencia. El habla del paciente debe ser aceptada y no comentada, alentándole a que se exprese aunque lo haga con palabras disártricas. La perseveración, cuando después de una ejecución bien realizada se enfrenta con una nueva a realizar, el afásico continúa repitiendo la anterior. La perseveración es un medio utilizado por el organismo para evitar la reacción catastrófica.

La hemiplejia suele ser proporcionalmente menos grave que el trastorno del lenguaje; algunas veces desaparece total o parcialmente. Si presenta hemiplejia derecha, inducir a escribir con la izquierda, se lograrán automatismos y recuperaciones mnésicas y motrices.

También tenemos que tener en cuenta el estado emocional del afásico: es impertinente, abúlico, tímido, emocionable, propenso al llanto, a la desesperación, a la risa con rasgos infantiles; todo esto, debido a la reducción de la función inhibitoria cerebral (características del centro cortical sobre los reflejos).

7. EXPRESIONES AUTOMÁTICAS

En los afásicos más severos existen algunas palabras o interjecciones que son palabras sin sentido o símbolos blasfemadores que en los pacientes con afasia expresiva provocan desaliento y depresión psíquica y que ellos no pueden evitar.

No existen dos afásicos iguales, la regresión lingüística implicará un empobrecimiento del vocabulario llegando a reducirse a una sola frase o un solo fonema, por lo tanto, tendrá distinta conversación, lenguaje, inteligencia, temperamento, interés, cultural, edad y muy importante *medio ambiente familiar favorable o no.*

Tendencia hacia el *concretismo* de estos pacientes (concretismo es una actitud del pensamiento y conducta que está en el polo opuesto a la abstracción). Se debe dar tiempo para ejecutar un trabajo, no apurarlo, el afásico necesita tiempo mayor para reaccionar. No se les puede hablar rápido, pueden no comprender. Su receptividad está más disminuida. Se aconseja no utilizar elementos escolares infantiles.

Para corregir la palabra disártrica, el modelo para su emisión correcta será la buena articulación y el lenguaje pausado y tranquilo nuestro. Estimular todas las funciones psíquicas, no sólo el lenguaje, atención, memoria, juicio, razonamiento, imaginación y por último abstracción. Todo esto contribuirá a facilitar la recuperación en la automatización de las imágenes sensoriales y motrices que surjan.

Utilizar estímulos visuales, auditivos, cinestésicos, sensitivos, motores, afectivos, mnésicos, para provocar la asociación mental que condicirá las funciones gnósicas y práxicas.

Consolidar y repetir lo ya aprendido, antes de pasar a nuevas palabras o frases. Uso de la lectura labial y correcta articulación. La valoración de la contribución de la lectura labial en la comprensión de la palabra ha sido objeto de estudio especial por nosotros.

Cuidar la entonación. La entonación manifiesta el estado de ánimo del que habla, las tonalidades complicadas y delicadas de la influencia volitiva y emocional. Se debe presentar atención a la entonación del paciente y nosotros debemos ser buenos modelos para estimular al enfermo y conseguir la influencia necesaria.

Usar letra cursiva (para dar idea de la continuación de los sonidos y de la individualidad de las palabras en el lenguaje). Al principio debe utilizarse todo en letra cursiva, láminas, palabras, etc. A veces en lugar de oraciones completas se pronuncian palabras aisladas que las sustituyan. Ejemplo: cuando se espera la llegada del tren es suficiente con que alguien diga: "viene". Otras veces presenta la dificultad en la construcción de las frases por ausencia de artículos y conjunciones. Los sustantivos y sus significaciones están conservadas y los verbos se pronuncian varias veces en infinitivo.

8. MATERIAL

No existe un plan único de trabajo en estos pacientes: se hace de acuerdo con su deterioro, dificultades, edad, cultura, sensibilidad, intereses, lenguaje individual anterior a la enfermedad. El material necesario constará de:

1. Láminas de objetos de la vida diaria con sus nombres correspondientes en letra cursiva. Muebles, ropa, alimentos, etc.

2. Láminas de las distintas letras con sus posiciones articulatorias y palabras sencillas y cortas que comiencen por esas letras.

3. Láminas de acción, hechos, movimientos conocidos. Éstas nos ayudarán a repetir el nombre de los objetos, algunos adjetivos o verbos.

4. Objetos de colores fundamentales, lápices, botones, material de cálculo aritmético bajo formas de figuras u objetos, *metrónomo* para facilitar el ritmo, material de distintos tests que se usan para reeducación:

a) Tachado de letras de Burdón (en un texto se tachan en orden progresivo diferentes letras; completar frases).

b) Calendario.

Uso de refranes. *Un cuaderno personal para que el paciente estimule sus progresos.*

Capítulo XIII
Técnicas de articulación fonética
(método de desmutización)

1. INTRODUCCIÓN

Desmutizar es romper la mudez del niño y enseñar la palabra hablada.

Emplearemos la vista y el tacto y la amplificación acústica.

Para iniciar la desmutización nos colocaremos de cara a la luz y el niño de espaldas a la luz y enfrente de nosotros.

Nuestro rostro debe estar bien iluminado para que el niño vea bien la boca y los movimientos articulatorios.

El niño tratará de imitarnos, bien directamente o delante de un espejo en una posición cómoda y con buena iluminación.

2. MÉTODO ORAL

Fue inventado por nuestro compatriota *Ponce de León* (1510-1584) y ofrece resultados positivos evidentes, y más ahora, con la amplificación electroacústica que logra mejorar la articulación de los deficientes auditivos.

3. EJERCICIOS PREPARATORIOS

3.1. *Soplo*

Se puede ejercitar, *fuerte, débil* y *prolongado.*

Hinchar globos, apagar la llama de una vela, desviar la llama sin apagarla, hacer pompas de jabón, etc.

Beber líquidos agradables (leche, zumos, etc.) a través de tubos de plástico o pajas. Hacer pasar agua de un recipiente a otro con esos mismos tubos a pajitas.

Hacer notar al niño los movimientos del pecho en la respiración, primero en nuestro pecho y después en el suyo.

Imitar la salida del aire por la boca y por la nariz.

Respirar por la nariz.

Repirar por la boca.

Respiración lenta.

Respiración rápida.

3.2. Posición

El niño estará de pie, relajado, los brazos a los costados, el tronco en posición vertical sin exageraciones. También podrá estar sentado. Sus vestidos no impedirán el libre juego de los movimientos torácicos.

3.3. Forma de respirar

La inspiración sera *nasal,* profunda y regular, no debe ser entrecortada, sino realizada en un solo movimiento, llenando en primer término la base de los pulmones y haciendo descender el diafragma. No se deben realizar inspiraciones violentas. El aire será retenido en los pulmones unos segundos y se espirará nasalmente, salvo en el caso en que indiquemos la respiración bucal, permitiendo que el diafragma vuelva lentamente a su posición primitiva.

3.4. Duración

Se variará en la inspiración y espiración, siendo aproximadamente de 6 a 8 segundo para el primer movimiento (inspiración) dos o tres segundos para la retención del aire en los pulmones y 8 a 10 segundos para la espiración.

Repetición: Varias veces (sin fatigar al niño).

3.5. Respiratorios

1. Se realizarán de *pie.* Los talones juntos con los pies separados, los brazos a los costados, las palmas de las manos tocan los muslos y la cabeza al frente.

2. Antes de cada ejercicio se debe inspirar profundamente, procurando que la respiración sea diafragmática.

196

3. La inspiración se hace por vía nasal, rápidamente. Al mismo tiempo se elevan los brazos a la altura de la cabeza verticalmente. Se debe hacer una pausa de tres segundos de duración, con contención del aire.

4. La espiración debe ir acompañada de bajada de brazos mientras se emite el sonido objeto de aprendizaje. Esta emisión debe ser *lenta, suave, sin contracción alguna, en relajación.*

5. La emisión de los fonemas debe ser siempre suave, sin alzar la voz.

6. Al emitir el fonema se apoya la voz sobre la vocal. El paso de un fonema a otro se hará gradualmente, ligándolo con el siguiente.

7. El padre o la madre indicarán los cortes precisos con una señal. Serán reanudados a otra nueva señal.

8. Los ejercicios de ritmo notorio serán marcados por palmadas.

9. Es conveniente, cuando se puedan hacer estos ejercicios delante de un espejo con objeto de controlar los movimientos faciales.

10. Todos los ejercicios deben realizarse primero *sin voz* y después con *voz.*

11. La duración de estos ejercicios debe ser de un máximo de 10 minutos (diez).

12. Estos ejercicios persiguen la ejercitación y regulación del ritmo respiratorio.

Ejemplos:

Sin voz, pero con el molde vocálico de cada fonema, espirar hasta agotar el aire:

I

A .... O ....
U .... E ....
I...

II

Con voz los mismos fonemas hasta agotar el aire inspirado:

A .... O ....
U .... E ....
I...

III

A ....
etc.
A .... A ....
O .... O ....
U .... U ....
E... E ....
I... I ....

IV

Con voz y sin voz; alternativamente, emitir los siguientes fonemas, cuidando que cada serie sea pronunciada en una sola emisión de aire:

A.. A ....
O.. O ....
U.. U ....
E.. E ....
I.. I ....

V

Sin voz y con voz; alternativamente, emitir los siguientes fonemas, cuidando que cada serie sea pronunciada en una sola emisión de aire:

A .... O .... U .... E .... I ....
O .... A .... U .... E .... I ....
U .... A .... O .... E .... I ....
E .... A .... O .... E .... I ....
I .... A .... O .... U .... I ....

VI

Sin voz y con voz; alternativamente, emitir las siguientes vocales, alargándolas un poco y conservando siempre la unidad.

AOUEI	AOUEI	AOUEI	AOUEI	AOUEI
OAUEI	OAUEI	OAUEI	OAUEI	OAUEI
UAOEI	UAOEI	UAOEI	UAOEI	UAOEI
EAOUI	EAOUI	EAOUI	EAOUI	EAOUI
IAOUE	IAOUE	IAOUE	IAOUE	IAOUE

VII

Sin voz y con voz; alternativamente emitir las siguientes sílabas, hasta agotar el aire:

PA .... PO ....
PU... PE ....
PI ....

VIII

Con una sola emisión de aire:

PA .... PA........................... PA........................... PA...........................
PO........................... PO .... PO .... PO...........................
PU........................... PU .... PU .... PU...........................
PE .... PE........................... PE .... PE...........................
PI .... PI........................... PI........................... PI...........................

IX

Pronunciar lo más rápido posible, el ritmo de palmas:

Pa	pa	pa	pa	pa	pa	pa	pa	pa	pa	pa	pa	pa	pa
Po	po	po	po	po	po	po	po	po	po	po	po	po	po
Pu	pu	pu	pu	pu	pu	pu	pu	pu	pu	pu	pu	pu	pu
Pe	pe	pe	pe	pe	pe	pe	pe	pe	pe	pe	pe	pe	pe
Pi	pi	pi	pi	pi	pi	pi	pi	pi	pi	pi	pi	pi	pi

X

Con una sola emisión de aire:

A .... pa   A .... po   A .... pu   a .... pe   a .... pi

(Con todas las vocales en el siguiente orden: A-O-U-E-I.)

XI

Con una sola emisión de aire:

Pa .... o	Pa .... u	Pa .... e	Pa i
Po .... a	Po .... u	Po .... e	Po i
Pu .... a	Pu .... o	Pu .... e	Pu i
Pe .... a	Pe .... o	Pe .... u	Pe i
Pi .... a	Pi .... o	Pi .... u	Pi .... o

El paso de la primera sílaba a la segunda ha de hacerse sin corte, prolongándola y pasando suavemente a la segunda.

Repetir claramente y despacio, casi declamando, los siguientes nombres, procurando proyectar bien la voz sobre la vocal:

PAPA PIPA PUPA PAPA PUPA PIPA PAPA PIPA PUPA

XII

Sin voz y con voz, alternativamente, ejecutar el siguiente ejercicio, sobre la sílaba *la,* hasta agotar el aire.

LA.. LO ....
LU.. LE ....
LI ....

XIII

Con una sola emisión de aire:

LA.................	LA	LA	LA ....
LO.................	LO	LO	LO ....
LU.................	LU	LU	LU ....
LE.................	LE.....................	LE.....................	LE.....................
LI	LI.....................	LI.....................	LI.....................

Pronunciar lo más rápido posible, al ritmo de palmadas (los padres y el niño) :

La la la la la la la (de 15 a 20 veces).
Lo lo lo lo lo lo lo lo lo lo lo lo lo
Lu lu lu lu lu lu lu lu lu lu lu lu lu
Le le le le le le le le le le le le le
Li li li li li li li li li li li li li

Con una sola emisión de aire:

A .... la   A .... lo   A .... lu   A .... le   A li
(Repetir con todas las vocales en este orden A-O-U-E-I.)

Articular claramente y despacio, casi declamando, los siguientes nombres, procurando proyectar bien la voz sobre la vocal:

ELE-ALA-POLO-PALA-ELE-ALA-POLO-PALA-ELE-ALA-POLO-PALA

Ejercicios siguientes: los mismos para los demás fonemas:

TA-BA-MA-FA-DA-CA-ZA-SA-NA-RA-NA-CHA-YA-LLA-PLA-BLA-FLA-PRA-BRA-FRA

TRA-DRA-GRA-CRA-GLA-CLA.

Es preciso que los ejercicios de respiración, vocalización y articulación vayan encaminados a facilitar la correspondiente agilización para dar de ese modo unidad al *habla* del *niño sordo*.

3.6. *Movimientos de labios*

Esta preparación requiere especial cuidado. Debe evitarse toda exageración o movimientos complementarios, contracciones musculares, tics, etc.

Por imitación el niño deberá abrir y cerrar la boca acercar o separar los labios, hacer fuerza con ellos, adelantarlos, recogerlos, colocarlos en posición de emitir las vocales, coger cosas con ellos (corchos de distintos diámetros), trasladándolas de lugar. Imitar la risa, el dolor, la angustia, la atención, participando los labios en la expresión facial. Hacerlos vibrar. Emitir pequeñas explosiones de aire. Mover la mandíbula y labios lateralmente. Masticar moviendo mucho los labios y también poco. Bostezar. Imitar los movimientos de la persona que habla. Morderlos con los incisivos superiores e inferiores. Doblarlos hacia adelante, etc.

3.7. *Movimientos de lengua*

Sacarla, recogerla levantarla, doblarla dentro y fuera de la boca, beber a lamidas, sostener con ellas bolitas de dulces, colocarla en todas las posiciones posibles (la lengua debe moverse como el pez en el agua).

Sacar la voz:

Lo más normal es que el niño sordo expontáneamente pronuncie algún sonido y este primer *tesoro* será el punto de partida.

La vocal A es la más fácil de obtener.

Un excelente ejercicio es que el niño imite el grito de animales:

PERRO-GATO-VACA

En principio exageraremos un poco el ladrido del perro (El niño debe ver el dibujo o grabado de un perro) y pronunciaremos ¡¡¡UAU!!!   ¡¡¡UAU!!!   ¡¡¡UAU!!!

Así lo haremos con el gato

¡¡¡MIAU!!!   ¡¡¡MIAU!!!   ¡¡¡MIAU!!!   ¡¡¡MIAU!!!

Y la vaca:

¡¡¡MUUU!!!   ¡¡¡MUUU!!!   ¡¡¡MUUU!!!   ¡¡¡MUUU!!!

4. FONEMAS DEL CASTELLANO

Los fonemas del castellano son cinco vocálicos A-O-U-E-I y diecisiete consonánticos.

El estudio de las zonas de articulación interesó siempre a los investigadores, y por ello Jean Pierre Rousselot (1846-1924) en el año 1910, ideó un paladar artificial cuya superficie interior estaba recubierta de un polvo especial de licopodio, que al contacto húmedo de la lengua se desprendía dejando perfectamente marcadas las zonas del ataque. Después Georges Rouma construye un paladar de plata, que recubre con tinta roja que al choque lingual deja brillantes las zonas afectadas. No obstante los procedimientos eran molestos, y por ello, Anthony en 1954, expone una técnica sencilla basada en espolvorear el paladar con polvo de chocolate, para que, una vez emitido el fonema, podamos mediante un espejillo, ver reflejada la imagen, que incluso puede tomarse fotográficamente. Perelló, utiliza con excelentes resultados su "antro-flash" (aparato que ilumina interior de cavidades y permite fotografiarlas) con lo que consigue muy buenas palatografías.

De acuerdo a estos puntos de contacto, las vocales se dividen en palatales A-E-I y velares O-U y las consonantes en:

Bilabiales, labiodentales, interdentales, dentales, alveolares, palatales y velares.

Dentro de la fonética general, en el castellano se fundamenta la articulación en las siguientes normas:

1. Los sonidos pueden ser sordos o sonoros según vibren o no los repliegues vocálicos (cuerdas vocales).

2. Los puntos de articulación donde se ponen en contacto los órganos activos o pasivos de la pronunciación para producir los sonidos.

Forman los siguientes grupos:

A) *Bilabial.* Los labios (órganos activos) se ponen en contacto para producir el sonido. (P-B-M).

B) *Labiodental.* El labio inferior (órgano activo) se une al borde de los dientes incisivos superiores (órgano pasivo). F.

C) *Interdental.* El ápice o punta de la lengua (O.A.) que se apoya en el borde de los dientes superiores (O.P.). D-T.

D) *Dental.* El ápice de la lengua (O.A.) se apoya en la cara interior de los incisivos superiores (O.P.). Incisivos superiores (T), incisivos inferiores (S).

E) *Alveolar.* El ápice de la lengua (O.A.) se pone en contacto con los alveolos superiores o intersección del paladar y los dientes (O.P.). N-L-R-RR.

F) *Palatal.* El predorso o parte delantera de la superficie superficie superior de la lengua ejerce de O.A. apoyándose en el paladar O.P. (órgano pasivo). N-CH-Y-J-LL-G (cuando semeja a la J). O.A. parte anterior y media del dorso de la lengua O.P. al paladar duro.

G) *Velar.* El posdorso o parte posterior de la superficie superior de la lengua ejerce como órgano activo que se pone en contacto con el velo del paladar; K-C (c fuerte), Q-X-G. O.A. parte posterior del dorso de la lengua. Órgano pasivo velo del paladar en distintos puntos.

3. Modos de articulación o manera de expulsar el aire por la boca o por la nariz para producir sonidos:

A) *Vocal o abierta:* Los órganos de la pronunciación forman un resonador en la cavidad bucal, de amplitud distinta en cada caso, por lo cual el aire sale sin dificultad.

B) *Semivocal.* El resonador de la articulación vocal se va a estrechar paulatinamente durante ésta.

C) *Consonantes:* Los órganos de la articulación que forman la resonancia bucal se ponen en contacto o se estrecha de distintas formas para producir las siguientes:

1. Oclusivas

Los órganos activos y pasivos, en contacto completo dejan de tenerlo al paso del aire, que sale de golpe produciendo una pequeña explosión que algunas veces se suprime por causas especiales. [P-T-C (fuerte)-K-Q].

2. Fricativas

Los órganos activos y pasivos, en contacto completo dejan de tenerlo al paso del aire suavemente produciendo su roce el sonido. [F-B-V-D-Z-C (suave)-S-J-G].

3. Africadas

Realizando el contacto entre los órganos activo y pasivo el aire que produce el sonido sale en dos tiempos seguidos: el primero oclusivo y el segundo se convierte en fricativo. (CH).

4. Vibrantes

El órgano activo, apoyado en el pasivo, interrumpe la salida del aire alternativamente con vibraciones. (R-RR).

Independientemente de estos puntos y modos de articulación pueden tener algunos sonidos las características siguientes:

A) Nasal. Cuando el chorro de aire sale por la nariz: M-Ñ-N.

B) Lateral. Cuando el aire sale solamente por un lado de la boca o por ambos lados, pero no por el centro. L-LL.

Atendiendo o no a la vibración de las cuerdas vocales: *sordos:* P-F-T-S-C-X-K "basta para su fonación al aire contenido en la cavidad bucal".

Sonoros: B-D-Y-L-R-RR-M-N-Ñ. A-O-U-E-I.

Al estudiar los esquemas articulatorios, hay que considerar las variaciones que pueden sufrir según mecanismos fisiológicos (como la ley del mínimo esfuerzo), influencias ambientales, factores acústicos, psíquicos, etc., todo lo que entra en lo que se ha denominado fonética dinámica.

Como mecanismos más comunes de variaciones propias del habla de asimilación (que consiste en que dos articulaciones próximas se modifiquen por la influencia de una sobre otra, nos referimos a la nasalización, velarización, palatización, sonorización de consonantes, etc.).

No queriendo profundizar más en lo que toca a la dinámica de los elementos fonéticos, citaremos sólo algunos datos tomados de Edward Sapir (1884-1939), que se refieren a la dinámica de la articulación de una manera general.

Este autor admite que "tras el sistema puramente objetivo de sonidos que es característico de un idioma, al cual sólo se puede llegar mediante un escrupuloso análisis fonético, existe un sistema más restringido interno o ideal"... (que implica un mecanismo sonoro y psicológico). Cada idioma está caracterizado no sólo por una estructura gramatical definida, sino también, y en la misma proporción, por un sistema ideal de sonidos y por la estructura fonética subyacente.

Será el espejo un elemento muy útil para la imitación de los fonemas que se van a articular indicando los modelos tipo.

El oscilógrafo (instrumento para visualizar y registrar las vibraciones sonoras en un oscilograma) será también una ayuda para estudiar el perfil gráfico de las frecuencias, amplificándolas, ya no sólo de los fonemas aislados, sino de toda la palabra o la frase.

4.1. "A", vocal-abierta-media

Descripción

La contracción muscular voluntaria para su emisión es media. La apertura mandibular para la articulación correcta es de unos diez milímetros. La lengua en estado de reposo, toca su punta con suavidad en la cara interna de los dientes incisivos inferiores y no desempeña un papel activo en la emisión. El aire espirado sale con bastante fuerza. La posición del velo del paladar está levantado impidiendo el pasaje del aire hacia las fosas nasales. Los repliegues vocálicos (impropiamente llamados cuerdas vocales) vibran (articulación sonora).

Enseñanza usual

Observación ante el espejo de la posición modelo de conformidad con las reglas fonéticas. Posición correcta de la lengua. Hacer notar al niño que cuando se emite la A las vibraciones de los repliegues vocálicos se transmiten a la garganta y el pecho; el niño tendrá conciencia de tales vibraciones llevándose su mano primero a nuestro pecho y después al suyo.

(El niño sordo descubre el sonido por el tacto). Cuando se emite la A correctamente se nota la salida de aire caliente (el espejo se empaña y en el dorso de la mano se nota el calor al chocar el aire espirado).

Terapia

Si el niño tiende a replegar la lengua, con el guialenguas (o con el mango de una cucharilla) la colocaremos en posición correcta.

Para su emisión:

1. Inspiración nasal lenta y profunda.
2. Espiración y vocalización del fonema A.

Aplicaciones:

Posición correcta para emitir la A sin sonido, emisión fuerte a piano; de piano a fuerte, con ritmo acompañada con palmadas: A / A; AA / AA; AAA / AAA / ... La posición correcta para emitir la A es semejante a cuando se respira en silencio con la boca entreabierta.

4.2. "O", vocal-cerrada-media

Descripción

La contracción muscular voluntaria para su emisión correcta es media. La apertura mandibular para su articulación es de unos seis milímetros. Los labios avanzan hacia afuera en forma tubular y ovalada. La lengua se recoge hacia el fondo de la boca elevándose por la parte posterior contra el velo del paladar; la punta desciende hasta tocar los alveolos de los dientes inferiores y no es visible. La posición del velo del paladar está levantado impidiendo el pasaje del aire espirado hacia las fosas nasales. Los repliegues vocálicos vibran (articulación sonora).

Enseñanza usual

Observación ante un espejo de la posición modelo de conformidad con las reglas fonéticas. Posición correcta de los labios, se debe emitir con mucha naturalidad; si el niño no emite bien la O, se le pondrá un botón estirilizado entre los labios y dientes de un tamaño apropiado, el botón debe estar sujeto a un cordoncillo para evitar que sea tragado y cuando el niño emita la O trate de sujetar el botón con los labios mediante un suave tirón sacaremos el botón al mismo tiempo que emite la O. Podemos separar los labios con los dedos.

Terapia

Ejercicios de besar y poner "morritos". Colocación de la lengua en el fondo de la boca. Al emitir correctamente la O no se debe notar la corriente aérea espiratoria en el dorso de la mano.

Ejercicios:

1. Inspiración nasal lenta y profunda.
2. Espiración y vocalización del fonema O.

Aplicaciones:

Sin sonido, cuchicheada; con voz lenta; voz rápida; voz alta; voz baja; emisión fuerte a piano; emisión de fuerte a piano; repetida con ritmo de 1 a 10 veces: O / O; OO / OO; OOO / OOO; OOOO / OOOO... ligada; con pausas.

4.3. "U", vocal-cerrada-posterior

Descripción

La contracción muscular voluntaria para su emisión es media. La apertura mandibular para la articulación correcta es de unos cuatro milímetros. La lengua se recoge hacia el fondo de la boca, la parte posterior contra el velo del paladar; la punta al nivel de los alveolos dentales inferiores y sólo los roza suavemente. El velo del paladar está levantado impidiendo el pasaje del aire hacia las fosas nasales. Los repliegues vocálicos vibran (articulación sonora).

Enseñanza usual

Observación ante el espejo de la posición modelo de conformidad con las reglas fonéticas. Al emitir la U la espiración debe ser caliente y esto nos indica que el sonido se produce en la laringe.

(El espejo se debe empañar y el dorso de la mano se nota el calor al chocar el aire espirado.)

Terapia

Se harán muchos ejercicios labiales. Para visualizar el fonema, se utiliza una tira de papel de un centímetro de ancho por cinco centímetros de largo y se observa cómo se mueve a la salida del aire cuando se emite correctamente la U.

Ejercicios:

1. Inspiración nasal, lenta y profunda.
2. Espiración y vocalización del fonema U.

Aplicaciones:

Sin sonido, cuchicheada; voz lenta; voz rápida; voz alta; voz baja; emisión piano a fuerte; emisión de fuerte a piano; repetida con ritmo de 1 a 10 veces: U / U; UU / UU; UUU / UUU ligada, con pausa.

4.4. "E", vocal-anterior-media

Descripción

La contracción muscular voluntaria para su emisión es media. La apertura mandibular para la articulación correcta es de unos seis milímetros. Los labios entreabiertos y recogidos hacia dentro y permiten ver los dientes y la lengua. La punta de la lengua se coloca detrás de los incisivos inferiores y se apoya en la cara interna de éstos; el dorso de la lengua se eleva ampliamente, a ambos lados de su línea media, desde la mitad de los primeros molares hacia atrás. El aire espirado sale suavemente. Los repliegues vocálicos vibran (articulación sonora) con bastante amplitud. La posición del velo del paladar está levantado impidiendo el pasaje del aire hacia las fosas nasales.

Enseñanza usual

Observación ante el espejo de la posición modelo de conformidad con las reglas fonéticas. Para la correcta emisión es necesaria bastante oclusión laríngea.

Terapia

Muchos ejercicios de sonrisa. Evitar siempre la nasalización. Para su emisión:

1. Inspiración nasal, lenta y profunda.
2. Espiración y vocalización del fonema E.

Aplicaciones:

Posición correcta para emitir la E; sin sonido; emisión fuerte a piano; emisión piano a fuerte; emisión con ritmo acompañada con palmadas: E / E; EE / EE; EEE / EEE; de una a diez veces. Que el niño perciba táctilmente las vibraciones laríngeas y del tórax.

4.5. "I", vocal-cerrada-anterior

Descripción

La contracción muscular voluntaria para su emisión es media. La apertura mandibular es de unos dos milímetros. Los labios abiertos se alargan. Los dientes superiores e inferiores están muy próximos sin llegar a tocarse, los incisivos inferiores algo atrás de los superiores, en distinto plano vertical. La punta de la lengua se apoya con cierta fuerza en la cara posterior de los incisivos inferiores; la lengua se arquea fuertemente tocando el paladar óseo a ambos lados, dejando en el centro un canal relativamente estrecho por donde sale el aire espirado sonoro. El velo del paladar está levantado impidiendo el pasaje del aire hacia las fosas nasales. Los repliegues vocálicos vibran (articulación sonora).

Enseñanza usual

Observación ante el espejo de la posición modelo de conformidad con las reglas fonéticas. Se evitarán exageraciones y siempre hay que emitir el fonema con naturalidad. La estrechez del canal formado por el dorso de la lengua y el paladar óseo, hace que el sonido emitido comunique las vibraciones sonoras a todo el cráneo.

Terapia

Evitar que el sonido se produzca entre los dientes. El sonido debe ser siempre laríngeo. Los labios quedan un poco alargados y las comisuras un poco retiradas hacia atrás. Las vibraciones de los repliegues vocálicos deben ser apreciadas en la parte alta del pecho o en la barbilla. *Nunca en la cabeza.*

206

Ejercicios respiratorios:

1. Inspiración nasal lenta y profunda y regular.
2. Espiración y vocalización del fonema I.

Aplicaciones:

Posición correcta para emitir la I; sin sonido; cuchicheada; natural; lenta; alta; rápida; de piano a fuerte; de fuerte a piano; repetida de una a diez veces: I / I; II / II; III / III... ligada; con pausas I-I-I (EN la pausa inspiración prolongada iiiiiiiii.

4.6. Diptongos y triptongos

Los fonemas I-U, combinados entre sí o acompañados cada uno de ellos por otro fonema vocálico, dentro de una misma palabra forman el grupo fonético que se llama *Diptongo*. La I y la U se pronuncian como semivocales.

Dividimos los diptongos en crecientes y decrecientes:

Crecientes:

IA	UA
IE	UE
IO	UI
IU	UO

Decrecientes:

AI	AU
EI	EU
OI	OU

Se harán muchos ejercicios de manera que las dos vocales se pronuncien en un solo golpe de voz.

Estos ejercicios los realizaremos ante el espejo.

Triptongos

La presencia de los fonemas I-U en una misma palabra, al principio y al final de un grupo vocálico cuyo elemento central y predominante sea A o E da lugar a los triptongos:

IAI	IEI
UAI	UEI

El triptongo empieza con movimiento articulatorio de abertura creciente y termina con abertura decreciente.

¡¡¡Trabajaremos todos los días con las vocales y combinaciones vocálicas!!!

207

4.7. "P", bilabial-oclusivo-sordo-bucal

Descripción

La contracción muscular voluntaria es media. La apertura mandibular para su correcta emisión es de uno a cuatro milímetros. Los labios juntos y un poco contraídos. El aire se acumula en la boca haciendo presión contra la pared labial y tratando de separarlos ligeramente en su centro. La lengua no realiza ningún movimiento, la punta está colocada detrás de los incisivos inferiores. La posición del velo palatino cierra el pasaje del aire hacia la cavidad nasal. Los repliegues vocálicos no vibran (articulación sorda).

Enseñanza usual

Observación ante el espejo de la posición modelo de conformidad con las reglas fonéticas. Inspiración nasal, lenta, profunda y regular manteniendo la boca cerrada en posición de articular la P (es el fonema más cercano al silencio). Se hace notar al niño cómo sale el aire, perceptible sobre la palma o dorso de la mano; se toma trocitos de algodón, trocitos de papel y articular el fonema frente a ellos haciendo notar sus efectos. En la P bien articulada el algodón o los papelitos saltarán. Se intentará apagar la llama de una vela al articular la P.

Terapia

No exagerar la presión labial. Las alas de la nariz no deben vibrar. Se podrá un espejito debajo de las ventanas nasales y hacer notar que no debe empañarse en un correcta articulación; practicar masaje si hay contracción labial. Vigilar posición correcta de la lengua.

Ejercicios:

1. Inspiración nasal, lenta y profunda.
2. Articulación de la P.
3. La articulación de la P se podrá hacer:
   - Sílabas directas: PA-PO¡PU!¡PE!PI.
   - Sílabas inversas: AP-OP-UP-EP-IP.
   - Sílabas mixtas: PAP-POP-PUP-PEP-PIP.

La correcta articulación de la P se puede repetir con palmadas rítmicas. PA / PA / PA; PAPA / PAPA; PAPAPA / PAPAPA.

Baraja fonética:
P-PAPA (Foto de Papá)- PIE-PIPA-PUPA.

Lectura labial.

4.8. "L", alveolar-fricativo-lateral-sonoro bucal

Descripción

La contracción muscular voluntaria es media. La apertura mandibular es de unos cinco milímetros. Los labios entreabiertos sin contracción permitiendo ver los dientes. La punta de la lengua se levanta y se apoya contra los alveolos o encías de los dientes superiores (incisivos). A los lados de la lengua queda una distancia a los molares por donde sale el aire sonoro que choca contra la cara interna de las mejillas, produciéndose una fricción suave que se nota por el tacto la vibración. El velo del paladar cierra el pasaje del aire hacia la cavidad nasal. Los repliegues vocálicos vibran (articulación sonora).

Enseñanza usual

Observación ante el espejo de la posición modelo de conformidad con las reglas fonéticas. Inspiración nasal, lenta, profunda y regular. Se produce el fonema apoyando la lengua al nacimineto del paladar y arrojando el sonido al bajarla al estado de reposo. Colocar la mano sobre los carrillos, garganta y pecho para notar las vibraciones laríngeas.

Terapia

Que la corriente sonora no escape por la nariz. Ejercicios posturales de lengua sin voz. Espiración bucal con cierta violencia haciendo mover las mejillas. No fatigar nunca al niño.

Ejercicios:

Al principio exagerar los movimientos linguales como si se quisiera lamer el paladar. Muchos ejercicios linguales de subir y bajar la lengua (como si fuera un juego).

Ejemplo:

1. Inspiración nasal, lenta, profunda y regular.
2. Colocación de órganos en posición correcta, boca entreabierta, punta de la lengua apoyada con cierta fuerza en el nacimiento del paladar.
3. Espiración bucal con violencia haciendo mover las mejillas.
4. Descanso.

Variar el ejercicio en el tercer punto con lentitud y levantando un poco las mejillas con la fuerza de la corriente del aire.

La articulación de la L se podrá hacer con sílabas directas:

LA-LO-LU-LE-LI.
Inversas: AL-OL-UL-El-IL.
Mixtas: LAL-LOL-LUL-LEL-LIL.

Baraja fonética:
LA L; EL ALA; LA LUPA; EL POLO; LA PALA

Lectura labial.

4.9. "T", dental-oclusivo-sordo-bucal

Descripción

La contracción muscular voluntaria es media. La apertura mandibular es de uno a dos milímetros. Los dientes incisivos superiores. Los labios están entreabiertos siendo visibles los dientes. La punta y la parte superior de la lengua un poco encorvada apoyada sobre la cara interna de los incisivos inferiores y tocando los incisivos superiores con la parte media del dorso. La posición del velo palatino cierra el pasaje del aire hacia la cavidad nasal. Los repliegues vocálicos no vibran (articulación sorda).

Enseñanza usual

Observación ante el espejo de la posicion modelo de conformidad con las reglas fonéticas. Inspiración nasal lenta, profunda y regular. El fonema bien articulado se hace perceptible sobre la palma o dorso de la mano. Se ve la lengua. Si el niño deja escapar el aire por los lados de la lengua, se evitará oprimiéndole suavemente los carrillos y se hace notar mediante el tacto. Se emite el sonido con fuerza al separar la lengua de los dientes superiores.

Terapia

No hay vibraciones laríngeas. Colocar delante de la boca del niño una cerilla encendida a una distancia de cinco o diez centímetros y que trate de apagarla cada vez que emita la T. Los ejercicios no durarán con este fonema más de cinco minutos. Se evitarán posturas defectuosas y exageradas. Hay que evitar las vibraciones laríngeas y de las mejillas. Indicaremos el movimiento correspondientes, primero sin emitirla, un poco exagerado. El orden de las vocales que deben acompañar a la T es aconsejable éste: A-O-E-I.

Ejercicios:

1. Inspiración nasal lenta y profunda.
2. Articulación de la T.
3. La articulación de la T se podrá hacer:
   – Sílabas directas: TA-TO-TU-TE-TI.
   – Sílabas inversas: AT-OT-UT-ET-IT.
   – Sílabas mixtas: TAT-TOT-TUT-TET-TIT.

La correcta articulación de la T se puede repetir con palmadas rítmicas: TA / TA; TATA / TATA; TATATA / TATATA;TATATATA.

Baraja Fonética: LA TE; LA PELOTA; LA PATATA; El auto; LA PALETA.

Lectura labial.

4.10. "B-V", bilabial fricativa-sonora-bucal

Descripción

La distinción B-V es sólo ortográfica en castellano. La contracción muscular voluntaria es media. La apertura mandibular para su correcta emisión es de uno a dos milímetros, los dientes no son visibles cuando se articula al fonema. Los labios están débilmente pegados en la región central según la naturaleza de los sonidos vecinos. La punta de la lengua está situada detrás de los incisivos inferiores y el resto extendida en el piso de la boca. El velo del paladar cierra el pasaje del aire hacia la cavidad nasal. Los repliegues vocálicos vibran. Articulación sonora.

Observación ante el espejo de la posición modelo de conformidad con las reglas fonéticas. Inspiración nasal, lenta, profunda y regular manteniendo la boca cerrada en posición de articular la B-V. Se hace perceptible poniendo la mano del niño en el cuello para que note las vibraciones y el dedo índice del niño en nuestro labio inferior y también percibirá táctilmente la sensación vibratoria. Se puede emitir la vocal A y cerrar lentamente la boca hasta que quede una pequeña separación labial. Hinchar un poco los carrillos y que los labios se despeguen débilmente.

Terapia

El espejito colocado debajo de la nariz, cuando se emite correctamente el fonema no debe empañarse. Si se empaña es porque hay resonancia nasal y debemos oprimir suavemente con los dedos los cartílagos de la nariz para evitar la salida del aire sonorizado hasta que automatice el fonema. Hacer notar que la B-V es soplada, como cuando se apaga la llama de una cerilla o para enfriar una cosa o alimento caliente (papilla). Convenientes son los masajes labiales, ejercicios de soplo e intentar y practicar el silbido.

Ejercicios:

1. Inspiración nasal, lenta y profunda.
2. Articulación B-V.
3. La articulación de la B-V se podrá hacer:
   – Sílabas directas: BA-BO-BU-BE-BI.
   – Sílabas inversas: AB-OB-UB-EB-IB.
   – Sílabas mixtas: BAB-BOB-BUB-BEB-BIB.

La correcta articulación se podrá repetir con palmadas rítmicas: BA / BA; BABA / BABA; BABABA / BABABA.

Baraja fonética:
LA BE; LA UVE; LA BOA; LA UVA; EL HUEVO.

Lectura labial.

4.11. *"M", bilabial-sonoro-nasal*

Descripción

La contracción muscular voluntaria es media. La apertura mandibular para la correcta emisión es de uno a cuatro milímetros. Los dientes no son visibles, los incisivos inferiores detrás de los superiores en distintos planos verticales. Los labios juntos y un poco pegados. La punta de la lengua está colocada detrás de los incisivos inferiores y el resto en el piso de la boca. La posición del velo palatino *permite* el pasaje del aire hacia la cavidad nasal. Los repliegues vocálicos vibran (articulación sonora).

Enseñanza usual

Observación ante el espejo de la posición modelo de conformidad con las reglas fonéticas. Inspiración nasal lenta, profunda y regular manteniendo la boca cerrada en posición de articular la M. La corriente aérea sonora sale por las fosas nasales. El sonido se forma un poco antes de abrir los labios. La articulación de la M se hace perceptible táctilmente en la garganta, en los labios y sobre los cartílagos de la nariz. Hacer que el niño toque nuestra nariz cuando articulamos la M para que perciba táctilmente las vibraciones sonoras. Haremos que pronuncie la A alargada y que cierre los labios. Cuando se pronuncia correctamente la M, observar cómo se empaña el espejito colocado debajo de las fosas nasales.

Terapia

Que las fosas nasales no están obstruidas. Hacer notas que no debe salir aire por la boca.

Ejercicios:

1. Inspiración nasal lenta y profunda.
2. Articulación de la M.
3. La articulación de la M se podrá hacer:
   – Sílabas directas: MA-MO-MU-ME-MI.
   – Sílabas inversas: AM-OM-UM-EM-IM.
   – Sílabas mixtas: MAM-MOM-MUM-MEM-MIM.

La correcta articulación de la M se puede repetir con palmadas rítmicas: MA / MA; MAMA / MAMA; MAMAMA / MAMAMA.

Baraja fonética:
LA M; MAMA; EL HUMO; EL MAPA; LA MUELA.

Lectura labial.

4.12. "F", fricativo-labiodental-sordo-bucal

Descripción

La contracción muscular voluntaria es media. La apertura de las mandíbulas es de unos tres milímetros. El labio inferior se repliega ligeramente colocándose bajo su borde el filo de los dientes incisivos inferiores que lo rozan suavemente, el labio superior se levanta un poco siendo visibles los dientes incisivos superiores. La punta de la lengua se apoya en la cara interna de los incisivos inferiores y se eleva un poco en sus bordes y en su base. La posición del velo palatino cierra el pasaje del aire hacia la cavidad nasal. Los repliegues vocálicos no vibran (articulación sorda).

Enseñanza usual

Observación ante el espejo de la posición modelo de conformidad con las reglas fonéticas. Inspiración nasal, lenta, profunda y regular. Su emisión no ofrece dificultad. Si el niño tuviera la mandíbula inferior más saliente que la superior entonces los dientes superiores se colocan sobre el labio inferior y así también podrá articularse el fonema. En la espiración intentar apagar la llama de una cerilla (sin hinchar las mejillas). Colocar con el depresor o guíalengua o con el dedo índice enguantado el labio inferior hasta que toque el borde de los dientes incisivos superiores para que salga el aire que es caliente y se hace notar en la mano.

Terapia

Evitar vibraciones laríngeas. Si desplaza el maxilar inferior hacia adelante en el instante de emitir el fonema, imposibilitar el movimiento suavemente. Automatizar la posición.

Ejercicios:

1. Inspiración nasal lenta y profunda.
2. Articulación de la F.
3. La articulación de la F se podrá hacer:
   - Sílabas directas: FA-FO-FU-FE-FI.
   - Sílabas inversas: AF-OF-UF-EF-IF.
   - Sílabas mixtas: FAF-FOF-FUF-FEF-FIF.

La correcta articulación de la F se puede repetir con palmadas rítmicas: FA /FA; FAFA /FAFA; FAFAFA /FAFAFA.

FA / FA; FAFA / FAFA; FAFAFA / FAFAFA.

Baraja fonética:
LA EFE- EL FEO- EL BÚFALO; LA FOTO; LA FEA.

Lectura Labial.

4.13. "D", interdental-fricativo-sonoro-bucal

Descripción

La contracción muscular voluntaria es media. La apertura mandibular para su correcta emisión es de uno a cuatro milímetros. Los labios están entreabiertos permitiendo ver los dientes y la punta de la lengua que se coloca detrás de los incisivos superiores ejerciendo una pequeña presión y se baja suavemente al estado de reposo al emitir el sonido. La punta de la lengua vibra cuando el fonema se pronuncia durante varios segundos. El velo del paladar cierra el pasaje del aire hacia la cavidad nasal. Los repliegues vocálicos vibran (articulación sonora).

Enseñanza usual

Observación ante el espejo de la posición modelo de conformidad con las reglas fonéticas. Inspiración nasal lenta, profunda y regular; se emitirá el fonema A y sin dejar de hacerlo colocar la punta de la lengua en posición correcta. Siempre se harán notar las vibraciones laríngeas.

Terapia

Que desde su iniciación la punta de la lengua no haga demasiada presión en la cara interna de los incisivos inferiores y superiores para evitar la salida del aire lateralmente; si esto ocurre, oprimir suavemente con el pulgar y el índice las mejillas contra las coronas morales. *Que no nasalice* (colocar un espejito debajo de las ventanas nasales apoyado suavemente encima del labio superior y *no debe empañarse*).

Ejercicios:

1. Inspiración nasal, lenta, profunda y regular.

2. Articulación de la D.

3. Articulación de la D se podrá hacer:
   – Sílabas directas: DA-DO-DU-DE-DI.
   – Sílabas inversas: AD-OD-UD-ED-ID.
   – Sílabas mixtas: DAD-DOD-DUD-DED-DID.

La correcta articulación se podrá repetir con palmadas rítmicas: DA / DA; DADA / DADA; DADADA / DADADA.

Baraja fonética:
LA DE; EL DEDO; EL DADO; EL HELADO; EL OÍDO.

Lectura labial.

4.14. *"C-Z", interdental-fricativo-sordo-bucal*

Descripción

La contracción muscular voluntaria es media. La apertura mandibular según el grosor de la lengua (unos seis milímetros). Los labios entreabiertos. La punta de la lengua se coloca detrás de los bordes de los incisivos apoyándose suavemente contra los superiores sin cerrar por completo la salida del aire, los lados de la lengua tocan la cara interior de los molares superiores, impidiendo la salida del aire por esta parte. La posición del velo del paladar cierra el pasaje del aire hacia la cavidad nasal. Los repliegues vocálicos no vibran (articulación sorda).

Enseñanza usual

Observación ante el espejo de la posición modelo de conformidad con las reglas fonéticas. Inspiración nasal, lenta, profunda y regular. Se produce colocanco casi la mitad de la lengua entre los dientes y separándola al arrojar el aire sonoro con cierta explosión final (fricativo-explosivo). No exagerar la posición. Los labios se abren según lo exija el fonema que siga. El efecto acústico es semejante al de la F.

Terapia

Evitar la nasalización. No confundir con T o con D. Ejercicios de sacar y meter la lengua.

Ejercicios:

1. Inspiración nasal lenta y profunda.

2. Articulación de CE-CI.

3. La articulación de CE-CI se podrá hacer:
   – Sílabas directas: CE-CI.
   – Sílabas inversas: AZ-OZ-UZ-EZ-IZ.
   – Sílabas mixtas: ZAZ-ZOZ-ZUZ-ZEZ-ZIZ.

La correcta articulación se podrá repetir con palmadas rítmicas CE / CE, CECE / CECE; CECECE / CECECE.

Baraja fonética:
LA CE; EL DOCE; LA BICI; EL CEPO- EL CEBU.

Lectural labial.

4.15. "S", alveolar-fricativo-sordo-bucal

Descripción

La contracción muscular voluntaria es media. La apertura mandibular es de uno a dos milímetros. Los labios en posición del fonema siguiente. Los bordes de la lengua se apoyan por los lados contra las encías y molares superiores. La punta toca los alveolos de los dientes superiores, dejando en el centro una abertura redondeada por donde sale el aire hacia la cavidad nasal. Los repliegues vocálicos no vibran (articulación sorda).

Enseñanza usual

Observación ante el espejo de la posición modelo de conformidad con las reglas fonéticas. Inspiración nasal, lenta, profunda y regular. Las mandíbulas en estado de reposo (relajadas). La lengua choca contra los dientes separándose suavemente al tiempo de producirse el sonido. Colocar entre los dientes el depresor o guíalengua de modo que la punta de la lengua quede debajo del depresor. Es un fonema que olvidan con frecuencia los deficientes auditivos.

Terapia

Tomar la mano del niño y sobre el dorso hacer notar la salida del aire. En la llama de una vela, en copitos de algodón, en papelitos se hace notar esa misma salida del aire. Impedir la salida lateral del aire oprimiendo las mejillas suavemente contra los molares con el pulgar y el índice. Hacer ejercicios de soplo en un tubo de plástico de unos diez milímetros de diámetro. Enseñar a silbar. Ordenar al niño que muerda el depresor o guíalengua al mismo tiempo que emita el fonema (el depresor no se debe caer cuando se emite el fonema). Ejercicios respiratorios. Articulando el fonema y colocando el espejito debajo de las ventanas nasales no debe empañarse. Cuando se haya mecanizado el fonema, se articulará sin morder el depresor. Cuando se emita el fonema aislado haremos que se pronuncie unido a las vocales en este orden: I-E-U-O-A.

Ejercicios:

1. Inspiración nasal lenta y profunda.

2. Articulación de la S.

3. La articulación de la S se podrá hacer:
   - Sílabas directas: SI-SE-SU-SO-SA.
   - Sílabas inversas: IS-ES-US-OS-AS.
   - Sílabas mixtas: SIS-SES-SUS-SOS-SAS.

La correcta articulación se podrá repetir con palmadas rítmicas SA / SA, SASA / SASA; SASASA / SASASA.

Baraja fonética:
La ESE; EL OSO; EL SAPO; LA MESA; LA MISA.

Lectural labial.

4.16. "N", alveolar-nasal-sonoro

Descripción

La contracción muscular voluntaria es media. La apertura mandibular para su correcta emisión es de unos cuatro a cinco milímetros (según vocales). Los dientes incisivos en distintos planos verticales. Los labios entreabiertos permitiendo ver los incisivos. Es visible parte de la base de la lengua cuando la punta (apex) se levanta y apoya en la protuberancia alveolar de los incisivos superiores, los bordes de la lengua tocan en todo su contorno la cara interna de los molares y las encías, impidiendo la salida del aire hacia la cavidad nasal. Los repliegues vocálicos vibran (articulación sonora).

Enseñanza usual

Observación ante el espejo de la posición modelo de conformidad con las reglas fonéticas. Inspiración nasal, lenta y profunda y regular. Colocar un espejito encima del labio superior y bajo las fosas nasales y observar cómo pierde claridad, se empaña con el vapor de agua espirado cuando se articula la N; hacer notar las vibraciones laríngeas y nasales perceptibles al tacto apoyando la yema del dedo índice en la nariz y el dedo pulgar en la laringe al mismo tiempo.

Terapia

Observar si respira normalmente por la nariz. Si notamos alguna dificultad, que el niño sea observado por el otorrino. Se harán ejercicios de imitación correcta ante el espejo de la articulación N sin voz. Dominio de la salida nasal del aire (alternar a-n, a–n; a--n... an). Si articula bien la M, realizar ejercicios alternando estos dos fonemas: M--N; M–N; M–N.

Ejercicios:

1. Inspiración nasal, lenta y profunda.
2. Articulación de la N.
3. La articulación de la N se podrá hacer:
   – Sílabas directas: NA-NO-NU-NE-NI.
   – Sílabas inversas: AN-ON-UN-EN-IN.
   – Sílabas mixtas: NAN-NON-NUN-NEN-NIN.

La correcta articulación se podrá repetir con palmadas rítmicas: NA / NA; NANA / NANA; NANANA / NANANA.

Baraja fonética. Palabras con sentido comunicativo:
LA ENE; EL NENE; LA NENA; EL UNO; LA MANO.

Lectural labial.

4.17. "R", alveolar-vibrante-simple-sonoro bucal (cuando este fonema no empieza palabra, o, en medio de ella, no va precedido de L-N-S)

Descripción

La contracción muscular voluntaria es media. La apertura mandibular para su correcta emisión es de unos ocho a diez milímetros. No existe contracción labial. La punta de la lengua se coloca suavemente en la protuberancia alveolar de los incisivos superiores. Sus bordes tocan la cara interna de los molares impidiendo de esa forma la salida lateral del aire; es visible la cara inferior de la lengua. La posición del velo palatino cierra el pasaje del aire hacia la cavidad nasal. Los repliegues vocálivos vibran (articulación sonora).

Enseñanza usual

Observación ante el espejo de la posición modelo de conformidad con las reglas fonéticas. Inspiración nasal, lenta, profunda y regular. Elevación de la lengua o lo más alto del paladar. El aire sale en forma de pequeña explosión fácilmente perceptible en el dorso de la mano frente a la boca, cuando se pronuncia bien el fonema. Se harán muchísimos ejercicios linguales. Articular rápidamente: la, la, la, la, la (de 15 a 20 veces); articulación de los fonemas: t-d; t-d; t-d (de 15 a 20 veces). Oprimir suavemente las mejillas contra los molares para impedir la salida lateral del aire. La R simple es uno de los fonemas que presenta más dificultad al niño sordo. La articulación de sílabas inversas da buenos resultados para aprender el fonema correctamente.

Terapia

Hacer notar que sólo hay que hacer una vibración lingual. Impedir la salida del aire por las fosas nasales. Hacer notar el temblor suave de la lengua en la palma o dorso de la mano.

Ejercicios:

1. Inspiración nasal, lenta y profunda.

2. Articulación de la R.

3. La articulación de la R se podrá hacer:
   – Sílabas directas: RA-RO-RU-RE-RI.
   – Sílabas inversas: AR-OR-UR-ER-IR.
   – Sílabas mixtas: RAR-ROR-RUR-RER-RIR.

La correcta articulación de la R se puede repetir con palmadas rítmicas: RA /RA; RORO / RORO; RORORO / RORORO.

Baraja fonética:
LA ERE; EL LORO; EL ARO; LA PERA; EL TORO.

Lectural labial.

4.18. "RR", alveolar-vibrante-múltiple-sonoro bucal (imprescindible para la correcta pronunciación del castellano)

Descripción

La contracción muscular voluntaria es media. La apertura mandibular para su correcta emisión es de ocho a diez milímetros. Los labios están entreabiertos y permiten ver los dientes incisivos superiores e inferiores. La punta de la lengua se apoya con cierta fuerza en la protuberancia alveolar de los incisivos superiores, recogiéndose un poco hacia adentro. Sus bordes tocan la cara interna de los molares, las encías y parte del paladar impidiendo la salida lateral del aire; el dorso lingual en su parte anterior y céntrica toma una forma cóncava. La posición del velo palatino cierra el pasaje del aire hacia la cavidad nasal. Los repliegues vocálivos vibran (articulación sonora).

Enseñanza usual

Observación ante el espejo de la posición modelo de conformidad con las reglas fonéticas. Inspiración nasal, lenta, profunda y regular. Elevación de la punta de la lengua a lo más alto del paladar. El aire se acumula en la cavidad formada por el dorso de la lengua y el paladar. Cuando se pronuncia, la punta hace presión sobre la protuberancia alveolar, pero su resistencia es vencida por la presión del aire. La punta de la lengua vibra como un pequeño redoble y vuelve a su posición inicial. Podemos ayudarnos del siguiente modelo: una mano semicerrada imitando al paladar y con la otra que hará las veces de la lengua indicar la posición y movimientos correctos (tableteo, aleteo de una bandera desplegada y sacudida por el viento; vibración de una hoja de papel ante una corriente de aire, ejercicios con un papel fino de seda con el secador). Enseñar este fonema tan característico y castellano es muy importante. La pronunciación correcta del fonema exige gran agilidad de la punta de la lengua.

Terapia

Ejercicios linguales correctos y rápidos. Si hubiera sonido gutural se pone un papel largo de seda estirilizado (papel de calcar) de dos centímetros de ancho por diez centímetros de largo en la punta de la lengua y sujeto con los labios y al soplar procurar que vibre el papel y que la oscilación se inicie en la punta de la lengua que transmitirá las vibraciones al papel. Hacer notar que el fonema es sonoro y vibrante. Con buena preparación de gimnasia lingual se obtienen muy buenos resultados. Nuestro objetivo desde el primer momento es dar a la lengua una actividad vibratoria fuertemente sensible. Se harán ejercicios de vibración lingual entre los labios imitando el motor de una motocicleta. Al principio hacer vibrar los labios. Cuando el ejercicio se ejecuta bien (vibración de labios y lengua) colocar el dedo índice del niño horizontalmente por debajo de la nariz y apretando progresivamente contra el labio superior para evitar las vibraciones de éste. Cuando la punta de la lengua tenga la sensación táctil vibratoria retirar la lengua a su posición normal para pronunciar el fonema. La vibración tiene que ser sonora. Emitir la vocal A prolongada (A A A A A A A) y en medio de la emisión hacer vibrar la RR. Se realizarán ejercicios respiratorios para aumentar dentro de lo posible la capacidad respiratoria del niño. Es de advertir que los ejercicios de este fonema correctamente ejecutados son muy agotadores. Las sesiones no deben exceder de cinco a diez minutos repitiéndose todos los días varias veces.

Ejercicios:

1. Inspiración nasal, lenta y profunda.
2. Articulación de la RR.
3. La articulación de la RR se podrá hacer:
   – Sílabas directas: RA-RO-RU-RE-RI.
   – Sílabas inversas: AR-OR-UR-ER-IR.
   – Sílabas mixtas: RAR-ROR-RUR-RER-RIR.

La correcta articulación de la RR se puede repetir con palmadas rítmicas: RA /RA; RARA / RARA; RARARA / RARARA.

Baraja fonética:
LA ERRE; EL PERRO; LA RATA; LA ROSA; LA RANA.

Lectural labial.

4.19. "Ñ", palatal-nasal-sonora

Descripción

La contracción muscular voluntaria es media. Contracción del ceño. La apertura mandibular es de dos a tres milímetros. La mandíbula inferior detrás de la superior. Labios entreabiertos, separados unos cinco milímetros, permitiendo ver los incisivos superiores e inferiores. La punta de la lengua se apoya contra la cara interna de los dientes incisivos inferiores; el dorso lingual se adhiere ampliamente al paladar duro, empezando el contacto en los alveolos y extendiéndose hacia el pospaladar, según la fuerza de la articulación. La posición del velo del paladar deja pasar el aire a las fosas nasales; al acumularse el aire en el espacio bucal formado por parte del dorso de la lengua y el paladar y como es sonorizado el aire, transmite las vibraciones a la caja craneana. Los repliegues vocálivos vibran (articulación sonora).

Enseñanza usual

Observación ante el espejo de la posición modelo de conformidad con las reglas fonéticas. Inspiración nasal, lenta, profunda y regular. La lengua se apoya con cierta energía en su dorso contra el paladar. Con el guíalengua (depresor de madera de usar y tirar) levantar la lengua en el centro, para que toque el paladar. Este ejercicio se repetirá con regularidad. En algunos casos da buenos resultados el hacer pronunciar rápidamente de quince a veinte veces (NIA-NIA-NIA... y surgirá ÑA). Hacemos notar que el espejito delante de la boca no debe empañarse. *El aire sale por las fosas nasales.*

Terapia

Si el fonema es sustituido por la Ñ es porque no apoya con suficiente fuerza el dorso de la lengua contra el paladar. Si el sonido del fonema Ñ se altera en forma de B o D es que hay obstrucción y se recomienda la visita del otorrino.

Ejercicios:

Se harán muchos ejercicios de inspiración y espiración nasal.

Se deben hacer notar las vibraciones en la nariz y en la laringe:
Ñ.....Ñ... (con rumor)....Ñ.

Se articulará de (15 a 20 veces nía, nía... Ña, y así con todas las vocales.

1. Inspiración nasal, lenta y profunda.

2. Articulación de la Ñ.

3. La articulación de la Ñ se podrá hacer:
   – Sílabas directas: ÑA-ÑO-ÑU-ÑE-ÑI.
   – Sílabas inversas: AÑ-OÑ-UÑ-EÑ-IÑ.
   – Sílabas mixtas: ÑAÑ-ÑOÑ-ÑUÑ-ÑEÑ-ÑIÑ.

La correcta articulación se puede repetir con palmadas rítmicas: ÑA / ÑA; ÑAÑA / ÑAÑA; ÑAÑAÑA / ÑAÑAÑA.

Baraja fonética:
LA EÑE; LA UÑA; EL NIÑO; LA NIÑA; LA PIÑA.

Lectural labial.

4.20. "CH", palatal-africado-sordo bucal

Descripción

Consonante dígrafa. La contracción muscular voluntaria es media. La apertura mandibular para su correcta articulación es de uno a dos milímetros. No son visibles los dientes. Los labios adoptan una posición según los sonidos contiguos. La lengua se eleva convexa tocando a cada lado de la boca, desde los molares hacia arriba, una zona bastante amplia del paladar; después de este contacto que presenta una oclusión del aire espirado, la lengua se separa gradualmente formando una estrechez por donde sale el aire produciendo un frotamiento. La posición del paladar cierra el pasaje del aire hacia la cavidad nasal. Los repliegues vocálicos no vibran (articulación sorda).

Enseñanza

Observación ante el espejo de la posición modelo de conformidad con las reglas fonéticas. Inspiración nasal lenta y profunda. La africación como la oclusión que la precede es momentánea y se efectúa en el mismo punto del paladar. Su tiempo de emisión viene a ser como la de cualquier oclusiva simple. Da buenos resultados alternar la CH con la S. Colocar la mano del niño frente a nuestra boca y articular alternativamente la CH y la S para hacer notar cómo sale el aire en cada uno de ellos. En la CH la salida del aire es violenta y caliente y en la S la salida del aire es suave y continua, fría y silbante. Colocar trocitos de papel, copos de algodón sobre la palma de la mano o sobre la mesa y articular los dos fonemas. En la CH bien articulada los trocitos de papel o los copitos de algodón saltan y en la S bien articulada los papelitos o copos de algodón se moverán; ante la llama de una vela se intentará apagarla y a veces se consigue articulando la CH; en la articulación de la S la llama de la vela oscila y no llega a apagarse.

220

Terapia

Es fonema fácil de corregir. Si lo sustituye por la S es porque no apoya la lengua sobre el paladar con suficiente fuerza. Si el fonema CH es sustituido por F, descender el labio inferior separándolo de los incisivos superiores. Pronunciando la S con fuerza y cortando la fricción se puede articular la CH correctamente.

Ejercicios:

1. Inspiración nasal lenta y profunda.

2. Articulación de la CH.

3. La articulación de la CH se podrá hacer:
   – Sílabas directas: CHA-CHO-CHU-CHE-CHI.
   – Sílabas inversas: ACH-OCH-UCH-ECH-ICH.
   – Sílabas mixtas: ACHA-OCHO-UCHU-ECHE-ICHI.

La correcta articulación se podrá repetir con palmadas rítmicas: CHA / CHA; CHACHA / CHACHA; CHACHACHA / CHACHACHA.

Baraja fonética:
LA CHE; EL OCHO; EL CHUPETE; EL HACHA; EL CHINO.

Lectural labial.

4.21. "Y", *palatal-fricativo-sonoro-bucal*

Descripción

La contracción muscular voluntaria es media. La apertura mandibular para su correcta articulación es de uno a dos milímetros y en distinto plano vertical. Los labios entreabiertos, permitiendo ver los incisivos inferiores. La punta de la lengua se apoya contra la cara interna de los incisivos inferiores y el predorso se arquea tocando sus bordes la arcada dental superior. La posición del velo del paladar cierra el pasaje del aire hacia la cavidad nasal. Los repliegues vocálicos vibran (articulación sonora).

Enseñanza usual

Observación ante el espejo de la posición modelo de conformidad con las reglas fonéticas. Inspiración nasal lenta, profunda y regular. Prácticamente se articula como la vocal I con la única diferencia por la forma linguopalatal que es redondeada en la I y alargada en la Y. En la I los labios toman cierta posición fija y en la Y indiferente.

Terapia

Se harán notar las vibraciones laríngeas poniendo la mano del niño sobre nuestra laringe. Seguiremos las mismas normas prácticas que para la vocal I.

Ejercicios:

1. Inspiración nasal lenta y profunda.
2. Articulación de la Y.
3. La articulación de la Y se podrá hacer:
   – Sílabas directas: YA-YO-YU-YE-YI.

La correcta articulación de la Y se puede repetir con palmadas rítmicas: YA / YA; YAYA / YAYA; YAYAYA / YAYAYA.

Baraja fonética:
LA YE; YO (foto del niño o de la niña): LA YEMA; EL YATE; EL YO-YO.

Lectural labial.

4.22. "LL", palatal-lateral-doble-sonoro-bucal

Descripción

La contracción muscular voluntaria es media. La apertura mandibular para su correcta emisión es de cinco a seis milímetros. Los labios están entreabiertos permitiendo ver los dientes en posición inicial. La punta de la lengua toca los incisivos inferiores, el dorso se eleva formando con el paladar un amplio contacto, los bordes se separan de las coronas molares a ambos lados o a uno, según la costumbre de cada individuo. El aire sonoro sale por las coronas molares y los bordes de la lengua chocando contra las mejillas, haciéndoles vibrar. Se nota apoyando suavemente la mano contra la mejilla. El velo palatino cierra el pasaje del aire hacia la cavidad nasal. Los repliegues vocálicos vibran (articulación sonora).

Enseñanza usual

Observación ante el espejo de la posición modelo de conformidad con las reglas fonéticas. Inspiración nasal, lenta, profunda y regular. Posición correcta del dorso de la lengua sobre el paladar y salida lateral del aire, apreciando táctilmente la sonoridad de las mejillas y en la garganta. La LL es un bello sonido de nuestra pronunciación castellana que toda persona tiene derecho a que se le enseñe bien.

Terapia

Que apoye bien el dorso de la lengua contra el paladar sin permitir la salida frontal del aire. Que acompañe siempre a la articulación vibraciones laríngeas. Si baja la lengua, subirla con el guíalengua y apoyarla en el paladar. Si se articula la L correctamente, hacer notar en las mejillas que las vibraciones sonoras, cuando se pronuncia correctamente la LL son más fuertes. El defecto que se puede originar, si hay salida frontal del aire es el YEÍSMO (Cambia la LL por la Y).

Ejercicios:

1. Inspiración nasal lenta y profunda.
2. Articulación de la LL.

3. La articulación de la LL se podrá hacer:
   – Sílabas directas: LLA-LLO-LLU-LLE-LLI.
   – Sílabas inversas: ALL-OLL-ULL-ELL-ILL.
   – Sílabas mixtas: LLALL-LLOLL-LLULL-LLELL-LLILL.

La correcta articulación de la LL se podrá repetir con palmadas rítmicas: LLA / LLA; LLOLLO / LLOLLO; LLULLULLU / LLULLULLU.

Baraja fonética:
LA ELLE; LA LLAMA; LA LLAVE; LA OLLA; EL CEPILLO.

Lectural labial.

4.23. *"J", velar-fricativo-sordo-bucal (G en las combinaciones GE-GI)*

Descripción

La contracción muscular voluntaria es media. La apertura mandibular para su correcta emisión es de unos cinco a seis milímetros. Los labios están entreabiertos permitiendo ver los dientes y la lengua en estado de reposo excepto en su nacimiento, que toca vibrando ligeramente el paladar blando. La posición del velo palatino cierra el pasaje del aire hacia la cavidad nasal. Los repliegues vocálivos no vibran (articulación sonora).

Enseñanza usual

Observación ante el espejo de la posición modelo de conformidad con las reglas fonéticas. Inspiración nasal lenta, profunda y regular. Se hace notar la salida del aire sin vibraciones laríngeas. Provocar la risa. Espirando muy fuerte la A y al mismo tiempo empujar la lengua hacia atrás. Da buenos resultados hacer gárgaras con agua tibia. Presionar suavemente con el dedo índice y con el pulgar en la garganta.

Terapia

Si la salida del aire es impedida por la posición lingual y la confunde con la KA separar la lengua del paladar con el depresor o guíalengua.

Ejercicios:

1. Inspiración nasal, lenta y profunda.
2. Articulación de la J.
3. La articulación de la J se podrá hacer:
   – Sílabas directas: JA-JO-JU-JE-JI.
   – Sílabas inversas: AJ-OJ-UJ-EJ-IJ.
   – Sílabas mixtas: JAJ-JOJ-JUJ-JEJ-JIJ.

La correcta articulación se puede repetir con palmadas rítmicas: JA / JA; JAJA / JAJA; JAJAJA / JAJAJA.

Baraja fonética:
LA JOTA; EL OJO; LA ABEJA; LA CEJA; LA OVEJA.

Lectural labial.

4.24. "K", velar-oclusivo-sordo-bucal (en las combinaciones CA-CO-CU y QUE-QUI)

Descripción

La contracción muscular voluntaria es media. La apertura mandibular para su correcta emisión es de nueve a diez milímetros. Los labios separados permitiendo ver los dientes y la lengua que se apoya detrás de los incisivos inferiores, el posdorso se eleva contra el velo del paladar. La posición del velo palatino cierra el pasaje del aire hacia la cavidad nasal. Los repliegues vocálicos no vibran (articulación sonora).

Enseñanza usual

Observación ante el espejo de la posición modelo de conformidad con las reglas fonéticas. Inspiración nasal, lenta, profunda y regular. Podemos utilizar las manos como esquema: Una adopta la forma del paladar y la otra la posición lingual. Hay que cerrar de una manera explosiva. Da muy buenos resultados iniciar la enseñanza del fonema pronunciando la T y en el instante de hacerlo presionar la punta de la lengua con el fin de que eleve el posdorso. El aire espirado choca contra el velo del paladar y se hace perceptible táctilmente en el dorso de la mano cuando se coloca ésta tocando la mandíbula inferior.

Terapia

Hacer notar con papelitos, trocitos de algodón, en la llama de una vela, ante el espejo que la salida del aire es explosivo cuando se articula bien el fonema. Si el fonema es sustituido por GA-GO-GU-GUE-GUI es porque no ocluye totalmente el paso del aire y se producen vibraciones laríngeas.

La K es final en algunas palabras de origen extranjero; esta K se pronuncia corrientemente implosiva (intención de la articulación explosiva) y relajada llegando a veces a oírse como una GUE más o menos sorda: FRAC (FRAG); COÑAC (COÑAG). En la palabra ZINC se pierde de ordinario. El habla vulgar suprime así el sonido final K en FRAC por FRA y COÑAC por COÑÁ.

Ejercicios:

1. Inspiración nasal lenta y profunda.
2. Articulación de la K.
3. La articulación de la K se podrá hacer:
   – Sílabas directas: KA-KO-KU-KE-KI.
   – Sílabas inversas: AK-OK-UK-EK-IK.
   – Sílabas mixtas: KAK-KOK-KUK-KEK-KIK.

La correcta articulación se puede repetir con palmadas rítmicas: KA / KA; KAKA / KAKA; KAKAKA / KAKAKA.

Baraja fonética:
LA KA; EL KILO; EL KIMONO; MIKEY; LA KOALA; EL COCO; LA CUNA; LA CASA; LA CAMA; EL QUESO; LA MÁQUINA; EL PAQUETE; LA CHAQUETA.

Lectural labial.

4.25. "G", velar-fricativo-sonoro-bucal (en las combinaciones GA-GO-GU-GUE-GUI)

Descripción

La contracción muscular voluntaria es débil. La apertura mandibular para su correcta emisión es de nueve a diez milímetros. Los labios separados permiten ver los dientes. La punta de la lengua se apoya detrás de los dientes incisivos inferiores, el dorso se eleva hasta casi tocar el paladar blando y por esta estrechez sale el aire espirando produciéndose una fricción característica del fonema. La posición del velo palatino cierra el pasaje del aire hacia la cavidad nasal. Los repliegues vocálicos vibran (articulación sonora).

Enseñanza usual

Observación ante el espejo de la posición modelo de conformidad con las reglas fonéticas. Inspiración nasal lenta, profunda y regular. Los repliegues vocálicos producen vibraciones sonoras en unión de las vocales. La punta de la lengua en estado de reposo. Hacer gárgaras con agua tibia y un poco salada.

Terapia

La vibración laríngea es fundamental y se puede hacer notar colocando la mano en el cuello, encima del cartílago tiroides cuando se pronuncia correctamente el fonema. No se deben hacer exageraciones faciales ni grandes esfuerzos.

Ejercicios:

1. Inspiración nasal lenta y profunda.
2. Articulación de la G.
3. La articulación de la G se podrá hacer:
   – Sílabas directas: GA-GO-GU-GUE-GUI.
   – Sílabas inversas: AG-OG-UG-EG-IG.
   – Sílabas mixtas: GAG-GOG-GUG-GUEG-GUIG.

La correcta articulación se podrá repetir con palmadas rítmicas: GA / GA; GAGA / GAGA; GAGAGA / GAGAGA.

Baraja fonética:
LA GUE; EL GATO; EL GALLO; LA GALLINA; EL ÁGUILA.

Lectural labial.

4.26. "X"

Históricamente la X equivale al grupo Cs.

En conversación, la X ante consonante se pronuncia como una simple S (Extraño-estraño). Entre vocales se pronuncia G-S (C-S). Ante consonante se pronuncia como una S.

Se emite colocando los órganos articulatorios como si se fuese a pronunicar una K o GUE, según los casos y en la distensión de éstos se pronuncia la S.

Baraja fonética:
LA EQUIS; EL TAXI; EL HEXÁGONO; EL SEXTO; LA AXILA.

Lectura labial.

4.27. H

No se determina ningún sonido en castellano.

Se trata sólo de un signo ortográfico.

5. ARTICULACIÓN DE LOS SINFONES

El sinfone quiere decir que suena al mismo tiempo.

En realidad no es así, pues los órganos que las producen son diferentes. Por ejemplo, en PL intervienen los labios para articular la P y la punta de la lengua para articular la L y oímos que se articula al unísono.

Fonéticamente se conocen con el nombre de líquidas los fonemas consonantes L y R, porque se funden con otras consonantes formando una especie de diptongo.

Los fonemas licuantes son: P-B-F-T-D-G-C que forman las combinaciones siguientes: PR-BR-FR-TR-DR-GR-CR y PL-BL-FL-GL-CL.

Estas combinaciones silábicas, con frecuencia son emitidas en forma defectuosa por muchos niños, ya sustituyendo la R por la L, pleso por preso, o bien omitiendo las líquidas PESO, FUTA, TOPA, PATO por PRESO, FRUTA, TROPA, PLATO.

Enseñanza de las sílabas dobles: PLA-FLA-BLA-PRA-FRA-BRA.

Lo mismo que en las sílabas sencillas, no se pueden abordar nunca sin un sonido claro de la vocal, para después fijar los simples en las sílabas dobles que el niño debe saber articular por separado. Con buen dominio de las simples podemos empezar a trabajar con las dobles. Hay que seguir un orden.

Puede ocurrir que al intentar sacar PLA nos dé PRA, no debe rechazarse y seguir con ésta.

Siempre que se pueda deben sacarse de una manera globalizada, así el hablar será más claro.

El orden de sacarlas debe basarse en dos principios fundamentales:

1. Facilidad de obtención de las sílabas dobles.
2. Facilidad de comprensión (que el niño vea o no esas articulaciones en el espejo).

Empezaremos por aquellas articulaciones o combinaciones fáciles y con un punto de articulación visible para el niño y así facilitar su comprensión.

En el primer grupo incluiremos fonemas en que:

1. Los órganos que intervienen son diferentes.
2. Son fáciles.
3. Son visibles.

En este grupo incluiremos PLA-FLA-BLA-PRA-FRA-BLA.

Entre PLA y BLA que son sinónimos en la posición de los órganos intercalamos la FLA para que el niño distinga PLA de BLA por la lectura labial, ya que enseñándolas seguidas se confunden. Lo mismo ocurre con PRA y BRA que intercalamos FRA por el mismo motivo.

En el segundo grupo incluimos aquellas articulaciones dobles en que interviene un solo órgano, son difíciles de articular y no son visibles (no es visible el punto de articulación).

En este grupo están: TRA-CLA-DRA y otro subgrupo que está compuesto por CRA-GLA-GRA.

Lo mismo que en las primeras articulaciones sencillas entre TRA y DRA intercalamos la CLA para que el niño vea la diferencia por lectura labial entre DRA y TRA. Lo mismo haremos entre CRA y GRA que intercalamos GLA.

5.1. Enseñanza de PLA

Órganos visibles. Es bastante fácil de enseñar.

Hay dos formas o sistemas de poder llegar a obtener esta articulación:

1. Partiendo de PA-LA diciendo estas dos sílabas con mucha rapidez se llega a decir PLA suprimiendo la primera A. El niño tiene que tener mucha agilidad lingual.

Partiendo de la globalización, diciendo la forma fonética PLA. Orientaremos al niño para que ponga la lengua en posición de la L indicándole que diga desde el primer momento PLA. Colocar la lengua en posición de L para que articule la P.

Estas reglas son generales para todos los grupos.

Que el niño tenga bien fijadas las articulaciones PA-LA. Pelo-pala-polo (baraja fonética) pasando una vez que las tenga bien fijadas a PLA. Emplearemos la regla segunda colocando en posición correcta para articular la L e intentando decir PA saldrá la PLA. Seguiremos con palabras fáciles donde la sílaba doble sea la primera: plato, pluma, con ejercicio de todas las vocales. Después en sílaba segunda: sopla, copla, templo, etc.

Haremos muchos ejercicios para que el niño lo diga a un ritmo normal y globalizado.

5.2. Enseñanza de FLA

Se intercala PLA y BLA para evitar errores de lectura labial. Es articulación del primer grupo. Intervienen en ella dos órganos, es fácil y visible su punto de articulación.

Aplicación de las reglas anteriores. Partir de la globalización y si no es posible partir del grupo fónico FA-LA; FA-LA (articuladas de quince a veinte veces). Fijar muy bien estas sílabas. Si fijamos bien la L nos dirá FLA al intentar decir FA. Hay que marcar bien la L. Palabras para la globalización (baraja fonética). EL FLAN-LA FLOR-LA FLECHA-LA FLAUTA; EL FLAMENCO.

5.3. Enseñanza de BLA

Articulación doble del primer grupo. Órganos visibles. Se produce lo mismo que las anteriores. Siempre fijar la B con palabras que empiecen por BA y después fijar la L. Una vez fija la L intentar BLA, al no poder poner la lengua nos dirá BLA. Menos tensión muscular para B que para P. La posición de órganos análoga a P.

Grupos sinfónicos

Primer grupo	Segundo grupo
PL - PLA	TR - TRA
FL - FLA	CL -CLA
BL - BLA	DR - DRA
PR - PRA	CR - CRA
FR - FRA	GL -.GLA
BR - BRA	GR - GRA

Se repite con todas las vocales en este orden: A-O-U-E-I.

Primer grupo: Bastante fáciles y visibles.
Segundo grupo: Interviene un solo órgano difícil y no visible.

Con el segundo grupo seguiremos las mismas normas que para el primero.

No intentar nunca una articulación doble si no tiene antes bien fijada la articulación sencilla.

PL: **el plato; la plancha; el plátano, la pluma; la planta.**
FL: **el flan; la flor; la flecha; la flauta; el flamenco.**
BL: **el sable; la blusa; la tabla; el cable; el roble.**
PR: **la proa; el profesor; la prensa; la princesa; el príncipe.**
FR: **el frasco; la fruta; la fresa; el cofre; el fraile.**
BR: **el brazo; la brocha; la bruja; el sobre; el libro.**
TR: **el tres; el cuatro; el trece; la trompeta; la trompa.**
CL: **el clavo; la clueca; el clavel; la tecla; la motocicleta.**
DR: **el dragón; el dromedario; la madre; el padre; la golondrina.**
CR: **el cráneo; la creta; el cristal; el cromo; la cruz.**
GL: **el gladiador; el globo; la regla; el iglu; la iglesia.**
GR: **el grano; el grifo; la grúa; la gruta; el tigre.**

Incluimos como final un grupo de palabras que presenta ciertas dificultades de pronunciación al niño sordo:

CONSTIPADO; CONSTITUCIÓN; OBSTÁCULO; TSE-TSE; PSI.

Nuestra meta es llegar a la mayor perfección posible y consideramos que decir bien las cosas es una forma indispensable para poder expresar nuestros pensamientos.

6. LECTURA LABIAL

El término lectura labial expresa el hecho de la interpretación visual del lenguaje hablado, apoyándose principalmente en el movimiento de los labios y en las posiciones fisiognómicas de la cara que aquél (el lenguaje) lleva consigo, supuesta la sordera o privación de captación auditiva.

La lectura labial, junto con la reeducación auditiva son los mejores medios para llegar a una correcta adquisición del *lenguaje oral* en el niño deficiente auditivo.

Tanto la lectura labial como la reeducación auditiva son complementarias.

¿Qué hace un deficiente auditivo rehabilitado solamente por los métodos electroacústicos pero sin un conocimiento de la lectura labial cuando su audífono está roto? ¿Y cuándo se le habla a cierta distancia?

La lectura labial es un hecho de tipo ecléctico.

La lectura labial en un principio es de tipo analítico. El niño sordo debe conocer los fonemas; después de este conocimiento pasa a la palabra (conocimiento sintético) y después a las frases completas que es el método sincrético, de captación global y que nosotros consideramos que seleccionando los rasgos en principio incompatibles de los métodos sintético, analítico y sincrético formamos un sistema total que es el *ecléctico* (lo mejor de cada uno).

Hablamos utilizando formas complejas, cuya unidad mínima centramos en el grupo fónico (siete, ocho sílabas, o sea, dos o tres palabras), pero cuando no capta alguna palabra debemos analizarla fonema a fonema para que tenga conocimiento completo.

6.1. Dificultades

Se comprenderá la dificultad de la lectura labial pensando en que muy pocas articulaciones nos presentan órganos visibles que las caractericen (solamente labios y dientes) sin posibilidad de apreciar las vibraciones de emisiones sonoras.

Algunos fonetistas han calculado en un 10 o en un 12 por 100 la cantidad de habla apreciable visualmente.

Alguno está pensando que la lectura labial no se conseguirá nunca, pero en cambio varios factores ayudan a conseguir éxito en este arte.

1. Suplemencia mental, por la cual en una palabra con la sola captación de una sílaba puede entenderse toda entera (completa), si ha sido vista repetidas veces. Ello supone un conocimiento (memoria visual) de la palabra y frase y por tanto de un resultado de un trabajo y un aprendizaje prolongado y tempranamente empezado.

El único fonema verdaderamente visible es F. También los sonidos ZA-ZO-ZU-CE-CI se captan fácilmente.

Los fonemas *bilabiales* (P-M-B) son leídos conjuntamente y diferenciados por suplencia mental.

Si durante el período de desmutización le hemos enseñado y repetido numerosas veces al niño la palabra PAPA y el niño la ha aprendido aunque le pronunciemos la palabra BABA el niño leerá PAPA. La interpretación de la palabra BABA no se presentará en su mente porque no la conoce.

Se calcula en un 75 por 100 lo que una persona entiende por suplencia mental.

Después de lo anteriormente escrito vamos a precisar las condiciones del niño sordo que debe tener para la adquisición de la lectura labial y plan de trabajo para los padres.

1. El niño ha de tener buena inteligencia con un C.I. superior a 90. Ha de tener la vista sin defectos dióptricos o enfermedad ocular.

2. La lectura labial ha de comenzarse muy pronto, desde el mismo momento que se le enseña las primeras palabras (y aún antes lectura ideo-visual).

3. Se le enseñará la lectura labial de perfil.

4. Colaboración de todos los miembros de la familia y amistades para que el niño sordo aprenda en varios labios y se acostumbre a la fisonomía de varias personas.

5. En un principio se le debe hablar al niño con un habla lenta, pero no con exageración hasta perfeccionarlo en su ritmo normal e incluso un poco más rápido que la pronunciación ordinaria.

Para darnos una idea de estas nociones sobre lectura labial pensemos que pronunciamos aisladamente estas palabras:

cama, cava, capa, gama, grana, grapa, graba, pava.

Indudablemente el sordo no distingue unas de otras, pero si pronunciamos *Fernando duerme en la cama,* entonces esta última palabra es la que él comprenderá que debe entender para que la frase tenga sentido perfecto que por instrucción anterior debe conocer.

Los cambios de fisonomía pueden ayudar al lector de los labios a entender las palabras de la persona que habla.

Cuando hablamos no estamos inmóviles. Nuestra expresión de la cara se anima y a menudo los gestos naturales de la cabeza y de las manos acompañan sus expresiones orales. Todos los movimientos que traducen tanto la alegría como la cólera, la interrogación, la duda, etc., contribuyen a precisar un estado de ánimo y por consiguiente a orientar al niño sordo hacia una correcta interpretación de las imágenes labiales.

Para que el niño sordo llegue a tener una buena lectura labial debe tener un conocimiento perfecto de las fórmulas que se le presenten y un entrenamiento continuado.

Tendremos siempre en cuenta no saltar de un tema a otro y usar transiciones en la expresión de sus pensamientos. El factor ideológico es preponderante: es la clave que permite descifrar "el enigma de los labios parlantes".

La lectura labial va a ser para el sordo el medio de comunicación verbal más rápido y más cómodo.

Afirmamos que la integración del sordo en la sociedad depende en gran parte de su habilidad para leer en los labios y que cuanto más rápida y segura sea la lectura labial más normal será su vida en el mundo del oyente.

6.2. *Formas*

La lectura labial, fundamentalmente, puede ser:

a) *ideo-visual.*
b) *ideo-visual-fonética.*

a) El niño sordo, sin saber hablar pasa directamente de la imagen labial conocida a la idea.

La madre o el padre pronuncian una frase y el niño realiza la acción. (Se sobreentiende que antes que la acción sea realizada ha sido necesario crear por medio de numerosas repeticiones la asociación de la idea a su imagen labial).

b) Cuando el niño sordo haya sido desmutizado y ya puede pronunciar palabras, la imagen labial evoca a la vez la idea y la expresión articulada.

6.3. *Consejos*

La lectura labial es un *todo* y hay que hacerla en todo momento, pero hay que observar ciertas reglas:

– Hablaremos al niño sordo siempre que nos mire, como si él oyera, y expresándonos de manera natural, ni lento ni rápido.

– No hay que exagerar los movimientos articulatorios como muchas personas lo hacen cuando hablan a personas sordas.

– Para hablar al niño sordo nos colocaremos frente a él y a una distancia de (0,5 metros a 1,50).

– La cara del hablante debe estar bien iluminada y la boca quedará un poco más arriba que los ojos del niño (así verá mejor los movimientos linguales). Nunca le hablaremos al niño con un cigarro en los labios, ni masticando, ni con gafas oscuras (la expresión de la mirada es muy importante, ya que ayuda a la comprensión).

– No mover la cabeza cuando se le hable al niño.

– La idea de la baraja fonética es mostrar la representación de los objetos para que los identifique por lectura labial.

– Hay que repetir todo lo necesario, pero no demostrar nunca impaciencia ni mal humor.

– La lectura labial exige grandes esfuerzos de atención, por tanto no hay que fatigar al niño.

6.4. *Ejercicios*

1. *Y principal: habituar al niño a que mire a la boca.*

2. *Orden de palabras y frases* (deben estar escritas, para nuestro recordatorio). *La baraja fonética será un gran auxiliar.*

4. *Enseñanza en forma de juego* (familia de letras).

5. *Cuaderno-diccionario personal,* donde se anotarán en un principio el nombre de los miembros de la familia y amistades con las correspondientes fotografías si es posible. Saludos más corrientes: ¡Hola!; Buenos días; Buenas tardes; Buenas noches.

Nomenclatura de las partes de su cuerpo grabado y escritura desde un principio.

Nomenclatura de prendas de vestir; alimentos; los números; los días de la semana y un largo y nunca terminado etcétera.

La lista es interminable y no olvidar nunca que hay que adaptar el método al niño.

6.5. *Conclusión*

La lectura labial es un instrumento de comunicación indispensable para el sordo.

Creemos que ya se puede tener una idea de la *lectural labial* y que nuestros labios sean como un libro abierto donde el niño sordo aprenda a leer palabras de amor, dulzura y también de responsabilidad frente a su sordera y frente al mundo oyente.

Capítulo XIV
Sistemas alternativos
de comunicación no oral

1. INTRODUCCIÓN

Quisiéramos hacer alguna consideración y aclaración de los conceptos *no oral* (o *no vocal*) y *"no verbal" (no lingüístico)*.

Entendemos por *comunicación* la transmisión de un mensaje a través de medios simbólicos o no.

En el habla (conjunto de signos y conjunto de reglas), la unidad mínima es el fonema (expresado por medio de sonidos o letras); el fonema, como tal, no sirve para anunciar ningún aspecto de la realidad; sólo su combinación en unidades mayores (morfemas o palabras) tienen valor referencial *(oral* o *vocal)*.

La *comunicación verbal (lingüística)* es la que se realiza a través de un conjunto de símbolos arbitrarios y de otro de reglas para la combinación de esos símbolos y así representar ideas sobre la realidad con fines comunicativos. El signo podrá ser la materialización del símbolo a través de un convencionalismo acordado por una determinada comunidad. Las reglas lingüísticas combinan los símbolos (signos) y se pueden definir como morfología, sintaxis, semántica, etc.

De acuerdo con el mecanismo físico de transmisión, la *comunicación verbal* puede ser *oral* (o *vocal*) y *no oral* (o *no vocal).*

El habla es ejemplo de *comunicación verbal (lingüística)* y a la vez *oral* (o *vocal)* (materialización oral del lenguaje).

Un texto escrito es ejemplo de *comunicación verbal (lingüística)* pero *no oral* (o *no vocal)* (materialización escrita del lenguaje).

Cuando los elementos de *comunicación* no son plenamente simbólicos, es decir no son completamente arbitrarios, se les define como *iconos* (transparentes) e *indicadores* (translúcidos).

Un *icono* es un signo relacionado con el referido en virtud de una semejanza material real (un dibujo, un gesto que representa la forma de un objeto, etc.).

Un *indicador* es un signo relacionado con el referente en virtud de alguna participación anterior relacionada. Es como la iniciación (índice) de una secuencia y que de algún modo anticipa un mensaje final. El *indicador* es la parte inicial de una representación simbólica con un final cognitivo.

La *comunicación no lingüística* o *no verbal* puede ser a la vez *oral* (o *vocal*) o *no oral* (o *no vocal*). Las interjecciones o exclamaciones son ejemplo de *comunicación oral* (o *vocal*) pero no *lingüística* o *verbal* (en estas circunstancias la valoración es más compleja).

La lengua de signos, la lengua escrita, el código Morse, son ejemplos de comunicación verbal *no oral* o *(no vocal)*.

Un grito de alegría, un gesto de placer o dolor servirán de ejemplos de *comunicación no verbal*.

Los términos *no oral-no vocal-sin habla* son correctos. Al incluir el "no" parece que se descarta la posibilidad de que la persona utilice un sistema intermedio con más o menos énfasis en los aspectos vocales o no vocales.

El componente *oral* (o *vocal*) al ser más normalizado, aceptado y eficaz en nuestra cultura normal, es al que debemos aspirar. En nuestro trabajo diario nos encontramos personas que utilizan sistemas *no orales* (o *no vocales*), pero acompañando expresiones vocálicas que nosotros siempre estimulamos y día a día intentamos incrementarlas y perfeccionarlas hasta que la persona se comunique principalmente a nivel de *habla* pero valiéndonos de sistemas *no vocales* como auxiliares cuando la persona se encuentra con graves problemas de inteligibilidad.

El primer lenguaje humano es el afectivo, previamente establecido entre el bebé y las personas que le atienden.

Las relaciones semánticas del lenguaje inicial y sus correlaciones cognitivas, son inherentes a este primer sistema de *comunicación no verbal,* y, en esencia, será el resultado de sobreponer rasgos de un sistema *lingüístico verbal* a un sistema *afectivo-gestual* que ya conocemos en profundidad.

Este sistema *afectivo-gestual* se establece mediante una sincronización entre el niño y la madre u otras personas (nunca debemos olvidar el importantísimo papel que corresponde al niño a esta sincronización, cuando con sus *gestos* y *respuestas orales* o *vocales* gratifica y mantiene los comportamientos afectivos de los adultos). Todo humano normal aprende las primeras respuestas comunicativas *no verbales* de atención, petición, rechazo, negación, agradecimiento o complacencia. (En el niño sordo desde un principio debemos sobreponer los *gestos* correspondientes codificados-oralizados de su comunidad y siempre darle oportunidades de comunicarse con las personas responsables de su propio aprendizaje, ya que la palabra oral para él sólo tiene un valor referencial.)

Todo niño con retraso, en especial si presenta deficiencias sensoriales o físicas graves (sordera, deficiencias en los mecanismos del habla, etc.) fracasa frecuentemente en mantener un sistema de comunicación inicial satisfactorio con la madre o personas que le cuidan. Al no responder a un lenguaje afectivo tal como se espera, las personas que rodean al niño se sienten inseguras y con frecuencia al no sintonizar con él no más allá de la simple satisfacción de sus necesidades básicas (alimentación e higiene) se debilitan.

Sobre las bases afectivas del lenguaje hemos de construir programas para implantar un sistema de comunicación personal afectivo amplio y correcto, que como meta final sea la iniciación y crecimiento lingüístico (verbal).

(Esta terapia afectiva se ha de introducir siempre en todo programa estructurado de la comunicación *vocal* o *no vocal.)*

Un ambiente irresponsable, ignorante o demasiado teórico unido a una superprotección crean con frecuencia en la persona con grave deficiencia falta de motivaciones o deseos de comunicarse.

Es muy difícil que las funciones de la comunicación puedan ser aprendidas en un ambiente en el cual la persona no necesita comunicarse y en donde todas las necesidades están satisfechas.

Refiriéndonos en particular a los niños sordos, con frecuencia los maestros se encuentran desorientados ante la programación de las tareas adecuadas para su aprendizaje.

A veces, del niño sordo muchos maestros piensan que es muy inteligente, porque da muestras de comprender muchas de las situaciones y opinan que podría aprender muchas cosas, pero no saben bien de qué forma enseñárselas. Por experiencia, en general, casi todos los maestros no especializados proponen las mismas programaciones que a sus alumnos oyentes con resultados muy pobres, que escasamente repercuten en la mejora de habilidades funcionales relacionadas con los hábitos básicos, las actividades académicas o intelectuales.

Debemos ser prácticos y en cada caso concreto tomaremos la decisión oportuna para obtener resultados más inmediatos que hagan frente a sus necesidades inaplazables relacionadas tanto con el progreso cognitivo como académico y como meta será la *comunicación* más amplia posible con los miembros de la comunidad.

(La combinación de elementos *no vocales, vocales* y *gestos* son el buen inicio de la *comunicación verbal oral del niño sordo.)*

Hoy se habla de "sistemas alternativos y aumentativos de la Comunicación" (Sociedad Internacional para la Comunicación Aumentativa y Alternativa –ISAAC– fundada en el año 1983 en Bast Lansing, Michigan, EEUU) señalando los tres objetivos principales de los sistemas de *comunicación no oral* (o *no vocal).*

1. Provisión de un medio temporal de comunicación hasta que se establezca el habla o llegue a ser adecuada (funcional o inteligible).

2. Provisión de un medio de comunicación a largo plazo cuando el desarrollo del habla es o se demuestre totalmente imposible.

3. Provisión de un medio para facilitar el desarrollo o el restablecimiento del habla.

Pensando en la persona afectada hasta que pueda adquirir el habla como vehículo de expresión, los sistemas *no orales* (o *no vocales*), nos facilitarán el desarrollo *comunicativo-cognitivo-lingüístico* y *social*, así como la implantación de estos sistemas cuando la persona tenga grandes dificultades de adquirir el habla.

2. SISTEMA DE COMUNICACIÓN

La *American Speech-Language-Hearing Association* (ASHA-1981) describe el sistema de *comunicación* con el siguiente esquema:

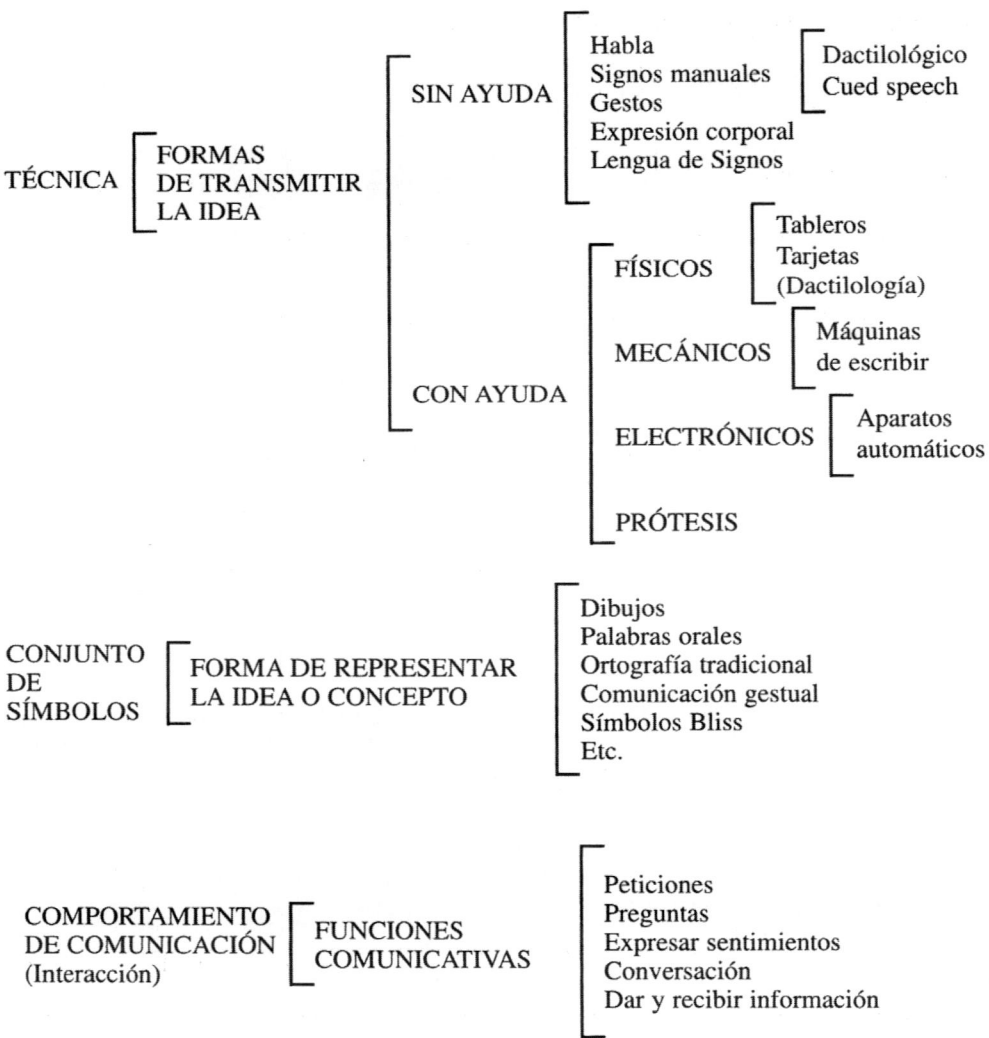

En todo sistema expresivo de *comunicación* distinguimos los siguientes componentes:

– Un mecanismo físico o medio para indicar o transmitir los elementos de un mensaje al receptor (mecanismo oral del habla, tablero).

– Un sistema de símbolos y vocabulario para proveer a la persona de un conjunto de elementos para representar cosas e ideas y comunicarlas a un receptor (habla, escritura, gestos, otros símbolos).

– Reglas y procedimientos para combinar y presentar los símbolos para que sean interpretados más fácilmente por el receptor.

3. FORMAS DE TRANSMITIR LA IDEA

3.1. *Sin ayuda*

3.1.1. Para oyentes: El habla

3.1.2. Para los sordos: Lengua de signos, dactilología y el Cued Speech.

A. LENGUA DE SIGNOS

A.1. Recorrido histórico

Fue el sacerdote Carlos Miguel L'Epeé (Versalles, 25-XI-1712; París, 31-XII-1978) el que crea en Pría en el año 1755 la primera escuela pública del mundo para sordomudos pobres y vagabundos que le inspiraron cómo se comunicaban con señas, haciéndose eco de las ideas de Rousseau (1712-1778), *Ensayo sobre el origen del lenguaje*, en el que se habla de un lenguaje humano original o primordial, un lenguaje tan concreto, tan particular, que es capaz de captar la esencia, la "mismidad" de todo; tan espontáneo que expresa directamente todas las emociones y tan transparente que no caben en él ni evasivas ni engaños. En este lenguaje no habría lógica, ni gramática, ni metáforas, ni abstracciones, no sería un lenguaje mediato, sino que sería casi mágicamente inmediato.

L'Epeé "vio y escuchó la voz" a los sordomudos, aprendió su lengua de signos (pocos oyentes habían aprendido a comunicarse con los sordomudos). Asoció señas con imágenes y palabras escritas, les enseñó a leer, les dio acceso a los conocimientos y a la cultura del mundo.

El libro de L'Epeé, *Instruction des sourds-muets par a voie des signes methodiques* (París, 1976), fue tan revolucionario en su campo como el del astrónomo polaco Copérnico (1473-1543).

El filósofo francés Etienne Vonnot de Condillac (1715-1789) que, en un principio había considerado a los sordomudos "estatuas sensibles" o "máquinas ambulantes" que no podían pensar ni tenían capacidad mental organizada, acudió de incógnito a las clases de L'Epeé, pasó a ser un converso y aportó el primer respaldo filosófico al método y al lenguaje de señas.

En la década de 1870, el antropólogo E.B. Tylor sintió un profundo interés por el lenguaje, que incluía el lenguaje de señas y su conocimiento (hablaba por señas con fluidez y tenía muchos amigos sordos). Su libro *Researches into the Early History of Mankind* contiene muchas ideas fascinantes sobre la lengua de signos y podía haber fomentado un auténtico estudio lingüístico de éste a no ser por el tristemente célebre (aciago) Congreso Internacional de Educadores de Sordos que se celebró en Milán en 1880 y en el que se excluyó de las votaciones a los maestros sordos, triunfó el oralismo y se prohibió oficialmente el uso de la lengua de signos en las escuelas. A los sordos se les prohibía utilizar su propio lenguaje natural y se les obligaba a aprender, como pudiesen, el lenguaje "antinatural" (para ellos) del habla. Y quizá esto se correspondiese con el espíritu de la época, su concepción presuntuosa de la ciencia como poder, de que había que imponerse a la naturaleza sin someterse nunca a ella.

La personalidad más importante e influyente entre los "oralistas" fue Alexandre Graham Bell (1847-1922), inventor del teléfono, hijo y nieto de profesor de sordomudos. Se hallaba vinculado a una mezcla familiar extraña de sordera negada (tanto su madre como su esposa eran sordas, pero no quisieron reconocerlo nunca). Su autoridad y su prestigio entre los teóricos están todavía de actualidad (cada día menos) ante el fracaso del oralismo en todo el mundo.

George Veditz, que fue presidente de la Asociación Nacional de Sordos de los Estados Unidos y un héroe para los sordos, decía de Bell que era el "enemigo más temible de los sordos estadounidenses". (Bell se expresaba "con fluidez... tan bien como un sordomudo... sabía utilizar los dedos –dactilología– con una facilidad y una gracia fascinantes", según su amigo sordo Albert Ballin.)

Uno de los profesores que asistió al Congreso de Milán y que votó en contra de la resolución de "El método oral debe ser preferido al de la mímica para la educación e instrucción de los sordomudos" fue Edward Miner Gallaudet (1837-1917), hijo de Thomas Hopkins Gallaudet (1787-1851), que introdujo la lengua de signos en los Estados Unidos y él mismo aprendió en el año 1816 y fue el primer rector de la única universidad del mundo, la Gallaudet, en la que en la actualidad hay más de 2.500 alumnos sordos de todo el mundo y gracias a la lengua de signos cursan sus carreras universitarias.

Siempre he sido libre de manifestar mis opiniones sobre la importancia de la lengua de signos. En privado algunos profesores de sordos (los más pragmáticos) defendían la lengua de signos, pero en su actividad profesional, muy cerca de los políticos (teóricos) de turno, imponían el lenguaje oral, prohibiendo la lengua de signos. Enmudecían en público.

El Servicio Nacional de Lenguaje de Signos del Instituto Científico de Especialidades de CELFAS (Confederación Española pro ayuda a personas con trastornos de Logopedia, Foniatría, Audiología y Signos) elabora materiales y programas con la colaboración de los sordos (los verdaderos protagonistas, pero no los únicos), familiares de sordos, logopedas, lingüistas... informando a la sociedad oyente de la importancia de la lengua de signos.

A.2. Título oficial

Por fin el Ministerio de Educación y Cultura ha regulado la formación y titulación del intérprete de lengua de signos.

El Consejo de Ministros, durante la reunón del 22 de diciembre de 1995, aprobó un real decreto por el que se establece el título de Técnico Superior en Interpretación de la Lengua de Signos que se implantará de forma definitiva en el curso 2000-2001. El real decreto se publicó en el BOE del 23-11-1996.

Las unidades de competencia son:

– Interpretar la lengua de signos española y/o la de la Comunidad Autónoma en la lengua oral y viceversa.

– Realizar las actividades de guía intérprete de personas sordociegas.

– Interpretación en el sistema de signos internacionales de la lengua oral y viceversa.

A.3. Un mundo silencioso

El 28 de marzo de 1985 publicamos nuestro trabajo en *Escuela Española* en referencia a la Comunicación Gestual (CG), hoy denominada Lengua de signos, cuando muchos profesionales y alumnos nuestros estaban interesados en informarse sobre el mundo silencioso de los sordos españoles.

Hoy día cada vez hay más interesados en informarse sobre los extraordinarios retos (lingüísticos) a que nos enfrentamos, quedando asombrados cuando empezamos a estudiar un lenguaje completamente visual –Gesto-Seña-Mímica-Signo–, un lenguaje diferente, en la forma, de nuestro propio lenguaje: el habla oral. Es muy fácil considerar el idioma, el propio idioma, algo natural que se da por sentado y, al enfrentarnos a otro lenguaje, nos sorprendemos, el asombro continúa y nos invade.

El estudio del mundo silencioso nos demuestra que en gran parte lo que es en nosotros característicamente humano (habla, pensamiento, comunicación y cultura), no se desarrolla de un modo automático; no son funciones puramente biológicas sino también, en principio, funciones sociales e históricas; son el legado (el más maravilloso de todos) que una generación transmite a otra. Y eso nos desvela que la cultura es tan fundamental como la naturaleza.

La existencia de un lenguaje visual –Gesto-Seña-Signo– y el asombroso aumento de la percepción y de la inteligencia visual que aporta su aprendizaje, nos revelan que existen en el cerebro posibilidades ricas e insólitas, nos muestran la flexibilidad casi ilimitada y los casi infinitos recursos del sistema nervioso del organismo humano, cuando se enfrenta a una situación nueva y tiene que adaptarse.

Tenemos la esperanza y la certeza de que todas las familias de personas sordas, mis compañeros logopedas y amigos lectores consideréis la lengua de signos de especial interés y que la mayoría oyente española descubra en ella un mundo insospechado de la condición humana.

B. DACTILOLOGÍA

B.1. Consideraciones

El alfabeto que presentamos consta de treinta y una posiciones, de la mano dominante.

El primero que le dio el nombre de dactilología fue un sordomudo, francés, llamado Saboureux de Fontenay discípulo del Primer Maestro de Sordomudos de Francia, Jacobo Rodríguez Pereira (Berlanga-Badajoz, 11-4-1715. París 15-9-1780).

El aprendizaje y uso del alfabeto dactilológico facilita la articulación y la escritura correcta, cuando se aprende en el mismo momento que el fonema en la etapa de la desmutización y así es un procedimiento para recordar la palabra, pues cada posición particular de los dedos designa a la vez la disposición y la acción de los órganos de la palabra propios para producir un sonido.

Al no encontrar la visión marcadas diferencias entre la BA-PA-MA-TA-DA en la pronunciación, pero en cambio se le han enseñado dactilológicamente, de esta manera queda reforzada la articulación y son muy difíciles los errores.

Para la comunicación con los sordos-ciegos es imprescindible el uso del alfabeto digital.

B.2. Normas para su uso

- Aprender bien la posición de los dedos.
- Se trazan las letras en el aire, la mano dominante debe mantenerse a la altura del pecho y a una distancia de unos 25 centímetros lateralmente.
- Al escribir una palabra se debe hacer con continuidad. La separación de las palabras se indica con una pequeña pausa.
- Con movimientos del antebrazo y muñeca se realizan unas líneas curvas con los dedos que modifican las posturas y tenemos nuevas letras: J-LL-Ñ-RR-V-W-Y y Z.
- Incluimos por primera vez en la historia del alfabeto dactilográfico castellano la diéresis, que modifica la U con movimiento de los dedos de arriba-abajo.

El alfabeto dactilográfico facilita la coordinación digital y psicomotricidad manual.

El movimiento digital hace participar a las estructuras neurológicas y musculares del sujeto dirigidas por el sistema nervioso central y se realiza por la vía de la transmisión nerviosa.

El objetivo de la habilidad psicomotriz es dar al sujeto las posibilidades de elaboración de un movimiento adaptado y satisfactorio.

Al trabajar con el alfabeto intentamos adaptar los movimientos de los dedos al lenguaje y habla.

La intencionalidad de los movimientos supone una motivación de comunicación y manifiesta la madurez del niño y su dominio corporal y psicológico.

242

Esta es la opinión de un eminente sordo poslocutivo: "El dactilológico, como lenguaje exclusivo, lo emplean únicamente los sordos con conocimiento del lenguaje oral".

En los nombres propios de naciones, ciudades, accidentes geográficos, etcétera, apellidos, se recurre al datilológico y así queda completada la suplencia mental de la lectura labial.

B.3. Alfabeto dactilográfico castellano

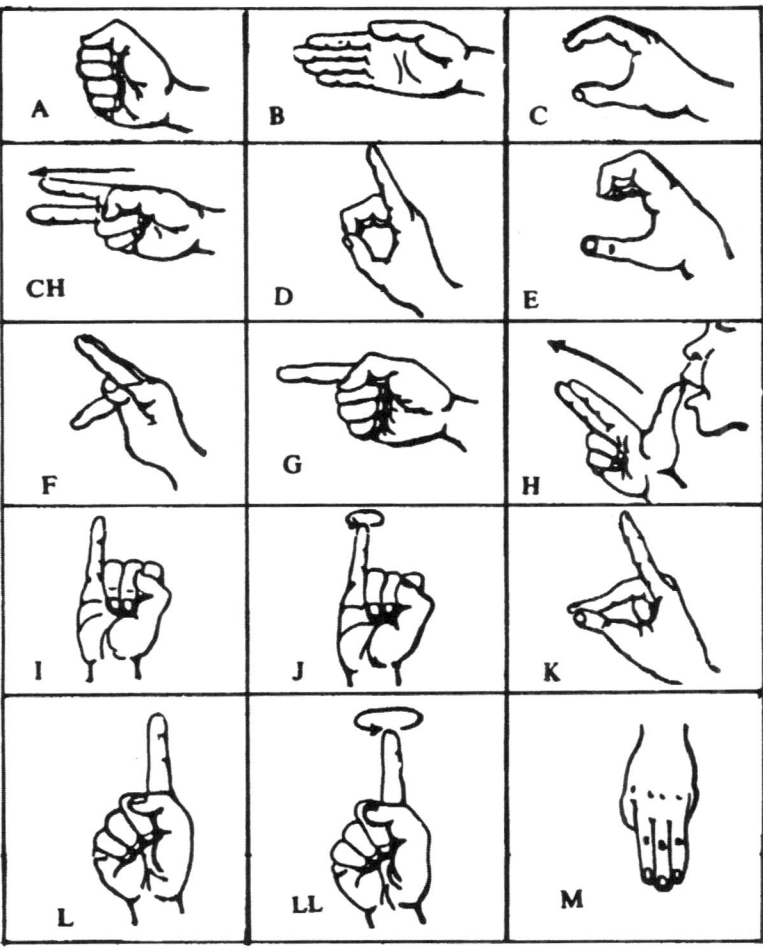

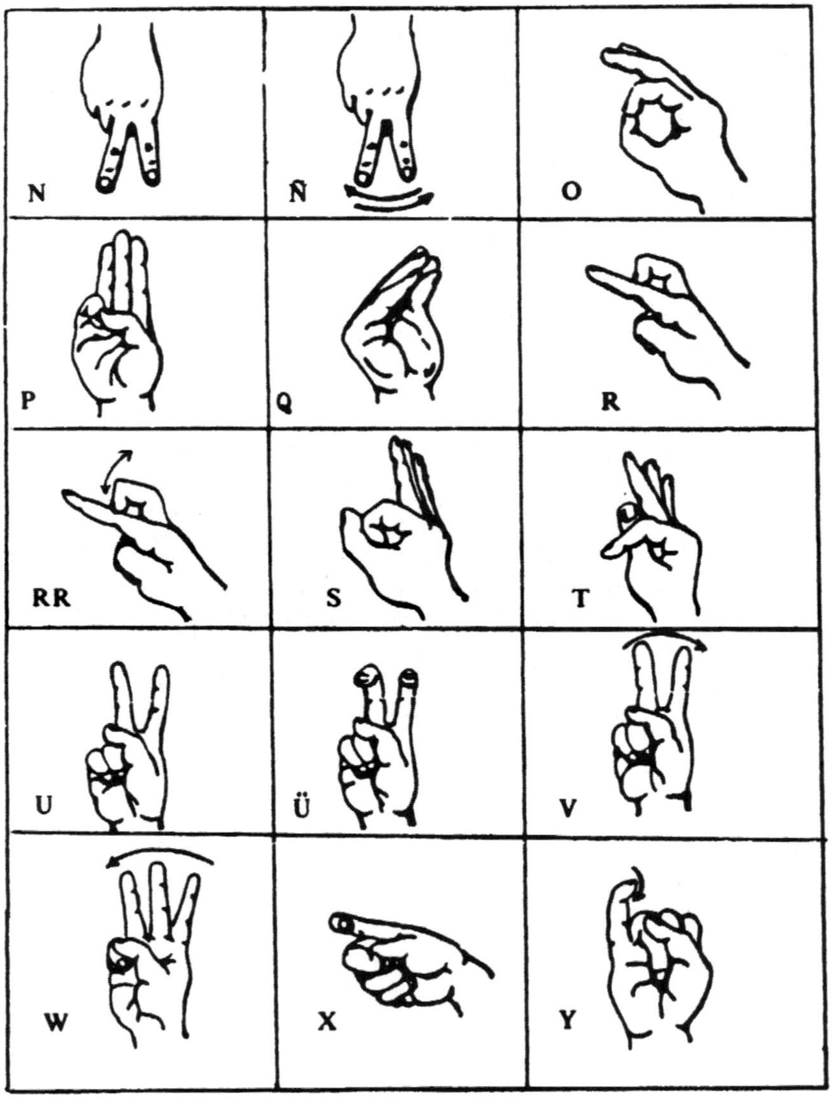

N	Ñ	O
P	Q	R
RR	S	T
U	Ü	V
W	X	Y

Lengua de signos (Conferencia Almendralejo)

La comunicación gestual (CG) es el idioma más antiguo que se conoce y el más habitual de los sordos (gestos-signos) para expresar sus ideas.

Un solo gesto (kinema) puede corresponder bien con toda una frase, bien con una sola palabra o significado, o al revés.

La CG se complementa con la dactilología –que es la escritura hecha en el aire con los dedos y que reemplaza a la palara oral y que permite una traducción literal del lenguaje normal hablado, y que los sordos la emplean para nombrar palabras técnicas, nombres propios o palabras nuevas que no han sido "gestualizadas" y, por supuesto, con la comunicación oral.

Los oralistas puros (teóricos) están en contra de los que defendemos la CG (prácticos) por ignorar que nosotros, con la CG, pretendemos que el sordo domine el nivel semántico, sintáctico y las estructuras del lenguaje hablado (la mayoría de la población).

La lectura labial, en el sordo, es un componente esencial de la comunicación oral y uno de los principales objetivos de todo buen profesor de sordos de cualquier tendencia.

Los oralistas puros suponen que el enemigo principal de una buena lectura labial es la CG, y argumenta que el sordo a quien se hable simultáneamente con la palabra oral y el gesto, ha de fijarse en los gestos, en perjuicio de la palabra oral.

La respuesta a esta suposición es experimental.

Los rendimientos comparados de dos muestras (oral-gestual) en la lectura labial lo hemos determinado sobre la eficacia de la CG.

La lectura labial no es un proceso simple. No basta con que uno se acostumbre a ver repetidas veces la posición de los órganos externos de la articulación, interviene también un proceso de elaboración mental interno (el principal) que, como en cualquier percepción, tiende a completar e integrar coherentemente lo parcialmente percibido.

Es algo admitido por todos que por la lectura labial el sordo sólo entiende un porcentaje reducido de lo dicho por su interlocutor, debiendo hacer una suplencia mental para completar la totalidad del mensaje, suplencia que sólo es posible cuando el sordo posee interiorizadas (aprehendidas) las estructuras de la comunicación oral en base de una buena CG.

Los sordos poslocutivos y, por tanto, con las estructuras de la comunicación oral dominadas, son quienes tienen una mejor lectura labial (todo aquel sordo que posee un mayor dominio del lenguaje a nivel semántico y estructural va a ser capaz de interpretar el habla).

Estamos convencidos –después de más de veinte años– de que una metodología "gestual estructurada" favorece siempre la adquisición del lenguaje, y es aquí donde descansa nuestra esperanza de que nunca se perjudica la lectura labial, ya que "lee mejor en los labios quien más dominio del lenguaje tiene".

"... Un conocimiento del lenguaje enseñará la lectura de la palabra, pero la lectura de la palabra no enseñará el lenguaje; por lo tanto, pienso que todo medio que podamos emplear para hacer el idioma inglés al alumno, debe ser adoptado antes de que le obliguemos a confiar exclusivamente en la boca" (Alexander Graham Bell).

Defendemos una metodología gestual estructurada de acuerdo con el lenguaje hablado, con el convencimiento (práctico) de que este sistema asegura la percepción completa de las estructuras lingüísticas.

La CG estructurada no excluye, pues, la articulación oral (auténticos gestos) para quien no tiene sentido de la audición.

La metodología gestual, por supuesto que incluye la vocalización, porque con ella la CG recibe beneficiosas matizaciones.

La metodología de la CG no descuida la comunicación escrita, que asegura esa necesaria e imprescindible unión entre la comunicación oral y la CG.

La Asociación Española de Comunicación Gestual (AECG) nació para defender una metodología gestual acorde con el lenguaje hablado y asociada con el escrito para facilitar al sordo las estructuras del lenguaje.

Sabemos que muchos profesores de sordos desconocen y desprecian la CG en un plano teórico, pero la realidad, la triste realidad, es que todos sus alumnos se comunican gestualmente en sus actividades de la vida diaria.

Sólo el profesor que sepa CG estructurada podrá aprovechar el gesto (único y global) para dar contenido semántico a las palabras, asociándolo a la palabra significado.

La CG estructurada es para el sordo el verdadero soporte del lenguaje hablado y escrito.

Día a día tratamos de "codificar" la CG con la realidad de romper barreras de comunicación entre el mundo silente y el oyente, pensando, en primer lugar, en los padres de los niños sordos, que son los primeros en sufrir el gran distanciamiento que supone para ellos tratar de comunicarse solamente por el método oral puro (eterno bloqueo afectivo).

La AECG tiene programados cursos de CG en vídeo a distintos niveles.

Publicado en la Revista
Escuela Española **(28-3-85)**

C. EL CUED SPEECH (C.S.) O PALABRA SUGERIDA

El C.S. es un método de apoyo a la lectura labial (1.1) por medio del uso de las manos. Usa ocho configuraciones de la mano para agrupar las consonantes juntas, de tal manera que en cada grupo la persona sorda puede leer perfectamente en los labios y tres localizaciones de la mano cercanas a la boca para las vocales.

La información de la mano por sí sola no tiene significado.

En la palabra complementada, los labios y las manos están sincronizados para dar una precisa representación visual de lo que se dice a personas sordas.

246

El C.S. pretende que el habla sea claro a distintos niveles. El primer nivel es el fonema (mínimo sonido del habla), clasificando el lenguaje oral a nivel de sílabas, percibiendo y visualizando la entonación, permitiendo a las personas sordas el disfrute de las poesías y de las canciones.

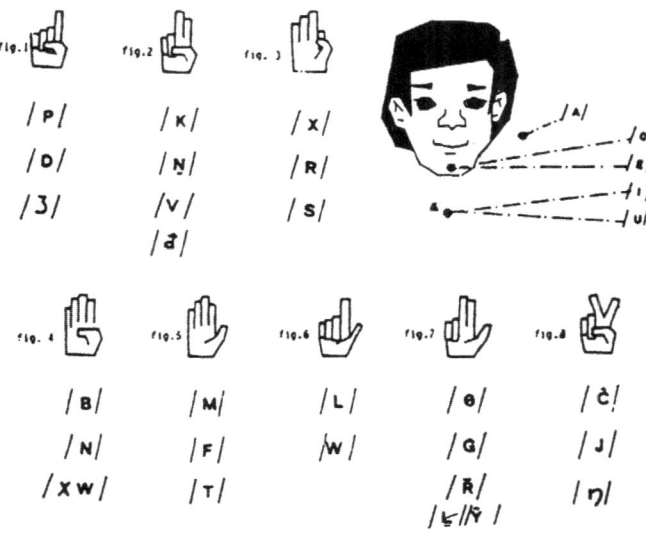

"Cued Speech". La palabra complementada.

El habla se complementa con el C.S. desde el inicio del contacto. El final de la palabra también se inicia marcando el tiempo de duración. La precisión llega a ser natural.

Según Orin Cornett (el padre del C.S.), la mano debe ser esclava de la voz.

Desde un principio se debe enseñar al niño sordo Comunicación Gestual (C.G.) y el C.S., para que interiorice el lenguaje hablado; en una palabra, "que sueñe hablando y que en su interior se oiga a sí mismo". El C.S. se debe iniciar aproximadamente al año para percibir tempranamente las palabras de forma visual.

La educación del niño sordo debe ser la misma que la del niño oyente, con la salvedad que siempre debemos informar al niño sordo visualmente.

El C.S. es un instrumento valioso y nunca un sustituto de la C.G. ni de la 1.1.

Nuestra filosofía, después de tantos años de convivir con los sordos, es que hay que preparar al niño sordo para dos mundos: el del sordo (el suyo) y el del oyente (la mayoría).

El C.S. complementa la C.G. y la 1.1. para la comprensión total del habla en sus estructuras gramaticales.

El doctor Cornett elaboró en los años 1965-1970, el C.S. con la idea de dar habla al niño sordo en su propio acto oral, despertando el interés y el deseo de aprender algo que manifiestamente le es útil.

El niño oyente, tanto si quiere como si no quiere, puede aprender hasta en contra de su voluntad. *El niño sordo debe ser provocado para dar a su mirada una intención, realizar un esfuerzo molesto* (tiene que sacrificarse).

Para aplicar con éxito el C.S. (o cualquier código) debe ser impartido por personas que crean en él.

El que enseña el C.S. debe emplear siempre la mano no dominante que codifica los signos (lado, mentón, boca y forma de la mano), porque instintivamente, si no se acostumbra desde el principio, inconscientemente usará la mano dominante para dibujar, escribir, indicar...

El C.S. tiene múltiples aplicaciones: *desmutización, escritura al dictado, corrección de disartrias...*

No olvidar nunca trabajar con las personas sordas la 1.1. sin ayuda manual para que éstas no se encuentren desamparadas ante interlocutores que no conocen el C.S.

El sordo, en su lucha por articular y comprender correctamente el habla, necesita apoyos y apreciaciones visuales y táctiles para compensar el déficit informativo auditivo, y el C.S. es un instrumento válido para conseguir una fluidez oral aceptable.

En 1929 se publicó en París, en el *Sordo mundo oyendo por los ojos,* de Recoing, el *Syllabaire Dactilológico,* que pretendía representar no las letras, sino los sonidos del idioma, y utilizaba nada menos que 86 signos simples y 16 compuestos ejecutados por seis posiciones de la mano y 10 movimientos de los dedos y 26 movimientos del pulgar y de la muñeca (con esto sólo queremos mostrar que el interés despertado estos últimos años por el C.S., no es más que la actualización de preocupaciones antiguas, como ocurre con casi toda la pedagogía sordomudista).

El Servicio de ARANS-BUR (Burgos), dirigido por un gran profesional y amigo, José Luis Arlazón, nos facilitó la ilustración sobre el Cued Speech.

3.1.3. *Conclusión*

A todo profesor de Aula de Integración con Deficientes Auditivos se debe exigir una formación profunda en metodología y tecnología, así como en distintos sistemas de *comunicación* (Cued Speech, Lengua, Comunicación Total, etc.) que hagan posible en cualquier momento la *comunicación* clara y distinta de los conceptos más abstractos contenidos en los programas escolares básicos, según recoge una de las conclusiones del Congreso Hispanoamericano de Asociaciones de Padres de Deficientes Auditivos, celebrado en Cartagena (Murcia) en mayo de 1986.

La comunicación Bimodal de Schlesinger (1978) *The acquisition of bimodal language,* está incluida dentro de la lengua de signos estructurada.

3.2. Con ayuda

Los sistemas con ayuda, el vehículo de expresión consiste en una serie de símbolos gráficos que la persona ha de indicar de alguna forma para comunicarse.

Los símbolos pueden ser *muy representativos o icónicos* (objetos, miniaturas, fotografías o dibujos), *parcialmente icónicos y simbólicos.*

Consideramos que todos los sistemas basados en los símbolos del alfabeto escrito, es decir letras de todo tipo, es el ideal porque los sistemas son conocidos por muchas personas y por tanto los círculos de relación y comunicación es prácticamente ilimitado (normalizado).

También sabemos que la utilización de estos símbolos (letras implica un alto nivel de desarrollo cognitivo y que se han adaptado otras formas de representar las ideas o conceptos, con sus ventajas e incovenientes).

3.2.1. Pictografías

A continuación describimos muy brevemente algunos de los sistemas gráficos de comunicación *no oral* (o *no vocal).*

Sistema Bliss

En el año 1965 Charles Bliss publicó el libro *semantography*, donde describe ampliamente los propósitos, los elementos y reglas del sistema y fue en el año 1971 que el Ontario Cripped Children Centre efectuó su primera aplicación como sistema de comunicación aumentativo.

Los símbolos que utiliza el Bliss pueden agruparse en cuatro categorías:

1. *Pictográficos:* Transparentes, adivinables (dibujos).

2. *Ideográficos:* Translúcidos (más abiertos que los pictográficos) (direcciones).

3. *Arbitrarios:* Opacos (significados convencionales) con dos grandes apartados, uno el que corresponde a los signos internacionales, como son las notas musicales, signos matemáticos) y otros creados por el mismo Charles.

4. *Combinados:* El significado de los siguientes símbolos pueden variar en relación con:
– Medida del símbolo, posición, dirección, orientación, amplitud, señalizaciones, referencias posicionales.

Hay indicadores importantes de:

x   = plural   ☐ = acción
V   = atributo   V   = materialización

Los verbos se pueden conjugar añadiendo un indicador temporal al símbolo correspondiente:

)   ) ((
    pasado   presente   futuro

Los símbolos se presentan en tableros agrupados en 100, 200 o 400 símbolos.

Una característica importante del sistema Bliss es el hecho de que los símbolos se presentan agrupados en categorías coloreadas según su significado y en relación con consideraciones sintácticas:

Personas	=	Amarillo
Verbos	=	Verde
Términos descriptivos	=	Azul
Objetos	=	Naranja
Términos diversos	=	Blanco
Términos sociales	=	Rosa

Las habilidades básicas que una persona ha de tener para usar el sistema Bliss, son:

Visión
Cognición
Inequivocación
Unión de comprensión (auditivo-visual).

Creemos que la aplicación del Sistema Bliss tiene resultados muy positivos en disminuidos físicos (deficiencias motóricas graves, imposibilidad de ejecutar los signos gestuales, incapacidad motora para escribir o manejar una máquina de escribir convencional y dificultades en problemas del lenguaje expresivo).

Rebus

Los símbolos que utiliza el sistema *Rebus* (del latín "cosa") están reunidos en el *Standard Rebus Glossary* y representan palabras enteras o partes de palabra.

Los símbolos utilizados se pueden clasificar en cuatro categorías:

1. *Concretos* (iconos).

2. *Relacionales* (dirección y situación en el espacio).

3. *Abstractos.*

4. *Combinación de los anteriores* que a su vez comprenden tres categorías:
   a) Dos o más símbolos.
   b) Raíz Rebús y un afijo basado en letras o partes de palabras escritas.
   c) Símbolos compuestos añadiendo letras del alfabeto y los símbolos Rebús.

Por tener la grafía un carácter infantil con frecuencia es rechazada por los adultos.

PCS (Picture Communication Symbols)

El sistema PCS, de Roxana Mayer Johnson (1981), fue concebido y elaborado en base a símbolos pictográficos (icónicos y sencillos).

La palabra que representa cada símbolo aparece escrita encima.

250

El vocabulario del PCS está dividido en seis categorías diferentes atendiendo la función de cada término y en previsión del desarrollo de la estructura de las oraciones sencillas:

Personas. Se incluyen también los pronombres personales.

Verbos.

Términos descriptivos (adjetivos y adverbios).

Nombres (no incluidos en otras categorías).

Términos diversos (artículos, conjunciones, preposiciones, noción temporal, letras del alfabeto, número, etc.).

Términos sociales (palabras de cortesía, saludo).

El código de colores es el mismo que se aplica en el sistema Bliss.

PICSYMS

Este sistema ha sido inventado por Faith Carlson (1980) y aplicado en el *Meyer Childrens Rehabilitation Institute of the University of Nebraska Medical Center, Omaha.*

El PICSYMS están editados en un diccionario con más de 1.800 símbolos-palabras, listados alfabéticamente y agrupados en categorías.

Este sistema va especialmente dirigido a personas sin habla y mejora a las personas que presentan problemas del lenguaje receptivo (se puede aplicar a sujetos de edades comprendidas entre los dieciocho meses y los diecisiete años).

Los símbolos del sistema PICSYMS se pueden incluir en la memoria de ordenadores.

Mosman

Este sistema abarca un número muy reducido de símbolos, alguno de los cuales son pictográficos y otros ideográficos.

El sistema incluye dos formas de instrumentos:

– Un tablero donde están colocados los símbolos.

– Un diccionario-libro, en el cual debajo de cada uno de los símbolos del sistema, hay una lista escrita de los diferentes términos relativos a los diferentes significados que la persona puede referir cuando señala el símbolo en el tablero. Entre las limitaciones e inconvenientes que presenta el *Mosman* (a nuestro juicio) es que algunos símbolos ideográficos pueden resultar demasiado abstractos para personas que presentan dificultades de comprensión.

Premack

Basado en los estudios que D. Premack (1970) realizó sobre comunicación con chimpancés. A partir de estos estudios se desarrollaron programas como el *Non-slip (Non Speech Languaje Initiation Program).*

Los símbolos que utiliza en sistema Premack son fichas de plástico –u otro material bastante resistente– cada una de las cuales representa una palabra y que pueden ser tocadas o cogidas por el sujeto.

3.2.2. Ventajas

Se pueden identificar por el tacto y por la vista. Habilidades de memorización mínimas.

3.2.3. Inconvenientes

Poco adecuado para personas con dificultades motóricas manuales.

PIC (Pictogram Ideogram Communication)

Creado por Subhas C. Maharaj (1980) y promovido por la George Reed Foundation for the Handicapped. Utiliza símbolos pictográficos e ideográfcos.

Los símbolos ideográficos son de dos maneras:

Convencionales e *independientes* antes de haber sido creado el PIC (corazón por amor).

Símbolos propios del sistema PIC

Las condiciones óptimas para la aplicación del PIC, son:
– Que el sujeto presente buen nivel de comprensión.
– No deficiencias visuales.
– Buena retención y recuerdo de la información.
– Que su grupo social propio y próximo al usuario esté dispuesto a aprender a utilizar el sistema.

Son conocidos también los sistemas *Bild-Rommuni* y *Picture Dictionary* basados en pictografías y tamaño.

3.2.4. Consideraciones

Quisiéramos hacer algunas consideraciones que para muchos pueden resultar obvias y nosotros así lo hacemos.

El objetivo básico que siempre debemos tener presente es que cuando

Diseñemos

Adaptemos

Escojamos

una determinada ayuda es para que se adapte al máximo a una persona concreta con sus necesidades y capacidades.

– Quién utilizará la ayuda (o el aparato).
– Dónde la utilizará.
– Para qué habrá de servir la ayuda.

Personalizar y humanizar al máximo posible cualquier sistema alternativo de *comunicación no oral* o *(no vocal)* es un buen inicio de todo tratamiento logopédico.

252

Capítulo XV
Ayudas técnicas para la deficiencia auditiva

1. INTRODUCCIÓN

Las personas con deficiencia auditiva han de utilizar ayudas técnicas para compensar la pérdida de audición.

2. TIPOS DE AYUDAS

Los tipos de ayudas las vamos a dividir en:

2.1. Auditivas.

2.2. Vibrotáctiles.

2.3. Visuales.

2.1. Auditivas

Equipos de Reeducación Auditiva (ERA)

Es un instrumentos compacto para la reeducación individual o colectiva de alumnos con dificultades auditivas basado en un sistema amplificador de frecuencia modulada (FM).

Objetivos
- Aprender a auditar (percibir, asociar, diferenciar... los estímulos sonoros, ruidos, sonidos, palabras).
- Posibilitar el autocontrol y ajuste de la voz.
- Facilitar los procesos de adaptación de prótesis auditivas.

Audífonos

Los audífonos son prótesis individuales indicadas a partir de la detección de la deficiencia auditiva y del correspondiente diagnóstico para favorecer la audición residual.

SUVAG

El Sistema Universal Verbotonal de Audición Guberina está diseñado para tratar con alumnos deficientes auditivos en programas grupales de atención temprana, entrenamiento y adquisición del habla.

MAERS

El Método Actualizado Español de Reeducación de Sordos Prelocutivos descubre un nuevo canal de estímulo de la corteza cerebral sumatorio a la vía tradicional mediante el cual el posible resto auditivo sumado a la información interoceptiva trata de permitir al niño deficiente auditivo prelocutivo interpretar el habla (se presentó en Madrid en enero de 1991).

Relés acústicos

Equipo amplificador para el entrenamiento auditivo que incorpora un circuito de corriente proporcional por el que puede controlarse la velocidad de un juguete por medio de la emisión vocal (voz) y este movimiento es proporcional a la intensidad de la emisión vocálica.

Los equipos individuales de frecuencia modulada

El aparato emisor de FM utiliza como receptor los audífonos individuales de los alumnos con deficiencias auditivas con pérdidas superiores a 40/50 decibelios, con lo que se puede oír con la emisora (según los restos auditivos) la voz del profesor/logopeda, la de sus compañeros o cualquier fuente sonora.

2.2. Ayudas vibrotáctiles

La estimulación vibrotáctil es un medio de ayuda al deficiente auditivo para "contactar" con el mundo sonoro, incluyendo el habla humana.

A.V.K. (Articulador Vibrotáctil Kanievky)

Podemos definir el A.V.K. como un convertidor de señales acústicas en vibraciones mecánicas percibidas por vía táctil, y no por vía auditiva convencional.

Si el vibrador es aplicado al mastoides o a cualquier parte ósea de la cabeza, actúa como una prótesis auditiva por estimulación más o menos directa de la cóclea, pero aplicado a cualquier zona del cuerpo la estimulación coclear es nula y, por consiguiente, el vibrador no se comporta como una prótesis auditiva.

El A.V.K. es de gran sensibilidad a los sonidos fricativos, en especial la "S".

Aparece una gran ambigüedad entre los sonidos "T" y "K" y los sonidos "D" y "G".

Los sonidos nasales "M", "N" y la "P" y "B" no activan suficientemente el convertidor de frecuencias y, por tanto, hay dificultad de discriminación.

En nuestra opinión, en prácticamente ineficaz en ambientes ruidosos.

El D.I.T. (Doble Información Táctil)

El D.I.T. pretende que la persona sorda sienta todos los ruidos y sonidos del entorno y al cabo de un breve plazo de entrenamiento llegue a diferenciar los sonidos cotidianos.

Presenta esta prótesis dos circuitos especiales capaces para diferenciar las consonantes fricativas de las demás. Por medio de dos vibraciones se percibe una serie de sensaciones relacionadas con sonidos no perceptibles por el sordo; esta información le facilita la 1.1 y la corrección de dificultades articulatorias.

LOGOFON

Es un instrumento usado en *logopedia* para la enseñanza del habla (oralización). Produce vibraciones que estimulan determinadas áreas de la cavidad bucal.

La utilidad es para la toma de conciencia de las vibraciones linguales y para la enseñanza y corrección del rotacismo, sigmatismo y de los fonemas palatales principalmente.

2.3. Visuales

Indicaciones de control sonoro

Aparatos que, mediante un micrófono de contacto, recoge las vibraciones nasales, labiales, linguales..., amplificando las señales y registrando su intensidad en una escala indicadora continua, la calidad del sonido, y cuando se emite correctamente se enciende una lámpara verde de forma instantánea.

El ordenador

Entre las ayudas tecnológicas de la comunicación es el ordenador un valioso instrumento de ayuda para los deficientes auditivos distinguiendo muy bien a nivel práctico lo que es desarrollo del *lenguaje* y lo que es adquisición del *habla*.

El visualizador fonético. Procesamiento automático de la palabra.

Son dos sistemas de ordenadores diferentes pero con la misma finalidad: *adquisición del habla* (el habla que se ve).

Enseñanza del lenguaje

Entre los objetivos están y se pueden realizar ejercicios de vocabulario, ortografía, sinónimos, antónimos, plurales, homónimos, sintaxis con la construcción de las frases y todos los procesos hasta adquirir un lenguaje estructurado.

Siempre se programará y se utilizarán los ordenadores en función de las características personales del niño deficiente auditivo.

También mencionaremos la experiencia en el empleo del vídeo con elaboración de películas, actuando los propios deficientes auditivos como actores para la enseñanza de destrezas, en actividades de carácter ocupacional o A.V.D. (Adiestramiento para la Vida Diaria).

Capítulo XVI
Ayudas técnicas para
la deficiencia motora

1. INTRODUCCIÓN

Una vez evaluadas las capacidades (cognitivas, lingüísticas, motoras, etc.) de la persona con discapacidad para la comunicación y los factores ambientales y emocionales que la delimitan, y se ha decidido el medio de comunicación a utilizar, es necesario plantearse la ayuda técnica que vaya a ser el medio de transmisión del mensaje elaborado y de contacto entre el emisor y el receptor.

2. LOS COMUNICADORES

Consiste en un panel de comunicación dividido en casillas, en cada una de las cuales existe una lámpara o señalizador. Todo ello contenido en un maletín o cartera compacta dentro del cual está instalado el circuito electrónico que permite el encendido y apagado de las lámparas mediante un sistema de búsquedas o barrido electrónico.

Cubre las necesidades básicas de la comunicación de personas con severas afecciones motoras (encefalopatías y miopatías, lesiones medulares altas, traumatismos craneoencefálicos...). La sencillez de su utilización permite aplicarlos en niños de edad preescolar con discapacidades físicas o mentales, introduciendo contenidos del desarrollo intelectual y del lenguaje propios de esa edad (diferenciación de formas, colores, tamaños, clasificación, números, letras, símbolos y otros elementos que facilitan el desarrollo de la comunicación y de la esfera mental).

3. MÁQUINAS DE ESCRIBIR

3.1. Eléctricas

Facilitan el accionamiento manual por medio del control eléctrico de la pulsación (con teclados de gran sensibilidad a la presión), control de márgenes, introducción de papel, etc.

3.2. Electrónicas

Añaden a las características de las anteriores la posibilidad de almacenar el texto en memoria, componer el texto, visualizarlo en pantalla, realizar operaciones aritméticas, e incluso servir de impresora conectada al ordenador.

4. COMUNICATOR

Minimáquina de escribir de poco peso y de muy reducidas dimensiones, pensada para llevar consigo, colgada al cuello o sujeta al antebrazo, o a una pierna o al brazo de una silla de ruedas.

Consiste en un pequeño teclado que va imprimiendo los caracteres en una cinta de papel de seis milímetros de ancho, que va saliendo por un lateral.

El teclado consta de veintiséis letras en orden alfabético (con posibilidad de mayúsculas y minúsculas) y veintiséis símbolos diferentes: números, caracteres específicos y combinaciones variables. Consta además, de otras cinco teclas de función suplementaria: interruptor, correctora, espaciadora, cambio de letras y cambio de caracteres. En caso de deficiencia visual muy grave o ceguera se puede adaptar un teclado Braille.

5. ORDENADOR

Es una ayuda técnica, que puede ser utilizada como elemento de soporte y procesamiento del mensaje.

El ordenador no sólo es útil en la producción del mensaje, sino que también se utiliza en tareas de adquisición de habilidades básicas para la comunicación o la valoración de aspectos que intervengan en ésta.

Cuando la persona con discapacidad motora tiene un repertorio simbólico y un código para estructurar mensajes necesita ayudas técnicas que le permitan seleccionar los elementos de su comunicación y transmitirlos al destinatario.

Estas ayudas técnicas las agruparemos teniendo en cuenta el tipo de señalización que facilitan.

6. DISPOSITIVOS PARA LA SEÑALIZACIÓN (SELECCIÓN)

Indicamos que los dispositivos o ayudas técnicas con las cuales el usuario de un sistema de comunicación aumentativa accede a comunicarse los agruparemos para su estudio en:

6.1. Dispositivos para la señalización directa

Cabezal con varilla (licornio), linterna con haz de luz dirigido, teclados adaptados, ortesis de mano, etc.

6.2. Dispositivos para la señalización indirecta

Son los llamados conmutadores o interruptores y que se clasifican en:

Electromecánicos:

Sensibles al movimiento de una parte del cuerpo. Incluyen interruptores (de presión, de palanca, de pedal, etc.).

Joysticks, microswitches (microinterruptores)... El usuario puede activarlos con la mano, con los dedos, con un cabezal (licornio) o con un movimiento lateral de la cabeza, o con las rodillas, con los pies, etc.

Neumáticos:

Sensibles al paso del aire producido mediante soplo o succión o mediante comprensión de una pera de goma.

Bioeléctricos:

Responde a las corrientes eléctricas asociadas a sucesos fisiológicos como la contracción muscular.

Térmicos:

Percibe la diferencia entre la temperatura de la piel y la del medio ambiente. Esta diferencia de temperatura es convertida en señal acústica.

6.3. Dispositivos para la selección codificada

A partir de la memoria de los interlocutores.
A partir de la memoria del emisor.
A partir de un tablero en el que los mensajes aparecen especificados con su código.

6.4. Dispositivos de acceso al ordenador

Son ayudas técnicas de los dedos de la mano en la señalización y son utilizados por personas con alteraciones motoras en las extremidades superiores.

Cabezal con varilla seleccionadora

Con ello se deriva la función señalizadora del brazo y de la mano a los movimientos del cuello, adaptando a la cabeza un casquete o cabezal, al que se sujeta una varilla o licornio con el que se señalan los elementos de un tablero, pulsar las teclas de una máquina de escribir, de un ordenador, o de un interruptor. El cabezal con varilla puede llegar a ser como las manos de una persona y utilizarse para diversas actividades manipulativas (pintura, sustituyendo la varilla por un pincel; juego de imanes, sustituyendo la varilla por un imán, etc.).

Linterna señalizadora

Es una linterna con lentes convergentes, que permite dirigir un haz de luz concentrado en un punto, tipo de flecha de señalar en proyección de diaporamas. Dado su reducido tamaño y peso, permite su colocación en diferentes segmentos corporales:

Cabeza adaptándola a las gafas, a una visera o a un cabezal, brazos dirigiéndola bien cogida con la mano o adaptándola con una ortesis al puño, mano abierta, brazo, etc.

Teclados adaptados

Hay diversas adaptaciones que facilitan el acceso al teclado de personas con deficiencias motoras en las extremidades superiores, como barra fija colocada delante del teclado, posabrazos, prótesis posturales de mano y/o dedos, puntero contera de goma, etc.

Para facilitar la escritura existe adaptadores para lápices, rotuladores, bolígrafos, consistentes en la adaptación de mangos para facilitar su presión manual en pinza o puño y adaptadores para los utensilios con los que se come (cubiertos).

Capítulo XVII
Sordocegueras (el silencio sin luz)

1. INTRODUCCIÓN

Al conocer a finales de los años 60 a Marujita Cerezo (la "Hellen Keller" española) y a César Torres Coronel, ilustres sordociegos, nos animaron a trabajar con alumnos sordomudos y algunos de ellos con graves deficiencias visuales y ceguera total.

Sentíamos al principio una gran impotencia al darnos cuenta día a día de las cuestiones y problemas puntuales que había que dar respuestas (reflexionando valoramos positivamente la experiencia y los logros tanto profesionales como humanos descubriendo el mundo y la palabra juntos).

Con motivo del Año Internacional de los Minusválidos (1981), el Ministerio de Cultura (Dirección General de la Juventud), suscribió un convenio con UNICEF-ESPAÑA para la elaboración de un *libro blanco* sobre las minusvalías en España.

En este *libro blanco* y en su parte 4.ª *"Minusválidos sensoriales"* (Deficientes Auditivos) y en el apartado 6 ya tuvimos en cuenta la problemática de los sordociegos españoles.

Los sordociegos forman, en cualquier país, uno de los grupos minoritarios dentro del conjunto de los deficientes, pero que necesariamente hay que ocuparse, como de cualquier otro colectivo con unas necesidades muy específicas y que la sociedad debe hacer todos los esfuerzos para ofrecerles una respuesta satisfactoria.

En la propuesta del Consejo de Universidades sobre el establecimiento del título oficial de Maestros-Especialidad de Audición y Lenguaje en relación con las materias troncales han ignorado a los alumnos con graves deficiencias auditivas asociadas a ceguera y que nosotros informamos a quien corresponda para que se tenga en cuenta a este colectivo.

En España, según el último censo de la Organización Nacional de Ciegos Españoles (ONCE) se conocen 340 casos (1987), cifra que corresponde a aquellos que están afiliados a las diversas delegaciones de la Entidad. Según las estadísticas que conocemos de otros países, en España por su población corresponden de dos mil a tres mil casos.

Como información actualizada y básica relativa a este colectivo de sordociegos os ofrecemos la comunicación que presentaron las expertas en el tema M.ª Teresa Fernández García y Teresa Ruiz Luengo en la I Jornada sobre la minusvalía auditiva asociada a la ceguera (Madrid, 11 y 12 de diciembre de 1987).

2. DEFINICIÓN, CAUSAS Y CLASIFICACIÓN DE LA SORDOCEGUERA

2.1. Definición

En la I Reunión Nacional de sordociegos, celebrada en Madrid durante los días 16 y 18 de enero de 1987, se adoptó, como definición la elaborada por el Comité de Servicios para sordo-ciegos:

"Una persona es sordociega cuando tiene un grado de deficiencia visual y auditiva grave, que le ocasiona serios problemas en la comunicación y en la movilidad".

De esta definición, no se puede deducir que una persona sordociega no posea un grado de visión y/o audición aprovechable. De hecho, existe un porcentaje muy pequeño de personas que sean totalmente ciegas y sordas profundas simultáneamente.

Del informe Anual de 1976 del "Centro Nacional Hellen Keller" entresacamos los siguientes datos sobre las características, a este particular, de sus alumnos:

– Agudeza visual:	Nula	19
	Perciben luz	16
	Hasta 5/200	19
	5/200 - 20/200	24
	Más de 20/200	33
– Agudeza auditiva:	81-100%	0
	61-80%	3
	41-60%	2
	21-40%	5
	0-20%	101

Por otra parte, Herren y Guillement señalan que en la escuela de Larnay (Francia), durante el año escolar 1970-71, de un total de 15 alumnos acogidos, sólo 3 son totalmente ciegos.

2.2. Causas

Por lo que respecta a las causas de la sordoceguera, estos mismos autores nos aportan datos referidos a la escuela Larnay y a la escuela Perkins. Un altísimo porcentaje de datos son consecuencia de la rubeola; le sigue en importancia, aunque muy por debajo, las enfermedades evolutivas y la meningitis.

2.2.1. Síndrome de Usher

Retinosis pigmentaria, enfermedad ocular causante de un gran número de deficiencias, asociada a una pérdida progresiva de la audición.

La retinosis es un término genérico para las degeneraciones de la retina.

La retinosis pigmentaria presenta un endurecimiento (esclerosis) progresivo de la retina asociada con una coloración patológica de los tejidos por un depósito de pigmento (hipergénesis) de la coroides, con obstrucción (obliteración) de los vasos, limitación del campo visual y disminución de la visión a la luz crepuscular o poco intensa (hemeralopia).

La retinosis pigmentaria se transmite recesivamente.

El primero que identificó la retinosis pigmentaria fue Donders en 1857.

Von Graffe en el año 1858 publicó una observación de tres hermanos afectados de sordomudez y de retinosis pigmentosa.

Fue el médico canadiense Barney Davis Usher, nacido a finales del siglo pasado (1889), el que publicó en el año 1914 un trabajo sobre retinosis pigmentaria examinando a 69 enfermos de los cuales 11 eran sordomudos, 19 sufrían hipoacusias graves, 19 eran normooyentes y el resto (20) no fueron sometidos a examen auditivo.

Según Kloepfer y colaboradores (1966) que estudiaron este síndrome, deducen que es producido por un gen recesivo autosómico en un cien por cien de penetración. Sin excepción los hijos sufren de este síndrome si ambos padres lo tienen, pero ningún hijo lo tiene si sólo es un padre el que padece esta afección.

2.3. Clasificación

Los diversos autores consultados no establecen un mismo criterio de clasificación y, como consecuencia, se obtienen distintos grupos.

Se van a establecer a continuación las diversas clasificaciones que, a este respecto, han establecido tres autores y que, a nuestro juicio, son bastante clasificadoras:

Herren y Guillement proponen una clasificación múltiple, teniendo en cuenta tres factores que intervienen en el tratamiento educativo y de rehabilitación de las personas sordociegas.

Según el grado de deficiencia visual y auditiva

Tomando como base las nueve categorías de Van Uden, estos autores toman sólo en consideración cinco de ellas.

- Niños totalmente ciegos y sordos profundos, cuya sordera y ceguera aparecieron en edad temprana.
- Niños que adquieren la sordera profunda antes de la etapa prelocutiva, con ceguera más tardía.
- Niños parcialmente sordos y totalmente ciegos.
- Niños sordos profundamente y amblíopes.
- Niños ciegos, que adquieren la sordera en una etapa poslocutiva.

Para esta clasificación se ha de tener muy presente una adecuada evaluación de las capacidades sensoriales residuales. A este respecto, J. Coll señala: "El diagnóstico de la sordoceguera y de su nivel de pérdida, no se puede obtener más que de una manera muy aproximativa, observando las reacciones del niño en la audiometría convencional. Es, pues, indispensable en la mayoría de los casos, recurrir a los exámenes objetivos tanto a nivel auditivo como visual". Este autor, entiende como pruebas objetivas, dentro del campo de la audiometría, las siguientes: la electroecocleografía y los potenciales auditivos precoces. Para la evaluación de la visión: las dimensiones del globo ocular, el reflejo fotomotor, posibilidad de nistagmus, examen de fondo de ojo y la electrorretinografía.

Así, pues, una correcta evaluación habrá de contar con la aplicación de las pruebas objetivas necesarias y la observación directa del comportamiento del niño.

Según el nivel intelectual

Al no existir ningún test específico para medir el cociente intelectual de las personas sordociegas, el examinador habrá de realizar una evaluación de carácter cualitativo, más que puramente objetiva, analizando, por medio de la observación, el comportamiento del niño.

No obstante, podrá utilizar algunas de las pruebas diseñadas para su aplicación a sordos o a ciegos.

Algunos de estos test, utilizados en la escuela Perkins, son: "The Ontario School ability examination", para niños sordos de 2 a 12 años de edad mental; "Nebraska Test of Learning aptitude for Young deaf children"; "Escala manipulativa del W.I.S.C.", para niños de 5 o más años de edad.

Según criterios pedagógicos

- Sordociegos que han alcanzado el estadio simbólico. Por sus características, están más cerca de los sordos que de los ciegos. Necesitan una escolarización temprana y una buena orientación para los padres, con objeto de paliar, en lo posible, el retraso escolar. Son relativamente autónomos en su vida diaria y se puede utilizar con ellos el lenguaje oral.
- Sordociegos en estadio presimbólico. Presentan generalmente trastornos asociados, como por ejemplo en desarrollo psicomotor, con una adquisición tardía de la marcha y una locomoción posterior anómala. Por lo general presentan un nivel de autonomía de comunicación bajo.

Según Coll

Coll propone una clasificación que aconseja la reseñada en el apartado 2.3.1, "Según el grado de deficiencia visual y auditiva.

270

– El sordociego total. Incluye en este grupo a los niños con una pérdida auditiva de más de 70 decibelios en las frecuencias conversacionales de su mejor oído, junto con una agudeza visual de 1/20 o menos, y que presentan un comportamiento autístico secundario de la privación sensorial.

Características: Indiferencia ante el mundo exterior, estereotipos, se sienten atraídos por la utilización del residuo visual frente al auditivo. Presentan una vida vegetativa, sin ningún tipo de autonomía.

– Sordociego total después de la adquisición del lenguaje. La reeducación ha de basarse en el aprendizaje del Braille y en el mantenimiento del lenguaje.

El medio familiar estimulante, un coeficiente intelectual normal, una reeducación intensiva..., puede hacer factible que la progresión escolar sea adecuada.

– El deficiente visual y auditivo. En el plano auditivo, este tipo de niños tiene una pérdida de 40 a 70 decibelios. Con atención especializada pueden tener una escolaridad normal.

Según Dennis A. Lolli

Lolli hace una clasificación más específica dirigida a los especialistas en movilidad:
– Sordociegos congénitos.
– Sordociegos recientes.
– Sordos y/o ciegos totales.
– Sordos y/o ciegos parciales.
– Sordociegos con alguna deficiencia añadida.

El especialista en movilidad ha de tener muy presente antes de diseñar su programa de rehabilitación, las características específicas que afectan a las personas incluidas en cada uno de estos grupos. Así lo señala Lolli al afirmar: "Existen variaciones en cuanto al tiempo, grado y frecuencia de las disfunciones, las cuales aconsejan maneras diferentes de comprender las necesidades del alumno en orientación y movilidad, sus metas y limitaciones".

3. ASPECTOS PEDAGÓGICOS

Se pretende, con este apartado, plantear los aspectos más importantes que deben tenerse en cuenta, a la hora de establecer una educación coherente y válida de niños sordo-ciegos. Para ello, nos apoyaremos en la clasificación que Herren y Guillemet hacen de estos niños. Haremos un recorrido somero por los aspectos que estos dos autores señalan para cada una de las dos categorías que establecen. Nos detendremos más en un programa pedagógico real, llevado a cabo en el Departamento de sordociegos del Instituto para sordos de St. Michelsgesten, en Holanda.

– Niños sordociegos que no han alcanzado el estadio simbólico. Los problemas en estos niños son:
• A la sordoceguera se añade un retraso mental y/o motor importante. Por ello, las tareas a realizar con este tipo de niños van dirigidas hacia el establecimiento de una relación

entre el niño y las personas adultas y los demás niños; el desarrollo de la autosuficiencia básica y la preparación del alumno para que pueda acceder a la comunicación con las personas de su entorno.

• El acceso al lenguaje suele ser muy tardío y dificultoso, por lo que la acción pedagógica deberá enfocarse hacia actividades adaptadas, como la utilización del dibujo y la pasta de modelar, ejercicios que hagan intervenir las estructuras lógico-matemáticas, etc.; participación de los niños en las actividades terapéuticas específicas, como psicodramas.

– Niños que han alcanzado el estadio simbólico y, por tanto, tienen ya adquirido un sistema de comunicación.

• Los sistemas de comunicación que pueden utilizar son: el lenguaje oral, gestual (para los que poseen restos visuales), la dactilología, el Braille y la lecto-escritura en macrotipos (también únicamente para los que poseen residuo visual).

• Participación del niño en situaciones normales de comunicación que favorezcan su reinserción social.

• Preparación para una actividad profesional.

3.1. Un programa pedagógico para niños sordociegos

Cuando los niños llegan a la escuela "Rafael", departamento para sordo-ciegos del Instituto para sordos en Saint Michelshestel (Holanda), con frecuencia no tienen una conciencia clara de su YO frente al entorno y, por tanto, en este período, todavía no pueden formarse una idea exacta de la mayoría de las cosas que hay en el mundo que les rodea.

La primera tarea que el educador deberá afrontar es la de ofrecer a estos niños la ocasión de fortalecer la idea de las cosas con las que tiene diario contacto. Esto es esencial para que el niño pueda alcanzar una seguridad básica suficiente, sustento motivador de su proceso de expansión en el conocimiento de la realidad y fundamento de la comunicación con esa misma realidad.

Este programa educativo tiene como base el fortalecimiento de lo que ellos llaman el "vital ritmo diario". De manera muy ordenada y estructurada, se comienza a realizar con los alumnos actividades de la vida diaria que les divierten y les estimulan para continuar avanzando en el programa.

Al principio estas actividades estarán muy relacionadas con las necesidades primarias del alumno: comer, dormir, beber... El punto fundamental es que esta situación sea creativa y que sirva para que el niño se percate de que es divertido hacer algo junto a los demás.

Las actividades han de ser realizadas siguiendo un orden y una estructura basados en tres parámetros fundamentales:

Lugar

Debe de haber un orden preciso en el lugar donde las actividades se desarrollan. Se han de utilizar siempre la misma zona para realizar una actividad determinada y, en esa zona, todo debe tener un lugar fijo.

Tiempo

Se ha de fortalecer el ritmo diario, sobre todo, a través de una estricta secuencialización temporal del programa. El niño sordociego tendrá así la posibilidad de aprender la lógica sucesión de las actividades diarias.

Es obvio que un buen orden de los lugares y habitaciones es un importante apoyo al ordenamiento temporal y viceversa.

Personal

Únicamente, en un primer momento, las personas que intervienen más directamente en la educación del niño son las que pueden interpretar adecuadamente los intentos de comunicación del niño y suscitar en él la sensación de que realmente ha sido comprendido.

El necesario orden y estructura del programa ha de encardinarse en un proceso dinámico, en el que, paulatinamente, se han de ir incluyendo nuevos elementos y situaciones para estimularle a responder ante situaciones de comunicación con las que se halla poco familiarizado.

Cuando se ha conseguido estructurar el mundo del niño, a través del ordenamiento de lugares, tiempos y personas, entonces se dan las condiciones propicias para la formación del pensamiento y la capacidad de anticipación será expresada por el niño a través de alguna conducta.

Este proceder conductual es el primer logro en su proceso comunicativo y, por tanto, es vital su correcta interpretación por parte del adulto, con objeto de que la respuesta de éste actúe como feedback.

El siguiente paso consistirá en "dar nombre a las cosas" y a ello sucederán una serie de etapas diferentes según las características individuales de cada alumno.

4. SISTEMAS DE COMUNICACIÓN

El sordociego se encuentra en una situación bastante desfavorable por lo que respecta a la comunicación, pues al carecer de los estímulos auditivos y visuales que intervienen habitualmente en el proceso comunicativo, no recibe el feedback estimulador de este proceso.

Este vacío debe ser compensado, fundamentalmente, a través de la utilización de sistemas de comunicación basados en el sentido háptico.

Marcel Auray nos habla de tres alfabetos que pueden ser utilizados por sordociegos:

4.1. Alfabeto usual

Con esta modalidad es fácil producir formas en relieve capaces de ser percibidas por el tacto del ciego y que éste puede reproducir en signos gráficos en la palma de la mano de su interlocutor.

4.2. Alfabeto manual

Consiste en dar a cada una de las letras del alfabeto un signo, utilizando una colocación especial de los dedos que, en alguno de los casos, tratan de emular la forma de las letras. Para percibir el movimiento de los dedos, el sordociego puede rodear con su mano la de su interlocutor. Esta modalidad comunicativa exige un alto grado de atención.

4.3. Alfabeto Braille

Formado por la combinación de seis puntos en relieve, dispuestos en dos columnas de tres. Para la utilización de este alfabeto se requiere un adecuado nivel de sensibilidad táctil.

Auray propone distintos sistemas de comunicación, utilizando los tres alfabetos indicados, según la naturaleza del primer hándicap sobrevenido y la edad en la que el segundo aparece.

– Con los sordociegos de nacimiento, cuando han tenido una escolaridad especial, se utilizará el alfabeto digital, la dactilología. Generalmente, en este sistema, la mano derecha es la que "habla" sobre la mano izquierda del interlocutor. Esta técnica, bien adquirida, es un medio de comunicación seguro y rápido.

Puesto que éste es un sistema poco extendido entre el público en general, el sordociego deberá aprender también el alfabeto usual en relieve, escribir en máquina de teclado universal y conocer el Braille, para asegurar la comunicación, tanto con los videntes como con sus compañeros sordociegos.

– El sordo de nacimiento que contrae con posterioridad la ceguera contará con los sistemas de comunicación propios de los sordos, aprendidos con anterioridad a la pérdida de la visión, y se enfrentará, usando de una gran voluntad, al aprendizaje del sistema Braille y de la dactilología. Esta última requerirá mucho esfuerzo y un mayor período de tiempo.

– Si se contrae la sordera con posterioridad a la ceguera, el aprendizaje de la dactilología es muy lento, por la merma de agilidad en la mano; incluso puede ser demasiado tarde para comenzar la comunicación mediante la escritura en la mano.

– Sordos y ciegos tras el período de escolarización. Tienen adquirida la palabra y la escritura y esto les permite guardar las relaciones a través de la escritura en la mano. Deberán aprender también otros sistemas de comunicación como el Braille, ya que con él podrán acceder a la información y a la cultura.

El aprendizaje de la dactilología se presenta con mucha más dificultad.

"La mejora de los contactos de los sordociegos entre sí y con los demás, dependerá del esfuerzo que cada uno ponga en perfeccionar los medios de comunicación, que son: la escritura en la mano, la dactilología y el Braille".

5. ANÁLISIS DE LOS SISTEMAS DE COMUNICACIÓN

5.1. La escritura en la mano

Su ventaja principal es que puede ser utilizado por una cantidad amplia de personas.

5.2. La dactilología

Es la solución ideal, porque permite la comunicación durante la marcha, pues una sola mano es la que se mueve, y muy discretamente se puede hablar mientras se camina.

Sin embargo, es un medio muy especializado y limita el círculo de interlocutores.

5.3. El sistema Braille

A menudo el tacto es el único medio de adquisición de información de que disponen los sordociegos. De ahí la enorme importancia del aprendizaje del Braille.

"En general, los principales problemas de esta categoría de personas no radican tanto en los adelantos tecnológicos como en la preparación y presentación de los materiales.

"Quienes padecen una grave pérdida del sentido del oído desde el nacimiento, o poco después, tienen también a menudo un desarrollo del lenguaje insuficiente, que, sumado a la ceguera, puede suscitar graves dificultades para que esa persona pueda desarrollar todo su potencial. Así pues, un libro o una revista Braille pueden contener muchos conceptos y palabras que muchos sordociegos no entiendan.

"La creación de medios Braille para ellos puede suponer, por consiguiente, mucho más que la simple producción técnica de materiales. Puede entrañar la necesidad de volver a escribir los textos en una forma más simple: utilizando frases cortas, estructuras gramaticales simples, palabras frecuentes, etc."

6. LA COMUNICACIÓN ENTRE EL SORDOCIEGO Y EL ESPECIALISTA EN MOVILIDAD

Denis A. Lolli resalta la importancia que la comunicación tiene entre el rehabilitado sordociego y el especialista en movilidad. El especialista en movilidad necesita aprender algunos signos manuales para su comunicación con el alumno. Con algunos alumnos habrá de controlar tanto el tono de voz como la velocidad de locución.

En algunos casos se verá obligado a solicitar los servicios de un intérprete, con la inevitable ralentización del proceso rehabilitador.

Además de los sistemas de comunicación enumerados anteriormente, Lolli apunta la posibilidad de utilizar también:

- El lenguaje de los signos, a través de movimientos simbólicos de mano y brazo, representativos de las palabras. Se utiliza con personas con algún remanente visual. Los distintos signos que integran este sistema están recogidos en un manual muy divulgado en Gran Bretaña.

- El método Tadoma. Se utiliza poniendo el pulgar y el índice del alumno en los labios y garganta del especialista en movilidad. De este modo se llega a la interpretación del movimiento y de las vibraciones en el acto del habla.

— A través de notas escritas, la persona que cuenta con un residuo visual puede comunicarse también con el espec alista.

7. CONSIDERACIONES ACERCA DE LA MOVILIDAD EN LOS SORDOCIEGOS

A menudo, ciertas condiciones físicas, cognitivas y/o psicológicas interactúan con factores del medio ambiente, dando limitaciones en la movilidad, como ocurre en el caso de la ceguera. La presencia de esta deficiencia añadida a la sordera, dificulta aún más la realización de los programas de entrenamiento, aunque no necesariamente hay que excluir al individuo de su realización.

El especialista en movilidad, a la hora de planificar su programa de rehabilitación para un alumno sordociego, habrá de contar con los informes educativos, psicológicos y sociales, así como revisar particularmente el informe médico, haciendo especial énfasis en el aspecto auditivo y visual. Se debe realizar una evaluación exhaustiva de estas deficiencias sensoriales, que, permita analizar correctamente las capacidades y limitaciones del alumno ante el proceso de rehabilitación. Serán aspectos muy importantes a considerar: la causa de la deficiencia, la edad de aparición de la misma, el posible remanente visual y/o auditivo...

Si existe algún tipo de ayudas, como prótesis auditivas, es de gran interés considerar sus características y el mejor modo de obtener ventajas de las mismas de cara a la movilidad.

Si el proceso de rehabilitación de ciegos ha de tener siempre un carácter individualizado, es obvio, que cuando se trabaja con sordociegos, tal necesidad se hace imperiosa. Por ello, además del análisis de los informes personales, a los que se ha aludido interiormente, habrá que tener en cuenta factores como los siguientes:

7.1. Fortaleza física

Es importante conocer si la persona posee limitaciones derivadas de alguna patología cardiovascular, causada por la edad o bien por algún síndrome congénito. La duración de las sesiones y el número de descansos entre las mismas se adaptará a las posibilidades del individuo en este aspecto.

7.2. Consideraciones hápticas

El sentido táctil es la principal fuente de estímulos con la que cuenta el sordociego, pero hay que tener en cuenta que, en algunos casos, la existencia de algún problema de carácter neurológico puede ocasionar un importante menoscabo en la utilización funcional de esta vía sensorial.

El especialista en movilidad ha de incluir en sus lecciones el desarrollo y uso continuado no sólo del tacto directo, sino también del indirecto. En un primer momento, hay que evitar trabajar en superficies alfombradas ya que, de lo contrario, se produciría una amortiguación de la vibración general y del feedback que el alumno recibe por medio de esa vibración y el alumno podría disminuir su interés en el programa de desarrollo de sus capacidades hápticas. En una etapa posterior se podrá ya alternar el entrenamiento en superficies con y sin alfombras.

7.3. Terapia del lenguaje

El rudimentario lenguaje, de difícil inteligibilidad, que muchos alumnos presentan al principio, puede ser notablemente mejorado gracias a la intervención del logopeda. Además, esta intervención, puede tener efectos muy positivos en el "autoconcepto" del alumno, si le faculta para el establecimiento de relaciones sociales a nivel verbal.

En resumen, el programa de rehabilitación para un sordociego dependerá de sus intereses, sus actitudes, sus necesidades, pero, sobre todo, dependerá de sus aptitudes. Será necesario, por tanto, que el especialista en movilidad cuente con un equipo completo de profesionales con los que pueda trabajar de manera conjunta, abarcando todos los posibles aspectos con influencia en el proceso de rehabilitación.

8. PRINCIPALES DIFICULTADES QUE EL SORDOCIEGO ENCUENTRA EN SU PROCESO DE REHABILITACIÓN

Se van a establecer dos grandes bloques a este respecto:

8.1. En la orientación y movilidad

Como la práctica totalidad de los afectados carece de la percepción de las altas frecuencias, la detección de obstáculos se hace muy dificultosa, así como la discriminación de la proximidad o lejanía de una fuente sonora. Como consecuencia, el tráfico rodado representará un peligro permanente y la movilidad independiente será, por tanto, muy difícil de alcanzar.

El alumno sordociego total no podrá cruzar por sí solo las calles. Obviamente, si se posee un resto visual útil y suficiente, el sordo profundo podrá utilizarlo para esta tarea. El especialista en movilidad hará hincapié en que el alumno permanezca visualmente alerta, ante la posibilidad de que el tráfico gire perpendicularmente a su línea de marcha.

La vibración del pavimento, por efecto del tráfico, bajo sus pies, puede ser utilizado, en ocasiones, después de un prolongado período de entrenamiento, para detectar la proximidad de la circulación rodada.

Los sordociegos que posean resto visual pueden beneficiarse de la existencia de semáforos que transmiten vibraciones que pueden ser captadas tocando el poste y que le indican el momento oportuno para efectuar el cruce.

8.2. En el establecimiento de la comunicación

En un apartado anterior se enumeraron los sistemas de comunicación más usuales. Pasaremos ahora revista a las dificultades que el alumno puede encontrar en su comunicación con el especialista en movilidad y con el público en general y a sus posibles soluciones.

Con el especialista

La primera dificultad que encuentra el especialista en movilidad, cuando se encuentra frente a una persona totalmente sorda, es que el alumno no podrá captar los posibles esfuerzos de carácter verbal; por lo tanto, deberá sustituir tal modalidad por el refuerzo físico o gestual, en caso de que exista residuo visual.

Las actividades a realizar por el alumno, que no puedan ser descritas por el especialista, deberán ser enfocadas por éste bajo una perspectiva práctica y su realización habrá de tener un fin inmediato.

La corrección de conductas erróneas o la introducción de nuevos aprendizajes, se puede llevar a cabo mediante el método de la imitación, siempre y cuando el alumno posea un residuo visual suficiente. El especialista interpretará la conducta que quiere corregir o estimular en el alumno, pudiendo contar con gesticulaciones, exageraciones físicas, etc.

Con el público en general

Para facilitar la comunicación, es deseable que las posibles prótesis auditivas, siempre que ello sea permitido por el afectado, sean fácilmente visibles por el público para que éste tenga conciencia de que está ante una persona con limitaciones auditivas, añadidas a la ceguera. Establecido el acto de comunicación, el propio sordociego, ha de informar de qué manera hay que hablarle: elevando el volumen de la voz, si es preciso, o mantenerlo en un nivel normal, pues la ayuda auditiva es suficiente.

Hay que advertir al sordociego que el alfabeto manual y/o de signos, que él normalmente utiliza, no son generalmente conocidos y, por tanto, que es bastante probable que la gente no sepa muy bien cómo responder ante su utilización. Esto podrá subsanarse, cuando se cuenta con un remanente visual suficiente, por medio de notas escritas. Cuando no se posea tal residuo, es muy útil llevar consigo una serie de tarjetas, previamente escritas en tinta y Braille, en las que solicita ayuda para solventar determinadas situaciones: cruce de calles, localización de autobuses, el número de un edificio, etc.

En las tarjetas habrá que especificar claramente la situación auditiva y visual del demandante, para que la persona a quien se solicita la ayuda conozca así la mejor manera de ofrecerla. Por ejemplo: "Soy ciego y oigo mal, ¿puede ayudarme, por favor, a cruzar la calle? Gracias".

Es obvio que el primer paso a dar para poder establecer la comunicación entre la persona sordociega y los demás es que estos últimos tengan conocimiento de las características sensoriales de aquélla. Hallar un distintivo adecuado, para los sordociegos es algo que está en permanente discusión y en lo que todavía no se ha alcanzado un acuerdo total en todos los países. Los sistemas más utilizados son: la alternancia de franjas de color rojo y blanco en el bastón largo, la utilización de un botón de gran tamaño que se prende en la ropa y en el que se especifica la condición del que lo porta y el uso de una tarjeta colgada del cuello por medio de una cadenita en donde se ofrece esa misma información. Estas dos últimas, además de suscitar algunos problemas de credibilidad en la gente, no suelen ser muy bien aceptadas por las personas que las ostentan por considerarlas vejatorias.

9. INSTRUMENTOS DE AYUDA

El sordociego se ve abocado a una situación en la que el problema de la comunicación, que ya se ha comentado, junto con el de la independencia personal, se ven seriamente afectados. Por ello, y desde que comenzó a prestársele atención a este colectivo, asistimos a un constante proceso de investigación y renovación de las ayudas, tanto para la mejora de la comunicación como del nivel de independencia personal, referida más concretamente a la movilidad. Se agrupan, a continuación, las mencionadas ayudas en dos apartados, no con la pretensión de hacer una enumeración exhaustiva, sino la relación de las que se han creído de mayor inerés.

9.1. Ayudas para la comunicación

El Consejo de HASICOM, cuyas siglas proceden de "Hearing Sight Impaired Communication" aparece en 1983, y se preocupa especialmente de la comunicación de los sordociegos. Durante dos años estableció "una red de terminales Braille por la que se podían enviar y recibir mensajes, sirviéndose del sistema de "envío postal" electrónico *Telecom gold"*, por medio de una conexión con un teléfono corriente. Dicho sistema convierte los caracteres Braille en señales digitales que pueden ser almacenadas y transmitidas tanto en tinta como en Braille, según se disponga de una pantalla terminal o una máquina Braille. Con este sistema, las personas sordociegas pueden comunicarse telefónicamente con personas videntes".

Este Consejo sigue trabajando en el campo de la comunicación para facilitar al sordociego su máxima integración en la sociedad; por ello, tiene planteadas también una serie de novedades de las que destacamos:

– Máquinas que reproducen Braille, código Morse u otros medios táctiles de comunicación, por medio de vibraciones.

– Introducir el sistema Moon, cuyos caracteres son más fáciles de discriminar que los utilizados por el Braille, para aquellas personas que lo necesiten.

Marcel Auray recoge para la comunicación entre sordociegos y videntes-oyentes una máquina con teclado universal en la que al pulsar una de las letras, ésta se reproduce en Braille en un lugar concreto en la que el sordociego pondrá el extremo del dedo índice para leerla.

En esta misma línea de investigación es muy reciente la fabricación de la máquina "Diálogos 2.000 A", comercializada por la Asociación Central para Discapacitados Visuales de Finlandia. Ofrece la posibilidad de comunicación entre ellos. Se compone de los siguientes elementos: una consola Braille, que sirve tanto de receptor como de emisor; una máquina de escribir electrónica a través de la cual la persona vidente emita su mensaje y un magnetófono de casetes donde se pueden grabar los mensajes.

Los mensajes transmitidos desde la consola Braille pasan a la máquina de escribir, impresos en papel o visualizados en la pantalla de la propia máquina. Los emitidos desde la máquina electrónica pasan a las seis teclas colocadas bajo las teclas de transmisión de la consola Braille, donde son percibidas por el sordociego.

A través del magnetófono, el sordociego puede comunicarse incluso por teléfono, mediante el módem, que viene acoplado al aparato y que, tras ser conectado a la red telefónica, permite enviar y recibir mensajes siempre y cuando el interlocutor disponga de un "Diálogo" o bien un módem compatible y una impresora que emplee el código ASCII. La llamada del teléfono es percibida a través de un minivibrador portátil.

Por otra parte, Marcel Auray recomienda, para la comunicación entre sordociegos una máquina con seis teclas, como la Perkins, que al pulsarlas aparecen las letras en Braille en un lugar concreto donde alternativamente los interlocutores colocan el dedo para recibir el mensaje letra por letra.

El articulador vibrotáctil Kanievski es un aparato diseñado para sordos, pero con aplicación para los sordociegos. Tranforma en vibraciones diferenciadas todos los componentes de la palabra hablada poniendo a disposición del sordo una información de todos y cada uno de los sonidos que el hombre emite mediante sus órganos vocales y, de forma especial, los de habla.

Consta de dos vibradores que pueden colocarse en contacto con los huesos de las muñecas, rodillas o tobillos; un micrófono monofónico y dos amplificadores de salida.

Los últimos y rápidos avances de la informática y de la telemática abren enormes expectativas en este campo, de las que ya han aparecido algunos frutos como el "Versa-Braille", por ejemplo.

9.2. *Ayudas para la movilidad*

Según Denis Lolli, una vez que el entrenamiento se ha iniciado, se podrán modificar los programas y las ayudas para que el alumno pueda seguir una instrucción con más garantías.

Puesto que el sentido háptico es el mejor conservado y el más utilizado por el alumno sordociego total, el especialista en movilidad debería tenerlo en cuenta e introducirlo en sus clases a través de mapas táctiles o en Braille que puedan ser útiles para la movilidad.

El bastón largo es la principal ayuda en movilidad, siempre teniendo en cuenta las características personales, puesto que en alumnos que posean resto visual no siempre es ésta la ayuda más relevante.

El bastón Lásser, cuyos tres canales de transmisión de información sean vibrátiles, puede ser una inestimable ayuda para los sordociegos.

Otra ayuda electrónica interesante puede ser el Pathsounder en su modelo "E", constituido por una caja colgada a nivel del pecho y collarín que vibran cuando el usuario se está aproximando a algún objeto. La caja emite vibración cuando el objeto se encuentra a 1,82 m y el collarín a 76 mm.

Cualquier otro dispositivo electrónico que transmita la información a través de vibraciones podrá ser utilizado por el sordociego, como el Mowat Sonar Sensor, el Nottingham Obstacle detector, etc.

El perro guía, como ayuda para la movilidad, no tiene un uso muy definido, y dependerá del entrenamiento al que lo sometan las distintas agencias de adiestramiento.

10. CONCLUSIONES

– Es urgente configurar un distintivo único que no suponga menoscabo de la dignidad personal del sordociego.

– En educación y rehabilitación, la atención individualizada y especial es condición necesaria para alcanzar una correcta educación integral de estos individuos.

– Se precisan campañas de concienciación de la opinión pública para fortalecer el derecho a la integración social de estos ciudadanos.

– Sería también muy conveniente que dichas campañas incluyeran información acerca de las necesidades específicas y de los sistemas de comunicación usuales para estas personas.

– La ONCE y demás organismos públicos y privados deberían tomar mayor conciencia sobre la situación de este colectivo y aportar su mayor interés en el impulso de la investigación de nuevas tecnologías que pudieran coadyuvar a su mejor desenvolvimiento y facilitar su actividad cultural y recreativa y sus posibilidades laborales.

11. INFORMACIÓN

11.1. España

Organización Nacional de Ciegos Españoles (ONCE). Dirección General, Servicio para Afiliados. Sección de Acción Social. Calle Prado, 24. 28014 Madrid.

Módulo de sordociegos C.R.E. "Antonio V. Mosquete" (ONCE). Paseo de la Castellana, 208. 28036 Madrid (España).

11.2. Gran Bretaña

En Gran Bretaña existen varias asociaciones voluntarias para ayuda de los sordociegos, la más importante es, sin duda, la Royal National Institute for the Blind: 224 Great Portland Street, London, Wl, Inglaterra.

La National Deaf-Blind Helper's League (en 18 Rainbow Court, Paston Ridings, Peterboroug, PE4 GUP, Inglaterra) es una organización fundada en 1928 por un pequeño grupo de sordociegos. Actualmente cuenta con más de 700 miembros sordociegos. Proporciona servicios de rehabilitación, especialmente en el área de las actividades de la vida diaria. Edita una revista, "The Rainbow" ("Arco Iris"), trimestral, que se edita en Braille, en Moon y en papel.

Capítulo XVIII
Informática y logopedia

1.- Una nueva era histórica.

2.- Logopedia asistida por ordenador (L.A.O.).

3.- El ordenador ante la sordera y sus secuelas.

4.- Productos informáticos de aplicación en logopedia.

5.- Sofware disponible y aplicable en logopedia.

6.- Gráfico 1.

7.- Conclusiones.

8.- Decálogo de las ventajas reconocidas del ordenador frente a los modelos tradicionales de enseñanza-aprendizaje.

9.- Otras ayudas.

1. UNA NUEVA ERA HISTÓRICA

El ordenador y la informática en general, ya van teniendo un lugar importante en el currículum escolar de manera creativa y pedagógica.

La conquista máxima del hombre es la comunicación simbólica: *El lenguaje.*

La adquisión del habla humana tuvo lugar hace más de un millón de años y la comunicación escrita es un hecho recientísimo (unos 8.000 años). Los humanos cuando desarrollaron biológica y funcionalmente el hemisferio cerebral izquierdo (por la dominancia de la mano derecha), anatómicamente superior al derecho en tamaño y complejidad en la organización cortical microscópica (Mecacci, 1985), se realizó este "milagro".

La comunicación escrita es el producto de ese proceso de cerebración creciente y de la independencia y maduración del hemisferio izquierdo. (Nada hay tan artificial ni tan aprendido como la escritura.)

El hombre primitivo basaba su comunicación en el hemisferio derecho: primero fue la comunicación iconográfica (unida al objeto), después la pectográfica (sustituyendo al objeto), luego la ideogramática (simbolizando el objeto), finalmente es la alfabética, que requiere un gran desarrollo mental y la posibilidad de un análisis fino. Con la llegada de la informática podemos hablar de comunicación informatizada, caracterizada por la reducción máxima del sistema de símbolos. Los idiomas alfabéticos tienen entre 20 y 30 signos o grafemas. En informática todo queda reducido a dos signos: 0 y 1. La reducción es máxima, la abstracción es entre 10 y 15 veces mayor. Es posible que el cerebro humano haya conquistado una nueva etapa madurativa, de la que todavía no somos conscientes.

Los avances en informática pronostican en los inicios del año 2000 un panorama comunicacional que sobrepasa las fantasías más creativas.

2. LOGOPEDIA ASISTIDA POR ORDENADOR (L.A.O.)

2.1. Generalidades del proyecto

Los programas generados en el proyecto L.A.O. firmado el año 1991, son el producto obtenido como consecuencia del convenio realizado por el Ministerio de Educación y Ciencia (Programa de Nuevas Tecnologías de la Información y Comunicación y Centro Nacional de Recursos par la Educación Especial), la Fundación ONCE y la Asociación de Padres de Niños con Deficiencias Auditivas (APANDA, Ronda El Ferrol, n.º 6-30203; Cartagena, Murcia, teléfono: 968-523752, fax: 968-103710).

El objetivo del proyecto era crear diversos programas de ordenador, encaminados a facilitar el aprendizaje de la lengua a los alumnos y alumnas con deficiencias auditivas y proporcionar al profesorado de éstos y a sus logopedas nuevas herramientas que les permitieran diseñar y confeccionar actividades lingüísticas adaptadas a las características particulares de cada uno de ellos.

Las personas con deficiencias auditivas tienen problemas para la adquisición del lenguaje, presentando, en la mayoría de los casos, dificultades de comunicación y de conocimiento del entorno, deficiencias en la adquisición de conceptos y de representaciones mentales y como consecuencia se producen, con frecuencia, retrasos en el aprendizaje. Como estas deficiencias están originadas por su falta de percepción sonora, lo que les aleja del lenguaje y de las estructuras mentales consecuentes y dado también que su principal fuente de percepción es la visual, se optó por dedicar la mayor parte del esfuerzo a la confección de programas donde el apoyo visual condujera a una mayor interacción con el entorno y a un aumento de las situaciones comunicativas, con el propósito de superar las dificultades descritas, principalmente en los primeros niveles del aprendizaje.

El proyecto incluye:

- SISTEMA EL (entorno lingüístico): Es un sistema de autor totalmente abierto, generador de aplicaciones. Los diferentes módulos o programas están compuestos de "editores de dibujos", "editores de texto" y "editores y ejecutores de programas".

- SIFO (segmentación silábica y fonológica): Son dos entornos de trabajo para realizar actividades con las sílabas y los fonemas.

- LA CASA Y LA FAMILIA: Es una aplicación realizada con el entorno EL, sobre un centro de interés próximo a niñas y niños de las primeras edades.

- INTELEX: Consta de dos programas, el "Diccionario Intelex" y el "Intelex Didáctico". Ambos programas realizan y ejecutan aplicaciones con textos, cuentos, frases y palabras de lengua castellana.

El profesorado tiene un papel muy importante, porque debe diseñar el nivel de dificultad de los diferentes ejercicios y decidir la secuenciación o repetición de los mismos, adaptándolos a las características particulares de cada alumna o alumno con los que trabaja.

2.2. Una esperanza razonable para el sordo

El problema del sordo es que no oye. A partir de esta evidencia, ni puede controlar sus propias producciones ni percibir claramente las de los demás. Oír y hablar no están dentro de las conquistas evolutivas normales del sordo profundo. Con las prótesis actuales, el sordo profundo no puede oír su voz ni las de su entorno. Como consecuencia, la diferencia entre competencia lingüística (léxica, sintáctica y semántica) entre un niño sordo profundo y un oyente, a los tres años de edad, está en la proporción de 20/1, a favor del oyente.

Pese a la evidencia, no deja de ser curioso el hecho de que la falta de audición imposibilite la adquisición del habla, y con esta carencia genere un desajuste personal a niveles muy dramáticos, en muchos casos. El habla humana no depende de un sentido u órgano corporal en concreto, sino de todo el cuerpo, es una actividad corporal plena. Por eso, cuando el lenguaje oral no se produce, el cuerpo entero lo acusa y lo expresa. El lenguaje empieza por la coordinación boca-oído, a la que seguirá la coordinación del aparato disgestivo, después la del aparato respiratorio, más tarde el aparato psicomotor y finalmente el pensamiento linguo-especulativo.

El ordenador, con su velocidad de proceso cada vez mayor (ya se está experimentando el ordenador alimentado por luz natural, cuya velocidad de proceso es de 1.000 millones de operaciones/seg.), es una herramienta óptima para convertir lo auditivo en visual, y es imprevisible lo que en este aspecto nos deparará el futuro. ¿Llegará el día en que la vista sustituya con total eficacia al oído en el tema del lenguaje? Los equipos existentes en España actualmente, v. gr.: IBM, AVEL, SAS, ISOTON, etc., así como los programas aplicables en logopedia o los modelos comunicacionales, sólo son los primeros balbuceos tecnológicos, muy lejanos, por cierto, de los que se necesitan y de lo que cabe esperar de las NTIC.

La capacidad del ordenador para procesar, analizar y archivar información, deberá ser tenida en cuenta para mejorar en los próximos años nuestra forma de trabajo y evaluación del lenguaje con niños sordos. La intervención logopédica, sin evaluación periódica para contrastar los avances y modificar el proceso, si fuera preciso, queda peligrosamente comprometida. El ordenador está llamado a ser una potente y confiable herramienta evaluadora, sólo limitada por la carencia actual de un modelo de desarrollo lingüístico. La computadora puede actuar como una prótesis informática (Battro, 1986, 1989) que incorporada al proceso de rehabilitación, puede paliar las consecuencias de la sordera. La rehabilitación del lenguaje en el niño sordo es un problema de tiempo, que el ordenador puede acortar.

2.3. Objetivos de las NTIC aplicadas a la sordera

En la población específica de sordos, las ayudas técnicas intentan aumentar la capacidad de comunicación y preferentemente la comunicación oral.

Uno de los grandes retos que tienen las NTIC es la conversión del lenguaje escrito. Tarea difícil. Por una parte están las peculiaridades del hablante y por otra están las características del idioma, lo que se ha dado en llamar redundancia del lenguaje. Con los ordenadores actuales, incluidos hasta los de la 4.ª generación, esto es posible. Por eso se estudia otro tipo de ordenador, el bioordenador, que intenta reproducir el funcionamiento del cerebro humano. La idea consiste en disponer de multiprocesadores con un enorme número de unidades de proceso muy sencillas, a modo de neuronas, ampliamente interconectadas entre sí, tal como ocurre con las dendritas.

Según la Comisión de las Comunidades Europeas en su documento CEP-89 titulado "Hacia un programa comunitario en tecnología para la integración de discapacitados en Europa", al menos el 10% de la población europea tiene problemas de audición. Las sorderas profundas acaparan la mayor atención en relación con las NTIC en tres aspectos concretos:

- Enseñanza del lenguaje oral.

- Ayudas a la lectura labiofacial.

- Diseño de sistemas de comunicación remota.

2.3.1. Enseñanza del lenguaje oral

Hay que distinguir muy bien entre lenguaje y habla. Casi todas las ayudas técnicas se han centrado en el habla, proporcionando al niño sordo un feedback visual que le ayude a corregir su defectuosa articulación. Desde 1920 hasta 1982 se han desarrollado más de 100 aparatos electrónicos diferentes para corrección del habla. En la última década se ha avanzado más que en los 50 años anteriores, gracias a la informática. Hoy contamos con productos basados en la informática, tales como el Visualizador Fonético de IBM (1989), The indiana a Speech Training Aid (Universidad de Indiana), The orometer (Universidad de Alabama), The Gallaudet University Speech Training System (Univesidad Gallaudet de Washington), The Johns Hopkins Peech Training Aid (Bernstein & col. 1988), el Autocuer, en fase precomercial, etc.

2.3.2. Sistemas de ayuda a la lectura labio facial (LLF)

Desde Ponce de León hasta hoy se ha buscado un sistema visual o táctil que despeje la ambigüedad de la LLF. Entre los sistemas visuales informatizados hay que destacer el Autocuer (Cornett 1972, 1976, 1979, 1990), basado en el Cued Speech (en español, palabra complementada). Existen también sistemas, como el Trill; Dit, Minifonator, etc. que intentan despejar las ambigüedades de la LLF mediante información táctil.

2.3.3. Sistemas de comunicación remota

Se ha resuelto satisfactoriamente la conversión de texto a voz mediante los sintetizadores de voz. Esto ya está incorporado a teléfonos con teclado alfanumérico y una ventana donde aparece el mensaje escrito. También se ha resuelto el problema de subtitulación de programas televisivos.

No está bien resuelto el problema de reconocimiento de voz. Reconocer el habla es algo más que el análisis físico del sonido; entra en juego la semántica y la redundancia del lenguaje, que el ordenador no puede por el momento resolver.

3. EL ORDENADOR ANTE LA SORDERA Y SUS SECUELAS

El tema de la informática aplicada a paliar las consecuencias originadas por la deficiencia auditiva puede ser analizado bajo cuatro puntos de vista:

3.1. *Como prótesis en la comunicación de la persona sorda*

El mejor y mayor uso del ordenador se está obteniendo en el campo de las comunicaciones, bien comunicación entre sordos, bien comunicación entre sordos y oyentes o viceversa.

3.2. *Como recurso pedagógico para la rehabilitación del niño sordo profundo*

Nadie discute hoy la oportunidad del ordenador en la educación del sordo como medio para el desarrollo de la competencia lingüística, aunque todavía estemos lejos de aplicaciones óptimas y definitivas. Se trata del uso pedagógico-instrumental. Esta aplicación requiere, además de programas adecuados, la preparación del profesor para no decepcionarse ante las continuas frustraciones a que nos someten las máquinas. En el aspecto pedagógico, simple en apariencia, aunque muy complicado en el fondo, no se ha avanzado todavía demasiado, si bien las perspectivas para un futuro a corto y medio plazo son buenas. El ordenador es un medio ideal para desarrollar la pragmática del lenguaje.

3.3. *Como herramienta de integración sociolaboral*

También el ordenador ha convulsionado y lo seguirá haciendo cada vez más el mundo laboral. Conceptos como teletrabajo o teleeducación son ya una realidad. La telemática va a hacer desaparecer en los próximos años todas las barreras de comunicación que hoy aíslan a las personas sordas.

3.4. *Como medio para eliminar la sordera misma*

El aspecto menos desarrollado todavía es el referido a restituir la audición. Se trata del tema de los implantes cocleares. La solución a la sordera, con vistas al desarrollo normal del lenguaje, tiene que darse en edades muy tempranas. A corto plazo, con este matiz de precocidad, no se vislumbra todavía la solución.

4. PRODUCTOS INFORMÁTICOS DE APLICACIÓN EN LOGOPEDIA

Los programas existentes o previsibles a corto y medio plazo, pueden agruparse en tres bloques:

4.1. Programas de contenido explícito

Son los más convencionales, v.gr.: juegos, simulaciones, ejercitaciones... Son programas diseñados para cubrir un objetivo concreto, como pueden ser tareas de seriación, clasificación, emparejamiento, uso de ser-estar, preposiciones, ordenamiento de palabras, percepción ortográfica, sinónimos, antónimos, repaso de vocabulario, morfosintaxis elemental, etc. Son programas de aplicación directa y sin demasiadas posibilidades de modificación. En definitiva, es lo que se llaman programas cerrados. Se limitan al simple entrenamiento de tareas concretas. Permiten el aprendizaje individualizado y el entrenamiento autónomo, con el consiguiente ahorro de energía para el profesor, que confía al ordenador las tareas más tediosas y repetitivas. Fallan en el aspecto interactivo, que es como se desarrolla el lenguaje.

4.2. Entorno para generación de aplicaciones

Es un sistema de autoeducador, adaptable a las necesidades del alumno y del proceso. Su uso es ilimitado. No son aplicables directamente, sino que su función es la de servir de guía para hacer programas a medida y de contenido explícito. Su objetivo último es posibilitar la particularización de las actividades a las características del individuo o del grupo cuando esto sea conveniente o necesario, previendo su utilización, incluso fuera del ámbito del aula o centro escolar.

4.3. Programas-recursos

Su estructura es abierta y están libres de contenidos. Son utilidades o materiales que sirven para llenar los programas concretos que se precisan en cada momento. Por ejemplo, aquí estarían comprendidos bibliotecas de dibujos, listas de palabras, recurso para la animación, etc. Estos programas no se agotan y sirven para tomar elementos que formarán parte de otros programas o aplicaciones concretas. Sólo están limitados por la creatividad, imaginación y necesidades de cada profesor en cada caso concreto.

5. SOFWARE DISPONIBLE Y APLICABLE EN LOGOPEDIA

La logopedia conlleva una serie de letras repetitivas, monótonas, de escasos resultados inmediatos, que terminan rebajando el interés del niño e incluso el del profesional. A este nivel, el ordenador, es una herramienta utilísima. Están disponibles programas para entrenamiento de todos los parámetros del habla, para estrategias de aprendizaje, de vocabulario, de aspectos sintácticos y semánticos, etc. A los niños les gusta el trabajo con el ordenador, suelen tener facilidad para su manejo y les despierta sobrada motivación para repetir las mismas tareas una y otra vez, con pequeñas variantes. Los programas de ordenador bien pensados, ofrecen al alumno, de forma inmediata y objetiva, refuerzos y ayudas a sus preguntas.

Hay que evitar el uso del ordenador en tareas logopédicas como premio a su buen comportamiento durante la sesión con el logopeda. Los ejercicios con el ordenador han de estar integrados dentro del proyecto rehabilitador global. El gráfico 1 es un intento de clasificación, no exhaustivo en cuanto a los productos citados en cada apartado, de los programas existentes, su categoría y su aplicación.

6.

I. Programas para el desarrollo de las estrategias lingüísticas

- Cerrados
  - PEL, LALO, PLOT, DOCEO, LEER, MEJOR, ETC.
- Semiabiertos
  - ECHOLANGES LINGUA, TABLERO DE CONCEPTOS
- Abiertos
  - Lenguajes de autor,
  - Sistemas de autor,
  - TRATAMIENTOS DE TEXTO,
  - HIPERTEXTOS,
  - DICCIONARIO MULTIUSUARIO,
  - ENTORNO VERBAL INTEGRADO
  - BANCO DE PALABRAS PERSONAL COMPUTERIZADO

II. Programas para desarrollo del habla

- SPEECHVIEWER
- SAS
- ISOTON
- AVEL, etc.

III. Programas para el aprendizaje de métodos o sistemas

- ALLAO (lectura labiofacial)
- VLP de St. Michelgestel (LLF)
- Videodisco interactivo de Hustinx para aprendizaje de la mímica
- AUTOCUER: adquisición natural del lenguaje

IV. Dispositivos para almacenamiento

- Disquetes flexibles (tecnología magnética)
- Disquetes semiflexibles (tecnología magnética)
- DH convencionales (tecnología magnética)
- CD-ROM (tecnología OROM, óptica)
- WORM (el usuario puede grabar una vez)
- WMRA (lectura/grabación múltiple)

GRÁFICO 1

GLOSA SOBRE ALGUNOS PRODUCTOS PRESENTADOS EN EL GRÁFICO 1

6.1. Diccionario multiuso

Es el proyecto de hacer un diccionario gráfico residente en memoria para ser usado en cualquier momento y con cualquier actividad de lenguaje que el alumno esté realizando.

Cuando el alumno sordo busque una palabra en este diccionario, le aparecerá una fotografía, el deletreo de los dedos, y quizá hasta la pronunciación de la palabra. El ya disponible CD-ROM y el todavía en desarrollo CD-I, facilitarán el acceso y uso de esta información. Sólo cuestiones económicas pueden parar el desarrollo de este diccionario multiuso. Está en fase de elaboración en distintos países europeos, incluido España, que prevé un producto similar dentro del proyecto LAO.

6.2. Entorno verbal integrado o banco de palabras personal computerizado

Es algo así como un diccionario personal donde se recogen las palabras que el alumno conoce y se van incluyendo las de nuevo aprendizaje. El alumno sordo podrá ir añadiendo a su banco de palabras aquellas que vaya aprendiendo. Es fácil transferir una palabra desde el diccionario general al banco personal del alumno. Con esta transferencia también se transfieren sinónimos, homónimos, frases hechas, conjugaciones, etc., tal como está la información en la base de datos original. El profesor tiene acceso al banco de datos personal del alumno y podrá saber cuántas palabras nuevas ha aprendido, de qué tipo son, etc. El banco de palabras individual de cada alumno, podrá aprovecharse para hacer múltiples ejercicios específicos de lenguaje. Programas de este tipo ya existen para alumnos normales. Es preciso hacer programas paralelos pensados para el niño sordo. El entorno integrado de lenguaje debe contar con ejercicios abiertos que podrán ser llenados con el vocabulario específico de cada alumno.

6.3. Programas para el desarrollo del habla

Hay varios programas para la corrección y desarrollo del habla. El Visualizados Fonético de IBM, es hoy por hoy el más completo y vistoso. El SAS e ISOTON (consorcio ETSIC e INSERSO) es un producto nacional, que aunque menos vistoso, cubre aproximadamente los mismos objetivos. El Visualizador Fonético está adaptado a todos los idiomas comunitarios. Además, casi todos los países desarrollados tienen productos propios de similares características. Esto obedece al desarrollo de los sintetizadores de voz, de uso tan común en aplicaciones de seguridad, tarjetas de crédito, etc., y ahora aprovechados para la enseñanza.

6.4. Programas para el aprendizaje de métodos y/o sistemas

Programa ALLAO: diagnóstico y aprendizaje de la LLF asistido por videodisco y ordenador, y desarrollado por Isabel Guilliams en el Centro Nacional de Estudios de Telecomunicaciones (Francia). Este trabajo ha merecido el premio al mejor videodisco interactivo. Permite enseñar y evaluar la lectura labial, usando técnicas informatizadas audiovisuales. Proyecto del Instituto para la Sordera St. Michelgestel, que está desarrollando un proyecto para diagnosticar y entrenar en las habilidades para la lectura usando u ordenador y un Videodisco Long Play (VLP). Una vez diagnosticado el nivel y capacidad LLF del niño, se le ofrece un programa especial con actividades de adiestramiento con la intención de dominar las diferentes subhabilidades, que son necesarias para la lectura labiofacial, tales como percepción visual, percepción auditiva y una combinación de ambas.

6.5. CD-ROM y videodisco interactivo

Son los dispositivos esperados con impaciencia en la enseñanza normalizada y más aún en la especial, por su enorme capacidad de almacenamiento.

El CD-ROM (Compact Disk Read Only Memory) son disco compactos iguales a los empleados en música. Su capacidad es aproximadamente de 600 Megabytes, algo así como 430 disquetes de 3,5 pulgadas. En uno de estos discos caben muy bien las enciclopedias Británica y Espasa Calpe.

El videodisco interactico es similar al CD-ROM, pero indicado para almacenar 1 hora de imágenes de vídeo. El ordenador, mediante un programa específico, controla estas imágenes, que pueden visualizarse a una velocidad máxima de 25 imágenes/seg. Se llama interactivo por la posibilidad de manejar las imágenes, seleccionando, mezclando, incorporando gráficos, etc., todo ello a la velocidad del ordenador. Las órdenes de búsqueda y/o presentación de las imágenes se pueden poner en un botón del hipertexto, con lo que ambos productos se enriquecen hasta extremos insospechados. El futuro es apasionante.

7. CONCLUSIONES

En el área de la deficiencia auditiva se están diseñando actualmente dos tipos de ayudas basadas en las NTIC:

1. Para la adquisición y desarrollo del lenguaje en niños sordos a través del ordenador.

2. Para el acceso a las telecomunicaciones.

El futuro, basado en nuevas arquitecturas del ordenador, que desarrollarán los llamados ordenadores inteligentes, se prevé prometedor en aspectos como la conversión de voz a texto, que supondrá un avance decisivo para la supresión de barreras de comunicación. Por el momento, el panorama actual puede quedar resumido en los siete puntos siguientes:

1. La informática representa una esperanza razonable para la intervención logopédica del niño sordo.

2. El software disponible en España es poco, pobre y mal sistematizado.

3. Los programas de alto nivel están empezando a diseñarse, previéndose su disponibilidad en el plazo de 1-2 años.

4. La informática constituye una esperanza para la restitución de la audición en edades tempranas, lo que conllevará la solución en aprendizaje verbal de manera natural.

5. La informática no ha producido hasta ahora cambios cualitativos en cuanto a resultados logopédicos. A partir de ahora se espera que sí los haya. Sí ha supuesto ahorro de tiempo, esfuerzo, mayor motivación.

6. La presentación y manipulación de productos informáticos aplicados a la enseñanza se está simplificacndo al máximo. Cualquier profesor será capaz de confeccionarse sus propios programas con unos conocimientos muy básicos en informática.

7. El surtido de productos informáticos aplicados en logopedia pasa por la adaptación de productos extranjeros, v.gr.: el tablero de conceptos y una tímida producción propia impulsada por el Programa de Nuevas Tecnologías del MEC, como por empresas privadas.

8. DECÁLOGO DE LAS VENTAJAS RECONOCIDAS DEL ORDENADOR FRENTE A LOS MODELOS TRADICIONALES DE ENSEÑANZA-APRENDIZAJE

1. Libera de estilos y materiales anticuados, con ahorro de tiempo y esfuerzo. Supone una nueva oferta metodológica-educativa.

2. Introduce una dinámica visual que, en parte, sustituye ciertos parámetros auditivos perdidos por la sordera.

3. Incrementa la motivación y mantiene y refuerza la atención, preparando así para el apredizaje permanente y autónomo.

4. Coloca al alumno en un papel de paciente-activo, contribuyendo a la adquisición de habilidades de autoaprendizaje, estimulando la creatividad y respetando las particularidades de cada alumno.

5. Potencia el carácter lúdico frente al punitivo en la educación.

6. Ofrece la posibilidad de evaluación continua y objetiva, haciendo en consecuencia nuevas propuestas metodológico-educativas.

7. Contribuye a la adquisición de capacidades básicas para la lectoescritura, expresión, cálculo, pensamiento lógico y resolución de problemas.

8. Incrementa la capacidad comunicativa y el aprendizaje verbal.

9. Prepara y ayuda a la organización sistemática del saber como resultado de interiorizar el proceso secuencial del tratamiento de la información que hace el ordenador.

10. Orienta y prepara para posibles salidas profesionales y para el aprovechamiento del ocio y tiempo libre.

9. OTRAS AYUDAS

Agradecemos al Grupo de Tecnologías del Habla (G.T.H./ Departamento de Ingeniería Electrónica, E.T.S. Ingenieros de Telecomunicación, Ciudad Universitaria, s/n, 28040 Madrid), que nos hayan proporcionado los nombres de estos sistemas:

1. Visha
2. TEL-ECO
3. PC AVU
4. Edictor predictivo
5. PC VOX
6. Isoton
7. Sistema de dictado

Como podéis comprender, la tecnología informática envejece a diario; sin embargo, el Departamento de Ingeniería Electrónica de la Universidad Politécnica de Madrid, adscrito a la ETSI de Telecomunicación, está al día.

Creadores y eventos de la Logopedia

Para conocimiento de las nuevas generaciones de logopedas, que nos animan a investigar, os ofrecemos estos datos que forman, sin duda, parte importante del desarrollo histórico de la *Logopedia*.

FRANCIA

MARC COLOMBAT (1797-1851), médico que dio nombre a la especialidad de *Logopedia* en su diccionario histórico de cirugía (1928). Etimológicamente, estudio del lenguaje del niño (*logos,* palabra; *paidea,* enseñanza a los niños).

EMILE COLOMBAT (1839-1891), hijo de Marc, profesor de ortofonía en el Instituto Nacional de Sordomudos de París (1867). Escribió tratado de ortofonía (1880): *Du Cours d'articulation dans l'enseignement des sourds-muets* (1873).

JEAN PIERRE ROUSSELO.(1846-1924). Fue ordenado sacerdote en 1870, se especializa en fonética dialectal y geografía lingüística. Es uno de los fundadores de la fonética experimental. Crea el Instituto de Ortofonía en París (1901) y la *Revue de Phonetique.* Escribe *Principes de Phonetique experimentale, son objet, appareils et perfectionement nouveaux* (1899). *Les modifications phonetiques du language* (1891).

GEORGE HEUYER (1884-1978). Profesor honorario de la Facultad de Medicina de París. Miembro de la Academia Nacional de Psiquiatría Infantil (Paidopsiquiatría). Foniatra.

En el año 1937 se celebró el Primer Congreso Internacional de Paidopsiquiatría Infantil en París y que presidió el profesor Heuyer.

En este Congreso la paidopsiquiatría se separa definitivamente de la psiquiatría clásica y de la pediatría (Ajuriaguerra, 1976) y se creó la primera cátedra de paidopsiquiatría en la Universidad de París que dirige G. Heuyer.

En su cátedra se desarrollaron todo un grupo de técnicas infantiles o terapias que conocemos en la actualidad, sobre todo las de inspiración pedagógica debido a las vinculaciones que siempre había tenido con la educación; se configuraron y destacaron:

- La Logopedia:

  - La psicomotricidad.

  - La estimulación precoz.

  - Y las terapias basadas en las teorías del aprendizaje.

En esta fecha (1937) se produce de manera oficial, según opinión de MARÍA DOLORES MUÑOZ VALLEJO en su tesis doctoral 200/93: *la Logopedia como nueva disciplina científica y sus bases epistemológicas,* leída el 12 de junio de 1992 en la Facultad de Psicología de la Universidad Complutense de Madrid y que recibió la calificación de apto *cum laude* por unanimidad.

SUSANNE BOREL-MAISONNY (1900-1994). Es sin ninguna duda para nosotros el "alma máter" de la *Ortofonía-Logopedia* mundial. Licenciada en enseñanzas clásicas. Filóloga. Discípula de Abad Rousselot. Jefa del Servicio de Ortofonía en el Hospital St. Vincent de Paul de París (1926-1965) y del Hospital Psiquiatrico Henri Rouselle (1946-1974). Miembro de las principales asociaciones mundiales de *Logopedia* y audiología. Fundadora y directora de la Revista "Reeducatión Orthophonique". *L'Absence d'expresion verbale chez l'enfant-Arploe-París,* 1979. *La Tartamudez,* Toray Masson, Barcelona, 1967. *Los trastornos del lenguaje del habla y de la voz en el niño.* Toray Masson. Barcelona, 1975. *Language oral et écrit.* Delachaux et Niestle, 1966.

Autora de muchos tests para el examen de la inteligencia y el lenguaje. Gran publicista. Participó en el I Simposio de *Logopedia* celebrado en Madrid en abril de 1981 con el tema "La reeducación de las disfasias infantiles".

AUSTRIA

VICTOR VON URBANTSCHITSCH (1847-1921). Médico en Viena (1870). Director de la clínica otológica de Viena (1872). Recomienda la estimulación acústica para la mejora de la audición de los sordomudos (1895). Maestro de Froeschels. Es uno de los fundadores de la audiología moderna. Escribió *Lehrbuch der ohrenheilkunde* (1880), traducido al español (1881).

EMIL FROESCHELS (1885-1972). Estudia medicina en Viena (1907). Se especializa en otorrinolaringología con Urbantschitsch (1914); funda la *Asociación Internacional de Logopedia y Foniatría* (IALP-1924). Profesor de *Logopedia* en Viena (1924). En 1938 emigra a EEUU y trabaja dos años con Max Glodstein (1870-1942), en la cátedra de otología de St. Louis. En 1940 director de la Clínica de Voz y Lenguaje del Hospital Mont Sinaí en New York y desde 1950 en Beth David Hospital. En 1947 funda la Sociedad de Terapéutica del Lenguaje y Voz en New York. En 1961 el gobierno austriaco le concede la Cruz Honoraria de Ciencia y Artes. Publicó muchos libros y una selección de sus principales artículos (1964).

LEOPOLD STEIN (1893-1969). Estudio filosofía y filología. Por indicación de Emil Froechels estudia medicina (1924). Cofundador de IALP de la que fue primer secretario (1924-1926). Organiza y preside el XI Congreso de IALP.

ITALIA

SERAFINO BALESTRA (1831-1886). Se ordenó sacerdote en Como (1856). Director de la Escuela dde Sordomudos de Como (l867). Gran defensor del método oralista puro en la instrucción de los sordomudos. Toma parte activa en los Congresos de Venecia (1872), de París (1878) y Milán (1880). En 1885 dirige el Colegio de Sordomudos de Buenos Aires (Argentina) que se fundó en el año 1857 por el maestro alemán de sordomudos Carlos Keil.

HOLANDA

LOUISE KAISER (1891-1973). Profesora de Fonética en Amsterdam (1926). Se ocupa también de erigmofonías, odontología y fonética, logopatias infantiles, canto y lenguaje animal.Profesora de la Escuela Oficial de *Logopedia* holandesa (1950). Escribe *Fysiologische* en *pathologische vormen van Kinderspraak* (1957) y *Manual of Phonetics* (1957).

RUSIA

KURT GOLDSTEIN (1878-1965). Estudia filosofía en Heidelberg (1903) y neurología. Profesor en Frankfurt (1919) en Berlín (1930) emigrado a Holanda (1933) y luego a EEUU (1935). Crea la "Gestaltpsychologie". (Una concepción biopsicológica, derivada de la filosofía fenomelógica, para la cual la unidad psicológica es la forma (*Gestalt*) o *Estructura*. Consiste esencialmente en la aprehensión global y no análitica de las estructuras y las formas). Estudia el lenguaje y deteriorización, especialmente por heridas del cerebro; escribe entre otras publicaciones *Language and language disturbances* (1948).

ESPAÑA

FRAY PEDRO PONCE DE LEÓN, inventor del arte de hacer hablar a los mudos (1510-1584).

JUAN PABLO BONET BARLETFERBANT, primer tratadista del mundo sobre el arte de enseñar a hablar a los mudos. "Redvction de las letras y arte para enseñar a ablar a los mvdos."

TORRES DE BERRELLÉN, Zaragoza, 7 de enero de 1579. Madrid 2 de febrero de 1633.

MIGUEL GRANELL Y FORCADELL (1865-1943). En el año 1881 funda en su ciudad natal Amposta (Tarragona) un colegio gratuito y educó a un niño sordomudo. Estudió magisterio en Barcelona y Madrid. Prometió a su madre que se dedicaría a la enseñanza de sordomudos. Director del Colegio de Sordomudos y Ciegos de Madrid (1906-1911). Organizador de los cursos normales para la formación de profesores de sordomudos. Escribió *Historia de la enseñanza de la palabra a los sordomudos en España"* (1910).

MARTÍN ARAMENDIA ABADIA (1902-1990). Es, a nuestro juicio, el orfonista-logopeda práctico más prestigioso de España. Discípulo de Sussanne Borel Maisonny en París. Se trató con éxito total su propia disfemia. Fue nuestro *maestro* de *Logopedia* en Pamplona (1965), y gracias a sus enseñanzas prácticas y ejemplo profesional sembró en nosotros la semilla de la vocación logopédica. Defensor del término Ortofonía para la especialidad en España. En el año 1972 publicó en Pamplona *Lecciones de Ortofonía*.

Enseñó, trabajo con humildad y, como escribió uno de sus discípulos, nuestro compañero Rafael Gutiérrez Alonso en una carta póstuma a su Maestro desde Almería el 12 de junio de 1990, "Tú que te empeñaste en no ver tu obra en la calle" todos sus escritos y experiencias pertenecían a tus alumnos.

JORGE PERELLO GILBERGA (Barcelona 1918-....). Estudia Medicina en Barcelona (1943). Magisterio. Psicólogo. Funda la Revista *Acta ORL Ibero-Americana* (1950). Estudia foniatría en 1950 con Jean Tarneaud (uno de los más prestigiosos foniatras mundiales que fue Jefe del Departamento de Foniatría de la Facultad de Medicina en París y Fundador de la Sociedad Francesa de Foniatría, 1950). Fundador de la Asociación Española de Logopedia y Foniatría (AELF).

En la Asamblea constituyente de AELF celebrada el 10 de septiembre de 1960, en Málaga, se aprobó la siguiente Junta Directiva:

Presidente: Doctor Jorge Perelló Gilberga, de Barcelona.

Secratario: Profesora Luisa Betés Polo, de Málaga.

Vicepresidente: Profesora Dolores Olmo, de Granada.

Tesorero: Doctor Félix Fernández López de Uralde, de Málaga.

Vocales: profesora Rosalia Prado Moreno, de Madrid; profesor Francisco Tortosa Peydró, de Barcelona; doctor Miguel, de Linares; Pezzi, de Málaga; profesor Francisco Verge Lozano, de Salamanca.

El I Curso de Foniatría y *Logopedia* que se celebró en España, lo organizó el Dr. Perelló en la semana de 17 al 22 de abril de 1961 en 2l Hospital de la Santa Cruz y de San Pablo y que era D. Jorge el encargado del Departamento de Foniatría del Servicio de ORL.

La II Asamblea Nacional de la Asociación Española de *Logopedia* y foniatría y la I Reunión de Expertos Iberoamericanos se celebró del 22 al 24 de agosto de 1962 en Barcelona y fue reelegido presidente por unanimidad el Dr. Perelló.

Con motivo de la Asamblea se rindió un homenaje a JACOBO ORELLANA GARRIDO (1871-1970). Maestro (1891). Profesor de Sordomudos (1911). Director del Colegio de Sordomudos de Madrid (1934). Traductor de muchos libros y autor de *La enseñanza de la palabra a los sordomudos* (1918).

En esta II Asamblea se planteó la nueva carrera de *Logopedia* y la creación de la Escuela Nacional de *Logopedia* y la Agencia Argos difundió, entre otros, el siguiente comunicado: "entre tanto no se organicen los estudios para logopedas, los únicos profesionales capacitados y titulados por el Ministerio de Educación Nacional son los profesores de sordomudos, tanto para la educación de los niños no oyentes, como para la prática de la *Logopedia* en general"

En el año 1974 es elegido Presidente de la Asociación Internacional de Logopedia y Foniatria (IALP).

Investigador en fisiología laríngea, erigmofonía y audiometría infantil.

Publica una colección de audiofoniatría y *Logopedia* (ver bibliografía comentada).

Hasta el año 1991 no se reconoce el título de Diplomado en *Logopedia* y por el que tanto luchamos los que nos dedicamos a esta profesión.

A nivel internacional es uno de los más prestigiosos profesionales.

PABLO MUÑOZ SOTES (Madrid 1935-....) Maestro de Primera Enseñanza. Licenciado en medicina y cirugía. Diplomado en psicología. Médico especialista en neurología y médico especialista en rehabilitación. Fundador de la Unidad de Rehabilitación del Lenguaje del Hospital Clínico de Madrid (1967). Fundador de la Unidad de Foniatría del Instituto de Ciencia Neurológicas (1964). Organizador y director de los primeros cursos de *Logopedia* en Madrid desde 1968. Director y creador del Centro médico de Ciencia del Lenguaje desde 1979. Director de sucesivos cursos de *Logopedia* y musicoterapia desde 1980. Jefe de la sección de rehabilitación del lenguaje de la ciudad sanitaria "La Paz" de Madrid, desde 1978. Ponente en distintos congresos y jornadas médicas. Autor de diversas publicaciones. Colaborador y profesor en distintos cursos de foniatría y *Logopedia* en la facultad de Medicina y en la Facultad de Psicología de la Universidad Autónoma de Madrid.

Hombre de gran humanidad, trabajador y muy profesional y que nosotros queremos rendir un homenaje de agradecimiento para que las nuevas generaciones de logopedas conozcan a nuestro compañero y amigo Muñoz Sotes creador de la "escuela madrileña de *Logopedia*".

Muchos más nombres podríamos añadir a estos pioneros de la *Logopedia* pero seguimos sus discípulos para que esta disciplina sea cada día más profesional y humana.

Movimiento asociativo

IALP. Internacional Association of Logopedics and Phoniatrics.

NVLF. Dutch Association for Logopedics and Phoniatrics.

NVSSTP. Dutch Association for Voice, Speech and Language Pathology
(125 países están representados en estas asociaciones)
De Boelelaan 1105
1081 HV Amsterdam
The Netherlands

CPLOL. Comité Permanente de Enlace de los Ortofonistas-Logopedas de la Unión Europea (15 países)
2, rue de Deux Gares
75008 PARÍS
FRANCIA

CELFAS. Confederación Española Pro Ayuda a Personas con Trastornos de Logopedia, Foniatría, Audiología y Signos.
Apartado de Correos 300
06200 ALMENDRALEJO (Badajoz)
ESPAÑA

AELFA. Asociación Española de Logopedia, Foniatría y Audiología.
Asociación Española de Logopedia (AEL)
Violante de Hungría, 111-115 Escalera B. pral 4º
08028 BARCELONA
ESPAÑA

FEPAL. Federación Española de Asociaciones de Profesores Especialistas en Audición y Lenguaje
Carretera de Andalucía, km 6
28041 MADRID
ESPAÑA

Apéndice B
Diccionario básico de Logopedia
(SOS Abad-SOS Lansac)

A

ABORAL. Opuesto o distante de la boca.

ABSITERIA. Ausencia de voz por histeria.

ACALCULIA. Trastorno de variedad variable en el uso de los números y en la realización de las operaciones ariméticas elementales. Va desde la dificultad de leer y escribir números hasta la de contar y resolver problemas.

ACATAFASIA. Alteración de la sintaxis del lenguaje por lesión cerebral.

ACATAGRAFIA. Imposibilidad de escribir oraciones gramaticales.

ACATALEPSIA. Imposibilidad de conceptualización.

ACATAMATESIA. Pérdida de la comprensión del lenguaje.

ACATANOESIS. Imposibilidad de comprender o autocomprenderse.

ACATAPOSIS. Imposibilidad de deglutir.

ACOASMA. Alucinación acústica.

ACROCEFALIA. Cabeza en forma cónica.

ACUESTESIA. Hipersensibilidad acústica.

ACUFENOMETRÍA. Identificación del tono de los acúfenos y de su intensidad.

ACUFENOS. Percepción de ruidos que no tienen una fuente exterior al organismo sin padecer afección alguna.

ACULLA. A la otra parte del que habla.

ACUSIA. Sensibilidad auditiva.

ACUSMA. Alucinación acústica.

ACUSTICOFOBIA. Temor a los ruidos.

ADIADOCOCINESIA. Alteración del habla en la que la palabra es lenta y arrastrada (es como si el enfermo masticara las palabras y luego escupiera).

ADORAL. Junto a la boca.

AEROFAGIA. Deglución voluntaria o no del aire.

AFAGIA. Imposibilidad de deglutir.

AFASIA. Imposibilidad de traducir el pensamiento en palabras con integridad liguolaríngea.

AFEMIA PATEMÁTICA. Pérdida de habla por miedo o por pasión.

AFEMIA PLÁSTICA. Mutismo voluntario.

AFONÍA. Pérdida total de la voz.

AFONÍA PITIÁTICA. Pérdida de la voz por causas psicológicas.

AFONOGELIA. Imposibilidad de reír.

AFTEUXIA. Incacacidad de producir sonidos articulados.

AFTONGIA. Trastorno espasmódico del habla en el que se produce un calambre en los músculos fonatorios.

AGITOFASIA. Excesiva rapidez del habla con omisión inconsciente de palabras o sílabas.

AGLOSIA. Falta de lengua.

AGNACIA. Falta de mandíbula.

AGNOSIA AUDITIVA. Falta de reconocimiento de ciertos ruidos y sonidos que con anterioridad eran conocidos.

AGRAFÍA. Imposibilidad de expresar el pensamiento por escrito debido a una lesión cerebral.

AGRAMALOGÍA. Lenguaje incoherente.

ALECIA. Imposibilidad de olvidar.

ALEXIA. Incapacidad total para la lectura.

ALEXITEMIA. Incapacidad para expresar por medio de palabras los estados de ánimo.

ANANOGSASTENIA. Imposibilidad o dificultad de leer, por la congoja que sobreviene al intentarlo en ciertos estados neurasténicos.

ANAIDIA. Imposibilidad de emitir la voz.

ANARTRIA. Falta de articulación oral.

ANAUDIA. Cofosis. Sordera.

ASONÍA. Sordera musical.

ASTEREOGNOSIA. Pérdida de reconocer los objetos mediante el tacto.

AUTOECOLALIA. Repetición de las palabra proferidas por el mismo individuo.

B

BARIACUSIA. Dureza de oído.

BARILALIA. Lenguaje difícil o pesado; entorpecimiento del habla.

BARATISMO. Dificultad de articulación

BEFO. Labio inferior más grande de lo normal.

BETACISMO. Imposibilidad de articular la /B/.

BIT. Mínima información del sistema binario.

BRADIACUSIA. Audición lenta.

BRADIFASIA. Habla lenta.

BRADIGLOSIA. Lengua corta.

BRADILALIA. Articulación lenta.

BRADILEXIA. Lentitud en la lectura.

BROCA, ÁREA DE. Tercera circunvolución frontal del hemisferio dominante de la corteza cerebral. "Centro del lenguaje". Hoy se considera que no hay un "centro exclusivo del lenguaje", sino, un centro de traducción de ideas en palabras, o, "centro de codificación del lenguaje".

BUCAL. Relativo a la boca.

C

CACOFONÍA. Vicio de dicción que consiste en el aumento o repetición de unas mismas sílabas o letras.

CACOFRASIA. Alteración de la articulación del lenguaje.

CACOGRAFÍA. Escritura viciosa contra las normas de ortografía.

CADUCEO. Insignia de Mercurio, Dios de la Oratoria, consistente en una varita rodeada de dos culebras.

CALAMBRE DE LOS ESCRIBIENTES. Es una crispación muscular que se produce al principio o durante el acto de escribir (grafospasmos).

CALLO VOCAL. Nódulo vocal.

CALÓ. Habla de los gitanos.

CANTUS GALLI. Sonido característico emitido en la laringitis subglótica.

CAPRINA. Voz entrecortada y temblorosa.

CATAFASIA. Desorden del lenguaje en el cual se expresa constante o repetidamente la misma palabra o frase.

CATOPTROFOBIA. Temor morboso a los espejos.

CECERAR. Pronunciar la /S/ como /Z/.

CHARADA. Enigma que resulta de formar con las sílabas divididas o trastocadas de una voz a propósito para ello, otras dos o más voces, y de dar ingeniosa y vagamente algún indicio acerca del sentido de cada una de éstas y de la principal, que se llama todo.

CHARLA. Pieza oratoria de carácter artístico.

CHASCAR. Separar súbitamente la lengua del paladar haciendo ruido.

CHASSAGNI, MÉTODO DE. Método de una reeducación de una dislexia disortográfica basado sobre la comunicación. Se realiza casi totalmente por escrito, con pocos ejercicios de lectura. Se funda en dos principios: 1) Utilización de series, y 2) autocorrección.

CHECHEO. Sustitución de la articulación de la /S/ por /CH/.

CHINOÍSMO. Sustitución de la articulación de /R/ por la /L/.

CHITICALLA. Persona y discreta y callada.

CHOCARRERÍA. Chiste grosero.

CHUCHEAR. Cuchichear.

CHUITISMO. Anomalía u omisión en la articulación de la /CH/.

CHUSCO. Gracioso.

CINOPTOSIS. Elongación considerable de la úvula.

COANAS. Par de orificios ovalados situados a cada lado del tabique nasal que comunican las fosas nasales con la faringe.

COFOFILO. Amigo de los sordos.

COFOLALIA. Pérdida del timbre normal de la voz por sordera poslocutiva.

COFOSIS. Sordera total.

COFOTIFLOFILO. Amigo de los sordos y de los ciegos.

COPROLALIA. Onomatomanía reiterativa de voces o frases relativas a excrementos, porquería u obscenidades.

CRIPTOLALIA. Habla que no se comprende si no se conoce el código.

CUCHICHEAR. Hablar a una persona al oído delante de otras.

D

DACTILOLOGÍA. Arte de comunicarse por medio de signos con las manos y dedos.

DATA. Fecha.

dB. Decibelio.

DECIBEL-DECIBELIO. La unidad de intensidad física de la fuente sonora es el Watt acústico por centímetro cuadrado (W/cm^2), pero, dada la dificultad de este concepto, se prefiere cifrar la intensidad en una unidad logarítmica mejor adaptada a las propiedades del oído; por eso, la unidad audiométrica escogida es el decibelio –décima parte de belio– que, prescindiendo de la definición física, hoy se admite que representa la variación de energía justamente necesaria para producir el sonido capaz de ser percibido por el oído humano. Llamada así en honor de Alexander Graham Bell. Hijo y nieto de profesor de sordomudos y casado con una sordomuda. Fundador de la Asociación Americana Oralista para la Enseñanza del Sordomudo (1890).

DEFICIENCIA AUDITIVA LIGERA. Promedio de pérdida auditiva de 20 a 40 decibelios.

DEFICIENCIA AUDITIVA MEDIA. Promedio de pérdida auditiva entre 40 y 70 decibelios.

DEFICIENCIA AUDITIVA PROFUNDA. Pérdida auditiva promedio en las frecuencias conversacionales superior a 90 decibelios.

DEFICIENCIA AUDITIVA SEVERA. Pérdida auditiva promedio en las frecuencias conversacionales entre 70 y 90 decibelios.

DEFICIENCIA AUDITIVA TOTAL. Cuando no hay ninguna respuesta auditiva en toda la escala tonal.

DELTACISMO. Articulación defectuosa de la /D/.

DIADOCOCINESIA. Facultad de ejecutar voluntaria y rápidamente una serie de movimientos sucesivos y opuestos o antagónicos.

DIASTEMA. Espacio existente entre dos dientes vecinos.

DIASTEMASTOGLOSIA. División de la lengua en dos mitadas.

DIASTEMATOSTAFILIA. Úvula dividida en dos partes (bífida).

DIFONÍA. Estado en el cual se producen dos tonos al hablar.

DIFTONGIA. Producción simultánea de dos tonos de voz.

DIGLOSIA. Lengua doble o bífida.

DIRRINIA. Nariz en dos.

DISARTRIA. Dificultad de articular correctamente.

DISARTROFONÍA. Desórdenes de la voz, resonancia y articulación con bases neurológicas.

DISCALCULIA. Perturbación en el aprendizaje del cálculo.

DISFASIA. Debilitación o pérdida de formación de las asociaciones verbales por disminución de la integridad mental debido a enfermedad sock o trauma.

DISFEMIA. Es el defecto de locución constituido por la repetición de sílabas o la dificultad de pronunciar algunas de ellas llevando consigo un paro o espasmo de la fluidez verbal.

DISGLOSIA. Trastorno en la articulación de fonemas producidos por anomalías o lesiones orgánicas de los órganos periféricos del habla. Se denominan: labial, dental, lingual, mandibular y palatina.

DISGRAFIA. Escritura deficiente.

DISLALIA. En general, se denomina así cualquier trastorno en la adquisición del lenguaje o articulación del habla.

DISLEXIA. El término hace referencia a una multiplicidad de síntomas, causas, enfoques reeducativos, etc., en relación con los trastornos del aprendizaje normal de la lectura.

DISMIMIA. Trastorno en la lengua de signos.

DRAMATOFRASIA. Lenguaje grandilocuente y teatral. Se observa en la esquizofrenia.

E

ECFONEMA. Elevación de la voz con violencia.

ECOACUSIA. Sensación subjetiva de audición de un eco después de un estímulo auditivo.

ECOLALIA. Repetición en eco, por un sujeto, de palabras y frases pronunciadas delante de él.

EDAD MENTAL. La que se deduce mediante ciertas categorías de pruebas psicométricas.

EFÍMERO. Que dura un día o es fugaz.

ELOCUCIÓN. Manera de hacer uso de la palabra.

EMBOLALIA. Inserción de sonidos o palabras superfluas en la oración.

EMBOLEXIA. Añadir a la lectura fonemas o sílabas no escritas.

ENANTIOLALIA. Trastorno del lenguaje en el cual se emplean constantemente palabras contradictorias.

ENTÓTICO. Situado u originado dentro del oído.

EPÉNTESIS. Adición de algún sónido inadecuado dentro de una palabra. (p. ej., "coromo" por cromo).

EPÉNTICA, VOCAL. Introducción de una vocal suplementaria para eliminar una dificultad articulatoria (p. ej., "pala" por pla).

EPÓNIMO. Nombre de una persona que se utiliza para denominar una enfermedad, órgano o síntoma.

ERIGMOFONÍA. Voz esofágica.

ESPERANTO. Nombre de un idioma inventado por el doctor Luis Zamenhof (1887), médico oculista, para que pudiese servir como lengua universal.

ESTENTÓREO. Dícese de la voz muy alta y ruidosa.

EUBOLIA. Virtud que ayuda a hablar convenientemente.

EUFONÍA. Voz bella que resulta de la adecuada combinación de los elementos acústicos de la palabra.

EUFRASIA. Dicción perfecta.

EUTONÍA. Estado óptimo de tensión muscular en relación con la acción, el movimiento o el gesto que el individuo se propone ("Tensión armoniosamente equilibrada").

EYECTIVO, SONIDO. Fonemas propios de las lenguas africanas y americanas producidas por la expulsión violenta del aire acumulado encima de la glotis cerrada (independiente de la respiración). Estos sonidos o ruidos no existen en las lenguas de civilización occidental.

F

FALSETE. Voz que canta en un tono más alto que el natural.

FEMA. Trazado fonético característico. (Sonoridad, punto y modo de articulación, nasalidad).

FIATO. Duración de la respiración.

FICISMO. Articulación defectuosa de la /F/.

FON. Es la realización sonora del fonema. Unidad fonética mínima.

FONEMA. Unidad de la segunda articulación del signo lingüístico.

FONOFOBIA. Temor a hablar en voz alta.

FONOPATÍA. Alteraciones de la voz en general.

FRENODIMIA. Dolor en el diafragma.

G

GAGO. Tartamudo.

GANGOSIDAD. Timbre agudo nasal obtenido cuando el sujeto contrae su faringe para disminuir su fuga de aire por la nariz.

GARLA. Plática, charla, conversación.

GENIOSPASMO. Espasmo de los músculos de la barba.

GEROLOGOPEDIA. Parte de la *Logopedia* que estudia los trastornos que se producen en el habla, la voz y el lenguaje a causa de la vejez.

GLOSALGIA. Dolor lingual.

GLOSARIO. Catálogo o vocabulario de palabras técnicas.

GLOSOPLEJÍA. Parálisis de la lengua.

GRAFEMA. Unidad mínima de escritura.

GRAFOMANÍA. Tendencia obsesiva a escribir.

GRAFORREA. Escritura sin sentido.

GUTUROFONÍA. Voz ronca.

H

HABLA. Expresión audible del lenguaje.

HAPAXEPIA. Articulación de un solo grupo de fonemas en vez de repetirlo dos veces. Tragi-comedia en vez de trágico-comedia.

HÁPTICA. Ciencia que estudia las sensaciones táctiles.

HEMIFONÍA. Debilidad de la voz.

HIATUS. Dificultad de emitir o mantener los sonidos "piano" o de poca intensidad.

HIPOACUSIA. Disminucción de la sensibilidad auditiva.

HIPOLALIA. Pobreza del lenguaje.

HIPOSEMA. Debilidad de la lengua de signos.

HOLOFASIA. Afasia total.

HOLOAGRAFÍA. Pérdida absoluta de la facultad de escribir.

HOLOFRASIA. Una frase queda fundida en una palabra.

HOMEOLEXIA. Confusión de letras o palabras que tienen forma o significado parecido.

I

I.C.A. Indice de capacidad auditiva.

IDIOFONÍA. Voz propia de cada persona.

IDIOGLOSIA. Habla tan ininteligible que suena como un idioma extranjero (habla inventada por el enfermo).

IMPLOSIVA. Se dice de la consonante oclusiva que sólo posee el primer tiempo de su articulación y carece de la explosión (p. ej., el fonema /p/ en la palabra "excepto").

INSPIRACIÓN ESTRIDULOSA. Ruido producido en la epiglotis cuando se inspira.

IOTACISMO o YOTACISMO. Empleo abusivo del sonido "i" o "y" en el habla.

ÍTEM. Pregunta de un test.

J

JERGA. Código verbal que sólo una comunidad muy reducida es capaz de comprender.

JERGAFASIA. Deformación del lenguaje en que el enfermo habla sin sentido.

JERIGONZA. Habla especial que usan entre sí los individuos de ciertas profesiones o actividades.

JOTACISMO. Articulación defectuosa de la /J/.

JUDAS, ESPEJO DE. Cristal de visión unidireccional y que sirve para observar a las personas sin que éstas lo sepan.

K

KAPPACISMO. Articulación defectuosa del fonema /K/ (ca, co, cu, que, qui).

KLESEASTESIA. Pérdida de la voz gritada.

KURN. Enfermedad exclusiva de la mujer en Nueva Guinea con ataxia, temblor y disartria.

KUSSMAUL, AFASIA DE. Consistente en la negativa a hablar (frecuente en los estados de trastorno mental).

L

LABIO LEPORINO. Fisura congénita del labio superior.

LALACIÓN. Balbuceo del niño que está comenzando la articulación del habla.

LALAR. Pronunciar defectuosamente sílabas que comienzan por la /L/.

LALEO. Repetición continua de un único sonido.

LALIATRÍA. Estudio y tratamiento de los trastornos del lenguaje.

LALOFOBIA. Temor obsesivo a hablar.

LALOGNOSIS. Comprensión del lenguaje.

LALONEUROSIA. Perturbación del lenguaje.

LALOPATÍA. Cualquier trastorno del lenguaje.

LALOPEDIA. Corrección del habla.

LALOPLEJÍA. Parálisis de los órganos del habla.

LALORREA. Hablar anormal por excesivo flujo de palabras.

LAMBDACISMO. Imposibilidad de articular correctamente el fonema /L/.

LEGASTENIA. Dificultad para leer.

LENGUAJE. Es un sistema de comunicación estructurado producto de una actividad nerviosa compleja que permite la expresión de los estados afectivos o psíquicos.

LICORNIO. Puntero adaptado en la cabeza que sirve para señalar ciertas cosas en sujetos que carecen de habla (Letras, tablero del ordenador...).

LL Y MM, TEORÍA DE LA. Dotes innatas para el lenguaje en relación con el lenguaje, la lateralidad, las matemáticas y la música.

LLANA. Dícese de la palabra que tiene el acento prosódico en la penúltima sílaba.

LLANTO. Efusión de lágrimas acompañada frecuentemente de lamentos y sollozos. Es un fenómeno expresivo espontáneo que presenta tanto un aspecto físico como psíquico.

LOGAGNOSIA. Imposibilidad de expresar ideas por medio del habla.

LOGOCLONIA. Trastorno de la articulación de la palabra, frecuente en los paralíticos y caracterizado por la repetición confusa en tropel, de sílabas y palabras. Repetición espasmódica de las sílabas terminales de las palabras.

LOGOLATRÍA. Admiración y culto de la palabra.

LOGOPEDA. Profesional especialista que trata de prevenir, investigar y tratar los trastornos de la voz, el habla y el lenguaje oral, escrito y gestual.

LOGOPEDIA. Ciencia paramédica que estudia la prevención, la investigación y el tratamiento de los trastornos de la voz, el habla y lenguaje oral, escrito y gestual.

LOGOPLEJÍA. Imposibilidad brusca de hablar.

LOGOTERAPIA. Método psicoterápico que intenta por medio de la palabra ayudar a que el enfermo descubra el sentido de su vida.

LUDOAUDIOMETRÍA. Audiometría por el juego.

M

MACROGLOSIA. Aumento patológico en espesor o en longitud de la lengua.

MACROLOGÍA. Amplitud excesiva de un discurso.

MEGAFONÍA. Hablar en voz fuerte.

METALALIA. Pronunciación invertida.

METASEMIA. Cambio de significación de un vocablo.

MICROGLOSIA. Pequeñez anormal de la lengua.

MIMACIÓN. Empleo frecuente en el habla del sonido de la letra /M/ en palabras que no lo tienen.

MÍMICA. Expresión del pensamiento por medio de gestos.

MONEMA. Unidad de la primera articulación del signo lingüístico mínimo que no se puede descomponer en otros y que constituyen la estructura interna de la palabra.

MONÓFONO. Fonema compuesto por un sólo sonido.

MUDEZ. Privación del habla.

MUTISMO. Incapacidad total para la expresión verbal, bien sea congénita o adquirida, transitoria o permanente.

MUTISMO ELECTIVO. Ausencia del habla ante determinadas circunstancias.

MUTISMO TRIMOGÉNICO. Ausencia del habla por un estado depresivo.

N

NARINA. Abertura anterior de la fosa nasal.

NEOLALIA. Utilización de palabras inventadas por la persona que habla. Puede ser síntoma de trastorno mental.

NOVAL. Lenguaje artificial inventado por Jespersen, lingüista danés (1860-1943).

NUNACIÓN. Sonido nasal de las palabras; empleo abusivo de los sonidos en /N/.

Ñ

ÑENGUE. Idiota.

ÑUÑACIÓN. Empleo abusivo de la sonidos /Ñ/.

O

ODEOGRAMA. Registro gráfico de los parámetros de una voz.

ODEOLOGÍA. Estudio científico del canto.

ODINACUSIS. Audición dolorosa.

ODINOFONÍA. Fonación dolorosa.

OLIGOFASIA. Grado menor de afasia en niños con encefalopatía.

ONIROFONÍA. Hablar durante el sueño.

ONOMATOFOBIA. Temor morboso a ciertas palabras.

ONOMATOMANÍA. Obsesión por el temor de olvidar un vocablo. Repetición de ciertas palabras de forma incontrolada.

ONOMATOPOYESIS. Formación o creación de palabras sin significado.

OPTACON. Máquina de lectura con salida táctil o acústica (reconocimiento óptico de caracteres).

OPTÓFONO. Instrumento que transforma las ondas luminosas en sonoras y por el cual los ciegos pueden distinguir la luz de la claridad.

OSTEÓFONO. Prótesis auditiva que utiliza la audición por vía ósea.

OTONEURALGIA. Enfermedad del oído.

OTOPATÍA. Dolor de oídos.

OTOPIORREA. Supuración del oído.

OTOSIS. Sensación auditiva falsa.

OXIFONÍA. Voz aguda.

OXILALIA. Habla rápida.

P

PALABRAS TRAMPA. Las empleadas en ciertas pruebas de lectura labial para fijar la atención del niño obligándole a luchar contra los automatismos.

PALATOGNATO. Fisura congénita del paladar.

PALATOGRAMA. Huella marcada por la lengua en el paladar artificial que permite señalar el punto de articulación de un sonido.

PALIGEMIA. Repetición del principio de las frases.

PALÍNDROMO. Dícese de los escritos que pueden leerse en ambos sentidos con el mismo significado.

PALINLEXIA. Leer de derecha a izquierda.

PAQUIGLOSIA. Lengua muy gruesa.

PARAMIMIA. Trastorno mímico por el cual se efectúan gestos y se asumen posturas que están en contradicción con el pensamiento que se expresa. Confusión en el empleo de gestos.

PEDOLALIA. Habla infantil.

PROGNATISMO. Protusión exagerada hacia adelante de la mandíbula inferior.

PROLEPSIS. Pronunciación adelantada de ciertos fonemas dentro de la palabra.

PSELISMO. Disfemia.

PSEUDOVOZ. Erigmofonia.

PTIALISMO. Secreción abundante de saliva.

Q

QUELICTOMÍA. Extirpación de una porción del labio.

QUEILOFAGIA. Tic nervioso caracterizado por un continuo morderse los labios.

QUETELET (REGLA). El peso del cuerpo de un adulto en kilógramos equivale al número de centímetros de la talla que exceden de 100.

QUIROLOGÍA. Lenguaje gestual.

QUIRONOMÍA. Arte de componer el gesto y el movimiento del cuerpo, especialmente de las manos para hablar en público.

R

RÁDIX. Base de la lengua.

RAPPORT. Afinidad empática entre el logopeda y el paciente.

RECIDIVA. Reaparición de una enfermedad o defecto.

REFLEJO DE MORO. Descrito en 1918, se llama también "Reflejo del Abrazo". Se descompone en dos tiempos, los dedos se separan (quedando flexionados el pulgar y el índice), la cabeza va hacia atrás y se extiende la espalda. Los miembros superiores se colocan en flexión y aducción, y describen un arco de círculo. Debe desaparecer a los seis meses.

RESASTENIA. Cansancio vocal de los profesionales de la voz.

RESEAMUSIA. Pérdida de la entonación correcta en el habla propia.

RETROGNATIA. Posición del maxilar inferior por detrás de la línea de la frente.

RINOHIGROMETRÍA. Investigación de la permeabilidad nasal por medio del espejo de Glatzel.

ROTACISMO. Articulación defectuosa del fonema /R/; /RR/.

S

SABIR. Lengua hablada de los pueblos mediterráneos compuesta por elementos españoles, franceses, italianos, griegos y árabes.

SESEO. Pronuciación de la /Z/ como /S/.

SIALORREA. Flujo excesivo de saliva.

SIALOSQUESIS. Supresión de la secreción salival.

SIGMATISMO. Imposibilidad de articular el fonema /S/.

SOCIOACUSIS. Sordera progresiva suma de la presbiacusia y de la contaminación acústica.

SONIC. Evocación mediante el oído de sonidos que se han escuchado en el pasado con el "oído de la mente".

SONOVOX. Laringe artificial eléctrica para uso de los laringectomizados.

SORDERA. Disminución o pérdida de la audición.

SORDOCIEGO. Persona que no oye y no ve.

SUBNORMAL-SUBNORMALIDAD. Estos términos contenidos en las disposiciones vigentes serán sustituidos por los de "minusvalía" y "persona con minusvalía" con especificación en su caso de si la misma es física, sensorial o psíquica (Real Decreto 348/1986 de 10 de febrero, BOE número 212).

T

TACTÓFONO. Aparato que posibilita la comunicación a distancia con las personas sordociegas utilizando el códico morse.

TACTOLOGÍA. Notación musical en relieve para uso de las personas ciegas.

TAG. Pintada en la pared (etiqueta).

TAQUILALIA. Habla rápida.

TARTAMUDEZ. Habla con pronunciación entrecortada y repitiendo las sílabas o palabras o bien con pasos tónicos.

TAUTOFONÍA. Repetición de los mismos sonidos.

TELEMÁTICA. Combinación de las telecomunicaciones y la informática.

TETACISMO. Articulación incorrecta de la /T/.

TETISMO. Sustitución de la mayor parte de las consonantes por el fonema /T/. (Modernización del concepto hotentotismo.)

TONEMA. Inflexión que recibe la entonación de una frase enunciativa a partir de la última sílaba.

TONTO. En la Edad Media creían que la locura era producida por una piedra que se había alojado en el cerebro. Trepanaban el cráneo y hurgaban en los sesos. La piedra no aparecía, pero la persona moría o acrecentaba su enajenación. Los lingüistas lo saben: trasquilaban el cabello para que el loco perdiera sus fuerzas y aplacara violencias. Era lo que en latín se llamaba *Tondere,* esto es *"Rapar"* y de *Tondere,* salió un participio regular *Tonso* y luego *Tonsura,* pero se creó un participio anómalo, *Tontus* del que derivan el español *tonto* y el rumano *Tint.* Lo que vale tanto como decir, "*Tonto* es aquel que ha sido trasquilado para quitar fuerza a su locura".

TURRICEFALIA. Cabeza en forma alta y estrecha (en forma de torre).

U

URANOPLASTIA. Cirugía plástica del paladar.

URASNOSTAFILORRAFÍA. Sutura de la hendidura total del paladar.

USHER, SÍNDROME DE. Sordera congénita neurosensorial y rinitis pigmentaria.

ÚVULA BÍFIDA. Úvula cuyas dos mitades embriológicas no se han unido en la línea media.

UVULOPTOSIS. Relajación y caída del velo del paladar.

V

VERSICOM. Microprocesador adaptable a la silla de ruedas que, mediante exploración luminosa, selecciona el símbolo deseado que aparece en la pantalla.

VERSOBRAILLE. Grabadora braille con salida táctil a la par que acústica.

VOLTOLINI, ENFERMEDAD DE. Sordera bilateral que surge de forma agudísima en los niños, acompañada de fiebre, violentos dolores de oído, síntomas meníngeos y afección laberíntica.

VOZ. Sonido originado en la laringe o en la faringe, modificado por las cavidades de resonancia y que se oye al exterior de los labios.

VOZ ECTÓPICA. Voz producida en otro lugar que la laringe.

VUMETER. Aparato para medir la intensidad sonora.

W

WAARDENBURG (Síndrome). Síndrome compuesto por sordomudez congénita; albinismo; hipertricosis entre las cejas; anomalías entre los párpados, cejas y raíz de la nariz.

WALLENBERG (Síndrome). Parálisis unilateral del velo del paladar, de la faringe y de la laringe.

WHO. (World Health Organisation). Organización Mundial de la Salud.

WYLIE (Prueba). Si los nódulos vocales desaparecen con un toque de adrenalina, pueden curarse con el reposo vocal.

X

XENOGLOSIA. Habla con acento extranjero.

XEROFONÍA. Voz seca en la diabetes.

Y

YEÍSMO. Defecto de la articulación de /LL/ que se articula como /Y/.

YOTACISMO. Imposibilidad de articular la /J/ y /G/ suaves.

Z

ZONA DE ARTICULACIÓN. Punto de articulación.

ZUMBIDO DE OÍDO. Ruido subjetivo dentro del oído.

ZUMBIDO OBJETIVO. Zumbidos de oídos que pueden ser percibidos por el examinador.

ZUTANO. Vocablo que se usa cuando se alude a tercera persona.

AEBLI, H. (1994): *Factores de la enseñanza que favorecen el aprendizaje autónomo.* Traducción de Ricardo Lucio. Colección Educación Hoy. Ediciones Narcea. Madrid.

El autor sugiere ocho campos de aprendizaje, de entre los cuales "el aprendizaje social" es al que dedica un tratamiento más amplio.

AGÜERA, I. (1994): *Curso de creatividad y lenguaje.* Educación Hoy. Ediciones Narcea. Madrid.

Eminentemente práctico y sencillo, que puede ser utilizado por cualquier educador que sienta la inquietud de renovar su escuela, lleno de ideas originales, juegos, experiencias y actividades.

AGUILERA, MANSO, M. C., y GONZÁLEZ, M. C.: *Nene oye.* (Manual de lectura para deficientes auditivos). Minón-Valladolid.

El manual se divide en siete partes que van avanzando tanto en la complicación de articulaciones como en la estructura del lenguaje.

AIMAR, P., y MORGON, A.: *Aproximación metodológica a los trastornos del lenguaje en el niño.* Editorial Masson. Balmes, 155. 08008 Barcelona.

La obra es un método de reflexión simple sobre los distintos trastornos del lenguaje en la primera infancia. Contiene numerosas reflexiones clínicas.

AJURIAGUERRA J. DE, y MARCELI: *Manual de Psicopatología del niño.* Editorial Masson.

Estudio didáctico y clarificador de los cuatro ejes en torno los cuales se organiza la psicología del niño: las conductas, la estructura mental, la visión diacrónica y el entorno. Esta segunda edición está ampliamente revisada.

AJURIAGUERRA J. DE, y OTROS (1986): *La dislexia en cuestión.* Morata. Madrid.

Un prestigioso plantel de autoridades en la materia: Beauvais, Inizan, Stambak... entre los que se incluye el español Ajuriaguerra, son los autores. El volumen recoge destacadas aportaciones.

ALCALÁ LÓPEZ-BARAJAS, A.: *El mundo del Silencio* (La lucha contra la sordera). Real Academia de Medicina de Sevilla.

El motivo de la elección del tema es "la preocupación por la marginación que han tenido y tienen todavía en la actualidad los que por desgracia nacen o padecen sordera". "La ceguera es corporativa..., la sordera suele ser centrípeta y solitaria".

ALEXANDER, G. (1986): *La Eutonía* (Un camino hacia la experiencia total del cuerpo) Paídos. Técnicas y Lenguajes Corporales.

Gerda pone en este libro los principios de su ya célebre escuela e invita al lector a emprender la apasionante aventura de redescubrir su cuerpo.

ALMARD, P. y MORGON, A. (1993): *El niño sordo.* Narcea, S. A. Ediciones Madrid.

Los autores ponen el énfasis de la importancia de un diagnóstico precoz y un tratamiento practicado desde los primeros momentos de la vida sin dejar un momento que puede ser fundamental. El libro propone la utilización complementaria del lenguaje oral y el lenguaje de signos sin excluir ninguno de los dos.

ALONSO SECO, J. M. (compilador) (1994): *Curso de prevención de deficiencias.* Real Patronato de Prevención y Atención a Personas con Minusvalía. SIIS. Serrano, n.° 140. 28006 Madrid.

En esta publicación se recoge una selección de los materiales presentados a estos cursos por parte de expertos que, desde distintos sectores profesionales, tienen mucho que decir sobre la prevención de deficiencias. La obra concluye con una extensa bibliografía sobre el tema en cuestión.

ALPINER y OTROS: *Háblame.* Medicina Panamericana.

Háblame es una guía (para los padres) de ejercicios en el hogar para el desarrollo del lenguaje del niño deficiente auditivo y del niño normal. El mayor mérito del libro es quizá la sistematización de los ejercicios a realizar. "Los padres buenos no nacen, se hacen por la comprensión y captación gradual de las necesidades de sus hijos."

ÁLVAREZ REYES, D. (sordociego) y LEYTON GÓMEZ, A. (1995): *Comunícate con nosotros.* Asesoría General de Servicios para Sordociegos de la ONCE. CRE. Paseo de La Habana, 208. 28036 Madrid.

Es un manual imprescindible para toda aquella persona que desea tener contactos o empieza a conocer a las personas que tienen doble deficiencia: la auditiva y la visual, y nos informan de cómo podemos comunicar con ellos e intentar alguna conversación en un clima de confianza.

ÁMMAN, J. C.: *Surdus Loquens.* El sordo que habla o disertación sobre el habla.

Catálogos de libros de Juan Amado Langerek de la Biblioteca de Leyden (Holanda). 1926. Escrito en latín, es una de las obras más importantes de la pedagogía sordomudística. Dice su portada: "En la que no sólo se investigan la voz humana y el arte de la palabra desde sus orígenes sino que ofrecen los medios para que los sordos y mudos de nacimiento obtengan la palabra y quienes hablan con dificultades enmienden sus defectos. Muchas cosas se hacen ya que antes se consideraban imposibles".

ANDERSON, R. (1995): *Unos chicos especiales.* Editorial Alfaguara. Madrid.

Unos chicos especiales nos presenta la vida cotidiana de varios muchachos y muchachas que, por diferentes causas, no pueden llevar una vida normal. Lesiones congénitas, accidentes... han obligado a nuestros protagonistas a una existencia diferente, especial. Bertram es el conductor, que todas las mañanas recoge a cada uno de ellos para acudir a un centro para niños con discapacidades. Como en un puzzle, todas las historias se nos van mostrando con gran realismo y, a la par, con una inmensa sensibilidad.

ANICETO GONZÁLEZ, E.: *Inconsciente como lenguaje. Del signo de Saussure al significante de Lacan.* Asociación de la Escuela de Psicoanálisis. Grupo Cero.

Esta obra nos introduce en la maravilla del descubrimiento freudiano y en las claves de apertura al discurso de Jacques Lacan y las transformaciones que este discurso produce en el inconsciente freudiano.

ANTÚNEZ CARRASCO, M.ª R.: *Comentario a "Logopedia Práctica" de Sos Abad.* Universidad Complutense de Madrid. Facultad de Psicología. Departamento de E. E. (trabajo de Doctorado). 70 páginas.

Es un estudio y resumen de la publicación.

APANDA (1995): *La palabra complementada (manual, cinta vídeo y cinta casete).* Editorial APANDA (Asociación de Padres de Niños con Deficiencias Auditivas). Ronda El Ferrol, 6. 30203 Cartagena (Murcia).

La experiencia práctica del equipo profesional APANDA, a base de impartición de cursos y encuentros sobre la Palabra Complementada, originalmente "Cued Speech". La Palabra Complementada es un apoyo a la lectura labiofacial haciendo inteligible el discurso hablado para la persona con deficiencia auditiva.

ARANDA, R. E. (1996): *Estimulación de aprendizajes en la etapa infantil.* Editorial Escuela Española. Madrid.

El objetivo de esta obra no es acelerar el desarrollo natural del niño, sino estimularle desde lo antes posible para aprovechar las enormes posibilidades que tiene desde que nace. Pero, sobre todo, aprovechar la etapa de 2 a 4 años que es la más crítica. Es la Escuela Infantil la que puede y debe facilitar los aprendizajes que posteriormente adquirirá el niño.

La autora de esta obra enseña a conocer al niño por medio de un diagnóstico eficaz y a llevar a cabo un programa de estimulación de motricidad, de estimulación del lenguaje, de estimulación auditiva y de estimulación visual. Con ello se iniciará en el niño el proceso de formación de conceptos que comenzará por: afrontar el medio y explorarlo; organizar experiencias y recordarlas; seguir los pasos de asociación, generalización y discriminación y concluirá en la adquisición de los aprendizajes.

ARCELLA: *La Escuela para el oyente y el niño sordo.* Buenos Aires.

Se dan consejos a los maestros de escuelas ordinarias para colaborar en el descubrimiento precoz de hipoacusias infantiles y formas de ayudar a los alumnos sordos a seguir una escolaridad integrada por medio de la lectura labial y estimulación auditiva.

ARCELLA: *Manual Práctico de lectura labial.* Buenos Aires.

Libro sencillo y con jerarquía científica muy útil a los padres y profesores de sordos.

ARNÁIZ SÁNCHEZ, P. (1995): *Deficiencias visuales y psicomotricidad: teoría y práctica.* ONCE. Sección de Educación. C/ Prado, n.º 24-2ª planta. 28014, Madrid.

En esta obra la autora recoge una serie de experiencias realizada con niños con algún tipo de déficit visual y con problemas de psicomotricidad. Se analizan diversos aspectos del desarrollo psicomotor y la relevancia de la intervención psicomotriz para adquirir y desarrollar en el niño ciego los patrones básicos del movimiento.

AROCA ROZALEN, M.: *Método para enseñar la palabra al niño sordo.* Instituto Hispano-Americano de la Palabra. 243 páginas.

Se compone la publicación de un libro teórico-práctico y de cinco carpetas que contienen setenta y cinco fascículos de material, variado y progresivo.

ASENSI DÍAZ, J.; LÁZARO MARTÍNEZ, A. (1979): *Valdemécum de pruebas psicopedagógicas.* Servicio de Publicaciones del Ministerio de Educación y Ciencia. 209 páginas.

Para los psicólogos que trabajan en el terreno concreto de los deficientes auditivos la obra resulta muy orientadora para la información que se da en cada prueba a este colectivo escolar tan específico (los deficientes auditivos).

ASOCIACIÓN FRANCESA DE LA FACULTAD DE MEDICINA: *La sordera de la primera edad.* Boletín de Audiofonología, vol. III, NS-1987, n.º 1, 96 páginas. 25030 Besançon.

Análisis y reflexiones de dos encuestas realizadas.

BANCO DE DATOS DEL CSIC: Centro de Información y Documentación Científica. Calle Joaquín Costa, n.º 22. 28002, Madrid.

El centro de documentación del CSIC dispone de una base de datos conocida como B. D. ISOC, que recoge información de los artículos publicados de más de 1.000 revistas especializadas y consta de más de 200.000 registros, y accesible desde cualquier línea de un PC o terminal de ordenador o a través de la red telefónica conmutada.

BANG, C.; HÖRGESCHADIGTTE KINDER: Revista. *La Música rompe el mundo del silencio.* (La Musicoterapia y la Reeducación del Sordo).

Este profesor danés, lleva a cabo una experiencia de musicoterapia aplicada a niños sordos, hipoacúsicos y con deficiencias asociadas.

BARBERÁ, F. (1895): *Enseñanza del Sordomudo.* Imprenta de M. Alufre. Valencia.

La obra fue declarada de texto por la Real Academia de Medicina de Madrid, el 4 de mayo de 1896.

BARDISOLA, L. (1995): *Cómo enseñar a los niños ciegos a dibujar.* Biblioteca de los Servicios Sociales de la ONCE. Madrid.

Enseñar a la infancia invidente a obtener una correspondencia entre la imagen represenada y la percibida; ése es el verdadero objetivo de los seis capítulos a través de los cuales se intenta comunicar el entusiasmo por el dibujo a estos niños. De esta forma se espera ayudarles a acceder a la información simbólica sobre todo en temas de comunicación no verbal, tan actual en nuestros tiempos.

BARLET, Xana, GRAS, Rosa: *Atención temprana del bebé sordo. Análisis de una experiencia.* Editorial Masson. Barcelona, 1995.

Este libro expone las intenciones y los logros obtenidos por los logopedas que crearon en los años sesenta el Centro Psicopedagógico para la Educación del Deficiente Sensorial (CPEDS) de la "Caixa" para la integración de niños sordos.

BASIL, C., y RUIZ, R. (1985): *Sistemas de Comunicación no vocal.* Fundesco, 142 páginas.

Los sistemas o métodos que se describen en este libro ayudarán a los niños con graves disminuciones físicas a relacionarse con los demás, a aprender a divertirse. El libro va dirigido especialmente a los padres y educadores porque, sin duda, orientará su esfuerzo pedagógico hacia objetivos realistas y gratificantes.

BASIL, C., y PUIG DE LA BELLACASA, R.: "Comunicación Aumentativa". *Curso sobre sistemas y ayudas técnicas de comunicación no vocal.* Colección Rehabilitación del INSERSO. Madrid. 244 páginas.

Este trabajo escrito supone una aportación valiosa, dado que constituye el resultado de la reflexión y el trabajo de los profesionales que día a día trabajan en estas cuestiones a nivel teórico, experimental y asistencial.

BAUMGART, D.; JOHNSON, J.; HELMSTETTER, E. (1997): *Sistemas alternativos de comunicación para personas con discapacidad.* Editorial Lebón. Roger de Lluria, 93. 08009 Barcelona.

En este libro, sin centrarse en ningún sistema en particular, el lector aprenderá multitud de aspectos sobre sistemas alternativos, para la evaluación de las personas candidatas a utilzar dichos sistemas y para la elaboración de éstos. Además se dan ideas y propuestas para poder llevarlos a la práctica sin necesidad de sofisticados medios, con cosas simples como fotos, objetos en miniatura, pictogramas, dibujos…

BENITO, Y. (coordinadora) (1994): *Problemática del niño superdotado.* Amarú Ediciones. Salamanca.

El motivo del presente libro es ofrecer una mayor información sobre los diversos aspectos, características, intereses, necesidades, y, en definitiva, toda la problemática que rodea a los niños muy capacitados o superdotados, desde distintos puntos de vista.

BEST, A. R. (1995): *Steps to Independence.* Bimh Publications.

Guía práctica para el trabajo con personas con disminuciones psíquicas y sensoriales. El libro es una valiosa fuente de ideas prácticas para los profesionales que trabajan con ciegos plurideficientes y con sordociegos.

BEST, Tony; FEEMAN, P.; HILLS, J. (1995): *The Nadbrh Schedule of Communication Developement in Deaf-Blind Children.* Nadbrh.

Presenta en secuencias evolutivas ciertas habilidades receptivas y expresivas, presimbólicas y simbólicas, observadas en el desarrollo temprano de la comunicación en niños sordociegos. Cada habilidad está definida en muy pequeños pasos del aprendizaje y se dan númerosos ejemplos de cada caso. Sirve como ayuda para la enseñanza.

BIBLIOGRAFÍA ITALIANA: *Sobre los trastornos en el oído, la vista y el lenguaje.* Servizio di Consulenza Pedagógica, Dr. S. Lagati. 38100 Trento (Italia), Vía Druso, 7. Conto Corrente Postale n.º 10-385.383.

Recopilación de todas las publicaciones editadas en lengua italiana sobre minusvalías. Los más de 450 libros recopilados en esta bibliografía son de gran actualidad y muy útiles para una puesta al día sobre esta temática.

BILLANT, J. y BEUGNETTE, G. (1986): *La Structuration Syntaxique du Langage Gestuel de Jeunes Sourds Français.* 174 páginas, 34 tablas. Nancy. Presses Universitaires.

Se trata de un trabajo riguroso y bien sistematizado, realizado por la lingüista Jacqueline Billant y por el psicólogo Gilbert Beugnette, sobre la sintaxis del lenguaje gestual observado en jóvenes sordos profundos, cuya edad oscila entre los ocho y los quince años.

BLACKWELL, P. y OTROS: *Frases y otros sistemas. Un programa de Lenguaje y Aprendizaje para niños deficientes auditivos.* The A. Graham Bell Association for the Deaf. 190 páginas.

Corresponde al programa de Enseñanza del Lenguaje del RHODE ISLAND SCHOOL FOR DEAF (USA). No sólo es una exposición del programa sino que la obra tiene el mérito de discutir las bases científicas, especialmente lingüísticas. El eje central de la obra es: "El lenguaje no se enseña, se adquiere".

BLANCO, L.; LLONCH, C. (1995): *Primeras lecturas.* Editorial Parramon. Colección Descubro mi mundo. Barcelona.

Esta colección está pensada como material de apoyo para niños que empiezan a leer, de forma que estimule el aprendizaje natural del niño y despierte su curiosidad por todo lo que le rodea. Además, le ayuda a adquirir nuevos conocimientos y habilidades, con temas incluidos el infantil.

BLOCH, P.: *¿Habla bien su hijo?* Científico-Médica. Barcelona. 169 páginas.

Con lenguaje sencillo, da a los padres una advertencia de que los problemas de la voz y del habla, no pueden, no deben ser tratados con negligencia en este mundo en el que hablar es vivir y en el cual la comunicación tanto representa.

BONET, J. P. (1620): *Reducción de las letras y Arte para enseñar a hablar a los mudos.* Librería Española. Madrid. 255 páginas.

Es sin duda la obra principal de la historia de la pedagogía sordomudística. ¿Es un plagio del libro de Fray Pedro Ponce de León? La respuesta la darán los estudiosos.

BORREGÓN SANZ, S.; GONZÁLEZ CALVO, A. (1994): *La Afasia. Exploración, diagnóstico y tratamiento.* INSERSO. Madrid.

La obra va dirigida a quienes se enfrentan al diagnóstico de las diversas tipologías afásicas, a quienes abordan la exploración de las funciones lingüísticas mermadas o conservadas y a quienes tenemos el difícil reto de la tarea de recuperación logopédica.

326

BRADLEY, H, es psicóloga de Sense y Bob Snow es Jefe de Educación Superior en Sene in the Mildlands, Ebaston.

Este libro es una guía introductoria y comprensiva para las carreras relacionadas con adultos disminuidos psíquicos con deficiencias visuales y auditivas. Incluye una guía práctica de publicaciones específicas sobre temas concretos de interés para estudiantes.

BOUTON, C. P.: *El desarrollo del lenguaje. Aspectos normales y patológicos.* Huelmul, S. A. UNESCO. Buenos Aires. 275 páginas.

Es una obra de divulgación, cuyo propósito es hacer el balance de los conocimientos actuales acerca de los problemas de la adquisición del lenguaje, tanto en los niños normales como en aquellos que sufren dificultades de origen físico o sociocultural.

BOULCH LE JEAN (1987): *La educación psicomotriz en la escuela primaria.* Paidós. Madrid. 398 páginas.

Los ejercicios y situaciones propuestos son simples puntos de partida; en este caso, se agrega una explicación metodológica que facilita la tarea de adaptarlos a condiciones muy diversas. El niño debe tener conciencia del cuerpo, lateralizarse, situarse en el espacio, dominar el tiempo.

BRIEGHEL-MÜLLER, G.: *Eutonía y Relajación* (Técnicas de relajamiento corporal y mental). Editorial Hispano-Europea, S. A. Bori y Fontestá, 6. 08021 Barcelona. 247 páginas.

Los ejercicios descritos resultan una guía muy completa para los profesores que hayan decidido utilizar distintas ramas de la eutonía en el desempeño de su labor docente.

BROCK, M.; CHRISTOPHER, A. (1984): *A Silent Life.* Bedford Squares Pres.

Edición actualizada de la historia de la vida de Margaret Broick con Christopher, su hijo sordociego a causa de la rubeola. Narra la lucha que mantuvo para ayudar a su hijo sordociego después de la Segunda Guerra Mundial y los primeros días de Sense, más tarde llamada "Asociación para ayuda a afectados por rubeola".

BUFFON, J. L. L.: *Biografía de Jacobo Rodríguez Pereira.* Librería Escuela Española. Madrid. 230 páginas.

La obra, muy completa, dedicada al primer maestro de sordomudos de Francia (1734-1780). Recomendamos su estudio a todos los cofófilos.

BUSTOS SÁNCHEZ, I.: *Discriminación auditiva y logopédica.* (Manual de ejercicios de recuperación). CEPE. Madrid. 91 páginas.

La obra se compone de cuatro elementos: Guía didáctica. Un cassete (donde se registran siete series de ejercicios: ruidos y sonidos producidos por el propio cuerpo, medio ambiente, naturaleza, instrumentos musicales… Láminas (que representan acciones generadoras de sonidos). Cuaderno práctico para el alumno en el cual simbolizará las reacciones auditivas que marca el logopeda.

BUTCHER, J. N. (1973): *Psicología de la vida anormal.* Editorial Marfil. Alcoy. 284 páginas.

El objetivo de este volumen es presentar un breve panorama descriptivo de la psicología de la vida anormal. El enfoque es clínico tradicional.

CABRERA, M.ª C. (1997): *La estimulación precoz. Un enfoque práctico.* Editorial Lebón. Roger de Lluria, 93. 08009 Barcelona.

Nueva edición (9.ª en España) de este libro conciso, claro y práctico.

CALDWELL, M., y STEDMAND, D. J. (1984): *Educación de niños incapacitados.* Editorial Trillas. México. 203 páginas.

Por las valiosas experiencias referidas en sus páginas, este libro servirá de gran apoyo para la labor de psicólogos infantiles, maestros de educación especial, estudiantes y padres de familia.

CALSINA, C. (1996): *Ejercicios para el aprendizaje lector.* Editorial Escuela Española. Madrid.

Es fruto de un trabajo práctico de investigación realizado con niños afectados con problemas de aprendizaje de la lectoescritura.

CALSINA, C. y FERNÁNDEZ, R. (1996): *Logodrag. Ejercicios de discriminación logopédica.* Editorial Escuela Española. Madrid.

Es un material de carácter logopédico destinado a reforzar el aprendizaje de la lectura y escritura de los niños que presentan dificultades o un nivel de adquisición insuficiente. El libro es de ayuda inestimable para todos los profesionales que trabajamos en el campo de la educación y en especial en la patología del lenguaje.

CALZONI VIDAL, A. (1995): *Orientación profesional del deficiente mental.* Colección Rehabilitación. INSERSO. Madrid.

El documento, fruto de las inquietudes de un grupo de psicólogos por establecer sistemas de detección de habilidades, de entrenamiento profesional y de encuadramiento laboral de este colectivo, hasta ahora marginal, recoge la primera fase de la investigación relacionada con la incorporación del minusválido psíquico al mundo laboral.

CARRAT, R. (1986): *Théorie de l'enchantillonage cochléaire.* Prólogo P. Pialoux. 220 páginas, 120 figuras. París. Arnette.

El libro contiene mucha información personal y de otros autores que se refleja en una extensa bibliografía al final de cada capítulo. El autor pasa revista a todas las teorías propuestas sobre la audición y expone los puntos débiles de las mismas.

CARRERAS, J.; VARIOS (1995): *El sistema de la Paraula Complementada i la Fonètica Catalana* (en catalán). Edi. Servei de Difusió i Publicacions del Departamente d'Ensenyament de Catalunya. Barcelona.

Es una adaptación al catalán del Sistema de la Palabra Complementada y en colaboración con Santiago Torres, quien hizo de intermediario con el creador del sistema del Dr. Orin R. Cornett.

CASADO, D. y OTROS (1987): *Discapacidad e información.* Secretaría Ejecutiva del Real Patronato de Prevención y Atención a Personas con Minusvalía. Madrid. 218 páginas.

El apartado documental de esta publicación acoge algunos materiales que reflejan la reciente preocupación sobre cómo presentar a las personas con discapacidad en los medios de comunicación.

CELESTE, B. (1995): *El primer año de escolarización.* Traducción y adaptación de Jesús García García. Colección Primeros años. Ediciones Narcea. Madrid.

Es una breve guía de fácil lectura, llena de experiencias. Lejos de toda ideología "a favor" o "en contra" de la escolarización precoz, desvela ese misterio del quehacer diario en las clases de pequeños: sus momentos más ricos, pero también sus sombras.

CENTRO NACIONAL DE RECURSOS PARA LA EDUCACIÓN ESPECIAL: C/ General Oraa, 55. 28006. Madrid.

Desde su creación en el año 1986, el CNREE contribuye a la mejora de la atención educativa de alumnos con necesidades educativas especiales, proporcionando a los profesores y profesionales que trabajan con estos alumnos, directa o indirectamente, formación y recursos técnicos y materiales que facilitan su tarea.

CAPERUCITA ROJA: (Sistema de Comunicación Aumentativa/Alternativa). Departamento de Deficiencia Motórica del CNEE.

Es un manual para el logopeda que comprende una serie de cuentos adaptados para ayudar a la comunicación de los niños deficientes motóricos. Como sistema alternativo el equipo de autores ha elegido el S.P.C.

CERVANTES, L. A. y OTROS (1984): *Sordera, del diagnóstico al tratamiento.* Apanda. Cartagena. 252 páginas.

Se trata de las Actas del Congreso de la Asociación de Padres de Niños con Deficiencias Auditivas de Cartagena que celebró a finales de octubre de 1983. En ellas se exponen todos los aspectos de la problemática que ofrece el niño con deficiencias auditivas.

CLAUSTRO DE PROFESORES DEL COLEGIO NACIONAL DE SORDOMUDOS: *Tratado para la educación y la enseñanza del sordomudo y del sordomudo-ciego.* Madrid, 1927. Imprenta del Colegio Nacional de Sordomudos y Ciegos. Paseo de la Castellana n.° 69. Madrid. 185 páginas.

Dicen los autores: "Nuestro sencillo texto tiene por finalidad enseñar a los sordomudos lo que nadie debe ignorar, con el adiestramiento del Lenguaje, que aprendan mejor el oficio, arte o profesión que deban ejercer". Es un libro muy práctico.

COLIN, D.: *Psicología del niño.* (Versión castellana de María Dolores Suriá). Editorial Masson.

Su lectura y estudio es un buen inicio para el conocimiento del mundo silencioso.

CONGRESO NACIONAL DE LOGOPEDIA, FONIATRÍA Y AUDIOLOGÍA: Burgos, 24 al 28 de junio de 1986. CEPE. Madrid, 1987. 307 páginas.

Conjunto de ponencias, mesas redondas y comunicaciones que constituyen el contenido científico del XIV Congreso.

CORREDERA SÁNCHEZ, T.: *Defectos de la dicción infantil.* (Procedimientos para su corrección). Kapelusz. Buenos Aires. 187 páginas.

El problema de los niños que hablan, oyen, comprenden y respiran mal es de suma importancia. Esta obra es sencilla y eminentemente práctica.

COTIN, G. y OTROS: *Manual de ORL infantil.* Editorial Masson.

La ORL infantil se ha beneficiado recientemente de los progresos en el tratamiento de la patología infecciosa, en la inmunidad. Esta obra proporciona los datos fundamentales de esta especialidad.

CRICKHANK, W. (1981): *El niño con daño cerebral.* Editorial Trillas. México. 326 páginas.

Esta obra logra plenamente el propósito de informar con amplitud y claridad, aunque sin apartarse del nivel científico que le corresponde. Resulta de gran utilidad para educadores, pediatras, neurólogos, etc.

CRICKMAY, M.: *Logopedia y el enfoque Bobath en parálisis cerebral.* Editorial Médica Panamericana. Junio, 831. Buenos Aires.

Analiza distintas corrientes de acción terapéutica referentes a la logopedia.

CRITCHELEY, MacDonald (1981): *El niño disléxico.* Editorial Marfil. Alcoy. 182 páginas.

Este volumen constituye una edición muy ampliada de la obra del mismo autor titulada *Developmental Dyslexia* publicada en 1964. Se ha añadido mucho material nuevo basado, por una parte, en la experiencia personal del Dr. Critcheley referente a 620 casos de lectores retrasados (que fueron enviados a consulta como víctimas probables de ceguera verbal).

CUED-SPEECH: *Guía de padres para la educación del niño sordo.*

Adaptación francesa de *Hand book for parents,* de M. E. Wenwgar y O. Cornett, por M. A. Pirnay. Cuadernos de language parlé complète, n.° 1, mayo 1987. ALPC 21-23 rue des Quatríe. Fréres Peignot-75015. París.

CUILLERET, M.: *Los trisómicos entre nosotros.* (No hablemos más de mongolismo). Editorial Masson. Balmes, 151. 08008 Barcelona. 144 páginas.

Cuilleret nos propone un cambio de denominación del "mongolismo" que conlleva un enfoque alternativo a la situación actual y que expone a lo largo de todo el libro. Su principal objetivo estriba en conseguir la integración del niño trisómico.

DALE JIM, F. (1972): *Progress Guide for Deaf-Blind and/or Severely Handicapped Children.* Nadbrh, revisado en 1977.

Guía donde se revisan las áreas que pueden ser interesantes en el desarrollo de los niños sordociegos y con otras deficiencias severas, que pueden estar obstaculizando el progreso. La guía recoge lo que un niño ha sido capaz de conseguir, cuándo lo consiguió y cuáles son las expectativas inmediatas.

DAVIS, F. (1982): *La comunicación no verbal.* Alianza Editorial (616). Madrid. 249 páginas.

La autora desea que el libro les dé a los lectores lo que al escribirlo le dio a ella: agregó a su vida cantidad de placeres curiosos. El concepto de comunicación no verbal está fascinando a los especialistas en cinesis (estudio del movimiento del cuerpo humano).

DECROLY, O. y MONCHAMP, E. (1986): *El juego educativo.* Iniciación a la actividad intelectual y motriz. Ediciones Morata. 184 páginas.

Decroly introduce el juego en la educación y, respetando el carácter de la actividad lúdica, le confiere una dimensión nueva, al considerarlo el medio fundamental de la autoedición del niño.

DIAGONAL/SANTILLANA (1987): *Enciclopedia de la Educación Preescolar* (8 tomos). Madrid. 3.640 páginas.

Obra que tiene por finalidad orientar la acción educativa en este nivel (cero a seis años) desde los principios teóricos más actuales, así como modelos prácticos de aplicación de los distintos sectores del currículum.

DÍAZ ARNAL, I. (1989): *Niveles en Educación Especial* (Contenidos de Diagnóstico y Tratamiento). Editorial Escuela Española, S. A. Madrid. 144 páginas.

Según manifiesta la autora, "esta evaluación conjunta de lo que el deficiente es, psicológicamente hablando, y de lo que puede hacer desde el ángulo pedagógico, constituye la pretensión del libro, puesta de manifiesto en la ordenación de contenidos y niveles de adquisición".

DÍAZ CASANOVA, M. (1985): *El asociacionismo de los minusválidos. Entre organización y movimiento social.* Madrid. Ministerio de Trabajo y Seguridad Social. 335 páginas.

El presente trabajo ha partido de un estudio empírico realizado sobre las asociaciones de minusválidos. Han sido estudiadas 354 asociaciones españolas.

DINVILLE, C.: *La tartamudez (sintomatología y tratamiento).* Prefacio de S. Borel-Maisonny. Editorial Masson. Balmes, 151. Barcelona.

El tratamiento con éxito de la disfemia es el gran reto de las técnicas logoterapéuticas. Una valiosa ayuda para los que se inician.

DINVILLE, C.: *Los trastornos de la voz y su reeducación.* Editorial Masson. Balmes, 151. 240 páginas, 26 figuras.

El objetivo esencial de esta obra es dar una formación teórica y práctica a todos aquellos que nos consagramos a la rehabilitación de los trastornos de la voz.

DOMÍNGUEZ, I. y SANGUINETTI, H. (1996): *Estimulación del lenguaje ¿Cómo desarrollar el pensamiento lógico?* 5 fichas de trabajo: Nivel 1: 6-7 años; Nivel 2: 7-8 años; Nivel 3: 8-9 años; Nivel 4: 9-10 años y Nivel 5: 10-11 años. Editorial Lebón. Roger de Lluria, 93. 08009 Barcelona.

Los autores, desde su experiencia como terapeutas del lenguaje, nos presentan esta obra con el objetivo de contribuir a la estimulación del lenguaje y al desarrollo del pensamiento abstracto, fundamentada en los estudios neuropsicolingüísticos. Los ejercicios propuestos, pueden aplicarse individual o colectivamente como complemento de las actividades del grupo; en las aulas de apoyo o en educación especial.

DUBOIS, G. (1995): *Lenguaje y comunicación.* Colección Logopedia. Ediciones Masson. Madrid.

"La teoría de la comunicación ve en el síntoma un mensaje no verbal". La obra contesta a muchas preguntas y se organiza en tres partes. La primera el síntoma, la segunda el eje central y la tercera se analiza algunos de los ejes de las teorías del lenguaje y de la comunicación.

DUBOIS, G.: *El niño y su terapeuta del lenguaje.* Editorial Masson. Balmes, 151. Barcelona.

Suscita esta obra una reflexión sobre los aspectos relacionales de la educación del niño y o precisa algunas de las cuestiones esenciales que se plantean al terapeuta. Escrita por un médico foniatra que posee una larga experiencia en la reeducación y la enseñanza logopédica.

DUEÑAS, M. (1987): *Tengo un niño disléxico ¿Qué puedo hacer?* Ediciones Temas de Hoy. Madrid. 158 páginas.

Cada vez hay más niños con dislexia, comenta la autora; uno de cada diez niños puede presentarla. El problema es cada vez más conocido; de ahí que se aumenten los diagnósticos correctos. El disléxico y sus problemas son recuperables.

DUFFY, F., y GESCHWIND, G. (1985): *Bioston.* Little. 224 páginas.

Este libro es un estudio muy serio, muy elaborado y con aportaciones novedosas destinado a los médicos neurólogos. Encontramos dificultad en seguir la terminología empleada, además de la cantidad de siglas utilizadas (no se plantea el tratamiento).

DUMONT, A. (1989): *El logopeda y el niño sordo.* Editorial Masson, S. A. Barcelona. 165 páginas.

La presente obra es fruto de los años de trabajo con jóvenes sordos en el tratamiento logopédico y del acompañamiento a sus familias.

EGG BENES, M.: *A niños diferentes, educación distinta* (Guía para padres, educadores y amigos de niños retrasados mentales). Fundación Centro de Educación Especial. Carretera de Majadahonda, km 2. 28023. Pozuelo de Alarcón, Madrid. 224 páginas.

La novedad del libro es que los padres de niños "diferentes", con sus preguntas apremiantes y reiterativas, han hecho brotar de los labios y de la pluma de la doctora Egg Bens una doctrina de sólida base científica y prometedores resultados prácticos. (Libro para meditar).

EQUIPO DE REHABILITACIÓN PRÍNCIPE DE ASTURIAS: *Logopedia y nuevas tecnologías,* bajo la coordinación de Leopoldo Torres (APANDA, Ronda del Ferrol, s/n, Cartagena, Murcia).

La publicación tiene el calor de lo coloquial, el interés de la novedad, lo mejor de los grandes especialistas y se escucha la voz de muchos padres que plantean sus dudas, sus inquietudes, sus problemas…

EGUILUZ ANGOITIA, A. (1985): *Fray Pedro Ponce de León. La nueva personalidad del sordomudo.* Editorial Obra Social de la Caja de Madrid. Madrid.

Los conocimientos sordomudísticos del autor han posibilitado que el libro resultase de gran actualidad, es el fruto de toda una vida de laboreo en el que ha tenido la suerte de localizar nuevas fuentes y contar con documentación hasta ahora desconocida (de especial interés, un folio escrito por propia mano de Fray Ponce). Obra de gran interés para todos cuantos estamos implicados en el tema.

EGUILUZ, A.; GALLEGO, L. M.: *¡Gracias Padre!* CEPE. Madrid.

El Padre Antonio Eguiluz, es un buen sacerdote y un gran conocedor del mundo fascinante del sordo. Luis Miguel Gallego es sordo. La obra es una precatequesis para niños de 6-7 años y pretende iniciar al niño sordo en la vida de la fe, mediante una religiosidad concreta y vivenciada.

EQUIPO EICS (1983): *Guía de Estimulación precoz para niños ciegos.* INSERSO. Madrid. 230 páginas.

El libro consta de dos partes. En la primera se exponen las bases teóricas de las que ha partido el equipo redactor en la segunda se entra de lleno en el aspecto operativo, especificando, en forma sistemática y detallada, una serie de ejercicios muy útiles.

ESPASA CALPE: *Diccionario Enciclopédico de Bolsillo* (dos volúmenes).

La obra consta de 72.000 entradas (que abarcan unas 110.000 definiciones y artículos), de las que 12.000 son biografías, miles de artículos enciclopédicos, 8.000 ilustraciones, una compleja cartografía, numerosos cuadros y un léxico exhaustivo del español.

ESTUDIOS AEES ASOCIACIÓN ESPAÑOLA DE EDUCADORES DE SORDOS: Instituto Profesional de Sordomudos. Obra Social de la Caja de Madrid. Carretera de Andalucía, kilómetro 6. 28038 Madrid.

El número 1 correspondiente al mes de abril de 1968 es una monografía sobre el Método Verbo-Tonal del Profesor Guberina. No se edita con regularidad, por dificultades económicas, como se reconoce en el editorial del n.º 18 que corresponde a los meses de abril a diciembre de 1978. Los trabajos publicados son muy interesantes. El número 31 corresponde a la 5.ª época del año 1990.

ESTUDIOS MONOGRÁFICOS DE (1977): Austria, Colombia, Irán y Túnez. *La integración de la Enseñanza Técnica y Profesional en la Educación Especial*. UNESCO. París. 299 páginas.

La publicación muestra la preocupación de los organimos internacionales por el problema de la Educación Especial.

EVANGELIZAR: es la primera y hasta ahora única revista que se publica en España de temática religiosa católica con la finalidad de "llevar a los hermanos sordos creyentes un aliento para su fe, un poco de aliento para perseverar en la fidelidad". Pedidos a "Pastoral del sordo". C/ San Marcelo, 9-2.º E. 28017 Madrid.

EXPERTOS EN EDUCACIÓN ESPECIAL: *Informe de la reunión de expertos sobre la educación de los sordos*. UNESCO. París (30 de septiembre al 4 de octubre de 1974). ED-74 Col., 18. 17 páginas.

El informe se caracteriza por su brevedad y por la densidad de sus resúmenes. Se recogen las líneas maestras y las preocupaciones dominantes del momento actual en la educación de los sordos. Constituye tema de estudio y de reflexión.

FERGUSON, George A. (1986): *Análisis estadístico en educación y psicología*. Ediciones Anaya. Madrid. 572 páginas.

Se trata de un libro sobre técnicas estadísticas aplicadas a la educación, más conocidas en el ámbito académico de la investigación pedagógica.

FERNÁNDEZ VILLABRILE, F. (1851): *Diccionario Usual de Mímica y Dactilología*. Imprenta del Colegio Nacional de Sordomudos y Ciegos.

La obra (1.200 vocablos) se inspira en L'EPEE Y SICARD, que el mismo autor reconoce. "Con esto y con las nociones de dactilología y pronunciación que se acompañan, creo haber llenado un vacío que se notaba en la enseñanza".

FERRERI, G. (1910): *Los sordomudos*. Librería de Ruiz y Filiú. Pelayo, 52. Barcelona.

D. Emilio Tortosa Orero, primer director del Instituto Catalán de Sordomudos de Barcelona, fue el traductor de la obra y la dedica a los niños oyentes españoles. El original italiano se publicó el "El Giornalino della Dominica", el 29 de noviembre de 1908, periódico para niños oyentes de Florencia (Italia).

FIAPAS (FEDERACIÓN ESPAÑOLA DE ASOCIACIONES DE PADRES Y AMIGOS DE LOS SORDOS): C/ Núñez de Balboa, n.º 3 - 1.º. 28001. Madrid. *Presente y futuro del deficiente auditivo*.

Más de 40 ponencias, presentadas en los tres primeros seminarios de FIAPAS. La publicación es un apoyo para cuantos viven, trabajan y conocen o quieren conocer el mundo de los sordos.

FICHER, R.; HARLAN, L. (1994): *"Looking Back"*. Hamburg University Zemtrum für Deutsch. Gerbärdensprache. Rothenbaumchaussee, 45, 200 Hamburg (Alemania).

Trata sobre la historia de las comunidades sordas y sus lenguas de signos. El libro contiene aportaciones de más de 30 autores de diferentes países, expertos en temas con los sordos.

FIGUEROA ÍÑIGUEZ, M.ª J. (1994): *Colección Educación al día*. Editorial Escuela Española. Madrid.

Durante el transcurso de dos años trabajando con alumnos con necesidades educativas especiales en un centro de "integración", se observó que, en algunos casos, el currículum escolar que se había planeado para ellos resultaba incompleto y no satisfacía las necesidades reales de integración de dichos alumnos en el medio escolar y social. Surge a partir de este contexto la elaboración de "un programa de autonomía" que facilite, a corto plazo, el desenvolvimiento en el medio familiar y escolar y, a la larga, que posibilite su integración en los medios laboral y social.

FINE, P. J.: *La sordera en la primera y segunda infancia*. Médica Panamericana. Buenos Aires. 167 páginas.

Sin tecnicismos teóricos, con un lenguaje llano y sencillo, el libro encierra una serie de orientaciones prácticas para cuantos padres tengan que enfrentarse con el problema de un hijo sordo. "Decir sordo no es nada más que mencionar un síntoma", comenta el autor, que es sordo. Director Médico del Gallaudet College. Washington, D. C. Fine aceptó la sordera y la superó.

FLORES, L.; BERRUECO VILLALOBOS, P. (1995): *El niño sordo de edad preescolar, diagnóstico y tratamiento*. Editorial Trillas, S. A. Avda. Río Churubusco, 385. 03340. Méjico, D. F. Distribuidora en España: Raigras n.º 10. 28026 Madrid.

El oído es la base de la comunicación, tanto la lingüística como la oral y cualquier carencia o problema relativo básico para la vida social ha de ser diagnosticado con rapidez y así emprender un tratamiento terapéutico-pedagógico. En esta obra los padres del niño sordo, como los logopedas, encontrarán un interesante sistema de orientación.

FLOREZ, J.; TRONCOS, M.ª V. (1995): *Síndrome de Down y Educación*. Salvat Editores, S. A. y Fundación Síndrome de Down de Cantabria. Barcelona.

Este libro nació como el fruto de la reflexión de un grupo de profesionales, alguno de ellos padres de personas con síndrome de Down, y se centra en el propio escolar con esta afección, en su proceso de maduración y aprendizaje, en cómo se aprende y se le puede enseñar y ayudar combinando los últimos avances en neurología, pedagogía y didáctica con la práctica educativa diaria.

FREEMAN, P. (1995): *El bebé sordo-ciego* (un programa de cuidados). Edita la ONCE. CRE. Paseo de La Habana 208. 28036 Madrid.

Se trata de una publicación escrita y editada en inglés, cuya versión española se ofrece por tratarse de un manual de vital importancia para padres y educadores de niños sordociegos. La autora, gran profesional, es madre de un niño sordociego.

FRESNO RICO, D.: *La educación del sordomudo*. Biblioteca Auxiliar de Educación. Madrid, 80 páginas.

El profesor especial de sordomudos FRESNO RICO, fue una de las glorias en el campo de la sordomudística española. Humilde y sabio toda su vida se preocupó de educar y enseñar a niños sordos. La publicación referida da orientaciones a las madres e inicia a los maestros para preparar al niño sordo a ingresar en la Escuela Especial. Autor de un texto de lecto-escritura para sordos, su famosa *Aleluya*.

FUNDACIÓN TUTELAR CONGOST AUTISME (1986): *Autismo, realitat o mite*. Barcelona. 191 páginas.

La obra está editada en catalán y han colaborado la Generalidad de Cataluña y la Caixa de Barcelona. La publicación es de gran utilidad para pediatras, educadores y familiares con niños autistas.

FUNDESCO (1995): *Telecomunicaciones y discapacidad*. Comunidad Europea, a través del GRUPO COST 219. Editorial Fundesco. Plaza de la Independencia, n.º 6. 28001 Madrid.

La principal finalidad de esta obra es ofrecer una visión general y coherente sobre el estado de las telecomunicaciones aplicadas a la discapacidad, y es un compendio de las líneas de evolución de la tecnología hacia unas telecomunicaciones y una telemática accesibles a todos y especialmente útiles para las personas con discapacidad.

FURTH, H. G.: *Pensamiento sin Lenguaje*. Implicaciones psicológicas de la sordera. Morava. 247 páginas.

Las investigaciones recogidas en este volumen modificaron en gran medida la comprensión de los procesos intelectuales de los sordos y facilitaron la discusión sobre los procedimientos más adecuados en la educación de los deficientes auditivos. Los trabajos y publicaciones de FUTCH posteriores han continuado desarrollando y completando gran parte de los contenidos planteados en este libro. Una obra que merece ser estudiada con seriedad y profundidad.

GABARRO, D.; PUIGARNAU, C. (1997): *Nuevas estrategias para la enseñanza de la ortografía. En el marco de la programación neurolingüística (PNL)*. Editorial Lebón, Roger de Lluria, 93. 088009 Barcelona.

La idea perseguida con este libro es ofrecer, tras una exposición teórica indispensable, herramientas prácticas que el profesor podrá utilizar en el aula, tanto en primaria como en secundaria. Todo ello se aborda desde el enfoque denominado "técnicas de gestión cognitiva".

GALLARDO RUIZ, J. R.; GALLEGO ORTEGA, J. L. (1994): *Manual de Logopedia. Un enfoque práctico*. Ediciones Aljibe, C/ Pavía, 8. 29300 Archidona. Málaga.

Este manual está planteado desde un enfoque práctico y ha sido realizado por una serie de profesionales con muchos años de experiencia como logopedas en la escuela con alumnos con necesidades educativas especiales.

GARCÍA NÚÑEZ, J. A. (1987): *Educar para escribir.* Habilidades grafomotoras y preescritura. G. Núñez (editor). Madrid. 208 páginas.

El autor ofrece un profundo estudio de las condiciones y prerrequisitos para la integración de la lectoescritura y un método para el desarrollo de la educación grafomotriz en los niños de tres a seis años.

GARCÍA TAPIA R.; COBETA I. (Coord.) (1996): *Diagnóstico y tratamiento de los trastornos de la voz.* Editorial Lebón. Roger de Lluria, 93. 08009 Barcelona.

En este libro, elaborado por 29 doctores/as, tras unos breves antecedentes históricos, se exponen los aspectos anatómicos de imprescindible conocimiento para centrarse sobre todo en las áreas de exploración, patologías y tratamiento, en el que se compatibilizan el quirúrgico y el logopédico. Detallamos seguidamente los capítulos: "I: Introducción. II: Exploración de la voz. III: Patología de la voz. IV: Tratamiento de la patología de la voz. V: Voz profesional. Sin duda una interesante obra para los profesionales, aunque no se puede decir lo mismo del precio (16.500 ptas.) que pensamos refleja el alto coste de las incontables ilustraciones a todo color y la calidad de la edición. En las bibliografías notamos la falta de algunos buenos libros publicados en castellano.

GARRIDO LANDIVAR, J. (1988): *Cómo programar en Educación Especial.* Editorial Escuela Española, S. A. Madrid. 194 páginas.

El lector encontrará en este trabajo conceptos básicos a la hora de programar orientaciones prácticas para realizar programas concretos referidos a casos específicos.

GAUTIE, M. (1984): *Integración de los deficientes auditivos en las escuelas ordinarias en Italia.* Italia.

En 1977 se promulgó la Ley de Integración de Disminuidos en general, y de niños sordomudos en particular. ¿Cuál es la situación actual? El autor toma como base los artículos aparecidos en las revistas italianas que los describen.

GESER, E.; BURSZTEJN, C. (1995): *Pensar, hablar y reprsentar. El emerger del lenguaje.* Editorial Masso, S. A., Barcelona.

JORDI BACHS COMAS, profesor titular de psicodiagnóstico de la Facultad de Psicología de la Universidad Autónoma de Barcelona es el autor de la traducción al castellano y explica en su prólogo, que "han sido precisos muchos años de observación y reflexión para penetrar un poco en el conocimiento de los procesos que emergen el lenguaje".

GÓMEZ TOLÓN, J. (1988): *Rehabilitación de los trastornos de aprendizaje.* Editorial Escuela Española. Colección Educación al Día. Madrid. 274 páginas.

Trata la metodología del estudio neurofisiológico, tanto a nivel de desarrollo normal de las capacidades psicomotrices infantiles como a nivel del estudio de la patología.

GONZÁLEZ GONZÁLEZ, M.ª T.; HERRERO SÁNCHEZ, M.ª C.; SÁNCHEZ MORAL, E. M. (1994): Coordina SOS ABAD, Antonio Miguel. *Planteamientos didácticos y orientaciones para su elaboración*. Oposiciones al cuerpo de maestros en la especialidad de Audición y Lenguaje *(Logopedia)*. Editorial Escuela Española, S. A. Mayor, 4. 28013 Madrid.

La prestigiosa Editorial Escuela Española editó en el año 1991 los temas teóricos para las oposiciones al cuerpo de maestros en la especialidad de Audición y Lenguaje y para facilitar al opositor/a mayor seguridad de éxito se consideró necesario elaborar los planteamientos didácticos por este equipo de profesionales.

GONZÁLEZ MOLL, G. (1994): *Historia de la Educación del Sordo en España*. Editado por NAU LIBRES. Periodista Badía 10. 46010 Valencia.

La Hermana Gloria, de la Congregación de las RR.TT. Franciscanas de la Inmaculada y compañera del Curso de Profesores Especiales de Sordomudos, el último que se impartió en España en el año 1968, expone en sus 400 páginas, tendencias educativas métodos, investigaciones, problemas surgidos en cada época y con una amplia y muy completa bibliografía. Libro muy interesante y que llena una gran laguna que existía en esta temática.

GOODGLASS, H.; KAPLAN, E. (1996): *Evaluación de la afasia y de trastornos relacionados*. Manual, láminas, test de vocabulario de Boston, 5 protocolos. Editorial Lebón. Roger de Lluria, 93. 08009 Barcelona.

Hace tiempo que se esperaba la nueva edición del Test de Boston para el diagnóstico de la Afasia. Esta revisión ha introducido algunos cambios con respecto al test propiamente dicho, aunque conserva lo fundamental. El manual se divide en dos partes: en la primera se abordan los antecedentes, naturaleza de los déficit, fundamentación estadística y el procedimiento de aplicación así como otras pruebas complementarias; la segunda parte se dedica a la adaptación española y resultados obtenidos con hispanoparlantes. Con los autores han colaborado otros especialistas, como la doctora N. Helm-Estabrooks.

GOODHILL, V. (1986): *El oído, enfermedades sordera y vértigo*. Salvat. Barcelona. 791 páginas, 729 figuras, 16 figuras en color.

La problemática del niño hipoacúsico, muy diferente del adulto, se vislumbra con especial énfasis logopédico y foniátrico poco frecuente en otros tratados de otología. Toda la patología del oído se trata exhaustivamente.

GRUPO AMAT DE SOCIOLOGÍA (1986): *Las personas con minusvalía física y sensorial en Cantabria*. Instituto de Servicios Sociales de Cantabria. Santander. 160 páginas.

Los objetivos fundamentales de la investigación se han fijado en conocer la tipología de minusválidos en Cantabria.

GRUPO AMAT DE SOCIOLOGÍA (1989): *Guía de Centros de Atención Temprana de la Comunidad de Madrid* (documento para consulta). Editado por el Real Patronato de Prevención y de Atención a Personas con Minusvalía, del Ministerio de Asuntos Sociales. Madrid.

Es el resultado de una encuesta en la que se indican los centros según la cobertura geográfica, edades, deficiencias atendidas y los tratamientos dispensados.

GUELBENZUJ, M.ª (1996): *Cuentos populares españoles.* Ed. Silva. Madrid.

"La niña de los tres maridos. El cuarto prohibido y el joven que vendió su alma al diablo" son algunos de los títulos que integran el volumen, aparecido en la colección de la Edad de Oro.

GUERRERO LÓPEZ, F. (1994): *Estudios sobre los inadaptados.* Ediciones Aljibe. Málaga.

La presente obra expone una investigación sobre conductas inadaptadas y su educación que obtuvo una Mención Honorífica en uno de los recientes Premios Nacionales de Investigación e Innovación Pedagógica.

GUÍA DEL LARINGECTOMIZADO (1995): *Confederación Española de Asociaciones de Laringectomizados (CEAL).* Prensa Universitaria. Palma de Mallorca.

Dirigida a personas que padecen cáncer de laringe, presenta un directorio nacional e internacional de Asociaciones de Laringectomizados, que brindan apoyo a los pacientes y mejoras en la esperanza de vida.

GURALNICK MICHEL, J.; BENNETTE FORREST, C. (1995): *Eficacia de intervención temprana en los casos de alto riesgo.* Ediciones INSERSO. Colección Rehabilitación. Madrid.

La importacia, cada vez mayor, que se da a la intervención temprana o precoz como factor esencial de prevención secundaria de minusvalías, es aval suficiente para la publicación de este libro.

GUY DES CARS: *El Solitario.* Planeta. 246 páginas.

Nos plantea la novela un caso judicial cuyo inculpado es ciego y sordomudo; el problema es intensamente humano: el derivado de una situación en que el protagonista, por su invalidez, dificulta su defensa en un trance que puede llevar aparejada la pena de muerte.

HARRIS, G. M. (1973): *Enseñanza preescolar del Lenguaje en el niño sordo.* Científico Médica. 347 páginas.

Libro de interés por igual a padres y educadores. La obra se centra en dos puntos: Importancia del habla en el desarrollo del niño y la necesidad imperiosa de aprovechar el período preescolar para iniciar al niño en el aprendizaje de este medio de comunicación.

HÉLOISE, A.; GODON, I. (1995): *Vocabulario en imágenes* (a partir de los 4 años). Editorial Juventud Barcelona.

Con más de 800 ilustraciones este libro que desarrolla 11 temas de la vida cotidiana del niño: ropa, juguetes, compras, cocina, la mesa, la guardería, el jardín, los animales, los utensilios, cuarto de baño y habitación. Para que los pequeños aprendan (los niños sordos) y los oyentes amplíen su vocabulario a través del mundo que les rodea y reconozcan sus nombres.

HELM-ESTABROOKS, N. (1996): *Manual de terapia de la afasia.* Editorial Lebón. Roger de Lluria, 93. 08009 Barcelona.

Esta especialista en neurología, patología del lenguaje y afasia, nos presenta un libro práctico. En el capítulo I, dedica algunas páginas a los fundamentos de la rehabilitación para abordar en los capítulos siguientes el proceso de diagnóstico, la terapia y la medición de resultados, programas específicos de terapia y el impacto de la afasia en el paciente y su familia. Sin duda una gran aportación al tema.

HEMSY DE GAINZA, V.: *Conversaciones con Gerda Alexander* (Vida y pensamiento de la creadora de la "Eutonía"). Paidós. SAICE. Defensa, 599, 1°. Buenos Aires. 205 páginas.

Gracias al fisioterapeuta y eutonista D. Jesús Puertas Serrano y a la creadora de la psicomotricidad aular en España, D.ª María del Carmen López Uría, entusiastas investigadores españoles y expertos profesionales, conocimos a Gerda y su obra: *Las conversaciones con Gerda* se refieren a la génesis de cada uno de los principales descubrimientos; en un contexto fluido —propio del diálogo—, se dan cita en la precisión oportuna la referencia autobiográfica y el detalle anecdótico. (Recomendamos que deis un vistazo a la Biblioteca de Técnicas y Lenguajes Corporales de Paidós).

HENRY MARTÍN-LAVAL: *Psicología del Sordo.* Eq. Behaviora, 6955 Bould-Taschereau, suite. 221 Brossard, Quebec. J4A 1A7. Canadá.

El autor nos transmite una síntesis de sus numerosas lecturas en el tema, así como reflexiones personales suscitadas por más de diez años de contactos cotidianos con sordos.

HERNÁNDEZ GARCÍA, G. (1995): *Análisis pragmatical. Teoría y práctica.* Ejercicios y actitudes de autoaprendizaje. Editorial SGEL. Madrid.

El presente curso de análisis gramatical es fruto de una larga experiencia docente y de la busca de caminos metodológicos que faciliten el dominio de esta faceta de la lengua, ardua y dificultosa.

HERVAS Y PANDURO, L. (1795): *Escuela Española de Sordomudos o Arte para enseñarles a escribir y hablar el idioma español.* Imprenta Real. 745 páginas.

En el resumen de la obra —dos tomos— el ilustre cofófilo en su introducción nos dice: "Con este fin divido la presente obra en cinco partes: I. Tratado de los Sordomudos. II. Historia del arte del enseñar la escritura. III. Método práctico de enseñar el español. IV. Enseñanza del habla. V. Enseñanzas metafísicas y doctrina civil y moral y doctrina cristiana. La obra tiene una finalidad según su autor: "abrir la cárcel en que está silenciosamente encerrada la lengua de los mudos".

INFORMÁTICA Y SORDERA (1986): París. Actif Handitec. 190 páginas.

Ofrece un abanico de diferentes competencias de aplicación de la informática en la medicina, cirugía, audioprótesis, educación de la palabra, aprendizajes...

INSERSO (Instituto Nacional de Servicios Sociales): Avda. de la Ilustración, s/n (con vuelta a Ginzo de Limia, 58). 28029 Madrid. Colección Documentos Técnicos. Análisis de Monroe Berkowitz, David y Peter Mitchell.

El INSERSO se ha hecho cargo de la edición española conjuntamente con la Organización Mundial para la Prevención y Rehabilitación Fund. Esta obra es el resultado de la realización de un estudio comparativo en ocho países considerados entre los más avanzados en programas y políticas de seguridad social.

Clasificación Internacional de Deficiencias, Discapacidades y Minusvalías.

Este manual trata de aportar algo a favor de la uniformidad en la terminología y conceptos generales sobre la minusvalía y, señalar las formas en que se puede conseguir cierta simplificación mediante la agrupación de características individuales, estimular la normalización y hacer más fácil la comparación de datos.

INSTITUTO AUDITIVO ESPAÑOL I.A.E. (1995): *Curso de lectura labial* (vídeo VHS). Duración 60 minutos. C/ Zorrilla n.° 19. 28014 Madrid.

El IAE ha producido esta cinta de vídeo para que la persona sorda pueda ejercitarse en su domicilio. Es de utilidad para las sesiones prácticas de logopedia.

INSTUTO MÉDICO DEL DESARROLLO INFANTIL (1996): *El desarrollo de la lateralidad infantil. Niño diestro-niño zurdo.* Ediciones Lebón. Roger de Lluria, 93. 08009 Barcelona.

Los autores han resumido su larga experiencia en este sencillo pero interesante libro. No se dedican a desarrollar teorías o estadísticas, sino que abordan, bajo un punto de vista clínico, desde el desarrollo de las etapas pretalerales hasta el tratamiento de los trastornos más frecuentes, pasando por métodos de observación y exploración para detectar la lateralidad diestra o zurda, etc. La finalidad es dar a los educadores una idea clara y concreta para un óptimo desarrollo de la lateralidad infantil y poner a su disposición técnicas e instrumentos de aplicación diaria.

JACKSON, B. (1981): *Cada niño una excepción* (cómo motivar las aptitudes infantiles). Morata. 167 páginas.

Esta obra analiza el tema cada vez más difundido del talento innato de los niños y presenta en su medio ambiente como restrictivo o incrementador de las facultades infantiles. "Los adultos deben esforzarse en presentar al niño las máximas posibilidades que le proporcionan el primer diccionario de todos los lenguajes humanos".

JEFREE, D. M. C.; CONCKEY, Roy: *Ejercicios de Lenguaje* (para niños con dificultades de habla). Departamento de Estudios y Publicaciones del INSERSO.

Los autores, profesores de la Universidad de Manchester (Gran Bretaña), han llevado a cabo un experimento piloto con niños que presentan problemas en la adquisición del habla. Los principales destinatarios de este libro son los padres, cuyos hijos padecen retraso del habla. "El lenguaje es sólo un medio, nunca un fin en sí mismo".

JERJER, J.: *Últimos avances en Audiología.* Toray-Masson. 253 páginas.

El libro brinda la oportunidad para aquellos que realmente están interesados en profundizar en esta materia en buscar referencias, sondear artículos y perfeccionar conocimientos.

LAFON, J. C. (1985): *Les enfants déficients autidis.* Villerbanne, Simep. París.

El profesor Lafon nos ofrece este libro sin definirse claramente con los métodos pedagógicos que hay que seguir con los niños mayores.

LAGATI, S.: *Niños sordos en colegios de oyentes.* Centro otoacústico MOT. Trento. Italia. 136 páginas.

La obra testimonio de cinco chicos entre los 8 y 12 años, que después de 2 a 6 cursos en colegios de sordos, se han integrado en escuelas de oyentes. "Alejar de su familia al pequeño sordo para integrarlo en un centro docente donde hay niños como él, equivale a matarlo psicológicamente", dice el autor.

LAUNAY, C.; BOREL-MAISONNY, S.: *Trastornos del Lenguaje, la palabra y la voz en el niño.* Toray-Masson. 412 páginas.

Los autores, contemporáneos, recogen en la obra los últimos resultados de la ciencia y señalan los cauces por donde camina el trabajo de investigación y de experimentación, sobre todo en la escuela francesa. La obra es fruto de una labor de equipo, donde cada sección viene redactada por un especialista en la materia. Realismo auténtico del problema de la sordera.

LEISCHNER, A. (1982): *Afasias y trastornos del lenguaje.* Salvat.. Barcelona. 388 páginas.

El libro viene clasificado como de bolsillo, pero el temario es completísimo y estudia la afasia desde todos los puntos de vista. Contiene una extensa y excelente bibliografía. Hay índice de autores y materias.

LENHARDT, E. (1986): *Clinical aspects of inner ear deafness.* VIII, 172 páginas, 52 figuras. Encuadernado en tela plastificada. Springer, Berlín.

Con más de 1.500 referencias bibliográficas, este libro es una novedad, puesto que no aborda la sordera exclusivamente desde el punto de vista etiológico, sino que señala principalmente los aspectos clínicos de la misma.

LENTIN, L.: *Enseñar a hablar* (el aprendizaje del lenguaje oral en la primera infancia y preescolar). Pablo del Río. Madrid.

La autora trabaja en el programa de investigaciones sobre el desarrollo del niño de dos a siete años en el CRESAS de París, y de ahí que los datos que proporciona sean de Francia. La obra es esclarecedora y se comentan los distintos factores que intervienen.

LINARES, P. L. (1996): *Educación psicomotriz y prendizaje escolar.* Editorial Polibea. C/ Andarrios, 19-A. 28043. Madrid.

La escritura y la motricidad son dos aspectos con gran influencia en el aprendizaje escolar, hecho analizado y comprobado por el autor que demuestra la certeza de que un trastorno motriz pueda ocasionar una disgrafia. Presenta 153 juegos o ejercicios motrices y/o psicomotrices, sustentado por un estudio teórico descriptivo inicial y por un análisis científico final.

LLOYD, G. T.: *El niño sordo y su familia. (The deaf chid and his family).* Washington, USA Department of Health. Education and Welfare. 99 páginas.

Recoge los trabajos del VI Forum nacional del congreso de organizaciones al servicio del sordo, en torno al tema "El niño sordo y su familia", celebrado en Williams Burg (Virginia) del 14 al 18 de marzo de 1973. Un libro sumamente interesante para los padres de niños sordos, para las organizaciones de cursos para padres, para asistentes sociales y para cuantos se interesan por conocer la problemática familiar que pueden desencadenar la deficiencia auditiva.

LOGOPEDIA Y NUEVAS TECNOLOGÍAS. Redacción: Equipo de Rehabilitación Príncipe de Asturias. APANDA. C/ Ronda Ferrol, sin número. Cartagena (Murcia).

En pocas o en ninguna ocasión se han encontrado juntos los representantes más cualificados a nivel mundial en materia de rehabilitación de sordos. El libro tiene el valor de lo coloquial, el interés de la novedad y lo mejor de los grandes especialistas.

LÓPEZ, M.ª J.; REDON, A.; ZURITA, M.ª D.; GARCÍA, I.; SANTAMARÍA, M.; INIESTA, J.; ELCE (1996): *Exploración del lenguaje comprensivo y expresivo.* Maletín juego completo. Editorial Lebón. Roger de Lluria, 93. 08009 Barcelona.

Las autoras han compendiado material contrastado y con la experiencia de cinco años nos presentan un instrumento de gran utilidad para evaluar tanto el lenguaje comprensivo como el elocutivo. Centrado en las edades de 4 a 7 años, para las que presentan baremos (test Metropolitan ítems 2 y 3 y formas A y B del Decroly) elaborados a partir de la aplicación en escuelas españolas públicas y privadas, permite también explorar aspectos verbales en otras edades, dado que aborda la evaluación de aspectos semánticos, analítico-sintéticos, de pensamiento, fonoarticulatorios y praxias, fonológicos y fonéticos, perceptivos, discriminación auditiva... Como es lógico además del manual y láminas, se facilitan los registros para la toma de datos. Las autoras contaron con el asesoramiento del doctor Juan E. Azcoaga.

LÓPEZ NÚÑEZ, Á. (1914): *El mundo silencioso.* Hispano-Alemana. Madrid. 337 páginas.

Los ensayos que se contienen en esta obra son estudios fragmentarios de algunos de los diversos aspectos con que se presenta en la realidad viviente el problema de la sordomudez. "El Mundo Silencioso en que viven los sordomudos ofrece ancho campo de estudio para, quienes, convenientemente preparados, quieran trabajar en una materia de sumo interés médico, higiénico, pedagógico y social".

LOZANO CRISANTOS, D.: *Método ideovisual para la enseñanza simultánea de la lectura, de la escritura y la expresión oral.* Centro de Educación Especial. Virgen de la Esperanza. Sevilla, 394 páginas.

Los objetivos del método se ven claramente expuestos y razonados en la presentación: "Mediante este método global, el niño inicia desde un principio la implicación de su conducta de forma consciente en el proceso lector". El autor, profesor especial de sordomudos, tiene gran experiencia y vocación en la enseñanza de niños y jóvenes sordos.

LUCERGAREVUELTA, M.ª J. y OTRAS (1995): *Juego simbólico y deficiencia visual.* Servicios Sociales ONCE. Madrid.

El libro presenta un estudio basado en una convocatoria de la ONCE en torno a la pregunta: "¿Por qué tienen más dificultades los niños ciegos y bajos de visión para jugar que para aprender en el aula?", de qué modo se les puede ayudar y la importancia de poder hacerlo.

LURIA, A. R. y TSVETKOVA, L. S. (1987): *Recuperación de los aprendizajes básicos (neurofisiología y pedagogía).* G. Núñez (editor). Madrid.

La neuropsicología pedagógica se dedica a reconstruir las funciones psíquicas alteradas, basándose en nuevas funciones cerebrales.

LUTERMAN, D. (1985): *El niño sordo. Cómo orientar a sus padres.* México D. F., Ed. La Prensa Mexicana, S. A. 191 páginas.

Desde el punto de vista del autor, los padres del niño sordo son a menudo personas abrumadas por el frustrante impacto de tener a un hijo sordo y que requieren la ayuda del profesional para superar el problema.

MACHARGO, J. (1996): *Programa de actividades para el desarrollo de la autoestima.* Editorial Lebón. Roger de Lluria, 93. 08009 Barcelona.

Ficha de trabajo para niños de 9 a 13 años. Tiene como objetivo principal el desarrollo del autoconcepto y de la autoestima, utilizando una serie de actividades que provocan la reflexión sobre las autopercepciones y autovaloraciones.

MADRID-ALFARO, J. J. (1994): *Prevención e identificación temprana de la sordera.* Publicaciones del Ministerio de Salud de Costa Rica. San José de Costa Rica.

Esta publicación ha sido el resultado de uno de los retos más grandes que haya asumido la audiología y la foniatría en Costa Rica, pues recopila los trabajos de varios profesores, científicos y autoridades mundiales en el campo de la patología de la comunicación y de los trastornos de la audición, la voz y el lenguaje.

MAJOR, S. y WALSH, M. A.: *Actividades para niños con problemas de aprendizajes.* Educación Especial Ediciones CEAC. Barcelona

Se presentan 140 juegos y ejercicios destinados a ayudar a niños con problemas específicos de este tipo. Agrupadas en seis capítulos, todas las actividades (excepto las de coordinación motriz) pueden aplicarse en niños de todas las edades.

MARCHESI ULLASTRES, Á. (1987): *El desarrollo cognitivo y lingüístico de los niños sordos.* Alianza Editorial. Colección Alianza Psicológica. Madrid. 331 páginas.

El libro aborda desde una óptica científica, basada en investigaciones realizadas, lo problemas fundamentales y más debatidos en relación con la educación del niño sordo profundo.

MARI, COLL y KNEUVEL: *Percepción del espacio y verbo tonal.* Bulletín APMUT. Mayo 1987.

Tres exposiciones que prolongan los trabajos del profesor Pansini de Zagreb, sobre la espaciocepción, sobre la importancia de la aprensión de los giros en el niño sordo.

MARROQUÍN, CABIEDAS, J. L.: *El lenguaje mímico.* Edita Confederación Nacional de Sordos. Madrid.

Ha sido Marroquín, sin lugar a dudas, el sordo que más ha trabajado por "sus hermanos del silencio" durante más de 50 años y el mejor conocedor de la comunicación gestual. Este libro da normas básicas para aprender el lenguaje de los signos.

MARTÍNEZ MARGAN, E. y otros (1988): *Niños con necesidades especiales* (implicaciones preventivas, familiares, sanitarias, educativas, sociales y laborales en Murcia). Editorial MEC-INSERSO. Murcia. 300 páginas.

Está considerado como el mayor esfuerzo en la región para reunir toda la información útil que pueda interesar a quienes tienen necesidades especiales como consecuencia de los déficits que padecen.

MASPETIOL, R. y OTROS: *La educación del niño sordo... para los padres antes de la escuela.* AIA. Buenos Aires. 158 páginas.

Este libro, escrito por un equipo especializado formado por los doctores Roger Maspetiol, Michel Soule, Josiane Guillemaut y los profesores Fernand Fourgon y Marcel Gautié, reúne todas las condiciones necesarias para cumplir la importante misión a que se lo destina.

MCLNNES, J. M. y TREFRY, JACQUELYN, A.: *Guía para el desarrollo del niño sordociego.* Siglo XXI de España Editores, S. A. Calle Plaza, 5. Madrid 28043. 309 páginas.

Este libro está dedicado a los niños sordociegos a los que tantas veces en el pasado se les ha negado la oportunidad de desarrollar al máximo su potencial y ocupar el puesto que por derecho les corresponde como miembros útiles de la sociedad.

MERCER, C. (1995): *Dificultades de aprendizaje.* Colección Educación Especial. Ediciones Ceac. Barcelona.

Ofrece a padres y educadores una amplia información para un mayor y mejor conocimiento de las dificultades de aprendizaje y de la metodología para obtener éxitos tanto académicos como sociales por parte de quienes padecen estas dificultades. Cada capítulo finaliza con una serie de preguntas de revisión del tema.

MÍNGUEZ, C. (1996): *Historia sobre el colegio de sordomudos y ciegos de Burgos.* Fundación ONCE. C/ Sebastián Herrera, n.º 15. 28012 Madrid.

Fruto de una investigación rigurosa en los archivos de la Diputación de Burgos y del Histórico Provincial de Valladolid. "Espero que el libro quite miedos sobre la Educación Especial... Esto no es más que una aportación histórica de la educación en Burgos", señala el autor.

MONEREO, C. (1987): *Áreas de intervención del psicólogo de la educación en la integración escolar.* F. Ecom. Barcelona.

Se tratan temas relacionados con organización y recursos, y se dedica una parte importante a la aplicación del ordenador a la educación, a casos de déficit sensorial y físico. Libro de utilidad en el campo de la psicopedagogía.

MONFORT, M.; ROJO, A.; JUÁREZ, A. (1982): *Programa elemental de comunicación bimodal para padres y educadores.* CEPE. 144 páginas.

Constituye el libro una novedad bibliográfica dentro del género. Intenta una programación estructurada de la Comunicación Gestual.

MONFORT, M. (1986): *Investigación y logopedia.* CEPE. 386 páginas.

Este gran profesional, Marcos Monfort, presta mucho cuidado en la publicación de las conferencias y los simposios que organiza.

MONFORT, M. y JUÁREZ, A. (1987): *El niño que habla. El lenguaje oral en el preescolar.* CEPE, S. A. Madrid.

Los autores proponen unos objetivos adaptados a la situación comunicativa epecífica de la escuela y un conjunto de juegos y ejercicios diseñados para grupos de niños desde los dos hasta los seis años.

MONFORT, M. y JUÁREZ SÁNCHEZ, A. (1989): *Estimulación del lenguaje oral* (un modelo interactivo en el tratamiento de niños con dificultades). Editorial Aula XXI y Editorial Santillana. Madrid. 220 páginas.

El libro ofrece unos programas de trabajo para el desarrollo del lenguaje, avalados por la experiencia de los autores en el tratamiento de niños con dificultades especiales en la adquisición del lenguaje.

MONJAS M.ª I. (1996): *Programa de Enseñanza de Habilidades de Interacción Social* (PEHIS). Editorial Lebón. Roger de Lluria, 93. 08009 Barcelona.

El programa es una intervención psicopedagógica global para enseñar directa y sistemáticamente las habilidades sociales a los niños en edad escolar. La enseñanza se lleva a cabo en dos contextos, colegio y casa, y se pretende que aprendan a relacionarse positiva y satisfactoriamente con otras personas. Trabaja 30 habilidades sociales agrupadas en 6 áreas, con fichas de enseñanza para el colegio y la casa. Este libro puede considerarse una guía para los diversos profesionales ya que proporciona material e información necesaria para planificar, organizar y aplicar el programa en el colegio y en casa.

MONFORT, M.; JUÁREZ, A. (1996): *Los niños disfásicos, descripción y tratamiento.* Librería CEPE. Madrid.

Este libro es una auténtica herramienta para la formación teórica y práctica de los logopedas en el extenso y confuso campo de las disfasias infantiles. Está planteado desde una perspectiva de acción. Por eso, la rica información teórica tiene el sabor de la contrastación con la realidad y el objetivo que se proponen los autores es la utilidad. El objetivo se consigue plenamente.

MONFORT, M.; HIGUERO PIRIS, R. (1995): *Colección leer (cuatro libretos).* Editorial CEPE. Madrid.

La Colección "Leer" confeccionada por los logopedas Marc Monfort y Rocío Higuero, presenta una serie de lecturas de diversos temas, realistas imaginarios o científicos. Este material es de gran utilidad para el educador especialista en el tema logopédico.

MONTENEGRO GARCÍA, T.: *Por qué y cómo se habla sin laringe*. Edita Asociación Española de Limitados de la Voz. Apartado de Correos 39.096. 28030 Madrid.

Los mutilados de laringe encontrarán en este libro un manantial de conocimientos, muy útiles, no sólo para conseguir su "nueva voz", sino para ir perfeccionado ese no pequeño arte del dominio de la palabra. Teófanes intuyó, como muy pocos, el real y efectivo mecanismo de la formación del sonido vocal en la entrada del esófago.

MORENO, H.; PILAR y VEGAS BARRIUSO, J. (1987): *Guía sobre los recursos sociales*. Ministerio de Trabajo y Seguridad Social. Madrid. 420 páginas.

Trata de ser un instrumento válido y actualizado de información y orientación a los profesionales del trabajo social y a todos cuantos actúan en el marco operativo de los servicios sociales.

MORGON A.; AIMARD P.; DAUDET N. (1996): *Educación precoz del niño sordo*. Editorial Masson. Distribuidor oficial: DIPSA. C/ Londres n.º 17, 28028 Madrid.

En esta nueva edición los autores no se han conformado con "corregir" la versión de 1978. Las modificaciones que se han introducido se derivan de los adelantos manifestados en el curso de los últimos años.

MORRINSON M.; OTROS (1996): *Tratamiento de los trastornos de la voz*. Editorial Lebón. Roger de Lluria, 93. 08009 Barcelona.

Elaborado por un equipo multidisciplinario de tratamiento de la voz, con la finalidad de proporcionar una información actualizada sobre la filosofía de tratamiento y técnicas de carácter innovador. El texto incluye capítulos sobre enfoques interdisciplinarios de la clasificación, valoración tratamiento/cirugía y otros específicamente orientados a grupos con problemas especiales, como los ancianos o cantantes.

MORRIS, D.: *Comportamiento íntimo*. Plaza-Janés. Virgen de Guadalupe, 21-33. Esplugas de Llobregat (Barcelona). 255 páginas.

El contacto físico, el abrazo, la caricia, el beso: éste es el tema del libro. Traza el esquema de la intimidad entre seres humanos desde el claustro materno hasta la tumba.

MOYA TRILLA, J.: *Los niños distintos*. Centro Médico de Diagnóstico y Tratamiento Educativo (CEMEDETE, ALIND, Paseo de las Delicias, 31, 7.º 28007 Madrid). 206 páginas.

Plantea la obra una defensa apasionada pero razonable de la integración total de los niños distintos.

MURA, S. (1987): *La dinámica articulatoria (instrumentación práctica y sistemática de técnicas y ejercicios para mejorar y corregir la articulación de la palabra hablada)*. Publicaciones médicas argentinas (PUMA). Avda. de Córdoba, 2.570. Buenos Aires. 564 páginas.

Una síntesis ordenada de los conocimientos teóricos y sobre articulación, examen y ficha de investigación de dislalias y técnicas que el iniciado necesitará en el tratamiento de las dificultades articulatorias.

MYKLEBUST, H. R.: *Psicología del Sordo.* Magisterio Español, S. A. Madrid. 422 páginas.

La obra fue traducida por el Padre Antonio Eguiluz Angoitia. La lectura está dirigida a todas las personas relacionadas con el mundo del sordo.

NADBRH INTERNATIONAL CONFERENCE (1981): *Provision for the Deaf-Blind.* Nadbrh 1981.

Ponencias presentadas en la Conferencia Internacional de la National Association for the Deaf-Blind and Rubella Handicaped (Asociación Nacional para sordociegos como Educación, Psicología, Rehabilitación, Barreras Arquitectónicas, etc.

NAVARRO TOMÁS, T. (1967): *Manual de pronunciación española.* Consejo Superior de Investigaciones Científicas. 326 páginas.

Se recogen normas de tipo práctico, describiendo la variada pronunciación de la lengua española y las influencias del habla popular de las distintas regiones y países que se expresan en el rico y hermoso idioma castellano. Contiene una seleccionada bibliografía al final de cada capítulo.

NIEMEYER, W. (1982): *Curso práctico de Audiología.* Salvat. Barcelona.

Libro claro y sencillo sobre la utilidad práctica de la audiometría.

NIETO HERRERA, M. E.: *Anomalías del Lenguaje y su corrección.* Librería de Medicina. México. D.F.

El libro reúne una amplia información de los temas que conducen al especialista a desarrollar y aplicar las bases que constituyen los cimientos teóricos que necesita en el aspecto técnico la logopedia.

NIX, G. M.: *Corriente prevaleciente de educación para niños y jóvenes hipoacústicos y sordos.* Médica Panamericana. 284 páginas.

Es un estudio amplio y a fondo de los distintos aspectos que configuran el complejo problema de la integración educativa del sordo. Las bases del estudio están referidas a la realidad económica, social y cultural de los Estados Unidos de América.

NOLAN, M., y TICKER, I. (1983): *Atención familiar al discapacitado auditivo.* Ediciones del INSERSO. Madrid. 259 páginas.

Técnica, familia y niño son los tres elementos que forman la trama de este libro. Facilita a los padres una cultura básica para estrechar la colaboración con el niño y los profesionales.

NORTHERN, J. L.: *Trastorno de la Audición.* Salvat. 333 páginas.

Este libro interesa a otorrinolaringólogos, audiólogos, profesores de sordos, sordos y padres de hijos deficientes auditivos. "El problema médico más predominante de los Estados Unidos, se dice en la obra, es la Sordera".

NUEVOS PROGRAMAS INFORMATIVOS EDUCATIVOS (1996): Editorial Lebón. Roger de Lluria, 93. 08009 Barcelona.

Serie Lalo (Disquetes). Serie de juegos para facilitar el aprendizaje de la lectura, a la par que desarrollan otros aspectos como discriminación, percepción, memoria visual, razonamiento, etc. Esta colección consta de cinco programas con siete juegos cada uno. Han salido a la venta los cuatro primeros que seguidamente reseñamos, indicando las edades a modo de orietación:

LALO, 0: Tiene por objeto familiarizar a los niños con el alfabeto, sus componentes y relaciones entre ellos, trabajando en la clasificación de letras, orden de palabras, etc. Edad: 4 a 6 años.

LALO, 1: Para facilitar el aprendizaje y utilización de vocabulario básico, relación entre palabras e inducción de reglas gramaticales y ortográficas. Edad: 5 a 7 años.

LALO, 2: Juegos con singulares, plurales, nombre, masculinos y femeninos, lectura rápida, construcción de frases, etc., para ir asimilando estructuras sintácticas elementales y técnicas de lectura. Edad: 6 a 8 años.

LALO, 3: Los siete juegos de este programa adiestran al niño en el análisis sintáctico y morfológico de la oración; en los tipos de oraciones, los tiempos de los verbos, división silábica, etc. Edad: 7 a 9 años.

LALO, 4: Para usuario de 8 a 0 años. Se trabajan prefijos y sufijos, acentuación de palabras y clasificación en agudas, llanas y esdrújulas, demostrativos, etc. 1996.

LALO, 5: Pendiente de aparición.

LECTURA Y PRONUNCIACIÓN: *Utilizable con Windows o Macintosh.*

Este CD-ROM contiene 3 programas con más de 60 actividades para ayudar al niño (de 4 a 7 años) a reconocer las letras viéndolas y escuchándolas de forma aislada o dentro de palabras así como los sonidos (si se dispone de tarjeta) de consonantes y a reconocerlos al principio de palabras. Los dibujos que ilustran estos juegos interactivos están basados en los teleñecos al efecto de animar al niño a participar en las actividades didácticas propuestas.

LA HORA Y EL LUGAR EN LA CASA DE TRUDY: *Utilizable con Windows o Macintosh.*

Diversos animales tipo dibujos animados, nos presentan cinco divertidas actividades para que los niños de 4 a 8 años aprendan de forma activa, las horas, calendario, orientación espacial, lectura de mapas sencillos, etc.

«STORYBOOK WEAVER DE LUXE»: *Utilizable con Windows o Macintosh.*

El niño crea sus propios cuentos con imágenes, palabras y sonidos. Eligiendo las imágenes, efectos sonoros y redactando los textos que estime pertinentes, el usuario plasmará una historia por él inventada que, posteriormente, podrá oír cómo la cuenta el ordenador o imprimirla con una impresora. Apropiado para 8-13 años, que estén muy acostumbrados a trabajar con Windows o Mac.

LA CASA DE CIENCIA DE SAMMY: *Utilizable con Windows o Macintosh.*

Este programa, en su versión inglesa, fue premiado por su calidad, en el Reino Unido en 1995. Los niños aprenden a clasificar, realizar secuencias, observar, etc., así como pequeños conocimientos sobre la naturaleza como el clima, plantas y otros. De 5 a 7 años.

RAZONAMIENTOS Y DEDUCCIONES 3: *Utilizable con Windows o Macintosh.*

Pensado para practicar los hábitos de análisis, deducción, razonamiento y planificación, que se trabajan a través de cinco diferentes tipos de juegos y planteamientos cuya dificultad se puede incrementar y disminuir a voluntad. A partir de los 10 años.

NÚÑEZ GÓMEZ, A. (1986): *Experiencias de integración de niños sordos en el Centro Nuestra Señora del Rosario de La Coruña.* Quinesia, n.º 6. Págs. 35-39.

La integración no sólo se realizó dentro del aula, sino que se extendió a actividades de tiempo libre.

OLERÓN, P.: *La Sordomudez.* Fabril Editorial, S. A. Buenos Aires.

Este libro ofrece, en forma accesible y sintética, un completo panorama de todos los problemas relativos a los sordomudos. El autor realiza, en primer término, un examen de la frecuencia, de las formas y distintos matices con que aparece la privación simultánea de habla y de la audición, para luego abordar los aspectos relativos a la infancia de los sordomudos, su vida psicológica y la adopción del lenguaje mímico.

ORGANIZACIÓN MUNDIAL DE LA SALUD: *Clasificación Internacional de Deficiencias, Discapacidades y Minusvalías.* INSERSO. Colección Rehabilitación. 281 páginas.

La clasificación Internacional de Deficiencias, Discapacidades y Minusvalías (C.I.D.D.M.) de la O.M.S. constituye el resultado del largo esfuerzo de un grupo internacional de cualificados especialistas.

ONCE: *Guía del Museo Tiflófilo.* Centro Bibliográfico y Cultura de la ONCE. Calle de La Coruña n.º 18, 28020 Madrid.

Se expone una detallada descripción de los contenidos culturales más importantes de cada una de las salas.

ONCE (1995): *Introducción a la comunicación con personas sordociegas.* Vídeo editado por la ONCE y Fundación ONCE. Calle de La Coruña n.º 18 - 28020 Madrid.

Se trata de un conjunto de 4 cintas de vídeo que tienen como punto central mostrar cómo se pueden acceder a la comunicación, con los sordociegos, los profesionales que desarrollan su labor en contacto con este colectivo.

ONCE: *Centro de Información y Documentación sobre la ceguera y la deficiencia visual de la ONCE*. Calle de La Coruña n.º 18 - 28020 Madrid. Biblioteca especializada con más de 3.000 libros, monografías e informes; más 40 colecciones de revistas; más de 2.000 documentos traducidos para uso interno; videoteca. Servicio de información y orientación bibliográfica sobre ceguera y deficiencia visual. Servicio de traducción.

ONCE (1995): *La sordoceguera. Vivir sin vista ni oído*. Distribuye: Centro de Publicaciones de la ONCE. Calle de La Coruña n.º 18 - 28020 Madrid.

Este vídeo tiene una duración de 30 minutos y es el primer documento audiovisual que se edita en España sobre la temática de la sordoceguera. Con su texto e imágenes se refleja de una manera clara y directa qué es la sordoceguera, su problemática y necesidades, y nos ayuda a poder comunicarnos con esas personas.

ONCE (1996): *Desarrollo normativo referente a las personas con discapacidad*. Fundación ONCE. Editorial Escuela Libre. Madrid.

En esta obra se recoge una síntesis sistemática de la normativa relacionada con las personas con discapacidad basándose en los informes elaborados por la empresa DPS (Desarrollo de Proyectos Sociales), conectada al Patronato de la Fundación ONCE.

ORDÓNEZ ANCIN, J.: *La tartamudez vencida*. Editorial Enciclopédica. Madrid. 167 páginas.

El autor, que padeció la tartamudez en su fase más aguda, consiguió su corrección mediante su eficaz método de convergencia ortofónica.

PACHECHO, M. A.; GARCÍA SÁNCHEZ, J. L.: *Soy un niño*. Altea. 32 páginas.

Es una primera iniciación a la educación sexual mediante un lenguaje sencillo, ameno, delicado, sin extremismos de más ni de menos.

PALUSZNY, M. y OTROS AUTORES (1995): *Autismo, guía práctica para padres y profesionales*. Editorial Trillas, S. A. Avda. Río Churubusco, 385, 03340 Méjico, D. F.

Partiendo del desajuste biológico como causa del autismo, el libro ofrece una orientación clínica acerca del mismo, señalando los cambios de dirección que ha emprendido esta deficiencia del desarrollo a la que antes se catalogaba como un desorden intrapsíquico sólo tratado por medio de la psicoterapia individual. En el texto se describen diferentes métodos de tratamiento y se analizan aspectos como la responsabilidad educacional respecto a los niños autistas.

PARADERO DEL BOSQUE: *Sordomudez y Audiomudez*. Paraninfo. Madrid. 130 páginas.

Es un homenaje a todos los que trabajan en el mundo silente. Obra sencilla que conviene tener en cuenta.

PASCUAL GARCÍA, P. (1995): *Tratamiento de los defectos de articulación en el Lenguaje del niño*. Editorial Escuela Española. Madrid.

Conocida autora con su obra *La dislalia* en la presente publicación, puesta al día, es una ayuda a logopedas, profesores y padres.

PEÑA CASANOVA, J. (1988): *Manual de Logopedia*. Editorial Masson, S. A. Barcelona. 328 páginas.

Ha sido editado bajo la dirección de Jordi Peña Casanova, que dirige la Unidad de Neuropsicología y Lenguaje del Hospital del Mar, en Barcelona, y colaboran en él profesionales de distintos campos: logopedia, psiquiatría, psicología, neurología, lingüística, ORL, audiología, pedagogía, etc.

PEÑA CASANOVA, J. y PÉREZ, M. (1984): *Rehabilitación de la afasia y trastornos asociados*. Editorial Masson. 194 páginas.

Un documentado libro acerca del menoscabo funcional conocido como "afasia", enfermedad debida a una lesión focal del cerebro, y que se traduce en alteraciones en la capacidad de uso de elementos fonéticos y/o significativos del lenguaje. Uno de los apartados básicos del libro se centra en las variadas formas de afasia, alexia y agrafia, distinguiendo hasta nueve cuadros clínicos distintos. Se revisan los diferentes métodos que acostumbran a utilizarse en la reeducación de los afásicos.

PERAZZO, I. A.: *Elementos de Foniatría*. Editorial "El Ateneo". 235 páginas.

La obra es de carácter didáctico. Se inicia con un comentario sobre el origen del lenguaje y el estudio de las etapas de la evolución del niño, conteniendo un análisis cuantitativo de pruebas de vocabulario de autores mundialmente conocidos.

PERELLÓ, J. / F. TORTOSA (1995): *Sordera Profunda Bilateral Prelocutiva*. Massón, S. A. Príncipe de Asturias, 20. 08012 Barcelona.

No es una nueva publicación es la 4ª edición de sordomudez; el Dr. Perelló tributa en esta edición un homenaje al recuerdo del profesor de sordomudos Francisco Tortosa Peydró. Edición muy cuidada, puesta al día, donde logopedas, padres y amigos de los sordos encontramos respuestas y aclaraciones.

PERELLÓ GILBERGA, J. (1996): *Florilegio de Logopedia humorística*. Editorial Lebón. Roger de Lluria, 93. 08009 Barcelona.

El doctor Perelló recopila en este libro los chistes, bromas y sucedidos sobre foniatría y Logopedia y sus respectivas patologías, exploraciones y tratamientos. Podríamos decir que presenta los aspectos divertidos sobre dichas especialidades de las que se han abordado todos los puntos de vista científicos.

PERELLÓ GILBERGA, J.: *Audiofoniatría y Logopedia* (10 títulos). Científico-Médica. Barcelona. I. Fundamentos Fonoaudiológicos. II. Morfología Fonoaudiológica. III. Fisiología de la Comunicación Oral. IV. Canto y Dicción. V. Exploración Audiofonológica. VI. Sordomudez. VII. Perturbaciones del Lenguaje. VIII. Trastornos del habla. IX. Alteraciones de la Voz. X. Diccionario de Audiología y Foniatría.

Bajo el epígrafe genérico de *Audiofoniatría y logopedia,* el Dr. Perelló (autoridad mundial en la materia) ha publicado en España la mejor colección. Al enunciar los títulos, nos da idea de la trascendencia del conjunto de la obra. La colaboración de varios especialistas, corrobora la seriedad y competencia de lo publicado.

PERELLÓ GILBERGA, J.: *Lexicón de Comunicología.* Augusta, S. A.

Compilación de términos utilizados para los profesionales que se dedican a la rehabilitación de las perturbaciones de la audición, del habla y del lenguaje.

PERELLÓ, J. y FRIGOLA (1987): *Lenguaje de signos manuales.* Científico-Médica. Barcelona. 954 páginas.

Los autores nos presentan el resultado de un trabajo considerable y preciso sobre el lenguaje de signos manuales utilizado por los sordos adultos de Cataluña. La representación de los signos se hace por medio de dibujos, en general, muy claros. Los signos vienen agrupados en 24 bloques temáticos.

PÉREZ, M. (1997): *Evaluación de contenidos de procedimiento.* Editorial Lebón. Roger de Lluria, 93. 08009 Barcelona.

La reciente reforma educativa ha subrayado la importancia que tienen los contenidos de procedimientos, definidos como variedades del "saber hacer" teórico y práctico. Este libro aporta materiales e instrumentos prácticos para evaluar dichos contenidos relacionados con las áreas de la Lengua, Matemáticas y Ciencias de la Naturaleza. El análisis de procedimientos que ofrece es aplicable a toda la ESO, si bien los instrumentos que presenta están contextualizados en el Primer Ciclo.

PÉREZ DE URBEL, F. J.: *Fray Pedro Ponce de León y el Origen del Arte de Enseñar a Hablar a los Mudos.* Obras Selectas. Madrid.

Es una biografía de Ponce de León y un homenaje al inventor del *Método oral.*

PÉREZ LERGA, J. (1986): *Método de logoterapia.* Edita Universidad del País Vasco. 327 páginas.

Libro extenso, didáctico, cien por cien, por cuanto la base de los métodos se cimenta en figuras, bien reflejadas por las ilustraciones de Eugenio Domínguez Egía. Obra muy completa. En su día felicitamos a Pérez Lerga.

PÉREZ LERGA, J. (1996): *Ejercicios psicolingüísticos audiovisuales.* Servicio Editorial. Universidad del País Vasco. Bilbao.

Ejercicios psicolingüísticos audiovisuales está elaborado como un material psicopedagógico para el entrenamiento en el desarrollo y corrección del lenguaje hablado. La obra está concebida en base a un acreditado conocimiento neuropsicológico de las afasias por parte del autor.

PIAGET, J. y otros (1984): *El lenguaje y el pensamiento en el niño pequeño*. Paidós. Barcelona. 96 páginas.

Se nos ofrece dentro de la colección Paidós Educador una importante obra que tiene por autores a J. Piaget, F. H. Alport, E. J. Day y M. M. Lewis. Este equipo de autoridades en el tema del lenguaje y el pensamiento en el niño nos ofrece a lo largo de siete capítulos una coherente teoría sobre el lenguaje infantil.

PIALOUX, P. y otros: *Manual de Logopedia*. Toray-Masson, S. A. Barcelona. 300 páginas.

La traducción y la adaptación la ha realizado el Dr. Perelló. El título original de la obra es *Precis D'Orthofhonie*. En la versión castellana se ha traducido ortofonía por logopedia. La ortofonía indica solamente la fonación correcta, y el término Logopedia de todos los factores que permiten el lenguaje y su expresión. El libro se divide en cuatro partes bien diferenciadas. Es elemental y básico.

PIATELLI PALMARINI, M. (1983): *Teorías del Lenguaje, teorías del Aprendizaje*. Editorial Crítica. Barcelona. 464 páginas.

En el mes de octubre de 1975 tuvo lugar en París un encuentro científico, en el que estuvieron presentes Jean Piaget, preconizador de la epistemología genética (teoría del conocimiento y de la ciencia en el sentido de criterología o crítica: estudia las condiciones de la posibilidad, origen, valor y límites del conocimiento humano) y Noam Chosmky, formulador de la gramática generativa. El debate entre ambas escuelas es el contenido de este libro.

PINEDO PEYDRO, F. J.: *Diccionario Mímico Español*. Colección Rehabilitación. Instituto Nacional de Servicios Sociales. 584 páginas.

El *Diccionario Mímico Español* es la primera obra de este tipo dentro del panorama bibliográfico sordomudístico hispano. Fue una idea del profesor Sos Abad, como reconoce el autor en su prólogo y recoge unas 5.000 fotografías de gestos mímicos. Es un gran esfuerzo para unificar la mímica española.

PINEDO PEYDRO, F. J.: *El Sordo y su Mundo*. Confederación Nacional de Sordos de España. 181 páginas. Alcalá, 160, 1.º, F., 28028 Madrid.

Félix Jesús es sordo postlocutivo desde los siete años. Logró el título de Bachiller Superior y el Peritaje Comercial. Se educó con oyentes. Presidente de la Confederación Nacional de Sordos de España desde el año 1979. Su libro es su propia experiencia. La obra en sí misma se recomienda.

PINEDO PEYDRO, F. J.: *Nuevo Diccionario Gestual Español*. Confederación Nacional de Sordos de España. Alcalá, 160, 1º. F., 28028 Madrid.

Edición con la colaboración del Ministerio de Educación y Ciencia. 4.645 voces con la explicación del gesto y los movimientos.

PINEDO PEYDRO, F. J.: *Una voz para un silencio*. Confederación Nacional de Sordos de España. Alcalá, 160, 1.°, F., 28028 Madrid.

Un libro que intenta abordar la problemática y la psicología de la sordera. Los sistemas educativos, la familia, el trabajo... la realidad en suma que padres, amigos y profesionales queremos conocer sobre los sordos.

POINTER, B. (1996): *Actividades motrices para niños y niñas con necesidades especiales*. Editorial Lebón, 93. 08009 Barcelona.

Obra totalmente práctica en la que se presentan 110 ejercicios divididos en cuatro grupos (actividades de calentamiento, por parejas, en grupos reducidos o en grupos numerosos) para que el profesorado pueda seleccionar cuáles realizar a fin de equilibrar y dar continuidad a la organización de la clase.

PORKONI, D. H.; NOHENSTEIN, R. C.: *La Palabra en Signos y Maravillas*. Box 102. Kendall Gree. Washington, D.C. 2002 USA.

El presente volumen ofrece los resúmenes de artículos presentados en el II Seminario Internacional de entrenamiento sobre el ministerio cristiano entre los sordos. Libro sugerente para todo educador de sordos en la fe.

POLO MERINO, I. (1980): *Isla de Silencio*. Barcelona.

La autora nos brinda la realidad cruda de cada día, vivida por una persona privada de audición. "Ser sordo es vivir en una isla silenciosa".

PRATER, R. J.; SWIFT, R. W. (1995): *Manual de Terapéutica de la voz*. Editorial Masson-Salvat Madrid.

Ideal como libro de texto y a la vez completa obra de consulta, este manual es una fuente indispensable de información práctica, tanto para el postgraduado en período de formación como para el clínico experimentado.

PROYECTO URI (Utilización de Recursos Experimentales) (1988): *Necesidades educativas especiales*. Equipo del Departamento Técnico de EDUCTRADE. Editorial EDUCTRADE y Centro de Publicaciones del MEC. Madrid.

Pretende ofrecer al profesor orientaciones para la utilización de material didáctico individualmente, respondiendo a la necesidad educativa de cada alumno, con independencia del nivel escolar en el que se encuentra.

PUIG DE LA BELLACASA, R. (1995): *La discapacidad y la Rehabilitación de Juan Luis Vives*. Edita: Real Patronato de Prevención y de Atención a Personas con Minusvalía. C/. Serrano n.° 140, 28006 Madrid.

Con el asesoramiento y la colaboración del Profesor Constant Matheussen, Puig de la Bellacasa, trata de reflejar las características del pensamiento y de la obra del humanista Juan Luis Vives, sus amigos, sobre la pobreza y la minusvalía, con ideas coetáneas de Tomás Moroy y Desiderio Erasmo.

PUIG DE LA BELLACASA, R.; LÓPEZ KRAHE, J. (1981): *Comunicación y Discapacidad.* Editorial Tecnos. O'Donnell, 27. Madrid. 422 páginas.

La tecnología, y en particular la de las comunicaciones, descubre cada día nuevas aplicaciones para, en mayor o en menor grado, complementar o suplir facultades de comunicación disminuidas o inexistentes. Este libro, que requiere ser materia de reflexión o impulso para la acción, documenta y analiza dichas posibilidades y las proyecta en el contexto español.

PUERTA, C.; SETIÉN, L. (1995): *Aplicaciones informáticas y ACNEE.* CEP de Castro Urdiales, c/. Leonardo Rucabado n.º 44, 39700 Castro Urdiales, Cantabria.

Este manual de software pretende ser una herramienta útil que facilita la labor educativa con los alumnos con necesidades educativas especiales y animan a los docentes a utilizar los medios informáticos como parte del proceso de enseñanza-aprendizaje.

PUESCHEL, S. (1994): *Síndrome de Down: Hacia un futuro mejor.* Salvat Editores y Fundación Síndrome de Down de Cantabria.

Versión española de la edición norteamericana de 1990. Nació ya hace trece años, pero, edición tras edición, fue enriquecida mediante la selección de material, la incorporación de nuevos colaboradores y la presentación de nuevas ideas y perspectivas hasta llegar al momento actual.

PUYUELO, M.; POO, P.; BASIL, C.; LE METAYER M. (1996): *Logopedia en la parálisis cerebral.* Ediciones Lebón. Roger de Lluria, 93. 08009 Barcelona.

El libro ha sido escrito por cuatro destacados profesionales con una amplia experiencia en los campos de la Logopedia, docencia e investigación. Se trata de un estudio riguroso y práctico que aborda los siguientes aspectos: morfología, fisiopatología, clínica, tratamiento del lenguaje oral y sistemas aumentativos de comunicación. Una importante aportación a un tema del que, lamentablemente, hay poca bibliografía.

QUERTINMONT, S. (1986): Editor: *Vivre sourd aujourhui... et demain?* 198 páginas. Bruxelles. Edirsa.

Este libro es el primer tomo del primer volumen de una colección sobre la sordera que tienen anunciada la editorial Edirsa.

RAMÍREZ CAMACHO, R. A. (1996): *Atlas de Cirugía del Oído.* Editorial Mosby-Doyma (Buenos Aires). Patrocinado por los Laboratorios Smith-Kline-Beechmam.

El doctor Rafael Ramírez Camacho, jefe del Departamento de ORL de la Clínica Puerta de Hierro, de Madrid, presenta este magnífico *Atlas de Cirugía del Oído,* que recoge las más de cien técnicas quirúrgicas distintas que se pueden aplicar para tratar las patologías del oído.

REAL PATRONATO DE PREVENCIÓN Y DE ATENCIÓN A PERSONAS CON MINUSVALÍA.

El Boletín del Real Patronato nació en el año 1985, con función de enlace. Esta publicación, de periodicidad cuatrimestral, es de carácter gratuito y se distribuye a entidades y organismos de las administraciones, así como a profesionales relacionados con el campo de las discapacidades.

REVISTAS:

BOLETÍN DE ATAXIAS HEREDITARIAS (estar al día en genética). C/. Poeta Albareda, 25, bajo derecha. 46018 Valencia.

Publicación cuatrimestral que va dirigida a todas las personas, socios y amigos de la Asociación que cuenta con un banco de datos que abarca el aspecto social, tanto de las autonomías como de Europa y Canadá.

ENCUENTRO: Es la revista de la Confederación Española de Agrupaciones familiares y Enfermos Mentales (FEAFES). Sede: C/. Martínez Izquierdo, 7, 5.º F, 28028 Madrid.

Es una publicación que da ánimo y esperanza a miles de familias de enfermos mentales.

FARO DEL SILENCIO: La edita la Confederación Nacional de Sordos de España. C/. Alcalá, 160, 1.º-F. 28028 Madrid.

El número 0 se publicó en el mes de febrero de 1977 y viene "para dar impulso con savia nueva a la antigua Gaceta del sordomudo (fundada en el mes de marzo de 1934 por el ilustre sordo D. Juan Luis Marroquín Cabiedas). Es la revista de todos los sordos de España". Leer *Faro del Silencio* es conocer de verdad la problemática del sordo español.

FIAPAS: Federación Ibérica de Asociaciones de Padres y Amigos de los Sordos. Núñez de Balboa, 3.º-1.º, 28001 Madrid. Bimensual.

Es la continuación de la Revista Proas y cuyo número 0 se publicó en el mes de diciembre de 1973. Recordamos a su primer director profesor especial de sordomudos Verge Lozano, que en su carta de presentación decía: "Pretendemos aunar esfuerzos en favor de los sordos". Tiene cuidada presentación y hay que destacar las separatas que publica.

HELIOS: 79 Avenue de Cortenberg B.1040 Bruselas, Bélgica.

Boletín de gran interés para los lectores de información del ámbito comunitario en el campo de las minusvalías.

INTEGRACIÓN: Revista sobre la ceguera y deficiencia visual. C/. Prado n.º 24-2.ª Planta. 28014 Madrid.

Publicación cuatrimestral editada por la Dirección General de la ONCE. Servicio de Afiliados.

INTELIGENCIA: Revista Científica para su desarrollo. Información en C/. Hidalgo, 568 1405 CAP. FED. Buenos Aires. República Argentina.

La revista argentina para el desarrollo de la inteligencia es el órgano de difusión de la Comisión Nacional Argentina del Centro Latinoamericano para el Desarrollo de la Inteligencia en Buenos Aires. La revista se adquiere por suscripción anual.

LOGOPEDIA, FONIATRÍA Y AUDIOLOGÍA: C/. Balmes, 151, pral. 08008 Barcelona.

Es el órgano oficial de la Asociación Española de Logopedia, Foniatría y Audiología.

PLATAFORMA: Órgano de difusión y el portavoz de PREDIF (Plataforma Representativa Estatal de Discapacitados Físicos) nació el 13 de enero de 1966 de la unión de ASPAYM y COAMIFICOA. Redacción y Administración. C/. Mallorca, 6. 28012 Madrid.

VOCES Y SIGLO 0: Dos revistas de la Federación de Asociaciones Protectoras de Subnormales (FEAPAS). Redacción y Administración, General Perón, 32-1.º, 28020 Madrid.

Aparecieron en el año 1970 y en el año 1972 y desde entonces ha crecido la conciencia social respecto a las personas con minusvalía.

VOIX DU SILENCE-THE VOICE OF THE SILENCE: La edita la Federación Mundial de Sordos. 120, Vía Gregorio VII. 00165 Roma, Italia.

ROCA, N.; GONZÁLEZ, C.; SOLSONA, R.; RABASSA, M. (1995): *Escritura y necesidades educativas especiales. Teoría y práctica de un enfoque constructivista.* Editorial Aprendizaje, S. L. Madrid.

Las autoras, a través de la narración de casos de niños con diversos trastornos siguen la evolución de la escritura y presentan alternativas de aprendizaje diseñadas para que éstos y los otros niños alcancen su mayor nivel de competencia.

RODRÍGUEZ GONZÁLEZ, M.ª Á. (1994): *Lenguaje de Signos.* Coeditado por la Confederación de Sordos de España y la Fundación ONCE para la cooperación e integración social de personas con minusvalía. C/. Alcalá, 160, 1º F. 28028 Madrid.

Es la tesis doctoral de María Ángeles. Aportación del estudio del lenguaje gestual del sordo en relación con las estructuras lingüísticas del español.

ROMÁN, J. M.ª; SÁNCHEZ, S.; SECADAS, F. (1997): *Desarrollo de habilidades en niños pequeños.* Editorial Lebón. Roger de Lluria, 93. Barcelona.

Los autores nos describen, analizando mes a mes, cómo aprenden y desarrollan las principales habilidades o esquemas de acción y de pensamientos de los niños de 0 a 2 años, junto con explicaciones para poder optimizar su evolución. Obra útil para profesionales de la educación y para los padres.

RONDAL, J. A. (1997): *Educar y hacer hablar al niño Down. Una guía al servicio de padres y profesores.* Editorial Lebón. Roger de Lluria, 93. 08009 Barcelona.

En este libro, editado en México, el prestigioso Dr. Rondal, trata de definir y precisar una técnica de intervención que pueda ser utilizada por los profesionales y los padres del niño trisómico, dando claves prácticas para lograr una mejor comunicación, para lo cual se basa en un doble principio: La evaluación y la graduación de los aprendizajes. Está dividido en los seis capítulos que seguidamente reseñamos: 1. El niño y el adulto con síndrome de Down. 2. El desarrollo del niño con síndrome de Down. 3. El lenguaje del niño con síndrome de Down. 4. La intervención educativa en materia de lenguaje. 5. Cómo favorecer la comunicación y preparar el lenguaje. 6. Desarrollemos y estructuremos el lenguaje.

ROUQUES, D. (1981): *Psicopedagogía de los débiles mentales.* Editorial Marfil. Alcoy. 626 páginas.

La autora ha trabajado al frente de una institución donde se educan niñas con incapacidad mental profunda. El libro resulta testimonial. La obra pese a su voluminosidad resulta atractiva y de un gran valor como documento práctico.

RUIZ IBÁÑEZ, C. (1994): *El duende de las palabras*. Cuatro Cuadernos. Ediciones Akal. Madrid.

Dirigida fundamentalmente a niños de Enseñanza Primaria, se presenta esta serie de cuatro cuadernos partiendo de la concepción de que el aprendizaje de la ortografía está íntimamente ligado a otros aspectos del desarrollo lingüístico, como son la lectura y la escritura.

RUSEL, W.; KEITH-QUIGLEY, S. P.; POWER, DESMOND, J.: *Linguistics and deaf children. Transformational syntax and applications.* (Lingüística y el niño sordo. La sintaxis transformacional y sus aplicaciones). A. Graham Bell Association. 272 páginas.

El propósito del presente libro es introducir al profesor de sordos en el conocimiento de ciertos conceptos recientes de lingüística sobre las estructuras del lenguaje e ilustrar con ejemplos de redacciones escritas por niños sordos y con resultados de la ciencia, cómo estos conceptos pueden ayudar a comprender las desviaciones que el lenguaje escrito del sordo experimenta frente al inglés normal.

RUSSO, A.: *The God of the deaf adolescente.* (El Dios del joven sordo).

El autor es sacerdote redentorista que trabaja pastoralmente con sordos en EEUU. La muestra está integrada por 150 sordos católicos de ambos sexos provenientes de diez centros. Todos los jóvenes son mayores de 16 años y con una formación religiosa sistemática recibida durante el período escolar. Una obra para ser estudiada, analizada y meditada.

SACKS, O. (1994): *"Veo una voz". Viaje al mundo de los sordos.* Anaya & Mario Muchnick, Milán, 38. 28043 Madrid.

Sacks, en *Veo una voz,* cuyo título procede de las palabras que Píramo le dice a Tisbe, se acerca al mundo ignoto de los sordos profundos. La existencia de un lenguaje visual, la Seña, y el asombroso aumento de la percepción visual que aporta su aprendizaje, nos revelan que existen en el cerebro posibilidades ricas e insólitas, nos muestran la flexibilidad casi ilimitada y los inmensos recursos del sistema nervioso del organismo humano cuando se enfrenta a una situación nueva y tienen que adaptarse. El libro es un viaje fascinante a esa tierra silente, extraña y maravillosa.

SÁIZ, C.; ROMÁN, J. M.ª (1996): *Programa de entrenamiento cognitivo para niños pequeños.* Editorial Lebón. Roger de Lluria, 93. 08009 Barcelona.

La reforma educativa expresa la necesidad de desarrollar las habilidades y estrategias para resolver problemas cognitivos como sociales. Este libro refleja el programa aplicado durante 6 años en diversas escuelas públicas de Educación Infantil y Primaria. Se introducen de forma sencilla y motivadora los aspectos metodológicos para un buen desarrollo cognitivo y social de los alumnos. Su estructura y los instrumentos de evaluación permiten que pueda ser utilizado de forma colectiva o individual, así como en diversos ámbitos educativos (discapacidad, deprivación, superdotados, clínica).

SÁNCHEZ, J. (1997): *Jugando y aprendiendo juntos.* Un modelo de intervención didáctico para favorecer el desarrollo de los niños y niñas con síndrome de Down. Editorial Lebón. Roger de Lluria, 93. 08009 Barcelona.

Tras un trabajo desarrollado durante tres años, la autora ha realizado este libro para que padres y educadores puedan conocer mejor el desarrollo y peculiaridades de los niños/as con trisomía, ofreciendo pautas educativas y metodológicas que faciliten su integración social y escolar. Divide su obra en dos partes; en la primera describe el estado actual del conocimiento de las características biológicas, cognitivas, lingüísticas y socioafectivas de estas personas y, como segunda cuestión, describe el modelo seguido de intervención psicomotriz vivenciada, analizando las aportaciones que se pueden hacer para potenciar las competencias; en la segunda parte describe el proceso seguido y da pautas de intervención aplicables en el entorno educativo y familiar, a tenor de las experiencias obtenidas.

SÁNCHEZ BLANCO, C. (1995): *El desarrollo de actitudes de Educación Infantil.* Editorial Luis Vives. Zaragoza.

Esta obra pretende facilitar al profesorado reflexiones en torno al desarrollo de actitudes en los niños y niñas de Educación Infantil, y sobre todo, mostrar un conjunto de problemas surgidos en la práctica de manera que se tome conciencia de la importante fuente permanente de conocimiento en que se puede transformar la docencia cuando deja de ser un conjunto de acciones rutinarias.

SÁNCHEZ, A.; TORRES, J. (Coord.) (1997): *Educación Especial.* Editorial Lebón. Roger de Lluria, 93. 08009 Barcelona.

Más de 30 autores españoles han intervenido en la elaboración de esta obra que expone y desarrolla temas teóricos y prácticos sobre la E.E., desde una perspectiva pedagógica. Se recogen planteamientos que permiten establecer líneas de actuación, dentro del nuevo sistema educativo, como respuesta a las necesidades y demandas que aparecen en el marco de la atención a la diversidad de los alumnos.

SCHIEFEL BUSCHR, L. (1986): *Bases en la intervención del lenguaje.* Alhambra. Madrid. 385 páginas.

Nos ofrece un panorama bastante exhaustivo de cómo se enfocan los problemas de la pedagogía y la reeducación del lenguaje desde la perspectiva estadounidense de los últimos diez años.

SCHMID-GIOVANNINI, S.: *Habla conmigo.* Método para que padres y educadores enseñen a hablar a niños con trastornos auditivos (de 0 a 7 años). Kapelusz. Buenos Aires. 153 páginas.

El método didáctico expuesto surgió de una labor de muchos años con pequeños carentes de posibilidad de "Oír". Es una obra seria, consecuente con sus principios que junto a unas ideas claras, refleja una experiencia contrastada con una amplia y variada casuística.

SEGRE, R.: *La Comunicación Oral y Patológica.* Toray. 585 páginas.

En el año 1955 el Dr. Renato Segre publicó un tratado de foniatría. En esta segunda edición, ha sustituido foniatría por "Comunicación oral". Así quedan justificados los aspectos logopédicos que se incluyen también en la obra y que no quedarían comprendidos, dado el actual rigor científico bajo el simple título de Foniatría. Es una obra clásica. Se publicó en 1983.

SIDLE, N. (1985): *Rubeolla in Pregnancy. Its Consequences and Prevention.* Sense.

En conjunción con el establecimiento del Consejo Nacional de Rubeola en 1983, Sense, una de las organizaciones de este Consejo, se comprometió a que la revista de ese nombre proporcionara, en adelante, toda la información relevante sobre sordociegos desde el año 1941 hasta el momento de su publicación. El libro tiene como visión servir de fuente de referencia y además incluye una bibliografía desde 1866 y las publicaciones más importantes relacionadas con el tema sobre la sordoceguera que pueden interesar a aquellas personas que realizan trabajos de investigación.

SIIS (1995): *Discapacidad y Sistemas de Comunicación.* Compilador: Santiago Torres y Colaboración del Equipo Técnico del SIIS. C/ Serrano n.º 140 - 28006 Madrid.

La publicación se distribuye en tres grandes bloques atendiendo a los problemas de comunicación y a las ayudas técnicas y es muy interesante para los logopedas.

Guía de Organismos y Entidades relacionadas con la Discapacidad. C/ Serrano n.º 140, 28006 Madrid.

Esta guía, confeccionada por el Centro de Documentación e Información del SIIS, es la continuación actualizada del anexo informativo del manual *Accesibilidad para las Personas con discapacidad.* Para la elaboración de este gran directorio se contó con la colaboración de los organismos de las Administraciones central, autonómicas y asociaciones privadas.

SOS ABAD, A. M. (1988): *Logopedia práctica.* Editorial: El Autor, C/ Colombia n.º 28. Madrid 28016. Madrid. 309 páginas.

Obra eminentemente práctica en las técnicas logoterapéuticas; es una recopilación de las obras más importantes publicadas en lengua castellana. Destacamos el apartado correspondiente al Método Completo de Desmutización y el comentario bibliográfico sobre comunicación humana. (Ver comentario de la prestigiosa Revista *Proas* n.º 115).

SOS ABAD, Antonio Miguel: *Orientación familiar del niño sordo.* Unicef-España. 1983.

Dedicado y orientado a las familias del niño sordo. Sencillo y práctico.

SOS ABAD, A. M. (1982): *"Libro Blanco" de las Minusvalías en España.* Unicef-España. Ministerio de Cultura. 482 páginas.

Al término del año Internacional del Niño 1979, la Comisión Nacional del Año, encarga a Unicef-España el trabajo. El profesor Sos Abad es coautor de la Parte Cuarta en el apartado de los Deficientes Auditivos.

SOTILLO, M. (1995): *Sistemas alternativos de Comunicación.* Editorial Trotta. Colección Estructuras y Procesos, serie Cognitiva. Madrid.

Lo que se presenta en esta obra es un compendio de sistemas y métodos de comunicación, cuyo nexo es la utilización de estrategias alternativas al habla, dirigido a los niños y adultos que no pueden hacer uso de esta facultad exclusivamente humana.

SOURBIRAN, G. P.; COSTER, J. C. (1996): *Psicomotricidad y relajación psicosomática.* Editorial Núñez. Serie Manuales. Madrid.

Una obra muy elaborada basada en la investigación y en la observación de conductas terapéuticas, tanto en hospitales, como en centros psicopedagógicos con niños, adolescentes y adultos.

STEINBACH, P. (1995): *Benni no habla*. Col. Infantil-Juvenil. Ed. Alfaguara. Madrid.

Emotivo y alentador relato sobre un niño "diferente", cuya recuperación depende de la paciencia, la confianza y el amor de los que le rodean. A resaltar el hecho de que el autor propone como personaje "salvador" alguien tan "diferente" –Ivo, el ciego– como el propio protagonista.

SURIA, M. D.: *Guía para padres de niños sordos*. Excmo. Ayuntamiento de Barcelona. (Delegación de Cultura). 255 páginas.

Enseña este libro a los padres lo que deben conocer y hacer con el niño sordo antes de que ingrese en la escuela.

SUSAN DE VORE, M. (1982): *Programación individualizada de aprendizajes para retrasados mentales profundos*. Ediciones Marfil. Alcoy. 226 páginas.

La obra va destinada no sólo a educadores especialistas, pedagogos, terapeutas, neuro-psiquiatras y neuropsicólogos, sino a todos aquellos preocupados por el estudio de los fenó-menos cognitivos intrínsecamente humanos.

"TALKING SENSE": London. England.

Es la revista de la Asociación Sense. Se publica trimestralmente y va dirigida a familias y profesionales en contacto con sordociegos. Es una valiosa fuente de información a nivel internacional y de apoyo.

Toda la información sore la sordoceguera en España la podéis solicitar en nombre de los autores al Módulo de Sordociegos. C.R.E. "Antonio Mosquete". ONCE. Paseo de la Habana, 208. 28036 Madrid.

TEIL, P. (1976): *Los niños inadaptados*. Editorial Marfil. Alcoy. 184 páginas.

El problema de los niños clasificados como "inadaptados" suscita infinidad de preocu-paciones a los pedagogos, maestros y familiares. Sobre todo, esto es lo que trata con pro-fundidad este libro.

TERES TERES, M. D.; GARCÍA GONZÁLEZ, F. (1995): *Desarrollos curriculares para la Educación Infantil*. Editorial Escuela Española. Madrid.

Las autoras han elaborado este trabajo partiendo de los objetivos señalados en el Diseño Curricular Base para la Educación Infantil y su método de trabajo inspirado en "Los Centros de Interés" de Decroly, es del todo globalizado.

TIDYMAN, E.: *El sordomudo*. Euros. Barcelona.

Novela. El Autor trata de reconstruir a lo largo de las páginas del texto la historia de un joven negro, sordo, mudo y analfabeto, nacido en uno de los barrios segregacionistas de Chicago que a sus veinte años se ve complicado en un asunto de asesinato. En resumen, nos narra el sordo por dentro.

TIERNO, B. (1996): *Profesor de ti mismo. La motivación por el trabajo bien hecho*. Editorial Espasa Calpe. Madrid.

El profesor Tierno especialista en pedagogía, publica este libro con el deseo de dar las claves al estudiante para aprovechar al máximo el tiempo y tener éxito en los exámenes.

TOLEDO GONZÁLEZ, M. (1984): *La escuela ordinaria ante el niño con necesidades especiales*. Colección Aula XXI. Madrid. 277 páginas.

A la pregunta ¿Escuela ordinaria o escuela especial?, el autor nos presenta esta doble opción, con la que se enfrentan los padres y profesionales ante el niño con alguna discapacidad. La integración ha de basarse en ideología global, en la normalización, que se justifica paradójicamente en el hecho de ser "diferente".

TOMATIS, A. A.: *Educación y Dislexia*. CEPE. Madrid.

El autor intenta esclarecer el problema de la dislexia, introduciéndolo en el contexto del oído y utilizando la vía auditiva como único vehículo del proceso terapéutico. Para Tomatis el disléxico es "un disarmónico en su equilibrio" y que la "dislexia nos parece una dificultad de aprendizaje de origen auditivo".

TORRES, J. (1996): *Cómo detectar y tratar las dificultades en el lenguaje oral*. Editorial Lebón. Roger de Lluria, 93. 08009 Barcelona.

Está pensado fundamentalmente para los profesores/tutores del aula ordinaria o especial. La autora expone, en primer lugar, algunas notas sobre la evolución del lenguaje oral en las primeras etapas; a continuación, las alteraciones más frecuentes, junto con algunos aspectos que han de ser motivo de alerta y que merecen una exploración más profunda. También da algunas orientaciones sobre la evaluación, indicando cómo observar y recomendado pruebas fáciles.

TORRES MONREAL, S. y otros (1995): *Deficiencia auditiva. Aspectos psicoevolutivos y educativos*. Ediciones Aljibe. Málaga.

Este libro pretende ser un manual teórico y como tal recoge el saber acumulado hasta la fecha sobre el tema de la sordera. Está dividido en seis capítulos: Aspectos clínicos de la sordera; aspectos psicológicos de la sordera; comunicación y lenguaje; aspectos rehabilitadores; desarrollo del lenguaje y comunicación en el niño sordo; y aspectos eduativos de la sordera.

TORRES MONREAL, S. (1988): *La palabra complementada*. Hacia un modelo natural de aprendizaje verbal con niños sordos. Revisión crítica del oralismo. Editorial CEPE. Madrid. 212 páginas.

Por fin podemos disponer de un programa de aprendizaje del Cued Speech del doctor Cornett en castellano, gracias al trabajo del equipo del Centro Apanda de Cartagena.

TORRES, S.; RUIZ, M.ª J. (1997): *La Palabra complementada. El Modelo Oral Complementado: Introducción a la intervención cognitiva en Logopedia*. Volumen 1. Editorial Lebón. Roger de Lluria, 93. 08009 Barcelona.

Basándose en la Palabra Complementada (PC), los autores han desarrollado el Método Oral Complementado (MOC). Desde 1992 el Grupo de Investigación MOC está realizando un trabajo sistemático de intervención con bebés y niños sordos apoyándose en la PC. El libro combina la revisión teórica con los ejercicios, incluyendo un curso básico de PC, y está dirigido al aprendizaje y puesta en práctica del MOC. Está previsto que salga posteriormente un segundo volumen en el que se presentarán los materiales de trabajo.

TOUGH, J. (1987): *El lenguaje oral en la escuela*. Editado por el Centro de Publicaciones del MEC y Visor Libros. Madrid. 192 páginas.

Los métodos esbozados en este libro han sido formulados y puestos a prueba con la ayuda de 1.500 profesores de escuelas maternales y parvularios que trabajan en grupos en muchas partes de Gran Bretaña.

TRIGO CUTIÑO, J. M.; GARCÍA MOLINA, M.ª R. (1995): *"¡A jugar!..."*. *Método lúdico de lectoescritura*. Edita: Área de Educación, Juventud y Deportes de la Diputación Provincial de Sevilla. Tres tomos.

Los autores, compañeros nuestros del curso de Profesores Especiales de Sordomudos, el último que se celebró en España en el año 1968, diseñan este novedoso método cuyo objetivo es enseñar a hablar, leer y escribir a los niños con necesidades educativas especiales, particularmente a aquellos que están afectados de sordera, en un aula integradora, al mismo tiempo y sin retrasar el ritmo de aprendizaje a los demás.

TREBETSZKOY, N. S.: *Principios de Fonología*. Cincel. Madrid. 270 páginas.

La obra es muy importante y el aporte fundamental se halla en las definiciones de oposición fonética distintiva. Todo estudioso de lenguaje encontrará en este tratado respuestas satisfactorias a sus preguntas.

TRUFFAUT, B. (1986): *Los sordos tal como ellos viven* (2ª parte). Orleans. 60 páginas. 10 rue des Murlins. 45000 Orleans.

Truffaut describe en la publicación historias verdaderas y dibujos que ilustran las horas de los sordos de la vida diaria. Estas anécdotas, tristes o divertidas, nos enseñan más que un largo discurso.

TSVETKKOVA, L. S.: *Reeducación del Lenguaje. La lectura y la escritura*. Editorial Fontanella, S. A. Barcelona, 310 páginas.

La autora, colaboradora de Luria, es sin duda, una autoridad en la ciencia neuropsicológica y más concretamente en la rehabilitación de pacientes afectos de lesiones cerebrales.

VALLES ARÁNDIGA, A. (1994): *Ejercicios de Articulación fonética*. Logopedia. Editorial Escuela Española. Madrid.

El material de Logopedia que se presenta en este cuaderno está formado por una serie de ejercicios para corregir, en concreto, los fonemas o grupos silábicos con mayor dificultad, como el caso de los sínfones (pr, pl, br, gr...). La obra queda complementada con otro cuaderno publicado en esta misma editorial titulado *Prevención de dislalias* de Esther Pita.

VALLES ARÁNDIGA, A. (1994): *Cómo corregir errores de inversión de grafías.* Ilustraciones de Francisco Calvo. Colección Educación Especial. Editorial Escuela Española. Madrid.

En este libro se presentan unas actividades específicas anti-inversiones que abordan los planos gráficos, motrices y espaciales cuya integración entrena al alumno a adquirir las habilidades grafomotrices del correcto trazado de las letras, números y sílabas, y, también, las habilidades necesarias de discriminación visual y fonética.

VALLES ARÁNDIGA, A. (1997): *Guía de actividades de recuperación y apoyo educativo.* Dificultades de aprendizaje. Editorial Lebón. Roger de Lluria, 93. 08009 Barcelona.

Compendio de ejemplificaciones prácticas y sus correspondientes propuestas de orientaciones didácticas de las actividades de recuperación y apoyo publicadas hasta la fecha por su autor, dirigidas a la superación de las dificultades de aprendizaje. Asimismo, proporciona modelos de actividades para desarrollo de programas de orientación y tutoría en la Educación Primaria y ESO, como es el caso de la autoestima, las habilidades sociales, técnicas de estudio, etc.

VALLES ARÁNDIGA, A. (1996): *Programa de desarrollo de la inteligencia.* Editorial Escuela Española. Madrid, 1996.

El Programa de Desarrollo de la Inteligencia aplicado al Currículum está dirigido a todos los alumnos de Educación Primaria. Está constituido por tres niveles diferentes que se corresponden con cada uno de los tres ciclos que integran esta etapa educativa. Se ha editado un cuaderno distinto para cada uno de los ciclos.

VALLES ARÁNDIGA, A.; VALLES TORTOSA, C. (1996): *Autoestima.* 1995. Editorial Lebón. Roger de Lluria, 93. 08009 Barcelona.

Ficha de trabajo para el tercer ciclo de Educación Primaria. Los autores tratan de que los niños entiendan qué es la autoestima, su funcionamiento y cómo desarrollarla con ejercicios para reforzar la autoimagen, etc.

VALLES ARÁNDIGA, A.; VALLES, C. (1996): *Comprensión lectora: Cuadernos 1 y 2.* Editorial Escuela Española. Madrid.

Es un programa de técnicas cognitivas y metacognitivas para comprender textos escritos. Se ofrece un conjunto de técnicas que inducen al alumno a detener su lectura y a reflexionar, pensar, formularse preguntas, hipótesis, etc., acerca de lo que va leyendo. El cuaderno 1 es adecuado para el 2° ciclo de Primaria y para los alumnos del 2° curso del primer ciclo. El cuaderno 2, para alumnos de 2° y 3° ciclo.

VARGAS, T. (1996): *La familia del deficiente mental. Un estudio sobre el apego afectivo.* Editorial Lebón. Roger de Lluria, 93. 08009 Barcelona.

Expone de forma exhaustiva la teoría de apego infantil. Se postula la gran importancia que tiene la calidad de los cuidados materno y paterno que recibe el niño deficiente en los primeros años de vida de cara a su posterior desarrollo. Pasa revista a la configuración del apego, factores que contribuyen, tipos, etc.

VAN UDEN, A.: *Un mundo de lenguaje para el niño sordo. Principios fundamentales. Un método maternal reflejo.* Third Revised Editions Amsterdam Swts and Zaitlinger. 345 páginas.

Este libro puede significar el principio de un nuevo paso en la educación del sordo. El doctor Van Uden es una autoridad internacional. Ha pasado revista a cuantas publicaciones han ido apareciendo hasta nuestros días en el campo de la lingüística y de la psicolingüística y ahora nos ofrece los resultados.

VARIOS: *Primera Biblioteca Altea.* Altea. Madrid.

Presenta unos treinta títulos con muchas imágenes. El lenguaje está integrado por una o dos frases simples que traducen verbalmente la acción o el gesto del único personaje o cosa que aparece en el dibujo.

VARIOS: *Biblioteca Educativa Infantil.* Editorial Molino. Barcelona.

Ofece unos cuarenta títulos. La ventaja de estos libros es que sus contenidos se mueven en torno a los mismos centros de interés que se le explica al niño en los libros de texto que maneja en el colegio.

VARIOS: *Las mil primeras palabras.* Plaza & Janés. Barcelona.

El uso más sencillo del libro consiste en contemplar los dibujos y hablar sobre ellos. "No existe alegría mayor para un niño que la de mirar un libro junto a un adulto". Es de gran utilidad para el niño sordo. El autor es Heatthe Amery, la consultora es Betty Root, del Centro para enseñar a leer de la Universidad para la Lectura de Londres.

VARIOS (1979): *Lecturas sobre educación del Sordo.* Readings in deaf Education (Guiilford-Connecticut, Ed. Special Learnine Corporation). 171 páginas.

Es un cuaderno con cuatro apartados o secciones que corresponde a otras tantas facetas del problema. I. Una perspectiva sobre la Educación del Sordo (cuatro artículos). II. Análisis, diagnóstico y asesoramiento (cuatro artículos). III. Desarrollo lingüístico (diez artículos). IV. Técnicas y métodos educativos (diez artículos). En realidad es una selección de estudios ya dados a luz en distintas publicaciones y que desde diferentes perspectivas recogen esta variada y compleja problemática. Su estudio es una puesta al día en planteamientos y soluciones.

VARIOS: *Buenos días.* Juventud. Barcelona.

En la colección TIN-TON, la mayoría de las historias recogen experiencias y escenas que el niño vive en su entorno familiar y escolar. Resulta de verdadera utilidad práctica aplicada a niños sordos.

VARIOS: *Los trastornos de la comunicación en el niño.* CEPE. Madrid, 319 páginas. Redactado por Marcos Monfort.

El volumen recoge la mayor parte de las ponencias, comunicaciones e intervenciones en el Primer Simposio sobre Logopedia celebrado en Madrid los días 3, 4 y 5 de abril de 1981.

VEGA, MANUAL y otros (1994): *Lectura y comprensión*. Una perspectiva cognitiva. Colección Psicología. Alianza Editorial. Madrid.

El libro ofrece una panorámica de los estudios cognitivos más recientes sobre la lectura y la comprensión de textos. Es el fruto de más de cinco años de investigaciones en torno a la lectura de textos en castellano de estudio en "tiempo real" (on-line) para desvelar los intricados fenómenos del proceso lector.

VILA BADÍA, A. (1995): *¿Quién es diferente? Convivencia diaria con una niña deficiente*. Editorial Narcea, S. A. de Ediciones INSERSO.

El título original de este libro es *L'Hivernacle* en catalán. El mayor atractivo de este libro radica en que se trata del reportaje directo de una persona que, sin estar involucrada en la medicina ni en la educación especial, posee la experiencia, la fuerza y el sentimiento de quien se encuentra con un problema de una forma continua e inevitable. "La sensación de estar unida a mi hija por un cordón umbilical que nunca se va a romper".

VILLACORTA LUIS, P. (1989): *Educación Especial y Preescolar*. Editorial Escuela Española, S. A. Madrid.

Esta obra es la sistematización teórico-práctica a la que ha llegado la autora como consecuencia de su larga y rica experiencia orientadora en centros de educación especial.

VILLARD DE REGIS (1987): *Psicosis y autismo del niño. Clínica y tratamiento*. Editorial Masson. Madrid. 166 páginas.

El libro es el fruto de observaciones pacientes y permanentes obtenidas no sólo con la vista, sino con todos los demás sentidos. Los ejemplos utilizados pueden ser reconocidos por todos.

WATSON, R. I. y CLAY, H. (1995): *Psicología del niño y del adolescente*. Editorial Limusa. Méjico. Alayex, S. A. C/ Toledo, 142-144. Méjico D.C.

La obra abarca el estudio de las dos etapas fundamentales de la vida del ser humano: la niñez y la adolescencia. Sus autores, basan su exposición en gran cantidad de investigaciones, tratando de encontrar una consistencia entre ellas, para a su vez derivar conclusiones generales.

WHITE, H.; STEVENSON, J. V.: *Revista American Annals of the Deaf*.

Es una investigación sobre el debatido tema del método oral combinado en la rehabilitación del sordo.

WYMAN, R. (1986): *Multiply Handicapped Children*. Souvenir Press.

El Jefe del Servicio de Asesoramiento a la Familia de Sense es Lindy Wyman. Basado en experiencias reales y multitud de ejemplos, este libro, de carácter eminentemente práctico, coloca al niño, padres y profesores juntos en una positiva y feliz cooperación.

YANES VALER, A.: *¿Tiene usted un hijo sordo?* Senay. Madrid.

El libro descubre muchas facetas del complejo mundo de los deficientes auditivos y ayuda a los padres en la difícil misión de la educación. Narración viva de experiencias personales, ya que el autor ha experimentado en su vida de sordo, profesor de sordos y sacerdote.

YANES VALER, A.: *Evasiones sin sonido.* Senay. Apartado de Correos 20.194. Madrid. 144 páginas.

El Padre Agustín (sacerdote sordo) dedica el libro "A los sordos que, en su silencio, han sentido y reconocido a Dios". La lírica poética del autor tiene tres cuerdas dominantes, con las que compone la mayoría de las canciones: El silencio; la soledad del sordo, la madre y los niños sordos.

YANES VALER, A.: *Padre.* Senay. Madrid.

El autor pregunta ¿Qué es ser Padre? Pues sencillamente, una explicación del Padrenuestro pensada y escrita para sordos.

YANES VALER, A.: *Madre.* Senay. Madrid.

Madre es una explicación breve y sencilla del Ave María que el Padre Agustín hace con amor filial a la Madre de Dios, pensada y escrita para sordos católicos.

YRAGA, J.: *Pictografía moderna.* Editorial Picto-Edit., Dr. Fleming, 48. Madrid. Distribuye: Librería CEPE, General Pardiñas, 95. Madrid. 420 páginas.

El libro tiene un total de 5.500 pictogramas y numerosas frases y ejercicios de lectura, de forma que es bastante completo en cuanto a la obtención de un lenguaje expresivo. La pictografía va directamente de la idea a su representación gráfica sin pasar por el sonido.

YUSTE, C. (1997): *Progresint/3. Relacionar, clasificar, seriar, transformar.* Editorial Lebón. Roger de Lluria, 93. 08009 Barcelona.

Trabaja los aspectos reseñados con una presentación muy atractiva y motivadora. Con esta entrega se completa este "Programa de Estimulación de la Inteligencia" en su nivel de Educación Infantil, Segundo Ciclo (números del 1 al 7), que tan buenos resultados está demostrando.

YUSTED, C. y otros (1996): *Progresint/5. Conceptos temporales.* Editorial Lebón. Roger de Lluria, 93. 08009 Barcelona.

Programa de las habilidades de la inteligencia para la Educación Infantil.

YUSTE, C. (1997): *Progresint/28. Pensamiento creativo.* Editorial Lebón. Roger de Lluria, 93. 08009 Barcelona.

No resulta fácil encontrar fichas para trabajar la creatividad y menos aún en edades comprendidas entre 12-14 años, de ahí el interés de este cuaderno que viene a completar la serie Progresint en su nivel más elevado.

YUSTEC, C.; AZNAR, J. (1996): *Libromóvil, 1. Atención y percepción. Libromóvil, 2. Conceptos de color y formas. Libromóvil, 3. Posturas corporales. Libromóvil, 4. Discriminar numerales y contar.* Editorial Lebón, Roger de Lluria, 93. 08009 Barcelona.

Presentados en formatos 31 x 21 cm y plastificados en todas sus páginas, estos libros, de sencillo manejo, buscan estimular el desarrollo intelectual de los niños a partir de los 3 años, pudiéndose utilizar igualmente en E.E. Tanto por su presentación como el modo de utilización, resultan una manera muy lúdica de estimulación mental. Sin duda es un material muy interesante para escuelas, gabinetes, etc. por su durabilidad y polivalencia.

ZABALZA BERAZA, M. A.; ALBERTE CASTINEIRA, J. (1995): *Educación Especial y Formación de Profesores.* Departamento de Didáctica y Organización Escolar de la Universidad de Santiago. Santiago de Compostela.

El tema del trabajo se ha centrado en el análisis de una temática que cruza dos campos de notable prioridad en el mundo de la educación: la atención a los sujetos con necesidades educativas especiales y a la formación de profesores y profesionales que sean capaces de llevar a cabo.

ZAPATA, Ó. (1995): *"La psicomotricidad y el Niño". Etapa maternal y preescolar.* Editorial Trillus. México. Alayex, S. A. C/ Toledo, 142-144. México, D. C.

Libro eminentemente pedagógico, en el que se ofrecen diversos ejercicios a manera de juegos, que permiten activar las capacidades de los niños para relacionarse satisfactoriamente con los demás, mediante actividades como mover, tocar, escuchar, oler, probar y crear, el autor presenta formas y jugadas psicomotrices y prácticas de desempeño físico o destrezas, que pueden aplicarse en niños en la etapa maternal e infantil para agudizar los sentidos y establecer un contacto con el entorno.

ZIMMERMANN, D. (1987): *Observación y comunicación no verbal en la escuela infantil.* Editado por el Centro de Publicaciones del MEC y Morata, S. A. Madrid. 160 páginas.

Plantea la importancia de la comunicación no verbal en el niño y en el educador, a partir del estudio de la conducta de varios niños observados y seguidos durante tres años por sus educadores en la escuela.

Índice